经济应用文写作

徐　雯
徐春明

主　编

关　欣
马可心

副主编

Economic

Practical

Writing

经济管理出版社
ECONOMY & MANAGEMENT PUBLISHING HOUSE

图书在版编目（CIP）数据

经济应用文写作 / 徐雯，徐春明主编 . —北京：经济管理出版社，2019.9
ISBN 978-7-5096-6740-8

Ⅰ . ①经…　Ⅱ . ①徐…②徐…　Ⅲ . ①经济—应用文—写作—高等学校—教材　Ⅳ . ①F

中国版本图书馆 CIP 数据核字（2019）第 139457 号

组稿编辑：王光艳
责任编辑：李红贤
责任印制：黄章平
责任校对：董杉珊

出版发行：经济管理出版社
　　　　　（北京市海淀区北蜂窝 8 号中雅大厦 A 座 11 层　　100038）
网　　　址：www. E-mp. com. cn
电　　话：(010) 51915602
印　　刷：北京晨旭印刷厂
经　　销：新华书店
开　　本：787mm×1092mm/16
印　　张：22.25
字　　数：515 千字
版　　次：2020 年 7 月第 1 版　　2020 年 7 月第 1 次印刷
书　　号：ISBN 978-7-5096-6740-8
定　　价：68.00 元

前言 CONTENTS

应用文写作是目前普通高校（本专科）一门必修的素质教养（通识）课。每个学生，无论是在校学习期间，还是在毕业后的工作、生活中，都必须学会而且应该写好应用文，这样才能适应知识经济社会的要求。因为学生毕业后走上工作岗位时，可能会遇到起草工作安排、总结，或者需要搞某些研究课题等更重大的应用文写作实践，假如我们拥有熟练的应用文写作技能，配合我们所掌握的专业特长与工作业务专长，在实际操作中才能胸有成竹。

本教材是为适应高等教育人才目标要求而编写的，旨在全面强化高等院校学生语文实际应用能力。

一、本书的定位

根据教育部高教司有关应用文写作课程定位的相关内容，综合多位应用写作方面专家学者、一线教师的教学意见，我们认为，高等教育"应用文写作"课程宏观定位应该是：在学生现有语文学习的基础上，进一步提高应用文写作素养，培养学生对应用文的阅读能力、理解能力、分析能力、实际写作能力，同时在潜移默化中充实学生的精神世界，提升人文修养，塑造健全人格，以期在应用文写作教学过程中，实现人文性和工具性的统一。

在广泛征求用人单位对于职业人才应用写作能力素质需求意见的基础上，本教材充分汲取了近年来多种《应用文写作》教材在探索培养职业技术应用型专业人才方面取得的成功经验和教学成果，秉持以学生发展为本的课程理念，根据"基本理论、基本技能、职业素质"三位一体的基本原则，将"应用文写作"课程的指导原则定位如下。

第一，基本理论要求。认识应用文写作在现实工作生活中的作用，了解应用文的特点，掌握常用应用文体的含义、特点、格式和写作要求，掌握部分文种的异同。

第二，基本技能要求。能够按照各种常用应用文的写作要求，撰写常用应用文，如公文中的报告、请示、函，还有总结、计划、调查报告、新闻、求职信、演讲稿等，并且符合格式，结构安排合理，语言运用恰当。

第三，职业素质要求。根据老师的教学情况，能够认真地学习，循序渐进地掌握应用文写作基础知识和常用文体知识；同时，通过学习范文，经过多练多写，逐步把书本理论知识转化为实际的应用文写作能力。

二、本书的主要特色

第一，体例系统完整。本书考虑了各类文种在现实社会生活中的重要程度和应用频率，又凸显了职业教育人才对所应掌握应用文的特殊要求，还顾及了知识链条的前后顺序，整个体例是系统、完整的。

第二，详略结构合理。在结构的安排上，考虑到教学计划的因素，更考虑到与今后学习生活、社会生活以及职业生活的关联性问题，本教材对相关内容作了谨慎处理。比如行政公文，在 13 个不同类型的文种中，鉴于有些文种与学生现在的学习和今后的工作关系不是十分密切，所以我们集中笔墨讲了常用的文种，而对一些不常用的文种只作简单概述，有的文种则大胆省略，以有利于学生在较短时间内掌握主要的文种。

第三，范文新鲜典型。本教材打破了传统应用文写作教材从内容入手的编排体例，采取案例导入的编排体例，力图避免"理论知识落后于实际生活"的弊病。具体的做法是：将应用文领域前沿阵地中最新的研究成果和实际工作、生活中最新的应用情况提炼、归纳后作为"范文"写入教材。新编教材对每个文种理论独特个性化的教学都有"范文"做支撑，这样就避免了过去那种应用文写作教材冗长的叙述，为学生学习和实践提供了较多的模仿资料和参照资料。这样"范文—理论—模仿—实践"的顺序，循序渐进，符合大学生的认识规律和学习习惯，便于学生从理论中懂得该文种在何种情况下使用、如何来写作。

本教材"范文"一部分选自离我们时代较远的经典文章，更多地选用了离我们很近的、紧扣时代脉搏的应用文章。比如，最近几年各级公务员招录考试"火爆"，"申论"已成为必考考题，为此，我们专列"申论"为一节，且以 2008 年天津公务员考试真题为例导入理论知识，极大地拉近了教材与实际的距离。

教材是教学之本，任何教学思想、教学主张、教学方式都是通过教材去实施的。因此，教材编写既是一项系统工程，也是一项艰巨任务。尽管我们用百倍的热情、万分的努力完成了编写工作，但囿于学识、能力、水平、精力、时间、技术、条件等方方面面的束缚，难免出现欠缺与不足，甚至会有错误或疏漏，在此，我们恳请从事高等职业教育的前辈、同年还有莘莘学子在教材使用过程中严格把关并不吝赐教。

本教材在编写过程中参阅了大量的教材、著作、网络文章以及相关资料。尤其是"范文"部分，为了保持文本的原貌，我们大多照录原文，只有少数做了删改，在此特向这些文章的作者致以最真诚的谢意！此外，对本书出版给予大力支持和帮助的领导、老师、同事、同学、好友表示衷心的感谢。

编者

CONTENTS
目录

绪　论 ·· 1

　　任务一　经济应用文的含义与特点 ···································· 1

　　任务二　经济应用文的种类及其作用 ································ 3

　　任务三　经济应用文写作的基本要求 ································ 4

　　任务四　经济应用文写作的学习方法 ································ 5

通用公务文书写作

项目一　党政机关公文 ·· 11

　　任务一　党政机关公文概述 ··· 11

　　任务二　公告 ··· 38

　　任务三　通告 ··· 41

　　任务四　通报 ··· 46

　　任务五　报告 ··· 51

　　任务六　请示 ··· 57

　　任务七　批复 ··· 62

　　任务八　函 ·· 66

项目二　会议文书 ·· 72

　　任务一　通知 ··· 72

　　任务二　会议记录 ··· 78

项目三　从业文书 ·· 81

　　任务一　计划 ··· 81

　　任务二　总结 ··· 87

项目四　经济管理事务文书 ··· 93

　　任务一　规章制度 ··· 93

　　任务二　讲话稿 ·· 105

　　任务三　大事记 ……………………………………………………………… 114
　　任务四　述职报告 …………………………………………………………… 121
项目五　就业文书 ………………………………………………………………… 132
　　任务一　个人简历 …………………………………………………………… 132
　　任务二　求职信 ……………………………………………………………… 136

｜经济专业应用文文书｜

项目一　调研决策类文书 ………………………………………………………… 143
　　任务一　调查方案 …………………………………………………………… 143
　　任务二　调查问卷 …………………………………………………………… 150
　　任务三　市场调研报告 ……………………………………………………… 157
　　任务四　市场预测报告 ……………………………………………………… 165
　　任务五　可行性研究报告 …………………………………………………… 172
　　任务六　经济活动分析报告 ………………………………………………… 184
项目二　招投标文书 ……………………………………………………………… 190
　　任务一　招标公告 …………………………………………………………… 190
　　任务二　招标书 ……………………………………………………………… 195
　　任务三　投标函 ……………………………………………………………… 200
　　任务四　投标书 ……………………………………………………………… 205
项目三　经济协约文书 …………………………………………………………… 214
　　任务一　商务信函 …………………………………………………………… 214
　　任务二　商务谈判方案 ……………………………………………………… 218
　　任务三　意向书 ……………………………………………………………… 223
　　任务四　协议书 ……………………………………………………………… 226
　　任务五　经济合同 …………………………………………………………… 230
项目四　经济信息传播类文书 …………………………………………………… 238
　　任务一　启事 ………………………………………………………………… 238
　　任务二　简报 ………………………………………………………………… 244
　　任务三　消息 ………………………………………………………………… 250
　　任务四　产品说明书 ………………………………………………………… 257
　　任务五　营销策划书 ………………………………………………………… 261
　　任务六　广告文案 …………………………………………………………… 269
项目五　财经应用文书写作 ……………………………………………………… 277
　　任务一　财务分析报告 ……………………………………………………… 277
　　任务二　审计报告 …………………………………………………………… 291
项目六　经济时政文章写作 ……………………………………………………… 300
　　任务一　申论 ………………………………………………………………… 300

任务二　新闻 …………………………………………………………… 308

任务三　评论 …………………………………………………………… 316

任务四　公开信 ………………………………………………………… 324

任务五　学术论文 ……………………………………………………… 331

参考文献 …………………………………………………………… 345

绪　论

任务一 ▶ **经济应用文的含义与特点**

学习要求

了解经济应用文的含义、特点及其重要性。

一、经济应用文的含义

顾名思义，经济应用文是应用文的一个特殊类型，它首先具备的是应用文写作的基本特性。从"应用写作"这一词语上看，应用写作就是以应用为目的的写作活动。应用文是实用性文章的总称，是指国家机关、企事业单位、社会团体、人民群众在日常工作、学习、生活中处理公共事务或私人事务所使用的、具有某种惯用格式和实际应用价值的文章。它是现代化管理的一种手段，是信息交流的一种工具。就宏观而言，一切非文学作品，以实际应用为目的而写作的文章，都可以被称为应用文；就微观而言，常用应用文的文体有二百余种，而且随着时代发展的需要还在产生新的样式。

应用文写作的种类很多，从实务功能角度划分，可以分为通用应用文和非通用应用文两大类。通用应用文是社会上使用最广泛的一种应用文，它不受业务领域的限制，即党政部门、生产部门、军事部门以及经济领域、法律领域、科技领域等都通行使用，如13 种法定公文，计划和总结之类的事务性公文，规章制度，以及用于机关、企事业单位和人们日常社会交往中的礼仪文书等。非通用应用文是指那些只限于某个领域使用的应用文，如公安法律应用文、经济应用文、外交应用文、科技应用文等。

经济应用文是各类社会机构及个人在经济、贸易、财务等活动中用来记载财经信息、处理经济事务、传递经济资讯、研究经济问题时所使用的一类应用文。由经济应用文的定义可知，经济应用文也可被称为财经应用文。

经济应用文广泛使用于经济领域，是直接为生产和经济管理服务的。在经济活动中，它既是一种重要凭证，又是一种管理工具。在古代，脍炙人口的财经应用文就不乏其例。例如，曹操的《收田租令》、白居易的《论和籴状》、欧阳修的《通商茶法诏》、王安石的《乞制置三司条例》等，就是古代著名的财经文书，对国家的经济管理起着巨大的作用。今天，随着经济建设事业的迅速发展，经济交往活动的日益频繁，经济行业分工的不断细分，财经文书的使用频率也越来越高，其价值也就越来越被人们重视。

二、经济应用文的特点

与其他应用文相比，经济应用文内容与使用领域的特殊性使其具有一系列的特殊性，主要体现在以下方面。

（一）写作的专业性

财经应用文所处理的事务主要集中于经济、财务、经营等领域，所承载的信息必定反映这一领域的基本情况，所提出的对策、措施必定体现这一领域的基本规律。因此，经济应用文的内容具有很强的专业性，这就要求写作者深入了解本领域的知识和业务。

（二）内容的真实性

"笔下有黄金万千，笔下有人命关天"很形象地说明了应用文写作语言的效用，用来形容经济应用文写作对内容真实性的要求也不为夸大。无论是写市场预测，还是签订经济合同，无论是写综合反映，还是写经济活动分析报告，形式虽然不同，但使用的事实、数据等资料必须真实可靠，而且分析的态度和方法也必须科学，必须反映客观的经济信息。玩弄文字、弄虚作假，其结果是造成假象，做出错误的分析和判断，形成经济纠纷，造成经济损失。

（三）撰文的制约性

财经业务工作中需要严格遵守国家相关的经济政策、法律与法规，这就要求经济应用文必须体现相关的政策和法规，文章的主题不能偏离政策和法规，提出的主张不能与政策、法规相抵触。此外，经济应用文的撰制、发布等处理工作也应该遵守相应的行文制度。

（四）信息的时限性

所谓"时限性"，包括三方面的含义：一是经济事务在特定时间期限内发生、发展，各类信息大量涌现，同时又瞬息万变，这就要求经济文书所反映的信息必须是新近的、新鲜的；二是针对财经事务撰写和处理的文件也应该在特定时间期限内完成，即要求根据具体工作的需要，及时撰制文件、处理文件，并对文件的执行期限、有效期限进行明确的说明；三是经济文书的有效期限比较明确，许多经济文书的有效期限到达之后，文书即失效。

（五）普遍使用数据和图表

经济应用文表达信息的媒介主要是文字、数据、图片和表格。和其他应用文主要使用文字表达信息不同，经济应用文对数据、图片和表格的使用非常普遍。数据的优势是能够准确体现出量化的指标，对于了解情况、分析问题、提出对策具有极其重要的意义。图片能够直观地体现出事务的现状，便于信息的传递和接受。表格能够将众多数据条理化，体现出数据之间的内在关系，易于为读者所把握。如果没有数据、图表类型的媒介，经济应用文的时效性、实用性、准确性必然受到极大限制。

任务二 ▶ 经济应用文的种类及其作用

学习要求

了解经济专业应用文的分类标准及文体类型；认识经济应用文写作的重要性。

一、经济应用文的种类

经济文书使用范围广，其写作内容、格式也有较大差异。从概念范畴的角度来看，经济文书有狭义和广义之分。狭义的经济文书是专指为财经工作所使用的财经专业文书，是专门用于经济活动的经济应用文体的总称。广义的经济文书，即人们在经济工作中所使用的各类反映经济活动内容的文书的统称，既包括财经专业文书，又包括一些同时在其他社会领域或部门广泛应用的文书。本书所用即为广义的经济文书，因而在体例编排上分为通用应用文写作和经济专业应用文写作两大部分来分别讲述。

经济应用文的分类，在这里即指经济专业应用文的分类。财经工作的需求非常多样化，这就导致了经济应用文的文体种类数量比较多，对其进行分类的标准也难以统一。本书按其功能性质将经济专业应用文分为四类：一是经济调研决策文书，包括调查方案、调查问卷、市场调研报告、市场预测报告、可行性研究报告和经济活动分析报告六种文体；二是招投标文书，包括招标公告、招标书、投标函和投标书四种文体；三是经济协约文书，包括商务信函、商务谈判方案、意向书、协议书和经济合同五种文体；四是经济信息传播类文书，包括启事、简报、消息、产品说明书、营销策划书和广告文案六种文体。

二、经济应用文写作的作用

进入信息时代、电脑时代是否还需要学习经济应用文写作呢？

20 世纪 80 年代的美国盛行过一股"弃笔风"，结果导致美国政府与企业在录用工作人员时特别头痛。许多受过高等教育的经理竟然写不出条理清晰的业务信件，甚至一个便条。美国克利夫兰国际写作学院院长艾伯特·约瑟夫就教过 20 多万名这样的经理、科学家和政府人员。他说："这些人实际上都是大学毕业生，尽管学历完满，却连一封简单的书信、一份简单的报告也写不通。"现在美国有 100 多个专业开设应用文写作，有 26 所大学和研究所招收应用文写作的硕士生、博士生。应用文写作需要学习，运用于经济领域的经济应用文更需要我们对它的作用有清晰的认知。

（一）传达经济政策，具有领导指挥作用

经济应用文大多用于传达、贯彻党和国家的相关经济政策，财政机关通过拟制、下发与贯彻实施来发挥其领导指挥的作用。

（二）反馈经济信息，具有联系协调作用

经济应用文是加强上下左右间联系的纽带，是各单位、各部门之间联系的有效工具。

它可以进行交流信息、传递业务、协调工作等，以此互相促进、共同提高。

（三）规范经济工作，具有促进管理作用

撰写经济应用文的目的，很大程度上是规范经济工作，如工作计划是为了领导意图的顺利实施，工作总结是为了促进今后做得更好，这些都可以推动工作的进展、提高工作效率，具有促进管理的作用。

（四）记载经济活动，具有录存凭证作用

经济文书的写作是从事经济工作的写作主体将经济信息物化于载体中的具体行文活动。因此，作为经济活动的信息载体，财经应用文必然成为录存经济活动发展过程的凭证。

任务三 ▶ 经济应用文写作的基本要求

 学习要求

了解经济应用文写作的学习要求，自觉培养经济应用文写作的能力。

经济应用文写作是一项复杂的智力活动，要遵守多方面的要求，如主题正确、材料真实、文体适当、语言规范、结构合理等。这些要求在本书的后继相关章节中将进行详细阐释，在此主要从经济业务工作和写作过程两个角度提出经济应用文写作的基本要求。

第一，从经济业务工作的角度来讲，经济应用文写作要做到以下两点：

一是符合经济工作规律。经济应用文写作是对经济工作的反映，并将作用于经济工作当中。因此，是否符合财经工作的客观情况与规律，将决定着经济应用文写作的质量和实际效果。现实中的财经业务工作既要严格遵守国家的政策法规，还要符合特定的工作程序和标准，这些业务规律都应当反映在经济应用文写作之中。如果经济应用文写作脱离财经业务工作实际，不能体现政策、法规和程序标准的要求，甚至与之抵触，那么将使写作结果难以发挥应用价值，甚至对财经工作产生消极影响。

二是遵守文体写作规范。如果说财经业务工作规律是经济应用文写作的"外部规律"的话，那么文体规范则是其"内部规律"。经济应用文写作在反映业务工作规律的同时，还应当遵守写作规律和文体要求，主要体现为：行文意图和主题必须与文体种类相适应，根据发文内容选择恰当的文体；语言与表达方法必须准确、简明，符合语法规范和表达规范；结构体式必须符合文体特点和主题，完整清晰、详略得当；成文的版面形式必须美观、工整，体现严谨性和严肃性，同时易于阅读。

第二，从写作过程的角度来讲，经济应用文写作与艺术写作、科技写作等其他类型的写作行为具有一致性，同时其实用目的导致写作过程表现出独特性。在现实的经济应用文写作中，一般要经过以下几个阶段：

一是形成写作任务。艺术写作一般并不是由外部的写作要求引发的，而是艺术家有感而发的自发写作，作家具有非常大的自由度；科技写作是在科研工作中根据研究需要

而产生的，作者往往根据自己的研究兴趣、研究领域来进行写作。经济应用文写作的动因与这两种写作不同，作者一般不能够完全根据自己的兴趣、意愿自由决定是否开始写作，而是根据工作的需要被动接受写作任务。

经济应用文写作任务的主要来源有两种：一种来源于上级，上级部门或领导部署某项工作，向写作者下达写作任务，提出写作要求；另一种来源于写作者自身的财经业务与管理工作领域，当出现了需要处理的事务、需要解决的问题时，就形成了写作任务，写作者要遵循工作要求和行文规范来进行写作。这两种来源归根结底都是工作需求引发了写作行为，因此可以说经济应用文写作是一种"被动写作"。

二是收集材料。形成写作任务之后，就需要根据任务要求和写作需要，围绕某一特定的财经事务工作来收集相关的信息与资料，主要包括背景资料、国家法律法规、制度规定、上级文件、以往文件、领导意见、同类事务的处理惯例等，必要时还应当向相关部门索取资料。某些经济应用文写作任务不仅要收集文献资料，还需要写作者亲自进行调查，获取鲜活的直接材料。某些内容比较简短而且并不复杂的事务，在撰写文书时往往不需要专门去收集相关材料，但是这并不意味着写作者可凭空撰写文件，而是应将以往了解的信息作为基础来写作。

三是形成主题。主题即主旨，是文章材料所表现出的核心思想。经济应用文的主题与写作任务、写作动机关系非常密切，是发文意图的直接体现。主题一般在写作任务出现伊始便形成，在收集、分析材料的过程中逐渐明确，在撰写的过程中得到表现。写作者要根据领导意图、上级文件精神、工作需求、事务内在规律等多种因素确定主题，且符合正确、明确的基本要求。

四是撰写初稿。写作者围绕主题，在所收集的材料的基础上，选择适当的文体，安排合理的结构，采用规范的语言撰写出文稿。

五是审阅与修改。初步撰写的文稿不能擅自对外发布，必须经过领导的审阅，或者经过集体讨论。如果初稿中存在不当之处，如主题偏误、结构失当、语言问题等，则还需要写作者进行必要的修改。

六是发布生效。文稿经过修改，重新提交审阅或讨论，通过之后才能正式对外发布生效。定稿生效的标题主要有两种方式，即主要领导签字或者加盖单位公章。经济应用文发布的方式主要有两种：一种是对外发布，如向上级、同级或下级机构行文，或者与其他机构共同签署；另一种是对内发布，主要是各种管理性文书，如规章制度、工作要点等。

任务四 ▶ 经济应用文写作的学习方法

学习要求

掌握经济应用文写作的学习方法。

提高经济应用文写作能力是一个长期的实践过程，需要学习者在日常工作中有意识地进行培养和训练。

一、熟悉财经业务工作，掌握财经业务知识

财经业务工作是经济应用文写作的基础，写作的主题、内容均来自业务工作，写作的效用也要体现在业务工作之中，因此写作者必须对财经业务工作进行充分的了解，成为这一领域的行家里手。需要掌握的财经业务知识范围非常广泛，如财务会计知识、市场调研知识、金融知识、营销知识、商品常识等，这就需要写作者本身必须具备相应的专业素养。

首先，写作者要熟悉财经法规，掌握财经规范。现代财经工作的法规性、政策性极强，为了保证写作内容的正确性，就必须遵守相关的财经法规，写作者应当熟悉这些法规与政策，在撰文过程中不可逾越法规与政策的底线。

其次，写作者要掌握事务基本要素。在实际的经济应用文写作工作中，抽象的理论性文体较少，更多的是面向具体事务、解决实际问题的文体，这就要求写作者对事务的规律和要素有深入的把握。但是，工作中的各类事务是千变万化、纷繁复杂的，写作者不可能精通所有的情况。为了解决这一问题，写作者应当从各类事务中提炼出共性的方面，做到"以不变应万变"，从而为撰写文件提供有力的支撑。事务所包含的要素一般有：工作目标与内容、人员及分工、时间安排与步骤、所需资源与物料。大多数事务必然包含这四方面中的一个或多个要素。因此，在进行写作时，应当注意从这几个要素的角度去分析、归纳与整理材料，更主要的是在正文之中根据具体事务合理安排这些要素的前后顺序与详略程度，以简洁、准确的语言表达出来。

最后，写作者要能够利用时间线索和流程规律。各种事务都是在时间中发展变化的，所以就会呈现出以时间为线索的阶段性特征。在不同的阶段，工作的重点和要求也会不同。在撰写文件过程中，应当具有按照时间线索来分析事务的能力，有意识地从时间角度出发整理与表达信息。工作流程的基本要求是不可随意颠倒的。写作者应当对本单位的主要职能、主要业务的基本流程有所把握，这样在撰写与处理相关的公文时就能做到有的放矢，更好地满足工作要求。

二、正确使用现代书面汉语，掌握财经语言

写作的本质之一是对语言的运用，语言运用的规范程度决定着写作的水平。经济应用文写作对语言的基本要求是准确、简洁、规范，避免采用口语化、文学化、随意化的语言。经济应用文写作中除了使用通用的语言外，还会大量使用财经专业语言，如各种专业术语、专业表达句式等，这就要求写作者在熟练掌握通用的书面语言之外，还要积累一定的财经专业词汇和话语，以满足写作需求。

三、树立文体意识，强化规范意识

经济应用文写作所使用的各种应用文文体，均有各自独特的要求和内在规定性，这些构成了文体的本质特征。不同的文体不仅所适用的情况有别，而且文体自身的内在要求也迥然相异。某些文体名称、作用具有相似性，但又是不同的文体，它们之间的差异非常微妙。写作者如果不能准确把握这种差异，所写的文件就会成为"四不像"，形成

文体杂糅的现象，势必削弱公文的严肃性。

为了避免文体混乱、杂糅等现象的出现，写作者应当树立起明确的文体意识，准确把握各种文体的内在特征和外在表现形式，尤其是要熟练掌握文体的适用情况，综合考虑发文目的、行文对象等多种因素，从而确定适当的文种。撰写过程中，应当时刻注意检查是否体现了文体特征，是否出现文体杂糅，是否符合行文规则。

规范性是衡量经济应用文写作水平的重要标准。规范性体现在多个方面，既有宏观的方面，也有微观的细节，如文章的语言表达、篇章结构、文面格式、标点符号、计量单位、层次序号等。为了强化经济应用文写作的规范性，写作者应当注重消化吸收国家的相关规定和标准，如《党政机关公文处理工作条例》《党政机关公文格式》《出版物上数字用法的规定》《标点符号用法》等。

通用公务文书写作

项目一 党政机关公文

任务一 ▶ 党政机关公文概述

 学习要求

明确党政公文写作的作用和重要意义，培养学习公文写作的严谨性。重点掌握党政公文的概念、特点、作用和行文规则；熟悉各类党政机关公文的使用范围；掌握决议、决定、命令（令）、公报、公告、通告、通知、通报、议案、报告、请示、批复、意见、函、会议纪要的一般写法。

对部分使用频率较高的、运用范围较广的文种，如通告、通知、通报、报告、请示、批复、函、纪要等，必须做到会写会用。

党政机关公文有严格的文种要求和格式规定，与党政机关公文有关的政策法规也要有必要的了解和把握，如《国家行政机关公文处理办法》（国发〔2000〕23 号）、《党政机关公文格式》（GB/T 9704—1999）等。

 引导案例

××村党总支：

你总支上报换届选举的请示收悉，经镇党委研究，现批复如下：

同意××镇××村红旗党支部进行换届选举，同意支部委员由 3 人组成，候选人为：谢先明、谢承良、刘文明、张信柱。其中设书记 1 人，候选人为谢先明。

同意××镇××村胜利党支部进行换届选举，同意支部委员由 3 人组成，候选人为：孙玉田、谢峰琴、孔令军、苏金。其中设书记 1 人，候选人为孙玉田。

请你们根据《党章》和《中国共产党基层组织选举工作暂行条例》等有关规定和要求，认真做好换届选举的各项工作，确保换届选举工作顺利完成。

中共××区××镇委员会

20××年 6 月 30 日

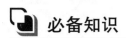 **必备知识**

一、党政机关公文的含义

为统一中国共产党机关和国家行政机关公文处理工作，2012年4月6日，中共中央办公厅、国务院办公厅联合印发《党政机关公文处理工作条例》（以下简称《条例》），《条例》自2012年7月1日起施行。1996年5月3日中共中央办公厅发布的《中国共产党机关公文处理条例》和2000年8月24日国务院发布的《国家行政机关公文处理办法》（以下简称《办法》）停止执行。

《条例》规定，党政机关公文（以下简称公文）是党政机关实施领导、履行职能、处理公务的具有特定效力和规范体式的文书，是传达贯彻党和国家方针政策，公布法规和规章，指导、布置和商洽工作，请示和答复问题，报告、通报和交流情况等的重要工具。

《条例》的发布、施行，是为了适应中国共产党机关和国家行政机关（以下简称党政机关）的工作需要，对推进党政机关公文处理工作科学化、规范化和制度化必将产生重要的作用。

党政机关公文是党政机关、社会团体、企事业单位用于处理公务的具有某种特定格式的文件。它由法定的作者发布并具有法定的权威性，是传达政令和下情上传的基本手段，也是横向联系的纽带，公文完成执行效用后可转化为档案，作为历史凭证供后人参考。

二、党政机关公文的种类

根据2012年4月6日中共中央办公厅、国务院办公厅联合印发的《党政机关公文处理工作条例》的规定，党政机关公文种类为15种，即决议、决定、命令（令）、公报、公告、通告、意见、通知、通报、报告、请示、批复、议案、函、纪要。

决议：适用于会议讨论通过的重大决策事项。

决定：适用于对重要事项做出决策和部署、奖惩有关单位和人员、变更或者撤销下级机关不适当的决定事项。

命令（令）：适用于公布行政法规和规章、宣布施行重大强制性措施、批准授予和晋升衔级、嘉奖有关单位和人员。

公报：适用于公布重要决定或者重大事项。

公告：适用于向国内外宣布重要事项或者法定事项。

通告：适用于在一定范围内公布应当遵守或者周知的事项。

意见：适用于对重要问题提出见解和处理办法。

通知：适用于发布、传达要求下级机关执行和有关单位周知或者执行的事项，批转、转发公文。

通报：适用于表彰先进、批评错误、传达重要精神和告知重要情况。

报告：适用于向上级机关汇报工作、反映情况，回复上级机关的询问。

请示：适用于向上级机关请求指示、批准。

批复：适用于答复下级机关请示事项。

议案：适用于各级人民政府按照法律程序向同级人民代表大会或者人民代表大会常

务委员会提请审议事项。

函：适用于不相隶属机关之间商洽工作、询问和答复问题、请求批准和答复审批事项。

纪要：适用于记载会议主要情况和议定事项。

从不同的角度，可对党政机关公文进行不同的分类：

（一）按行文关系分

上行文，即下级机关向上级机关呈送的公文，属于此类公文的有报告和请示等。

下行文，即上级机关向下级机关发送的公文，属于此类的有决议、决定、命令（令）、公报、公告、通告、通知、通报、批复和意见等。

平行文，即同级机关和不相隶属机关之间来往的公文，主要有函和议案，也包括一部分通知和纪要，如向不相隶属机关发出的告知有关事项的通知等。

（二）按公文的功能分

指挥性公文，即向下级机关传达领导机关的方针政策，实施行政指挥的公文，主要有命令（令）、决定、下行性的意见、通知、批复等。

知照性公文，即向受文机关通报情况、知照事项、要求周知或遵守的公文，如公告、通告、通报、通知等。

报请性公文，一是指向上级机关汇报工作、请示问题、提出建议的公文，属于这类的有报告、请示，以及上行性的意见；二是报请有关部门审批的公文，属于这类的有议案和请批函。

联系性公文，即在机关之间商洽工作、询问和答复问题的公文，主要有函。

记录性公文，指用于记载、归纳会议事项的公文，主要有纪要。

（三）按行政公文传递、处理的时限要求分

特急件，即内容重要而紧急，必须以最快的速度形成和办理的文件。

加急件，即内容涉及重要工作，需要急速形成和办理的文件。

电报如有送达和办理时限的要求，根据其紧急程度，标明特提、特急、加急和平急。

三、公文的特点与作用

（一）公文的特点

1. 以处理公务为内容

公文的内容与发文机关所管理的公共事务有关。一个单位在处理公共事务时，要做出决定、解决问题、告晓事情、申诉理由、反映情况、协调行动、上传下达等，都需要使用行政公文。可以说，公文是随着处理公共事务的需要而产生的，是管理国家的重要工具，它使上下级之间和不相隶属机关之间有机地发生联系，让整个国家的各级行政机关协调地运作起来。

2. 有规范的体式

有规范的体式是指公文的种类和格式有统一的标准、统一的规定。在长期处理公务

的过程中，人们为了便于起草和处理，提高工作效率，逐步形成了规范的公文种类与格式，并由国务院做出严格规定、发布出来，要求全国上下照此执行。其具体表现在以下两个方面：

（1）文种要规范。《条例》规定，公文有 15 种，各有其适用范围，使用时要根据发文内容、行文对象和发文目的来选择合适的文种。例如，公告是"适用于向国内外宣布重要事项或法定事项"的公文，不能用来宣布在某路段实行交通管制的规定。

（2）格式要规范。一份公文由版头、主体和版记三大部分构成，每部分又有若干编排及要求，这些都应该按照《党政机关公文格式》（GB/T 9704—2012，中华人民共和国国家质量监督检验检疫总局和中国国家标准化管理委员会 2012 年 6 月 29 日发布）来制作。

3. 有法定的作者和特定的读者

"法定的作者"有以下两层含义：

（1）公文的作者是依照有关法律和一定的组织程序产生的单位及其负责人，即各级政府及其部门，还包括事业单位和社会团体及其负责人。这些单位及其负责人制发公文的权力是法律赋予的，或者是经一定的组织程序授予的。指出这一点，主要是强调要明确公文的行文主体的资格。按照《办法》中对行政公文所下的定义以及所涉及的其他规定，具有行政公文行文资格的组织有：各级政府机关、政府机关的各职能部门及其办公厅（室）、人民团体、具有行政职能的事业单位。

（2）公文的作者代表着他所负责的机构。一篇公文，即使以机关负责人的名义发布，代表的也是他所在的那个机构，而不是代表个人，所以它具有法定的权威。同时，这也表明不管哪一级的领导人，如果利用公文办私事，是党纪国法所不允许的。

"特定的读者"意为：每份公文，通常要明确其发送对象，即写明主送机关和抄送机关。某些公文，如公告、通告等，虽然其读者是社会公众，但其发送的范围也须明确。

4. 有法定的权威和行政约束力

公文的法定强制力和行政约束力表现为一经发布，有关单位和个人都要遵照执行，不能有随意性，如果不执行，就要受到法律和行政纪律的制裁。这是因为公文的作者是法定机关及其负责人，发布公文就是为了执行政策法令，行使法律赋予它的权力，所以它必须具有一定的强制性，这是法定权威的重要体现。这一特色是其他文体所没有的。

（二）公文的作用

在机关的日常工作中，文件拟制与处理的工作量是相当大的，它是机关工作的重要组成部分。一个国家、一个政党、一个部门或社会团体、企事业单位要行使职能和开展公务活动，都离不开文件。没有文件，就是无章可循。总的来说，机关公文的作用在于它是党和国家具体领导和管理政务、机关之间相互进行联系和机关内部处理工作事务的一种工具。公文在机关中占有的重要地位主要体现在其对于机关公务活动所起的作用上。认识公文的作用是使用好公文这一工具的重要前提。具体地说，其作用主要表现在以下几个方面：

1. 领导指导作用

党和国家的各级领导机关，可以经常通过制发文件来部署各部工作，传达自己的意见和决策，对下级的工作进行具体的领导与指导。例如，党的中央领导机关通过它所制定和发出的各项指示、决议等重要文件，阐明重大方针政策、战略措施和工作步骤，用以领导和指导各条战线和各个地区的工作。

党的领导是政治领导。党对国家事务实行政治领导的主要方式，是使党的主张经过法定程序变成国家意志，通过党组织的活动和党员的模范作用带动广大人民群众，实现党的路线、方针和政策。党发布的领导性文件不是国家法规，但我们国家的法规，包括法律、法令以及行政法规，都是党的政策的具体化。因此，党的政策性文件代表党的权威，人人都要贯彻执行，并作为领导指导各项工作的依据。国家各级行政领导机关和业务主管部门则根据党的政策性文件，制定和发布各种指示、决定、计划、意见、通知，以此来领导和指导下级机关和下级业务部门的工作。上级机关传达领导意图与下级机关贯彻执行相结合，就使文件成为纽带，充分发挥其领导与指导的作用。

2. 行为规范作用

文件的行为规范作用，是文件强烈的政治性和法定的权威性等特点赋予的。这种行为规范作用又被称为法规约束作用。党和国家的各种法规和规章都是以文件的形式制定和发布的。这些法规性文件一经发布，便成为全党、全社会的行为规范，必须坚持依照执行，不得违反。它对维护正常的社会秩序、安定社会生活、保障人民的合法权益有极其重要的作用。

必须指出的是，法规文件的行为规范作用与社会道德规范不同，违反社会公德将受到舆论的谴责，而文件的行为规范作用是带有强制性的。国家以强制手段保证它的权威，谁违反了法令或法规，就要受到法律制裁、行政处分和经济处罚。例如，《中华人民共和国宪法》是国家的根本大法，根据《中华人民共和国宪法》又制定与颁布了《中华人民共和国民法》《中华人民共和国刑法》《中华人民共和国刑事诉讼法》《中华人民共和国婚姻法》等基本法，对这些法律、法令，如有违反，国家的执法机关就要"唯你是问"，如违反了法规（如章程、条例、规定、守则等），虽不至于犯法，但要受到批评、警告、记过甚至开除等行政处分，有的还要处以罚款。这就说明，这些法令、法规性文件在它的有效范围内，必须成为人们的行为规范，而且强制执行，人人都得遵守。

3. 传递信息作用

文件是传递信息的重要渠道。党和政府上下左右机关是相同的，其决策、方针、设想和意图等政务信息常常是通过文件的传递而取得的。例如，各级党政领导同志的工作活动情况，各地的突发事件，社会动态，经济技术情况等信息的收集、传递和处理，工作情况的汇报，上级决策、指示的下达，下级贯彻落实上级指示的经验总结和存在问题的报告等，都离不开文件这一工具。上级领导机关通过批阅下级机关送来的报告、请示、汇报、调查报告以及简报、总结等，就能及时掌握下级机关的信息动态，这就为上级机关指导工作、解决问题以及进行各项决策提供了客观依据。又如，下级机关通过阅读上级机关的指示、决定、通报、通知等文件，就能及时掌握从上级机关传递过来的信息动态，根据这些信息动态，下级机关就可以及时开展工作和完成规定的任务。至于平级和不相隶属机关之间相互使用的"函件"等文件，更多是用于直接沟通信息及联系各种事务的。通过文书的这种信息传递作用，各级机关组成了一个四通八达的信息网络，机关工作靠文件传递的信息得到处理和解决；上下左右之间的关系，靠文件传递得到调整，从而保证了各级、各类机关组织的工作正常地、有秩序地运转。

4. 公务联系作用

各机关单位在处理日常事务工作中，经常要与上下左右有关的机关单位进行联系。随着改革开放的不断深化，各机关单位之间的横向联系日趋频繁，机关公务文书的协调联络作用显得越来越重要、越来越广泛了。一个机关的工作活动不是孤立进行的，有时要向它的上级领导机关报告情况、请示问题；有时要与一般机关单位就工作业务进行商洽、询问、回答或交流情况和经验；有时要与有关企业、部门或单位签订合同、协议书等。文件在同一系统的上下级机关之间、平级机关之间以及不相隶属机关之间都能起到沟通情况、商洽工作、协调关系、处理问题的公务联系作用。

5. 凭据记载作用

文件是机关公务活动的文字记录。一般来说，绝大多数文件在传达意图、联系公务的同时，也具有一定意义上的凭据作用。这是因为，既然每一份文件都反映了制发机关的意图，那么对受文机关来说，就可将文件作为安排工作、处理问题的依据。有些文件具有比较明显的凭证作用，如经过当事人双方共同签订的协议书、合同等文件，它的凭证作用是作为证实签约双方曾经许诺和承担的责任和义务的依据，谁违反了协议和合同的条款，就要追究谁的责任。还有一些文件具有明显的记载作用。例如，会议记录、电话记录、会议纪要、机关大事记、值班日记、各种登记等，它们都是机关工作活动的真实记录，具有记载作用，可以供日后的利用查考。

文件不仅在机关的现行工作中具有凭据记载作用，同时对于过去的事情，它又成为各级党政机关公务活动的历史记录，是机关史料的积累，是解决矛盾、澄清是非的凭证，也是若干年后编史修志的重要依据。所以，文件在完成它的现实使命以后，都要立卷归档保存，以备查找利用。例如，制定一项新的政策，为了保持政策的连续性，还要参考过去的文件；机构调整、人事任免、调解矛盾、落实政策等也需要参考过去的文件规定。因此，文件作为历史事件的记载与查找的依据，其凭据作用是不可忽视的。

以上所述，是就文件的主要作用而言的，文件还有知照作用、协调作用、宣传教育作用等，就不一一详述了。实际上，每一份具体的文件所起的作用并不是单一的，而是综合的，我们应该结合起来认识和理解。

四、公文格式

（一）公文格式的含义

公文的格式指的是公文的外部组织形式。它包括公文用纸、印制要求、公文中各要素的排列顺序和编排规则。

党政机关公文是具有法定效力和规范体式的公务文书，是传达贯彻党和国家各项方针政策及实施政府管理的重要工具。为使党政机关的公文从内容到表现形式都体现简洁规范的原则，反映政府部门的工作质量和管理水平，有效地发挥公文的法定效力，统一和规范公务格式就显得十分必要。为此，国家质量技术监督局于1999年12月正式批准发布《国家机关公文格式》国家标准（GB/T 9704—1999），并于2000年1月1日起开始生效。

2000年8月24日，国务院发布了《办法》，国务院办公厅、国家质量技术监督局又根据《办法》的有关规定，对 GB/T 9704—1999 进行了修订，将原标准《国家机关公文格式》改为《国家行政机关公文格式》。2012 年 6 月 29 日，中华人民共和国国家质量监督检验检疫总局、中国国家标准化管理委员会又联合发布了《党政机关公文格式》国家标准（GB/T 9704—2012，代替 GB/T 9704—1999），并于 2012 年 7 月 1 日开始实施。这些都使我国党政机关的公文有了可以遵循的准则和标准，从而标志着我国党政机关公文的表现形式和制作水平跨上了一个新台阶，为我国党政机关进一步提高管理水平和推进办公自动化工作奠定了良好的基础。

公文的格式，在实际工作中又分为文件格式、命令（令）格式和信函格式。

（二）公文格式各要素的编排规则

《党政机关公文格式》将版心内的公文格式各要素划分为版头、主体、版记三部分，这是一份公文的主要内容。此外，版心外还有公文页码。

1. 版头部分

公文首页红色分隔线以上的部分称为版头，其排列顺序和编排规则具体如下：

（1）份号。份号即公文份数序号，是将同一文稿印制若干份时每份公文的顺序编号。同一文件印刷多少份，就有多少个份号。份号用阿拉伯数码顶格标识在版心左上角第一行，但并不是所有的公文都需要编制份数序号。《办法》规定，带有密级的公文要编制份数序号。如果发文机关认为有必要，也可对不带密级的公文编制份数序号，如国务院文件都编有份数序号。编份数序号的目的是准确掌握公文的印制份数、分发范围和分发对象。当文件需要收回保管或销毁时，就可以对照份数序号掌握其是否有遗漏或丢失。发文机关可以根据份数序号去掌握每一份公文的去向。因此，发文机关在发文或收文机关在收文时，都要登记份数序号。份号一般用 6 位 3 号阿拉伯数字顶格编排在版心左上角第一行，即"1"编为"000001"。

（2）秘密等级和保密期限。秘密等级简称为密级。需要保密的公文，都要标明其秘密程度的等级。根据《中华人民共和国保守国家秘密法》和《国家秘密保密期限的规定》的有关规定，密级分为"绝密""机密""秘密"三级。"绝密"是最重要的国家秘密，泄露会使国家的安全和利益遭受特别严重的损害，其保密期限为 30 年；"机密"是重要的国家秘密，泄露会使国家的安全和利益遭受严重的损害，其保密期限为 20 年；"秘密"是一般的国家秘密，泄露会使国家的安全和利益遭受损害，其保密期限为 10 年。确定国家秘密事项的密级时，如果没有标注保密期限，应当按国家保密期限的规定上限处理。

标注密级和保密期限，一般用 3 号黑体字，顶格编排在版心左上角第二行；如需同时编排秘密等级与保密期限，秘密等级和保密期限之间用"★"隔开，保密期限中的数字用阿拉伯数字标注，如"机密★1 年"。

（3）紧急程度。紧急程度简称为急度，是对公文送达和办理时限的要求。公文有平件和急件之分。急件就是需要紧急办理的公文，分别标明"特急""急件"。"特急"和"急件"的时间要求是多少，由各地行政机关主管自行确定，如有的规定"特急件"要随到随办，不能超过 24 小时；"急件"要求 3 天内处理完毕。电报的急度则分为"特提"（特别提前）"特急""加急""平急"。注明急度，可以保证公文的时效，使紧急公务得到优先处理。

紧急程度的编排一般用 3 号黑体字，顶格编排在版心左上角；如需同时标注份号、密级和保密期限、紧急程度，就要按照份号、密级和保密期限、紧急程度的顺序自上而下分行排列。

值得注意的是，份号、密级和紧急程度不是所有文件都有的，确有必要才需标识。

（4）发文机关标志。发文机关标志俗称"红头"，有两种构成方法，一种是由发文机关全称或规范化简称构成；另一种是在发文机关全称或规范化简称后加"文件"二字。发文机关全称应以批准该机关成立的文件核定的名称为准，规范化简称应由该机关的上级机关规定。发文机关标志居中排布，上边缘至版心上边缘为 35mm，用红色小标宋体字编排，具体字号各党政机关可根据机关名称字数多少来定，以醒目、美观、庄重为原则。联合行文时，应把主办机关名称排列在前，如果是行政机关与同级或相应的党的机关、军队机关、人民团体联合行文，则应按照党、政、军、群的顺序排列，然后把"文件"二字置于发文机关名称的右侧，以联署发文机关名称为准上下居中排布。如联合行文机关过多，必须保证公文首页显示正文。

（5）发文字号。发文字号简称为文号，是发文机关按年度对公文编排顺序的代号，由发文机关代字、年份加该年发文的顺序号组成。在实际工作中，发文机关代字一般由办公厅（室）编，编制机关代字要科学、明确，易于辨认，要选取机关名称中最具代表性的字，如广州市人民政府为"穗府"。机关代字的编排层次宜由大到小，即"地名代字+机关代字+分类代字"，如广东省人事厅干部培训处则为"粤人干"。

发文字号编排在发文机关标志下空二行位置，居中排布；年份、发文序号用阿拉伯数字标注；年份应标全称，用六角括号"〔 〕"括入，如〔2012〕；发文顺序号不加"第"字，不编虚位，如 1 不编为 01，在阿拉伯数字后加"号"字，如"26 号"。上行文的发文字号居左空一字编排，与最后一个签发人姓名处在同一行。

行政机关之间联合行文，只标注主办机关的发文字号；行政机关与其他机关如党、军、群等机关联合行文时，原则上应使用排列在前的机关的发文字号，也可以协商确定，但只能标注一个机关的发文字号。

（6）签发人。签发人是指签上发文机关核准发出该文的领导人的姓名。上报的公文需要标注签发人姓名，主要目的是让上级单位的领导人了解下级单位谁对上报事项负责。领导人签发的应该是职权范围内的文件，不得越级签发。具体地说，带全局性的重要公文由机关的主要负责人（机关的正职或主持工作的负责人）签发，局部性、事务性的公文由分管领导签发，联合发文要联合发文机关负责人签发，办公厅（室）公文由秘书长或办公厅（室）主任签发。

编排签发人，由"签发人"三字加全角冒号和签发人姓名组成，居右空一字，编排在发文机关标志下空二行位置。"签发人"三字用 3 号仿宋体字，签发人姓名用 3 号楷体字。如有多个签发人，签发人姓名按照发文机关的排列顺序从左到右、自上而下依次均匀编排，一般每行排两个姓名，回行时与上一行第一个签发人姓名对齐。

（7）版头中的分隔线。发文字号之下 4mm 处居中印一条与版心等宽的红色分隔线。党委机关的公文的红色分隔线中间有一红五星。

2. 主体部分

公文首页红色分隔线（不含）以下、公文末页首条分隔线（不含）以上的部分称为主体，通常由标题、主送机关、正文、附件说明、发文机关署名、成文日期和印章、附注、附件等项目构成。

（1）标题。公文标题的作用是让读者在最短的时间内了解公文的主要内容和形式。完整的公文标题一般由三部分组成：发文机关、事由和文种，如《××职业技术学院关于召开第五届运动会的通知》。在实际工作中也可采用省略式标题，即可省掉发文机关，如《关于工业生产情况的报告》；或省掉事由，如《广州市人民政府命令》；还可省掉发文机关和事由，如《通知》。当然，省去发文机关的公文标题，在归档登记或引用时，要将省去的部分补上，让查阅的人看得明白。

公文标题中的事由项标示公文的主要内容，一般用介词"关于"和一个表达该文主要内容的词组组成介词结构，作为公文文种的定语。在实际工作中，事由项的写作问题较多，因而写作中要注意以下几点：① 用在事由前的"关于"主要用于指明事由所涉及的范围，但在转发、批转性的通知中，就不需在事由前标注"关于"。② 公文的标题除法规、规章名称加书名号外，一般不用标点符号。③ 概括要确切，即要准确地概括出公文的内容或主题，而不要过于空泛，或是题文不对。例如，某省人大曾制定的《××省人民政府关于禁止赌博的处罚条例》就犯了"否定之否定"的错误，后才易名为《××省禁止赌博条例》。④ 表达要简明，即要直截了当地表达出公文的主要内容，而不要琐碎。例如，粤府〔1988〕133号文原标题79个字符："关于授予二十三位同志广东省职工特等劳动模范、一百八十位同志劳动模范、三百一十二位同志先进生产（工作）者、三十个单位模范集体、一百七十七个单位先进集体称号的决定"，文件打印好了，复核时才发现太长。后压缩成33个字符：《关于授予广东省职工劳动模范、先进生产（工作）者和先进集体称号的决定》。

书写标题时，一般用2号小标宋体字，编排于红色分隔线下空二行位置，分一行或多行居中排布；回行时，要做到词意完整，排列对称，长短适宜，间距恰当，标题排列应当使用梯形或菱形。

（2）主送机关。主送机关俗称"抬头"，是指公文发送的主要对象，即应当办理该公文的机关。主送机关应当使用全称或规范化简称、统称。主送机关编排于标题下空一行位置，居左顶格，回行时仍顶格，最后一个机关名称后标全角冒号。如主送机关名称过多导致公文首页不能显示正文时，应当将主送机关名称移至版记，标注方法同抄送机关。

普发性、周知性的下行文，是一种需要所属的各机关都要了解和执行的公文，一般用"各……"的句式。若同一系统之间用了顿号，不同系统之间就要用逗号，如"各省、自治区、直辖市人民政府，国务院各部委、各直属机构"。有些公开张贴、发表的公文，也可不标出主送机关，如公告、通告等。上行文一般只写一个主送机关，如需同时送其他机关，应当用抄送形式。

（3）正文。正文是文件的核心部分和主体部分，一般由缘由、事项和结尾三部分组成。缘由是正文的导言，主要交代为什么要制发这篇公文，即目的。事项是讲述公文主要内容的部分，它叙述情况、分析问题、说明做法、提出要求，一般这部分所占的篇幅最长。结尾是正文的收束，一般是讲执行要求或一些惯用语，如"以上请示当否，请批复""特此通知"。有些公文事项说完就结束，没有独立的结尾部分。

公文首页必须显示正文。一般用3号仿宋体字，编排于主送机关名称下一行，每个自然段左空二字，回行顶格。一般每面排22行，每行28个字。文中结构层次序数依次可以用"一、""（一）""1.""（1）"标注；一般第一层用黑体字、第二层用楷体字、第三层和第四层用仿宋体字标注。这四个层次可以跨越，但不可颠倒。数字、年份不能回行。

（4）附件说明。附件是公文主件的附属说明部分，是补充公文主件内容的材料，如文件中的人员名单、报表、照片、典型材料、证明文件等有关资料。需要明确的是，公文的附件是正文内容的组成部分，与公文正文一样具有同等效力。

公文如有附件，必须在正文之后加以说明。其编排方法如下：在正文下空一行左空二字编排"附件"二字，后标全角冒号和附件名称。如有多个附件，使用阿拉伯数字标注附件顺序号，附件名称后不加标点符号，如"附件：1.×××××"。附件名称较长需回行时，应当与上一行附件名称的首字对齐。

（5）发文机关署名、成文日期和印章。成文日期，就是公文的发出日期。一个单位发的公文，以该单位领导人签发的日期为准；联合行文的公文，以最后签发机关领导人签发的日期为准。成文日期一般右空四字编排，用阿拉伯数字将年、月、日标全；年份应标全称，月、日不编虚位，即1不编为01。

发文机关印章是发文机关对文件表示负责的凭证。印章用红色，不得出现空白印章。不是所有公文都要加盖印章。

1）加盖印章的公文。单一机关行文时，一般在成文日期之上、以成文日期为准居中编排发文机关署名，印章端正、居中下压发文机关署名和成文日期，使发文机关署名和成文日期居印章中心偏下位置，印章顶端应当上距正文（或附件说明）一行之内。联合行文时，一般将各发文机关署名按照发文机关顺序整齐排列在相应位置，并将印章一一对应、端止、居中下压发文机关署名，最后一个印章端正、居中下压发文机关署名和成文日期，印章之间排列整齐、互不相交或相切，每排印章两端不得超出版心，首排印章顶端应当上距正文（或附件说明）一行之内。

2）不加盖印章的公文。单一机关行文时，在正文（或附件说明）下空一行右空二字编排发文机关署名，在发文机关署名下一行编排成文日期，首字比发文机关署名首字右移二字，如成文日期长于发文机关署名，应当使成文日期右空二字编排，并相应增加发文机关署名右空字数。联合行文时，应当先编排主办机关署名，其余发文机关署名依次向下编排。

3）加盖签发人签名章的公文。单一机关制发的公文加盖签发人签名章时，在正文（或附件说明）下空二行右空四字加盖签发人签名章，签名章左空二字标注签发人职务，以签名章为准上下居中排布，在签发人签名章下空一行、右空四字编排成文日期。联合行文时，应当先编排主办机关签发人职务、签名章，其余机关签发人职务、签名章依次向下编排，与主办机关签发人职务、签名章上下对齐；每行只编排一个机关的签发人职务、签名章；签发人职务应当标注全称。签名章一般用红色。

另外，当公文排版后所剩空白处不能容下印章或签发人签名章、成文日期时，可以采取调整行距、字距的措施解决。

（6）附注。附注一般是对公文的发放范围、使用时需注意的事项加以说明，如

"此件发至县、团级""此件可见报",不是对公文的内容做出解释或注释。对公文的注释或解释一般在公文正文中采取句内括号或句外括号的方式解决。

公文如有附注,居左空两字加圆括号编排在成文日期下一行。

请示需要注明联系人的姓名和电话时,可编排在附注位置。

(7)附件。附件应当另面编排,并在版记之前,与公文正文一起装订。"附件"二字及附件顺序号用 3 号黑体字,顶格编排在版心左上角第一行。附件标题居中编排在版心第三行。附件顺序号和附件标题应当与附件说明的表述一致。附件格式要求同正文。

如附件与正文不能一起装订,应当在附件左上角第一行顶格编排公文的发文字号,并在其后标注"附件"二字及附件顺序号。

3. 版记部分

公文末页首条分隔线以下、末条分隔线以上的部分称为版记,通常由抄送机关、印发机关和印发时间等项目构成。

(1)版记中的分隔线。版记中各要素之下均加一条黑色分隔线,宽度同版心。首条分隔线和末条分隔线用粗线(推荐高度为 0.35mm),中间的分隔线用细线(推荐高度为 0.25mm)。首条分隔线位于版记中第一个要素之上,末条分隔线与公文最后一面的版心下边缘重合。

(2)抄送机关。抄送机关指除主送机关外需要了解或知晓公文的其他机关,应当使用全称或者规范化简称、统称。

抄送文件是为了限定公文发送范围,发挥公文的作用,提高工作效率。所以要注意以下几点:确实需要的就抄送,不要漏报漏送,以免工作脱节;抄送机关名称要明确列出,不可笼统。

公文如有抄送机关,一般用 4 号仿宋体字,在印发机关和印发日期的上一行、左右各空一字编排。"抄送"二字后加全角冒号和抄送机关名称,回行时与冒号后的首字对齐,最后一个抄送机关名称后标句号。

如需把主送机关移至版记,除将"抄送"二字改为"主送"外,编排方法同抄送机关。既有主送机关又有抄送机关时,应当将主送机关置于抄送机关的上一行,之间不加分隔线。

(3)印发机关和印发时间。印发机关指印刷、封发公文的机关名称,通常是发文机关的办公厅(室)。印发时间以公文付印的日期为准,一般要在发文日期 5 天内印好发出。

印发机关和印发日期一般用 4 号仿宋体字,编排在末条分隔线之上,印发机关左空一字,印发日期右空一字,用阿拉伯数字将年、月、日标全,年份应标全称,月、日不编虚位(1 不编为 01),后加"印发"二字。

版记位于公文最后一页,版记的最后一个要素置于最后一行。也就是说,版记一定要放在公文的最后即公文的最后一面(本标准规定公文双面印刷)的最下面的位置。之所以这样规定,是为了保证公文的完整性。因为公文的开始部分很明显,即印有红头的首页,而结束部分就是本标准规定的版记。这样,红头与版记之间的所有部分都是公文不可缺少的部分,由此可以准确认定公文是否完整。确定版记的位置在实际操作中会遇到以下情况:①公文主体之后的空白容不下版记的位置,需另起一页编排版记,此时版记要放在最后一面，即使前一面完全空白也没有关系。②公文的篇幅如果在一个折页（即有四面）以上，这时公文的页数一般应是 4 的倍数，此时版记也一定要放在最后一面，而不管前面的空白有多少（一般不会超过 3 面）。③公文有附件。如果附件最后的空白能够容下版记，而该页又正是 4 的倍数，此时版记应置于该空白处，以免造成不必要的浪费。如果附件是被转发的文件，该文件后面也有版记，此时被转发文件的版记不能代替转发文件的版记，转发文件还应编排自己的版记。

以上所说的各个部分的要素，是一份文件最完备的格式，使用时可视具体情况省去一些项目，如一般的文件就没有密级和急度，一些告知性的公文（如公告、通告等）一般都没有版头、版记和主送机关等。

4. 页码

页码位于版心外，一般用 4 号半角宋体阿拉伯数字，编排在公文版心下边缘之下，数字左右各放一条一字线；一字线上距版心下边缘 7mm。单页码居右空一字，双页码居左空一字。公文的版记页前有空白页的，空白页和版记页均不编排页码。公文的附件与正文一起装订时，页码应当连续编排。公文如有 A4 纸型的表格横排时，页码位置与公文其他页码保持一致，单页码表头在订口一边，双页码表头在切口一边。

公文各组成部分的编排规则参照 2012 年 7 月 1 日开始实施的《党政机关公文格式》国家标准（GB/T 9704—2012）执行。公文用纸一般采用国际标准 A4 型（210mm×297mm），左侧装订。公文用纸天头（上白边）为 37mm±1mm，订口（左白边）为 28mm±1mm，版心尺寸为 156mm×225mm。一般每面排 22 行，每行排 28 个字，并撑满版心。如无特殊说明，公文格式各要素一般用 3 号仿宋体字，文字的颜色均为黑色。文字从左至右横写、横排。在民族自治地方，可以并用汉字和通用的少数民族文字（按其习惯书写、排版）。张贴的公文用纸大小根据实际需要确定。

公文页面格式如图 2-1 至图 2-9 所示。

（三）公文的信函格式

公文的信函格式也就是函件的格式，首页不显示页码。公文的信函格式如图 2-10 所示，其格式编排如下：

1. 发文机关的编排

信函格式的首页上端用红色小标宋体字编排发文机关全称或规范化简称，后不加"文件"二字，居中排布，上边缘至上页边为 30mm。联合行文时，使用主办机关标志。

2. 分隔线的编排

信函的发文机关名称下 4mm 处为一条红色双线（上粗下细），距下页边 20mm 处为一条红色双线（上细下粗），两条线长度均为 170mm，居中排布。

3. 份号、密级、急度和发文字号的编排

如需标注份号、密级和保密期限、紧急程度，顶格居版心左边缘编排在第一条红色双线下，按照份号、密级和保密期限、紧急程度的顺序自上而下分行排列。信函格式的发文字号由发文机关代字、"函"、年份加该年发文的顺序号组成，如"粤府函〔2012〕10 号"。发文字号顶格居版心右边缘编排在第一条红色双线下。

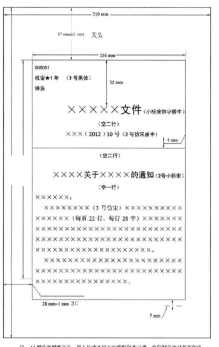

图 2-1 公文首页版式

图 2-2 联合行文公文首页版式 1

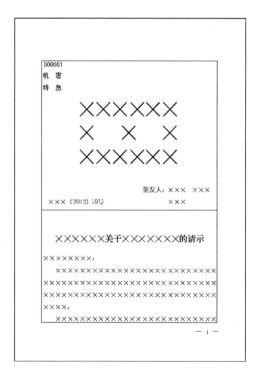

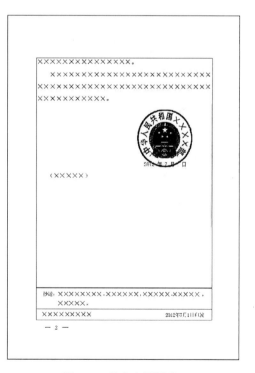

图 2-3 联合行文公文首页版式 2

图 2-4 公文末页版式 1

経

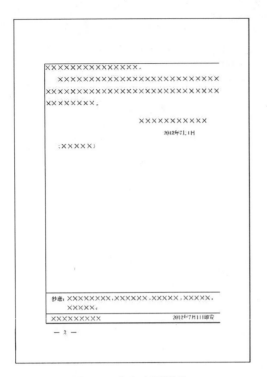

图 2-5　公文末页版式 2

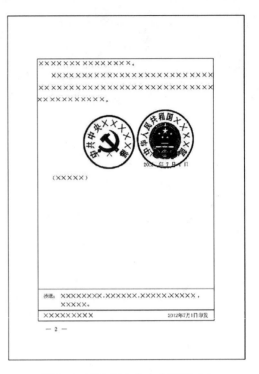

图 2-6　联合行文公文末页版式 1

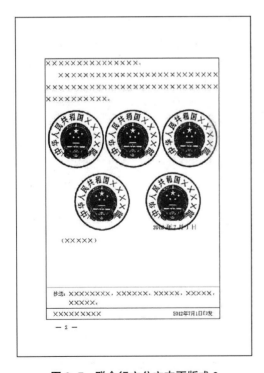

图 2-7　联合行文公文末页版式 2

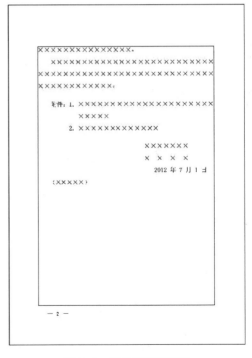

图 2-8　附件说明页版式

024

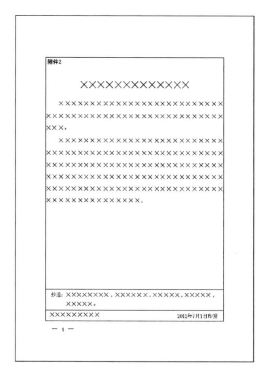

图 2-9　带附件公文末页版式　　　　图 2-10　信函格式

4. 标题和版记的编排

标题居中编排，与其上最后一个要素相距两行。版记不加印发机关和印发日期、分隔线，位于公文最后一面版心内最下方。

(四) 命令格式

与一般公文的格式不同，命令没有版头部分，直接以标题领首。

1. 命令的标题

命令的标题由发文机关名称加"命令"或"令"构成，如《中华人民共和国卫生部令》，其中的发文机关名称要用全称，不能用简称（包括规范化简称）；居中排布，上边缘至版心上边缘为 20mm，用红色小标宋体字。

2. 命令的发文字号

命令的发文字号又叫令号，有两种写法：一是与一般的公文格式一样，由发文机关代字、年份加该年发文的顺序号组成；二是只写令号，即按签署该命令的行政首长任职内所签发的命令跨年度编流水号，如"第 12 号"。令号在发文机关之下空二行居中编排，令号下空二行编排正文。

3. 命令的印章

命令的印章一般不是发文机关名称印章，而是发文机关最高领导人的亲笔签名章，签名章用红色。在正文下空二行右空四字加盖签发人签名章，签名章左空二字标注签发人职务，以签名章为准上下居中排布。在签发人签名章下空一行右空四字编排成文日期。

公文的命令格式如图 2-11 所示。

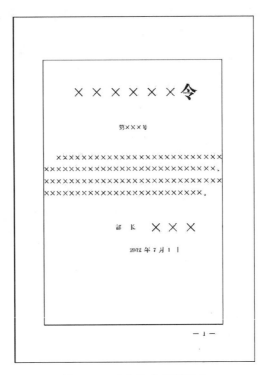

图 2-11 命令格式首页版式

五、行文规则

行文，即指各级机关在其处理公务的过程中，以本机关名义制发公文的运行过程。简单地说，就是公文的发送传递。行文规则是机关单位在公文的发送传递过程中要共同遵循的规则。公文能否顺利发送传递，是关系到受文机关能否及时收到并顺利办理，从而提高国家行政机关工作效率的问题，更重要的是，还关系到我国政府机关的形象问题。因此，理顺行文关系，遵守行文规则，是发挥公文作用、提高工作效率的必要条件。

（一）与行文规则有关的概念

1. 行文关系

行文关系是指发文机关和受文机关之间的关系，是保证机关单位工作正常运转的组织关系在公文运行中的体现。

2. 行文方向

行文方向即以发文机关为立足点，根据职权范围和隶属关系，公文向不同层次机关单位运行的去向。

3. 行文方式

行文方式是根据工作需要和机关单位的组织关系决定的行文的方法和形式，即指行文时确定公文受文机关或发文机关的具体办法。

从实际工作来看，行文方式可分为以下三大类：

（1）从确定受文机关来分。

1）逐级行文，即行文机关向自己的直接上级或直接下级发送公文。

2）越级行文，即行文机关越过自己的直接上级或直接下级，向非直接上级或非直接下级行文。

3）多级行文，行文机关向直接下级和非直接下级的一次性行文。

4）普发行文，行文机关向隶属机关和非隶属机关、广大群众一次性泛向行文。这种行文方式一般不用写主送机关，多出现于面向公众公开发表的公文。

（2）从发文机关的数量来分。

1）单独行文，只有一个机关署名发出的公文。大多数的公文都采取此种形式。

2）联合行文，由两个或两个以上的机关联合署名发出的公文。这种行文方式，只是在行文内容同时涉及两个或两个以上的机关时才会使用。

（3）从发布、传递范围不同来分。

1）内部公文，是指仅在本机关内运行的公文，眉首中发文机关标识不必套红印刷，俗称"白头文件"。

2）外发公文。是指通过办公厅（室）传递至其他机关的公文，眉首中发文机关标识是套红印刷，因此俗称"红头文件"。

（二）行文规则的内容

《办法》规定，公文的行文规则有以下内容：

1. 行文实效原则

《办法》第十三条规定："行文应当确有必要，注重效用。"毫无疑问，哪一级机关、单位所发的公文都必须与党的路线、方针和国家的法律法规相一致，但单纯做"传声筒"，就不能发挥出发文机关的职能，因此要求发文机关把上级的有关精神与当地的实际情况结合起来，从而形成针对性、可操作性强的文件。

2. 行文关系的原则

《办法》第十四条规定："行文关系根据隶属关系和职权范围确定。"该规定指出了确定行文关系的根据有以下两个：

（1）隶属关系。隶属关系指垂直组织系统中存在直接往来的上下级之间的关系，而在实际工作中，我国的各类各级机关之间存有以下五种关系。

1）领导关系：上下级之间领导与被领导的关系，如国务院↔省府↔市府↔县府，或省府↔厅、局、委、办。下级对上级用请示、报告，上级对下级要用决定、通知、批复、通报、公告、通告等指挥性、知照性公文。

2）指导关系：主管部门上下级之间的关系，如省教育厅↔市教育局↔县教育局。相互行文与前一种关系大致相同。

3）协作关系：同级机关或不相隶属机关之间的关系，前者是指同属一级政府之下的财政局、人事局、经贸委等机关之间的关系，后者是指不相隶属的农业局、组织部、共青团等机关之间的关系，这些机关之间行文用函。

4）监督关系：这主要是指人民代表大会及其常委会、政府和党委机关之间的关系。它们之间没有隶属关系，各有自己的系统。人民代表大会是立法机关，监督政府的运作；政府是行政机关，接受监督；党委在政治上起领导作用，主要管大政方针和党务，把握方向。它们之间相互行文一般用函，但政府向同级人民代表大会提请审议事项用议案。

5）统管关系：地方政府同辖区内的上级机关及其他地方机关派驻机构的关系。这些派驻机构，除了接受它的上级领导外，还得接受地方政府的统一管理，如某省人民政府驻广州办事处与广州市人民政府之间的关系。它们之间相互行文一般用函。

（2）职权范围。职权范围是指本机关在其组织系统中所赋予的职能和所具有的权力。职权既是各级机关处理本机关管理范围内有关公文的必要条件，又是处理与有关公务相关公文的根据。概括而言，各机关的职权范围有以下两种。

1）本机关职权：这是一个机关按照法律规定或依照法律程序确定而赋有的职责和具有的权力，是其完成本职工作经常性使用的职权，因此称为经常性职权。

2）上级机关授权：上级机关为进行某一项工作而有条件或有限制地把原属上级机关的部分职权在一定时间内授给下级机关的行为。作为下级机关只是临时代行，当这项工作结束时，所接受的职权便不复存在，因此这种职权称为临时性职权。

在本机关的职权范围内，应当行文而不予行文即是失职；不在本机关职权范围内行文即是越权。二者都是错误的，而越权行文往往是无效的。

3. 部门行文的规则

《办法》第十五条、第十七条、第十八条和第十九条所表述的都是政府部门行文的规定，具体如下：

（1）"政府各部门依据部门职权可以相互行文。"例如，省财政厅和省外经贸厅都是省政府属下的职能部门，在工作中需要与对方沟通的，可按各自的职权范围向对方发函联系，而不必"绕道"省政府而徒增运转层次和手续。

（2）各部门可以"向下一级政府的相关业务部门行文"。部门的上下级之间可以相互行文，属于指导关系，业务主管部门的上下级之间也可以相互行文，如省农业厅可与市农业局相互行文。

（3）各部门"除以函的形式商洽工作、询问和答复问题、审批事项外，一般不得向下一级政府正式行文"。政府各部门（包括议事协调结构）不能对下一级政府正式行文，但确有工作需要而要向下一级政府行文时，有以下三种处理方法：① 以函的形式行文（非正式行文），商洽工作、询问和答复问题、审批事项；② 报请本级政府批转或由本级政府办公厅（室）转发；③ 因特殊情况确需向下一级政府正式行文，要报经本级政府批准，并在文中注明经政府同意。

（4）"部门内设机构除办公厅（室）外不得对外正式行文。"所谓"部门内设机构"，是指各厅、局、委、办内的处、科一级的机构。按照《办法》以及《国务院办公厅关于实施〈国家行政机关公文处理办法〉涉及的几个具体问题的处理意见》（国办函〔2001〕1号）的规定，这些内设机构，除了办公厅（室）外，都不得向本部门机关以外的其他机关（包括本系统）制发政策性和规范性文件，不得代替部门审批下达本应当由部门审批下达的事项。

（5）"属于部门职权范围内的事务，应当由部门自行行文或联合行文。"这条规定了部门在本职责范围内可以单独发文，也可以与别的部门联合行文。

（6）"须经政府审批的事项，经政府同意也可以由部门行文，文中应当注明经政府同意。"这样可以减少政府的发文数量，以保证内容重要、事关全局的工作才由政府正式行文。

（7）"属于主管部门职权范围内的具体问题，应当直接报送主管部门处理。"主管部门的上级一般有两个：一是本级政府，如县林业局→县政府；二是指导关系的上级，如县林业局→市林业局。凡是属于业务范围内的事，就应当由其指导关系的上级来处理，如县林业局有关业务方面的问题，应向市林业局行文。如果下级业务部门把理应由上级业务主管部门解决的事情报请本级政府，又要由本级政府向上级政府请示，再通过上级政府转其所属业务主管部门办理。不仅浪费人力、物力和时间，还有可能导致政府过多干涉部门的业务工作，反倒忽视了统管全局的工作。

（8）"部门之间对有关问题未协商一致，不得各自向下行文。"此条规定是为了维护公文的权威性和政令的一致性。凡行文内容涉及其他部门的职权范围时，行文前必须由主办部门负责与有关部门就该问题进行协商，当取得一致意见后方可行文，一律不得各自按照自己的意见向下行文。协商中如果确实难以取得一致意见，应由主办部门如实列出各方理据，提出建议性意见，上报共同的上级机关，以便该上级机关进行协调或仲裁。强调这一点，其目的是强化有关部门的责任，提高决策的效率，以达到有效、高效的目的。如果在意见分歧情况下，各部门政出多门，只能使下级无所适从。如果部门之间未协商一致就各自向下行文，"上级机关应当责令纠正或撤销"。

4. 联合行文的规则

如果一项工作同时涉及两个或两个以上的同级机关并需要配合协同处理的，为了增强公文的权威性、提高办事效率，可以联合行文。《办法》第十六条、第十七条规定了可以联合行文的几种情况：

（1）"同级政府、同级政府各部门、上级政府部门与下一级政府可以联合行文。"这一条是说明行政机关系统里的联合行文规则的，包括以下三种情况：① 同级政府可以联合行文，即同是一级的地方人民政府可以联合行文，如佛山市人民政府和东莞市人民政府可以联合行文；② 同级政府各部门可以联合行文，如某地级市的人事局和劳动局可以联合行文；③ 上级政府部门与下一级政府可以联合行文，如省人事局和某市政府可以联合行文。

（2）"政府与同级党委和军队机关可以联合行文。"它是指同级党、政、军的联合行文，如中共广东省委、广东省人民政府和中国人民解放军广东省军区可以联合行文。

（3）"政府部门与相应的党组织和军队机关可以联合行文。"它是指党、政、军的部门之间的联合行文。所谓"相应的"，是指与该政府部门同级的党组织和军队机关，如国家人事部和总政治部可以联合行文，省委宣传部和省新闻出版局可以联合行文。

（4）"政府部门与同级人民团体和具有行政职能的事业单位也可以联合行文。"政府部门与人民团体联合行文如国家化工部等部门和中国轻工总会可以联合行文。"具有行政职能的事业单位"是指中国科学院、中国社会科学院、中国地震局、中国气象局、中国证券监督管理委员会等单位，它们也可以和国务院的部门联合行文。

（5）"联合行文应当明确主办部门。"之所以提出这一条，不仅使公文的草拟、制发能按部就班地进行，而且在部门之间出现分歧意见时，主办部门的主要负责人可以出面协调。经协调"仍不能取得一致时，主办部门可以列明各方理据，提出建设性意见，并与有关部门会签后报请上级机关协调或裁定。"（《办法》第二十六条）

5. 向上行文的规则

（1）逐级行文。《办法》第十四条规定："一般不得越级请示和报告。"管理体制是一级管一级的。为了维护正常的办公程序，发挥各级行政机关的作用，避免工作脱节，下级机关向上级机关请示、报告，一般应向直接的上级机关行文，如某县（区）人民政府拟增设机构，就不应向省人民政府请示，而应向市人民政府请示。各行政机关要严格限制在职权范围内行文，不得越权。如遇到特殊情况，下级机关可越级行文，特殊情况包括以下几种：①发生紧急情况，如战争或严重的自然灾害、出现安全方面的重大问题及紧急事件，逐级上报将延误时间，造成重大损失；②经过多次请示上级机关，但受到上级机关长期搁置而急需解决的问题；③与直接上级产生争议，一时难以解决的事项；④上级机关交办的并指定越级直接上报的事项等；这些都可越级行文，但应抄送被越过的直接上级机关。

（2）不送个人。《办法》第二十二条规定："除上级机关负责人直接交办的事项外，不得以机关名义向上级机关负责人报送'请示''意见'和'报告'。"按照正常的工作程序，某份请示送到上级机关，上级机关就会按照职权范围分工处理，发挥各个职能部门的作用。如果是"负责人直接交办的事项"，属于特殊情况，就可以直接报送领导者个人。

（3）请示的规则。请示除了要遵守上述规定之外，还得遵守以下规定：

1）一文一事。"'请示'应当一文一事"（《办法》第二十一条），即在一份请示中只讲一项工作或只讲一个方面的问题。因为内容单一，上级方便研究处理，无须公文在几个部门间"旅行"后才能答复；而且，一文一事在标题上也好反映，容易拟写出准确而又简要的标题。

2）一头请示。"'请示'一般只写一个主送机关"（《办法》第二十一条）。一份请示只应有一个主送机关，有关事项就由这个主送机关负责批复。"需要同时送其他机关的，应当用抄送形式。"《办法》第十八条规定："受双重领导的单位，需要同时报另一上级机关，就可以根据实际情况，选择与请示事项直接有关的上级作为主送机关，而另一上级则作为抄送机关。"为什么不能多头请示？因为多头请示就要多头审批，而多头审批，一是重复劳动，造成劳动、时间等的浪费；二是不按行文规则行文，容易造成公文处理程序的混乱；三是如果出现几个上级批复意见不一时，就会产生矛盾。

3）"不得抄送其下级机关。"（《办法》第二十一条）上报的请示，当上级还没批复下来时，其内容就还没生效。抄送尚未生效的文件，会造成工作混乱。

（4）"'报告'不得夹带请示事项。"报告是呈阅性公文，是给领导看的，不要求答复，而请示是要求上级机关要给予明确答复的。把请示事项夹进报告中，其结果只能是延误工作。处理的办法应是另起草一份请示，写明请示理由和请示事项。

6. 抄送的规则

（1）向下级机关或本系统的重要行文，应当同时抄送直接上级机关。一般而言，向下级机关或本系统的行文多数不用抄送给上级机关，否则会造成"文山"。那么何谓"重要行文"？即涉及比较重要事项的公文，如撤换下级机关的主要领导人、增设重要机构、开展大的外事活动、审批大的建设项目及布置重要的工作。其目的在于让上级了解情况、掌握全局，避免各自为政；同时也便于上级监督，避免在重要问题上出大差错。

（2）受双重领导的机关向上级机关行文，应当写明主送机关和抄送机关。上级机关向受双重领导的下级机关行文，必要时应抄送其另一上级机关。有些机关是有双重领导的，这些机关行文时，应当根据公文内容的具体职权归属，写明主送机关和抄送机关。例如，某华侨大学受教育部和国务院侨务办公室的双重领导，它上送一份关于教育问题的请示，主送机关就应选择教育部，同时抄送给国务院侨务办公室；而教育部答复该校时，根据需要抄送给国务院侨务办公室。这样做主要是为了增进了解，协调工作，既可避免重复行文，又可避免因为互不通气而产生矛盾。

六、公文制发规定

公文的制发是指以本机关名义制作和发送公文的各项工作过程，包括草拟、审核、签发、复核、缮印、用印、登记、分发等程序。这些程序环环相扣，彼此相连，以规范的顺序来完成公文的制发工作。

（一）审核

审核是指公文的审核人员按照一定的原则和方法，在公文签发之前对其进行全面的检查、修正活动。审核是发文办理中一个不可缺少的关键环节，它对制作一份规范、合格的公文具有极其重要的意义。

在实际工作中，公文文稿的审核工作一般要视具体情况而区别对待：以机关名义发文的重要文稿，由机关领导人亲自审核；以机关名义发文的一般文稿，由机关综合办公部门的负责人或由其授权的秘书人员进行审核；以机关内设机构名义发的文稿，由该组织机构的负责人或由其授权的秘书人员进行审核，以确保公文的质量。

审核文稿主要从以下几个方面把关：

1. 行文关

行文关即确定是否有发文的必要性。只有当一份公文的确是为解决问题所必需的，能产生比面谈、电话、会议、现场办公等方式更好的效果时，才能确定发文。那些可发可不发的公文坚决不发，在实际工作中，要掌握好几个"不发"：凡部门自行发文能解决的事项，就不以政府的名义行文；凡会议已经部署的工作，就不再重复行文部署；除法定正式会议上的工作报告外，领导在一般会议上的讲话不以正式文件转发；贯彻上级文件精神，如没有实质性的贯彻意见，可不再发文件，应采取翻印的形式下发；凡适宜公开见报或在内部刊物上登载的典型经验和各类工作会议、座谈会、专业会议纪要等，可不发正式文件。

2. 法规政策关

这方面的审核要注意两点：一是不得与国家的法律、法规相抵触；二是不能违背党和国家的现行政策。公文在对现行政策做出调整和新规定的同时，应与原规定相衔接，以保持法规、政策的连续性和一致性。

3. 内容关

内容关即检查公文内容是否真实有据、情况可靠、观点正确、提法妥当，措施要求是否符合实际、切实可行。

4. 文字关

文字关即确定文稿的写作是否符合逻辑规则和语法规范，表述是否准确，结构是否严谨，详略是否得当，条理是否清楚，文稿中人名、地名、数字、引文、结构层次序数、国家法定计量单位等的表达是否准确、规范，各项数据项目的表达是否符合标准和规范。

5. 体例格式关

体例格式关即检查文稿是否符合行文规则，如行文方式是否妥当，行文关系、传递方向是否正确，是否符合联合行文的条件，文种是否正确，标题、文号、主送和抄送机关等技术方面是否符合规范。

对于文稿审核中发现的问题，并不是全部由审核人来负责修正，可以视情况的不同提出不同的处理意见：对于文稿中出现的局部的、小范围的问题，审核人可以直接对文稿进行修改；对于文稿中出现的多方面的、大范围的问题，审核人可以在提出修改意见后，退还给拟稿人，由其对文稿进行具体修改；对于一些专业性比较强的文稿，应由审核人与拟稿人相互协商，共同修改；联合行文的文稿，先由主办单位负责审核，同时还要组织其他发文单位进行会商工作，并由其依次审核文稿。

（二）签发

签发是对审核无误的文稿进行最终审核并签注发出意见的活动。签发公文是正式赋予公文法定效力的关键一步。通常情况下，公文文稿通过几次审核确认无误，由签发人批注正式发出意见，签注姓名和日期后，即成为定稿，具备正式公文的效用，成为缮印的标准文本。经签发后的定稿，其他人未经签发人同意，均不得对其再做任何修改，否则将负行政或法律责任。

签发工作是机关各级主要负责人行使职权、履行职责的重要手段，因此，签发公文的人员是负有法定职责的主要负责人或被授权的部门负责人。签发公文必须按照下列的原则进行：

1. 分层签发原则

分层签发原则即签发人必须根据其职权范围的规定，签发自身法定权限内的公文。每一层组织机构的领导都有自己的职权范围，只有权签发属于其权限内的公文，而不得越权签发公文。按照《办法》第二十八条的规定，以本机关名义制发的公文，由本机关的正职或主持工作的负责人签发；以机关内设机构名义发文时，由部门负责人签发；会议讨论通过的决议、会议纪要等，由主持会议的领导签发；联合行文时应先由主办机关签署意见，然后由各协办机关依次签发，并实行"对等"签发，即主办单位由哪一级负责人签发的，其他协办单位就由哪一级负责人会签。一般不使用复印件会签。

2. 先核后签原则

先核后签原则即在发文办理过程中必须首先对公文进行审核，核查无误后再送交领导人签发。如果先签发后审核，容易造成签发失效，反复签发，浪费资源，而且使审核失去其为领导签发而起的"助手"的作用。

签发时应规范书写签发意见。签发意见不应直接写在正文文稿上，而应在"发文稿纸"相应栏目内批注定稿及发出意见（如"发""急发"等），并签注完整的姓名与日期。日期要求写全年、月、日，因为签发日期作为公文的成文日期，是公文的法定生效时间。会签时，各单位的签发人均要签注签发意见以及完整的姓名与时间；代签时，应标注"代""代签"等字样。

（三）复核

复核即文秘部门在公文正式印制前，对领导人签发后的公文进行的最后一次的把关检查。

复核工作的重点：①检查审批签发手续是否完备。即核查文稿的审批人、签发人是否合法，有无越权情况；是否规范地签注了发文意见、姓名和日期。②检查公文管理信息是否准确。即检查公文具体的发文范围是否明确；阅读范围的级别限制是否清楚；急度、密级是否合理；印刷份数、发文字号是否有误等。③检查附件材料是否齐全。即检查附件材料的名称、顺序是否与附件说明一致，是否有遗漏，其内容是否完整无缺。④检查格式是否统一、规范。即公文书写格式、字体字号、标点符号、数字、公式、层次序数、页码、表格、注释等的表达格式是否符合有关规定，表达公文内容的结构格式是否规范。⑤再次对公文的内容和形式进行审查。经复核，如发现问题，确实需要对文稿进行实质性修改的，应向签发人提出请求，征得其同意后，方可修改。文稿经修改后，必须按程序进行复审、签发。未经签发人同意，不得对复核中发现的问题擅自修改，否则，将会追究修改人的行政或法律上的责任。

（四）缮印

缮印就是根据定稿制作公文正本的工作。这一程序中包括了印刷、校对和装订三个环节。

1. 印刷

印刷时要求做到：

（1）根据适用和耐久原则，正确选择纸张和字迹材料。有关这方面的指标，请参见国家标准。

（2）按照国家标准，规范地安排公文的版式。其内容包括：公文各部分文字符号所占区域的位置、排列次序、编排方法；版心尺寸；行距、字距；字体、字号等。

（3）排版时还须根据实际情况，处理好一些特殊情况。以公文中标题的排列为例，公文中大小标题的排列形式，可根据重要程度和字数居中排布。字数不多时排一行；字数较多时，可排两行或多行，外形可呈正梯形、倒梯形、橄榄形、齐肩形等。排列时还应注意避免"背题"现象，即将标题排在该页的最后一行，使题下无正文文字，遇到这种情况，应将标题移至下一版面，或者通过加行或缩行的方法来解决。

2. 校对

公文排版完毕打印出文本后，还需要进行认真、仔细的校对工作，这样才能成为正式公文。

校对是以定稿和规范格式为基准，对校样进行全面核对检查，以发现、纠正各种错漏，确保公文质量。其主要内容有：校正与定稿不符的各种错字、倒字、横字、残字；

校正与定稿不符的被颠倒的字句、行段；删除多余成分，补正被遗漏部分；校正标点符号、公式、图表方面的错漏；校对页与页的衔接和页码标注位置方面的差错等。

校对要十分仔细认真，逐字逐句，一丝不苟。一般公文需经 2~3 次校对后方能付印，重要的或上报的公文，其校次还需适当增加，并有两人以上参加校对，以确保公文的质量。在校对中如发现问题，应及时提交审核部门处理，印制部门和其他人员不得擅自更改。

3. 装订

经校对无误后打印出的正式文本，应予以装订，以免散失，方便传递和公文的办理。

装订的方法和要求详见国家规定的标准内容。

（五）用印

为表明对公文承担法律责任，表明对公文法律效力的认可，发文机关必须在公文上加盖机关印章。

用印和签署都是公文生效的标志，都必须按照法定的权限和程序进行。以组织名义发的公文通常要加盖其印章；以领导人名义发的公文应予签署，即由该领导人负责在公文正本上签注其姓名。除已经法定领导人正式签署的公文外，行政机关的公文不经用印一律无效。在法定的 15 种公文中，除会议纪要外，均需加盖印章或签署。

印章的颜色应为红色，印迹必须端正、清晰、完整。印章中的文字必须端正地自左而右环形排列，完整、清楚地显示发文机关的名称，以维护公文的严肃性和有效性。

（六）登记

登记即文秘部门清点核对文件，进行发文登记，编发文号，记载发文范围、印刷数量、发出方法等。发文登记的方法有卡片式、活页式、账簿式等。

（七）分发

公文的分发，就是将已经登记封装完毕的公文以一定的方式发送给受文机关的传递活动。公文的分发一般有普通邮寄、机要通信、机要交通、公文交换以及电信传递等方式，如遇到高度机密公文或情急的情况，则要采用专人送达的方式。

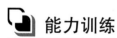 能力训练

一、单项选择题

1. 公文的版头部分包括以下的要素是（　　）。

　A. 发文机关编排、发文字号、签发人、标题

　B. 公文份数序号、发文机关编排、发文字号、签发人

　C. 发文机关编排、发文字号、标题

　D. 紧急程度、发文机关编排、发文字号、主送机关

2. 标注于主题词上方，对公文中某些内容进行注解与说明的要素是（　　）。

　A. 附件　　　　　B. 主题词　　　　　C. 附注　　　　　D. 印发说明

3. 下列标注成文日期正确的是（　　　）。

　　A. 二零零一年三月五日　　　　　B. 二〇〇一年三月五日

　　C. 二〇〇一、三、五　　　　　　D. 2001 年 3 月 5 日

4. 抄送机关是指（　　　）。

　　A. 双重领导的机关

　　B. 与文件有关系、需了解文件内容而不须负责处理和答复的机关

　　C. 负责受理或答复该公文的机关

　　D. 越级公文所越过的机关

5. 公文的作者指（　　　）。

　　A. 单位第一负责人　　　　　　　B. 单位秘书

　　C. 公文的执笔者　　　　　　　　D. 制发公文的单位

6. 公文的制发受到公文处理程序的严格制约，因此具有（　　　）性。

　　A. 法定　　　　　B. 程序　　　　　C. 规范　　　　　D. 指导

7. 下列哪个文种不属于《国家行政机关公文处理办法》中的规定文种？（　　　）

　　A. 意见　　　　　B. 通报　　　　　C. 报告　　　　　D. 计划

8. 上行文的行文方向指（　　　）。

　　A. 给比本机关级别高的单位发文　　B. 给比本机关级别低的单位发文

　　C. 给具有隶属关系的上级单位发文　D. 请示和报告

9. 编排"急件"的公文，应当在（　　　）天之内办理完毕。

　　A. 一　　　　　B. 二　　　　　C. 三　　　　　D. 四

10. 政府各部门依据职权，其下行文可以向（　　　）行文。

　　A. 下一级政府

　　B. 下一级政府业务部门

　　C. 政府各部门之间

　　D. 无隶属关系的比本部门级别低的机关

11. 问题协商未果而各部门单独向下的行文，上级单位（　　　）。

　　A. 应责令纠正或撤销

　　B. 应肯定一方的公文，撤销另一方的公文

　　C. 应另行行文

　　D. 应与这些部门再次联合行文

12. 受双重领导的下级机关向上行文，应当（　　　）。

　　A. 给两个领导机关主送公文

　　B. 给负责答复的领导机关主送，另一领导机关抄送

　　C. 越级给更上一级机关行文，两个机关均为抄送

　　D. 任选其一主送，另一抄送

13. 给下级机关或本系统的重要行文，应同时抄送（　　　）。

　　A. 上级机关　　　　　　　　　　B. 直接上级机关和直接各下级机关

　　C. 直接上级机关　　　　　　　　D. 其他下级机关

14. 请示可以抄送给（　　　）。

A. 主送机关之外的另一个领导机关　　B. 本机关的下级机关

C. 其他比自己级别低的机关　　　　　D. 本机关的同级机关

15. 能够以机关名义向上级机关负责人报送文件的情况是（　　　）。

　　A. 撰写的报告　　　　　　　　　　B. 撰写的请示

　　C. 上级领导直接交办的事项　　　　D. 撰写的意见

16. 下列哪种情况不能联合行文？（　　　）

　　A. 同级政府　　　　　　　　　　　B. 同级政府与党委

　　C. 政府部门与同级人民团体　　　　D. 政府与其下一级政府

17. 下列哪项属于公文的版头部分？（　　　）

　　A. 公文标题　　　B. 签发人　　　　C. 主送机关　　　D. 成文日期

18. 需要标明公文份数序号的是（　　　）。

　　A. 任何公文　　　　　　　　　　　B. 报请类公文

　　C. 具有绝密和机密级的公文　　　　D. 下行文

19. 公文的"紧急程度"分为（　　　）。

　　A. 急件和平件　　　　　　　　　　B. 特急和急件

　　C. 特急、急件和平件　　　　　　　D. 特急、火急和急件

20. 落款发文机关应使用（　　　）。

　　A. 全称或规范化简称　　　　　　　B. 规范化简称或规范化统称

　　C. 全称或规范化统称　　　　　　　D. 非规范简称

21. 发文字号指（　　　）。

　　A. 文件印刷的份数序号　　　　　　B. 文件格式的代码

　　C. 文件收文编排　　　　　　　　　D. 由发文机关编制的该年度发文序号

22. 需要编排签发人的是（　　　）。

　　A. 令、会议记录和批复　　　　　　B. 报告、请示和上行的意见

　　C. 函、通知、通报　　　　　　　　D. 公告和通告

23. 发文字号中的年度括号是（　　　）。

　　A. 方括号　　　B. 六角括号　　　　C. 大括号　　　　D. 圆括号

24. 公文的主送机关指（　　　）。

　　A. 负责办理和答复的受文机关　　　B. 上级机关

　　C. 收文机关　　　　　　　　　　　D. 同级机关

25. "附件说明"指（　　　）。

　　A. 对文件进行的补充说明部分

　　B. 对文件正文进行的补充说明部分

　　C. 即文件的附注

　　D. 对随文发送的文件或材料所作的简要说明

26. "成文日期"指（　　　）。

　　A. 公文生效的日期　　　　　　　　B. 完成稿件的日期

　　C. 文件发出的日期　　　　　　　　D. 开始撰稿的日期

27. 抄送机关指（　　　）。

A. 下级机关   B. 有必要了解公文内容的机关

C. 同级机关   D. 多级上级机关

28. 公文用纸应采用（　　）。

A. 16 开型　　　 B. A3 型　　　 C. B5 型　　　　 D. A4 型

二、多项选择题

1. 公文具有规范体式，其目的是（　　）。

A. 维护公文的法定效力   B. 维护制发机关的权威性

C. 实现公文工作的标准化   D. 提高公文工作的效率

2. 能够联合行文的机关是（　　）。

A. 同级政府   B. 同级政府各部门

C. 上级政府部门与下一级政府   D. 上级政府部门与下一级政府部门

3. 书写主送机关应当使用（　　）。

A. 全称　　　　 B. 规范化简称　　 C. 规范化统称　　 D. 非规范简称

4. 公文的主体部分包括（　　）。

A. 公文标题   B. 主送机关

C. 公文正文和附件   D. 成文日期、印章和附注

5. 文件标题可以省去制发机关的情况是（　　）。

A. 法规类文件   B. 单位内部文件

C. 下行通知类文件   D. 版头具有发文机关编排

6. "成文日期"（　　）为准。

A. 一般文件以领导人签发日期   B. 会议文件以讨论通过日期

C. 联合发文以最后签发的领导人签发 D. 电报以发出的日期

7. 以下机构可以联合行文的有（　　）。

A. 广东省人民政府、佛山市人民政府、广州市人民政府

B. 广东省人事厅、广东省人民政府办公厅、广东省华侨事务委员会

C. 汕头市公安局、揭阳市人民政府

D. 广东省教育厅、广东省社会科学院

8. 下列哪些做法不符合行文规则？（　　）

A. 某市外经贸厅贸易管理处对下属各县外经贸局下发通知

B. 在报告中向上级领导顺带请示有关问题

C. 某单位向其上级机关请示有关问题时，把该文抄送给另一上级机关

D. 县林业局向省林业局直接请示某些常规性事项

9. 遇到下列特殊情况，下级机关可越级行文的有（　　）。

A. 发生紧急情况，如战争或严重的自然灾害、出现安全方面的重大问题及紧急事件

B. 经过多次请示上级机关，但受到上级长期搁置而急需解决的问题附注下方

C. 与直接上级产生争议，一时难以解决的事项

D. 对直属上级机关及其负责人进行检举、揭发的问题

10. 向上行文一般不得直接送领导者个人，是因为一般公文直接送领导者个人，（　　）。

A. 不利于发挥各个职能部门的作用

B. 既容易使领导者被具体事务缠身，又容易导致领导者越权

C. 可能会滋生不正之风

D. 违反公文逐级行文的规则

11. 向下级机关或者本系统的重要行文，应当同时抄送直接上级机关。属于这种情况的有（　　　）。

A. 与别的部门产生意见分歧　　　　B. 开展大的外事活动

C. 撤换下级机关的主要领导人　　　D. 越级请示的事项

 任务二 ▶ 公告

 学习要求

了解公告的含义、特点及类型，掌握公告的写法和写作要求。

引导案例

中华人民共和国卫生部公告

（第 5 号）

根据《国务院办公厅关于做好规章清理工作有关问题的通知》（国办发〔2010〕28号）的精神和要求，我部对现行有效的部门规章进行了全面清理，共废止和宣布失效部门规章 48 件。现就我部现行有效部门规章目录（截至 2017 年 12 月底）予以公布。

特此公告。

附件：卫生部现行有效部门规章目录

2018 年 2 月 21 日

国务院公告

为表达全国各族人民对四川汶川大地震遇难同胞的深切哀悼，国务院决定，2008年 5 月 19—21 日为全国哀悼日。在此期间，全国和各驻外机构下半旗志哀，停止公共娱乐活动，外交部和我驻外使领馆设立吊唁簿。5 月 19 日 14 时 28 分起，全国人民默哀3 分钟，届时汽车、火车、舰船鸣笛，防空警报鸣响。

国务院办公厅

2008 年 5 月 18 日

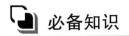 **必备知识**

一、公告的适用范围

公告是"适用于向国内外宣布重要事项或法定事项"的公务文书，是属于发布范围广泛的晓谕性文种，多数通过广播、电视、报刊等大众传播媒介迅速发出。

二、公告的特点

公告具有以下特点：

（一）发文权力的限制性

由于公告宣布的是重大事项或法定事项，故发文的权力被限制在高层行政机关及其职能部门的范围之内。具体来说，国家最高权力机关（人大及其常委会），国家最高行政机关（国务院）及其所属部门，各省市、自治区、直辖市行政领导机关，某些法定机关，如税务局、海关、铁路局、人民银行、检察院、法院等，都有制发公告的权力。其他地方行政机关一般不能发布公告。党团组织、社会团体、企事业单位，不能发布公告。

（二）发布内容的重要性

公告发布的内容必须是重要事项或法定事项。所谓重要事项，是指事关全局或在国内外能产生重大影响的事项，如公布宪法、公布全国人大代表人数等都可用公告行文。所谓法定事项，是指按法律程序批准确定的事项，如全国人民代表大会审议通过某项法规需向社会发出公告。公告的内容庄重严肃，体现着国家权力部门的威严，既要能够将有关信息和政策公之于众，又要考虑在国内国际可能产生的政治影响。一般性的决定、指示、通知的内容，都不能用公告的形式发布，因为它们很难具有全国和国际性的意义。

（三）发布范围的广泛性

公告是向"国内外"发布重要事项和法定事项的公文，其信息传达范围有时是全国，有时是全世界。譬如，中国曾以公告的形式公布中国科学院院士名单，一方面确立他们在我国科学界学术带头人的地位，另一方面尽力为他们争取在国际科学界的地位。这样的公告肯定会在世界科学界产生一定的影响。中国有关部门还曾在《人民日报》上刊登公告，公布中国名酒和中国优质酒的品牌、商标和生产企业，以便消费者能认清名牌。

（四）内容和传播方式的新闻性

公告还有一定的新闻性特点。所谓新闻，就是对新近发生的、群众关心的、应知而未知的事实的报道。公告的内容，都是新近的、群众应知而未知的事项，在一定程度上具有新闻的特点。公告的发布形式也有新闻性特征，它一般不用红头文件的方式传播，而是在报刊上公开刊登。

三、公告的种类

（一）重要事项的公告

凡是用来宣布有关国家的政治、经济、军事、科技、教育、人事、外交等方面需要告知全民的重要事项的，都属此类公告。常见的有国家重要领导岗位的变动、领导人的出访或其他重大活动、重要科技成果的公布、重要军事行动等。例如，全国人大常务委员会关于确认全国人大代表资格的公告，新华社受权宣布我国将进行向太平洋发射运载火箭试验的公告，都属此类公告。

（二）法定事项的公告

依照有关法律和法规的规定，一些重要事情和主要环节必须以公告的方式向全民公布。

《中华人民共和国专利法》第三十九条规定："发明专利申请经实质审查没有发现驳回理由的，专利局应当作出审定，予以公告。"

《中华人民共和国企业破产法（试行）》第九条规定："人民法院受理破产案件后，应当在十日内通知债务人并且发布公告。"

《国务院公务员暂行条例》第十六条规定，录用国家公务员要"发布招考公告"。

《中华人民共和国民事诉讼法》规定发布的公告种类繁多，有通知权利人登记公告，送达公告，开庭公告，宣告失踪、宣告死亡公告，财产认领公告，强制迁出房屋、强制退出土地公告等。

四、公告的写作格式

公告是一种很严肃、庄重的公文。一般来说，它内容较单一，篇幅不长，多用条款形式，表达直截了当，没有议论，不需说明，更不会出现抒情。语言风格表现为简洁明快、朴实无华、通俗明白、郑重严肃，有时需要扼要交代公告事件的根据和原因，但也无须阐述事件的意义和具体描写事件的情节。

公告一般由标题、正文、署名与日期三部分组成。

（一）标题

标题有以下几种写法：

①发文机关+事由+文种，如"中共中央、全国人大常委会、国务院关于宋庆龄副委员长病情的公告"；②发文机关+文种，如"中华人民共和国国务院公告"；③只标出文种"公告"。有的公告在标题下方有编号，一般的写法是"第×号"，并用圆括号括住。

（二）正文

一般由公告背景、缘由、公告事项和公告结语（"现予公告"或"特此公告"等）组成。也有的公告省略了缘由，开门见山，直接写出公告事项。例如，《国务院办公厅关于1987年夏时制的公告》就不写缘由，正文一开始直陈事项。公告事项要根据内容多寡来确定表达方式，如果内容较多，要分列条款；如果内容比较简单，则可不分条款。

（三）署名与日期

在正文的右下方签署发文机关的名称和日期。如果标题已写上了发文机关的名称，在报纸上登载时则常省略落款。也有的公告，成文日期写在署名下方或标题和编号之下。

 能力训练

病文分析

关于实行交通管制的公告

首届"桃李杯"马拉松赛将于 2018 年 6 月 15 日上午 8：00—下午 1：00 在本市进行。为保证赛事的顺利进行，届时将对环市路、江滨路、诗书南路、教育北路、桃园中路实行交通管制，除警备车、救护车、消防车、工程保险车外，禁止其他车辆通行。

××市公安局（公章）

任务三 ▶ 通告

 学习要求

了解通告的含义及特点，区分通告与公告的不同，掌握通告的具体写法。

引导案例

广东省人民政府关于打击小额走私成品油活动的通告

各市、县、自治县人民政府，省府直属有关单位：

为保障我省改革开放和经济建设的健康发展，狠狠打击小额走私成品油（指走私成品油偷逃应缴税额 5 万元以下）活动，特通告如下：

严禁任何单位和个人利用船舶（车辆）和成品油储、运、销设施进行走私成品油的运输、储存、收购、供应或销售活动。违者，除由海关、工商行政管理部门依法予以罚没处理外，交通、水产、工商行政管理部门应按国家有关规定暂扣其营业（生产）证照，责令其停业整顿或吊销有关营业（生产）证照、取消其经营资格；对其用于经营走私油的油趸、改装的油罐车等成品油储、运、销设施，由海关、工商行政管理部门依法予以拆除。

严禁任何单位和个人违章改变船舶功能，改装、加装成品油装载设施。违者，由有关主管部门依法予以处罚，并强制拆除，所需费用由船主承担。

严厉查处从事违章建造、改装船舶的船厂，坚决取缔非法造船厂、点。对非法从事建造、改装船舶活动的造船厂、点，由工商行政管理部门按国家有关规定从严查处。

严禁未经批准从非设关码头装卸进口成品油；严禁为走私成品油提供各类码头服务。违者，由有关部门依法从严查处。

海关、公安、边防、工商行政管理等缉私部门和交通、水产、成品油流通主管部门，要按分工切实履行职责，狠狠打击小额走私成品油违法活动。

本通告自发布之日起施行。

　　特此通告。

广东省人民政府

××××年×月×日

关于停电的通告

　　为顺利启用 110 千伏南郊变电站，保障城市快速增长的用电需求，供电公司计划于 2019 年 2 月 14—16 日实施南郊变供电线路接入工程。因工程技术需要，必须实行阶段性停电。为尽量减少停电影响，维护正常的生产生活秩序，现就有关事项通告如下：

　　停电区域：城区万桂山路以东至开发区等地区（具体区域由县供电公司负责通知到相关企业、社区和村民组）。

　　停电时间：2019 年 2 月 14 日 5：00 至 2 月 16 日 19：00。

　　请各相关企业和广大市民群众给予充分理解和支持，提前做好阶段性停电期间的各项准备，保障正常的生活秩序不受影响。

　　特此通告。

××供电公司

2019 年 2 月 10 日

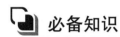 必备知识

一、通告的使用范围

　　通告是行政机关和企事业单位在一定范围内公布应当遵守或周知的事项时使用的公文。《办法》把通告的功能定义为："适用于公布社会有关方面应当遵守或周知的事项"。通告是在行政公务和业务管理中应用范围广泛、使用频率较高的具有知照性和一定约束力的普发性公文。

二、通告的特点

　　通告主要有以下四个特点：

（一）法规性

　　通告常用来颁布地方性的法规，这些法规一经颁布，特定范围内的部门、单位和民众都必须严格遵守、执行。例如，《××省无线电管理委员会办公室关于清理整顿无线电通信秩序的通告》对有关事宜作了八条规定；《××市人民政府关于坚决清理非法占道经营的通告》为改善交通秩序和市容环境作了几条规定。

（二）周知性

　　通告的内容，要求在一定范围内的人们或特定的人群普遍知晓，以使他们了解有关政策法令，遵守某些规定事项，共同维护社会公务管理秩序。

（三）务实性

　　所有的公文都是实用文，从根本性质上说都应该是务实的，但它们之间还是有一些

区别，有的公文只是告知某事，或者宣传某些思想、政策，并不指向具体事务。通告则是一种直接指向某项事务的文种，务实性比较突出。

（四）行业性

不少通告都具有鲜明的行业性特点，如税务局关于征税的通告、机动车管理部门关于机动车辆年度检验的通告、银行关于发行新版人民币的通告、房产管理局关于对商品房销售面积进行检查的通告等，都是针对其所负责的那一部分的业务或技术事务发出的通告。因此，通告行文中要时常引用本行业的法规、规章，也免不了使用本行业的术语、行话。

三、通告的类型

通告有法规性通告和知照性通告两大类型。这两种通告是以法规性的强弱不同为标准来区分的，二者之间没有绝对的界限。法规性的通告不可能没有知照性，知照性的通告完全没有法规内容的也不多见，但二者在性质上毕竟有所区分，如《关于坚决清理非法占道经营的通告》强制性措施较多，属于法规性通告；《关于因施工停水、停电的通告》主要起到通知事项的作用，没有强制性措施，属于知照性通告。

四、通告的写作格式

（一）标题

通告的标题有四种形式。第一种是三要素齐全的规范标题，如《广东省人民政府关于打击小额走私成品油活动的通告》；第二种是省略发文机关名称的简写标题，如《关于坚决清理非法占道经营的通告》，这种标题形式最为普遍；第三种是省略发文事由的简写标题，如《××市房地产管理局通告》；第四种是将发文机关名称和发文事由一并省略，只保留文体种类名称"通告"作为标题的。一般来说，法规政策类通告应尽量采用三要素齐全的规范标题（多个单位联合发布时，为使标题简洁，可省略发文机关名称）。通告的事项如有紧迫的时间要求，则可以在文种名称前冠以"紧急"二字，以引起受文者注意，如《××市电信局紧急通告》。

（二）主送机关

通告一般是在一定范围内公开张贴或通过报纸、广播、电视等传播媒体发布的，所以一般情况下都没有具体受文机关，写作时往往省略该项。

（三）正文

正文一般采用公文通用结构模式撰写，共分以下三部分：

1. 通告缘由

作为开头部分，通告缘由主要用来表达发布通告的背景、根据、目的、意义。例如，"近期以来，我市清理非法占道经营，经过几次集中整治，取得了一定效果，但在一些主干道上仍有反复，禁而不止，影响交通和市容环境，群众反映强烈。为推进'讲文明、树新风'活动和精神文明建设八大工程的深入开展，市政府决定，集中一段时间，加大工作力度，实行综合整治，坚决彻底清理非法占道经营，让路于车，还道于民，改善交通秩序和市容环境。现通告如下：……"这个开头部分主要写了发布通告的前景、根据和目的。

2. 通告事项

这是主体部分，文字最多，内容最为复杂。较多采用分条列项的写法，以做到条理分明、层次清晰。如果内容比较单一，也可采用贯通式写法。

3. 通告结语

这是结尾部分，写法比较简单，多采用"本通告自发布之日起实施"或"特此通告"的格式化结语。

五、注意事项

通告的写作要注意下列几个问题：

（一）不要把"通告"写成"通知"

"通告"与"通知"是两种不同的公文，其特点、作用和受文对象、范围都不相同。有的单位往往把握不准它们的特点和作用，以为让人们知晓的事项都可用通告行文，结果把一些该用通知的错用了通告，该用通告的又错用了通知。例如：

回迁通知

原住××区××街的动迁户，于明年6月底前回迁。请所有回迁户持动迁证、动迁协议书以及交款单据，于明年5月底前，到我局拆迁办公室办理回迁登记手续。

具体办理时间：上午8：00—12：00，下午2：30—5：30。

特此通知。

××市房地产管理局

××××年×月×日

这份公文用错了文种。告知回迁户办理回迁手续一事，属社会有关方面或人士应周知和遵守的事项，应用通告行文。此外，文中也存在行文不严密等毛病。

（二）把握通告与公告的联系与区别

通告与公告的联系在于都具有晓谕性和公布性。也就是说，内容都是知照性的，发布范围都是面向全社会。

区别可大致概括为以下四个方面：

1. 内容的重要程度不同

公告是用来发布重要事项和法定事项的，涉及内容多是国家大事或省市级的行政大事，或者履行法律规定必须遵循的程序。小的局部性事项和非法定的事项不能采用公告的形式公布。

通告是用来发布在一定范围内需要遵守或周知的事项的，它所涉及的事项一般没有公告那么重大。

2. 对发文机关的限制性有较大不同

公告是一种高级别的文体，只有涉及全局性的重大事项或法定事项时才能由高级别的行政部门发布，这一点前面介绍公告的特点时已有阐述。

通告是一种高级机关和基层单位都可使用的文体，不仅行政机关可以制发，社会团体、企事业单位在自己的职权范围之内也可以制发。

3. 发布范围有所不同

公告是向国内外发布重要事项和法定事项采用的文种，它的发布范围比较大，面向全国，有时面向全世界，遍示天下，一体周知，接受的人越多越好。

通告虽然也是面向社会发布的，但多是限定在一个特定社区范围内，而且内容也多是指向一个特定的人群，要求这一社区的某一类特定人群遵守或周知，所以通告的定义中特意强调了"在一定范围内发布"。

4. 发布的方式不同

公告多数是在报刊上刊登，一般不用红头文件的方式下发，也不能印成布告的形式公开张贴。通告可以在新闻媒体上刊登，也可以用红头文件的形式下发，还可以公开张贴。

 能力训练

一、判断题

1. 公告和通告行文时，都必须写上主送机关。（　　　）

2. 通告和通报的写法基本相同。（　　　）

3. 通告的写作充分体现了发文的权威，因此，具有较强的法定约束力。（　　　）

4. 学校处分违纪学生可用公告。（　　　）

5. 商店向顾客告知商情可发通报。（　　　）

6. 深圳市税务局通告。（　　　）

二、指出下列标题的错误，并加以修改

1. ××学院美术系二〇一〇年本科招生通告

2. 上海××厂更改名暨展览公告

3. 中国××进出口总公司国际招标公司招标通告

4. 中国人民银行××省分行零存整取有息、有奖集体储蓄开奖公告

三、指出下文错误并修改

公　告

为了贯彻我市城市建设总体规划，完成市人民政府下达给我区的向阳路扩建任务，并保证于我市成立××周年前顺利竣工，特公告如下：

一、向阳路扩建范围内的所有国营集体单位、商店、个体摊贩、公共汽车站、邮亭以及所有居民，限定在 2 月 14 日前搬迁完毕。

二、所有搬迁单位、居民应按区人民政府的统一安排执行。个体摊贩一律迁往和平农贸市场白天摆摊。

三、从 2 月 13 日起，向阳路禁止车辆、行人通行，以保证安全施工。

四、所有搬迁单位和居民必须按此公告执行。借故不按时搬迁者，后果自负。

向阳区人民政府

向阳区城建局

向阳区公安分局

2017 年×月×日

四、根据材料拟写公文

××省教育厅、公安厅为了维护学校的正常秩序，保障广大师生员工的人身安全，保证学校教学工作的顺利进行，发了一则通告。通告的具体内容为：没有经过学校的允许，无关人员不可以随便进入学校。对那些寻衅滋事，殴打、侮辱师生员工，抢劫师生员工财物，严重破坏学校秩序的犯罪分子，要坚决打击，依法惩处。任何单位和个人不准随便侵占学校的土地、校舍、操场以及学校的附属设施，不准到学校里放牧、取土、采石、种植或占用学校场所搞其他的活动。不准破坏学校校舍、教学设备和环境卫生。不准堵塞学校的道路，污染学校的水源，卡断学校的电路，强行从学校通过。禁止各种商贩到学校里或在学校门口摆摊叫卖。严禁翻印、出售、传抄、传阅反动、淫秽书刊和播放反动、黄色歌曲。这份通告要求在公布之日起施行，对违反本通告的人，经教育又不听者，根据其情节轻重，将依法给予处理。通告发布日期为×年×月×日。

任务四 ▶ 通报

 **学习要求**

理解通报的含义及特点，能掌握表扬、批评性通报与情况通报的不同写法。

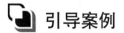 **引导案例**

关于表彰 2018 年全省春运工作先进单位的通报

各地级以上市人民政府、各县（市、区）人民政府，省政府各部门、各直属机构：

2018 年全省春运工作在国家有关部门的指导下，各级政府、各有关部门、各运输单位认真贯彻省委、省政府关于做好春运工作的指示精神，精心部署，严密组织，实现了国家提出的"以人为本，安全有序，以客为主，兼顾货运"的工作目标，圆满完成了全省春运工作的各项任务，为促进我省经济持续快速发展和确保社会稳定做出了贡献。省人民政府决定，对在 2018 年春运工作中做出突出成绩的广东省交通厅等 65 个单位授予"广东省 2018 年春运工作先进单位"荣誉称号，并在全省范围内通报表彰。

希望受表彰的单位戒骄戒躁，继续发扬成绩，再接再厉，与时俱进，开拓创新，树立和落实科学发展观，不断改进和提高春运工作的组织管理水平，为我省全面建设小康社会做出新的贡献。

附件：2018年全省春运工作先进单位名单

广东省人民政府
2018年3月24日

××省人民政府关于××市××县擅自停课组织中小学生参加迎送活动的通报

2017年12月5日，××市××县举行××高速公路在本县通车仪式，××县主要领导擅自决定，让本县部分中小学校停课参加通车仪式，近千名中小学生在风雪天等候长达两小时，致使部分中小学生生病，学生家长和群众极为愤慨，致信省委、省政府，要求坚决制止此类现象。

中小学校依照国家规定建立了严格的教育教学秩序，这是教育教学质量的保证，任何单位和个人都不能随意破坏。现在一些地方的个别领导利用自己的权力，动辄调用中小学生为各种会议、考察、参观、访问甚至商业性典礼搞迎送或礼仪活动，有些地方还因此发生了严重的安全事故，造成极恶劣的社会影响。××县发生的问题，已不只是一般的形式主义，而是官僚主义，严重脱离群众，此类不良风气必须坚决予以制止。各地区、各部门以及各级领导干部，要高度重视这一问题，并从中吸取深刻的教训，切实增强群众观念，杜绝此类事件再度发生。

中小学生是祖国的未来，对他们的学习和活动做的安排，要有利于其学习和身心健康。今后各地区、各部门都必须严格执行国家的有关法规和规定，不得擅自停课或随意组织中小学生参加各种迎送或"礼仪"活动，如确有必要组织的，须报经省级教育行政部门批准。

××省人民政府
××××年×月×日

 **必备知识**

一、通报的使用范围

通报是国家机关、社会团体、企事业单位用以表彰先进、批评错误、传达重要精神或通报有关情况的一种行政公文，是下行文。

通报的应用比较广泛，可以用于表扬好人好事、新风尚；也可以用于批评错误，总结教训，告诫人们警惕类似问题的发生；还可以用来互通情况，传达重要精神，沟通交流信息，指导推动工作。

二、通报的特点

通报有以下几个突出特点：

（一）典型性

不是任何的人和事都可以作为通报的对象来写的。通报的人和事总是具备一定的典型性，能够反映、揭示事物的本质规律，具有广泛的代表性和鲜明的个性。这样的通报发出后，才能使人受到启迪，得到教益。

（二）引导性

无论表扬性通报、批评性通报，还是情况通报，其目的都在于通过典型的人和事引导人们辨别是非，总结经验，吸取教训，弘扬正气，树立新风。

（三）严肃性

通报的内容和形式都是严肃的。由于通报是正式公文，是领导机关为了指导面上的工作，针对真人、真事和真实情况制发的，无论是表扬、批评或通报情况，都代表着一级组织的意见，具有表彰鼓励或惩戒、警示的作用，因而其使用十分慎重、严肃。

（四）时效性

通报是针对当前工作中出现的情况和问题而发布的。它的典型性、引导性都是就特定的社会背景而言的。随着客观情况的变化，一件在当时看来具有典型意义的事实，时过境迁，未必仍具有典型性。因此，通报作用的发挥，与抓住时机适时通报是分不开的。

（五）告知性

传达重要情况和知照事项的通报，能及时交流信息，上情下达，并能促进上下级之间、有关部门之间的相互了解。

三、通报的种类

根据内容不同，通报可以分为表彰性通报、批评性通报和情况通报三种。

（一）表彰性通报

表彰性通报是用来表彰先进单位和个人，介绍先进经验或事迹，树立典型，号召大家学习的通报。

（二）批评性通报

批评性通报是用来批评、处分错误，以示警诫，要求被通报者和大家吸取教训，以防类似情况发生的通报。

（三）情况通报

情况通报是用来传达重要精神和情况，帮助有关单位了解、掌握全局或某一方面工作的信息、动向，以统一思想认识，推动工作进程。

四、通报的结构、内容和写法

（一）标题

通报的标题通常有两种构成形式：一种是由发文机关名称、事由和文种组成的，如《国务院办公厅关于对少数地方和单位违反国家规定集资问题的通报》；另外一种是由事由和文种构成的，如《关于给不顾个人安危勇于救人的王××同志记功表彰的通报》。

此外，有少数通报的标题是在文种前冠以机关单位名称，如《中共××市纪律检查委员会通报》。

（二）主送机关

除普发性通报外，其他通报应该标明主送机关。

（三）正文

通报正文的结构通常由开头、主体和结尾等部分组成。开头说明通报缘由；主体说明通报决定；结尾提出通报的希望和要求。不同类别的通报，其内容和写法有所不同，现分述如下：

1. 表彰性通报

一般在开头部分概述事件情况，说明通报缘由。由于它是作出通报的依据，因此要求把表彰对象的先进事迹交代清楚。如果属于对一贯表现好的单位或个人进行表彰，事实叙述不但要清楚明白，而且要注意详略得当、重点突击。主体部分通过对先进事迹的客观分析，在阐明所述事件的性质和意义的基础上，写明通报决定。结尾部分明确提出希望和要求，号召大家向先进学习。

2. 批评性通报

批评性通报在机关工作中使用得比较多，对一些倾向性问题具有引导、纠正的作用。批评性通报又分两种情况：一种是对个人的通报批评，其写法和表扬性通报基本一样，要求先写出事实，然后在分析评论的基础上叙写通报决定，最后提出希望和要求，让大家吸取教训，引以为戒。另一种是对国家机关或集体的批评通报。这种通报旨在通过恶性事故的性质、后果，特别是酿成事故的原因的分析，总结教训，从而达到指导面上工作的目的，所以写法和表扬性通报略有不同。其正文主要包括叙写事实、分析原因、提出要求和改进措施等项内容。

有的批评性通报，是针对部分地区或单位存在的同一类问题提出批评的。这类通报，虽然涉及的面比较广，但因其错误性质基本相同，所以写法上以概括为主，大体和情况通报相近。

3. 情况通报

情况通报主要起着沟通情况的作用，旨在使下级单位和群众了解面上的情况，以便统一认识、统一步调，推动全局工作的开展。正文主要包括两项内容：通报有关情况和分析并作出结论。具体写法，有的是先摆情况，然后进行分析得出结论；有的是先通过简要分析作出结论，再列举情况，从而说明结论的正确性和针对性。总之，情况通报写法多样，如何表述可因事制宜，无须强求一律。

（四）落款

落款包括发文机关署名和成文时间两个项目内容。有的在通报标题中已标明发文机关名称，这里就不必再写。

五、撰写通报应注意的问题

（一）通报的内容必须真实

通报的事实、所引材料都必须真实无误。动笔前要调查研究，对有关情况和事例要认真进行核对，客观、准确地进行分析、评论。

（二）通报决定要恰如其分

无论哪一种通报，都要做到态度鲜明，分析中肯，评价实事求是，结论公正准确，用语把握分寸，否则通报不但会缺乏说服力，而且有可能产生副作用。

（三）通报的语言要简洁、庄重

通报的语言要简洁、庄重，其中表扬性和批评性的通报还应注意用语分寸，要力求文实相符，不讲空话、套话，不讲过头的话。

 能力训练

一、试判断下列情况应用哪种公文行文，确定文种后请拟出标题

1. 某港务局告知在某水域通过的船只，注意减速避让水文测验船只。

2. 国务院宣布采取新税制的有关事项。

3. 某市税务局告知征收 2000 年度税款事项。

4. ××县工会拟表彰奋不顾身抢救落水儿童的青年工人。

5. ××厂拟向市工业局汇报该厂遭受火灾的情况。

6. ××市安全办公室拟向各有关单位告知全市安全大检查的情况。

7. ××县政府拟公布加强机关廉政建设的几条规定。

8. ××县纪委拟批评××局××等干部挥霍国家钱财、游山玩水的错误。

二、病例析改

1. 试指出下文中的错误并予以修正。

表彰通报

市××化工厂，采取有力措施，切实贯彻《中华人民共和国安全生产条例》，建立安全生产岗位责任制，实现全年生产无事故。成为市第一个安全生产年企业，为此，政府决定对××化工厂通报表彰。

××市政府

××××年×月×日

2. 指出下面这则通报存在的问题并予以修正。

关于××县人民政府表扬营业员××同志的通报

各乡镇人民政府：

"抓小偷！抓小偷！"一个穿着商场工作制服的青年人喊着从店里跑出来，追赶前面一个夺路而逃的家伙，这是发生在××百货商场门口精彩的一幕。2005 年×月×日中午 12 时左右，××百货商场售表柜台前来了一个青年顾客，提出要买一块"天梭"牌手表。青年营业员××同志将手表拿出上了两手弦后递给这个顾客，又忙着接待别的顾客。一种强烈的责任促使他随时盯着买表人的动作。忽然，发现那人侧过身子挡住营业员的视

线，把表放在耳边装作听表样。这种行为引起了××同志的警觉，他心想：挑表为什么要侧过身子背对着营业员呢？当他把表交回来的时候，××同志立即进行了检查，发现弦是满的，表面上有两道划纹。他马上认定新表已被换走，于是当机立断，喊了一声："你停一下!"那人听到喊声，慌忙向店外跑去。见此情景，××同志一跃跳到货圈外，用尽力气拼命追赶小偷。霎时间，那家伙穿过胡同，跑出数百米。营业员边追边喊："抓住他! 抓住他!"终于在××分局同志的协助下，将罪犯逮住扭送公安派出所，从其衣袋里搜出换去的新表。

××同志机智果断，不顾个人安危与坏人坏事作斗争，保住了国家财产，精神可嘉。决定给予通报表扬，并颁发奖金，以资鼓励。

（印章）

××××年×月×日

 任务五 ▶ **报告**

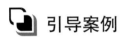 学习要求

了解报告的使用范围、特点和作用，掌握其具体写法。

引导案例

铁道部关于 193 次旅客快车发生重大颠覆事故的报告

国务院：

5 月 28 日 16 时 05 分，由济南开往佳木斯的 193 次旅客快车行驶至沈山线锦州铁路局管辖内的兴隆店车站（距沈阳 43 千米）时，发生颠覆重大事故，造成 3 名旅客和 4 名列车乘务人员受伤，报废机车 1 台、客车 4 辆、导车 1 辆，损坏机车 1 台、客车 5 辆、货车 1 辆和部分线路路岔等设备，沈山下行正线中断运输近 20 小时，直接经济损失达 170 余万元。

事故发生后，东北铁路办事处和锦州、沈阳铁路局负责同志立即随救援列车或救护车赶赴事故现场，组织抢救、抢修工作。当地驻军、地方同志及沈阳军区、辽宁省军区有关负责同志先后赶到现场，组织抢救伤员，疏运旅客。我部李克非副部长率安监室和运输、机务、车辆、工务、电务、公安各局负责同志连夜赶赴现场，指挥抢修工作，调查分析事故原因，慰问伤员，并对省市领导和部队表示感谢。在省市领导和驻军的大力支持下，伤员的抢救和治疗工作安排得比较周密，受伤的旅客和列车乘务人员，除少数送入就近的新民县医院抢救外，其余的均由沈阳市和军队、铁路医疗部门派车接到沈阳，及时得到了抢救和治疗。

经调查分析，造成这次事故的直接原因，是锦州铁路局大虎山工段兴隆店养路工区

051

工人在该处做无缝线路补修作业时，违反劳动纪律和操作规程，将起道机立放在钢轨内侧，撤离岗位，到附近的道口看守房去吃冰棍，当193次快车通过时，撞上起道机，引起列车脱轨颠覆事故。

这次事故是发生在旅客列车上的一次严重事故，同时又发生在全国开展的"安全月"活动中，使国家和人民生命财产蒙受了巨大的损失，在政治上造成了极坏的影响，性质是非常严重的，我们的心情十分沉痛。这次事故的发生和最近一个时期安全工作不稳定的状况，说明了我们铁路基础工作薄弱，管理不善，思想政治工作不落实，反映了我们作风不扎实，对安全工作抓得不力，在安全生产中管理不严，职工纪律松弛的问题长期没有得到解决。

为了使全路职工从这起严重事故中吸取教训，我们于5月31日召开了由各铁路局、铁路分局、全路各工务段负责同志参加的紧急电话会议，通报了这次事故，提出了搞好安全生产的紧急措施。要求铁路各部门、各单位必须把安全工作放在第一位，各级领导干部要树立安全第一的思想，并向全体职工进行安全教育，使每个职工都牢固地树立起对国家、对人民极端负责的观念，认真落实岗位责任制，严格遵守劳动纪律，一丝不苟地执行规章制度和操作规程；各单位要针对近年来新工人比重不断增加的情况，加强对新工人的教育和考核工作，各行车和涉及安全生产的主要工种不经考核合格不得单独作业；对各种行车设备要进行一次认真检查，发现问题立即解决；同时，各单位要切实解决职工生活中应该而且可以解决的问题，解除职工的"后顾之忧"；动员广大职工干部迅速行动起来，以这次事故为教训，采取措施，堵塞漏洞，保证行车安全。

我们在5月开展的"人民铁路为人民"活动中，要把搞好安全生产作为重点，并在今后当作长期的根本任务来抓。党、政、工、团各部门要从不同角度抓好安全工作，迅速改变目前安全生产不好的被动局面。

锦州铁路局对这次事故的主要责任者已按照法律程序提出起诉，追究刑事责任；对与事故有关的分局、工务段领导也做了严肃、正确的处理。铁道部决定对锦州铁路局局长董庭恒同志和党委书记李克基同志给予行政记过处分。这次事故虽然发生在下边，但我们负有重要的领导责任，为接受教训，教育全路职工恳请国务院给我们以处分。

（印章）

××××年×月×日

××市人民政府关于治理××河水质污染问题的报告

××省人民政府：

省政府转来××委员会提出的关于××河水质污染状况的报告，经市政府调查研究，对报告中提出的有关问题及解决方案报告如下：

一、解决××河水质污染问题的关键是尽快建成污水处理厂（略）

二、电热厂的粉煤也是污染源之一（略）

三、略

××市人民政府（印）

××××年×月×日

 **必备知识**

一、报告的含义

报告是行政机关和党的所属机关都广泛采用的重要上行文，是向上级机关汇报工作、反映情况、答复上级机关的询问时所使用的一种行政公文。需要说明的是，有些专业部门使用的报告文书，如"审计报告""评估报告""立案报告""调查报告"等，虽然标题也有"报告"二字，但其概念、性质和写作要求与行政公文中的报告不同，不属于行政公文的范畴，不应与之混淆。

二、报告的特点

作为行政公文的报告，具有如下特点：

（一）单向性

报告是下级机关向上级机关汇报工作、反映情况、提出建议时使用的单方向上行文，不需要上级机关给予批复。在这方面，报告和请示有较大的不同，请示具有双向性特点，必须有批复与之相对应，报告则是单向性行文，不需要任何相对应的文件。为此要特别提起注意：类似"以上报告当否，请批示"的说法是不妥当的。

（二）陈述性

报告在汇报工作、反映情况时，所表达的内容和使用的语言都是陈述性的。本单位遵照上级的指示，做了什么工作、怎样做的这些工作、取得了哪些成绩、还存在哪些不足，必然要一一向上级陈述。反映情况时，也要把时间、地点、人物、事件、原因、结果叙述清楚，向上级机关提供准确的现实性信息。即便是提出建议的报告，也只有在汇报情况的基础上，才能进一步提出建议来。

（三）事后性

在机关工作中，有"事前请示，事后报告"的说法。多数报告，都是在开展了一段时间的工作之后，或是在某种情况发生之后向上级做出的汇报。建议报告没有明显的事后性特点，应该尽量超前一些，如果木已成舟，那么再提建议就没有意义了。

三、报告的种类

从内容与作用的角度划分，报告可以分为工作报告、情况报告、答复报告和递送报告等类别。

（一）工作报告

工作报告是指向上级机关汇报工作情况的报告，包括综合报告、专题报告和例行报告三种。

综合报告反映的是工作的全面情况。综合报告涉及面广，要把主要工作范围之内的方方面面都涉及，可以有主次的区分，但不能有大的遗漏。大到国务院提供给人民代表大会的政府工作报告，小到某单位向上级提供的年度、季度、月份工作报告，都属于这种类型。综合报告是以各个单位或部门的全面工作或多项工作为内容所写的报告。这种报告明显具有全局工作的阶段性总结的特点，如《××省卫生厅关于××××年工作总结的报告》。

专题报告是专门就某项工作、某个问题或某方面的情况所写的报告，专题报告的涉及面窄，如《××市委市政府关于党政机关干部下基层的工作报告》，再如党的机关关于"三讲"工作的报告、行政机关关于技术革新工作的报告等。

例行报告是指根据情况的需要，定期向上级机关汇报工作的报告。

（二）情况报告

情况报告是指对工作中出现的突发情况向上级进行汇报的报告。这种报告的作用在于，便于上级机关及时了解事态的性质、原因、动向、发展，便于上级机关及时采取措施，使不利情况及时得到控制，并且向好的方向发展。

如果本单位出现了正常工作秩序之外的情况，譬如说发生了事故、出现了意想不到的问题等，对工作产生一定程度的影响，应该及时向上级将有关情况原原本本地进行汇报，如《铁道部关于 193 次旅客快车发生重大事故的报告》《关于江西丰城矿务局"11·14"特大瓦斯爆炸事故的报告》等。

即使对工作没有太大影响，一些有倾向性的新动态、新风气以及最近出现的新事物等，必要时也要向上级报告。

凡此种种，都属于"情况报告"。作为下级机关，有责任做到"下情上达"，保证上级机关"耳聪目明"，对下面的情况始终了如指掌，这就是情况报告的意义。如果隐情不报，则是一种失职的表现。

（三）答复报告

答复报告是用来回答上级的询问的。有问才答，说明行文的被动性；有问必答，又表明了行文的必要性。

这种报告内容针对性最强，上级询问什么，就答复什么，不能答非所问。对待上级机关的询问，一定要慎重，如果不了解真情，要经过深入的调查研究后再作答复，如《××省人民政府办公厅关于国务院文件办理情况的报告》等。

（四）递送报告

递送报告是向上级呈报文件、物件时使用的说明性报告。递送报告的正文通常非常简略，只需将呈报的文件、物件的名称、数量写清楚即可，如"现将××××报上，请查收"，真正有意义的内容都在所报送的文件里。

四、报告的写作格式

报告的通常写法如下：

（一）标题

报告的标题有两种形式：一是发文机关+事由+文种的写法，如本任务中的案例导入 2；二是事由+文种的写法，如《关于进一步加强我市公共场所防火工作的报告》。

（二）主送机关

主送机关顶格写在正文前第一行，只能主送一个直接上级机关。

（三）正文

报告的正文分为导语、事项和结语三部分。

1. 导语

导语是报告的基础，说明发文的原因、依据和目的等。这部分要写得比较概括，把有关事实和情况交代清楚即可，无须展开。

2. 事项

事项是报告的主体和核心部分，它是需要上级了解的主要内容。

（1）工作报告重在写清"做什么，怎么做的"，一般要写明具体工作任务的完成情况、主要成绩、做法、体会和存在的问题以及对下一步工作的设想。若是专题性的工作报告，则侧重于主要经验和教训。工作报告的写作多数采用总分式写法或用小标题来安排结构，既有事实材料，又有数字印证，以增强报告的客观性和说服力。

（2）情况报告的正文重在汇报本机关出现的新情况、新问题，主要应写清有关事项情况、基本看法和处理意见三部分内容。

有关情况综述，可用引言交代事件要素，再用承启用语"现将具体情况报告如下"引出主体；也可开门见山，直接综述具体情况。既要写清事件或问题发生、发展的主要经过以及所造成的后果，又要注意列举有关数据和典型材料，让上级能较全面直观地掌握情况。

基本看法，要围绕所报告的情况来分析原因、事件的实质，分清是非、责任，提出自己的看法。分析要"一针见血、切中要害"，为下文提出的解决办法打下基础。

处理意见，即针对以上情况及所挖掘的原因，对症下药，提出具体可行的处理意见或解决办法，以供上级参考。

（3）答复报送报告的内容比较简单，答其所问，所问必答即可。简要写明答复的缘由，包括哪位领导在何时对何问题进行了批示或询问哪些事项，本机关得知后的反映情况。再围绕询问或批办意见，简要清楚地陈述研究处理意见或结果，与询问无关的问题不得涉及。

有些报告的主体内容很复杂，撰写时要有针对性地对有关事实进行选择，以使文章主次分明、有条不紊，切勿事无巨细、一一道来。在组织结构时，可以用段落式，也可以用分条列项的方法。《办法》规定："报告中不得夹带请示事项。"如有请求，必须用"请示"另外行文。

3. 结语

结语常用一些诸如"特此报告""专此报告""以上报告，请审阅"等惯用语收束。

（四）落款

落款一般只包括成文时间与印章。三个以上单位（含三个）联合行文，必须逐个注明发文单位名称。

五、报告写作的注意事项

（一）陈述事实要完整清楚

由于报告以陈述事实为主，因而要把事件的来龙去脉交代清楚（如事件的起因、经过、结果、影响），以方便上级做出分析判断。

（二）材料要真实、重点要突出

汇报工作要实事求是，反映情况要客观，有关数据须核对准确。做到重点突出，不要面面俱到。

（三）报告中不得夹带请示事项

报告与请示的适用范围完全不同，报告以陈述情况为主，领导无须答复；请示以请求为主，领导必须答复。《办法》规定："报告中不得夹带请示事项"，因而要做到专文专用，以免贻误工作。

 能力训练

一、判断题

1. 某地发生一突发性重大事故，向上级反映此事故及其有关情况，用报告行文。（   ）
2. 报告可以同时主送几个上级机关。（   ）
3. 报告不能用"以上报告当否，请批复"之类的结束语。（   ）
4. 关于申请修建教学大楼的报告。（   ）
5. 关于发生重大火灾事故的报告。（   ）
6. 关于扩建油库的请示报告。（   ）
7. 报告标题可只用"报告"两字。（   ）

二、多选题

1. 报告可用于陈述的选项有（   ）。
   A. 向上级汇报工作，反映情况   B. 向下级或有关方面介绍工作情况
   C. 向上级提出工作意见或建议   D. 答复群众的查询、提问
   E. 答复上级机关的查询、提问
2. 工作报告的内容包括（   ）。
   A. 经常性的常规工作情况
   B. 偶发性的特殊情况
   C. 向上级汇报的工作进程，总结的工作经验
   D. 对上级机关的查询、提问做出的答复

三、根据下列材料，写一份报告

××市教育局收到关于××电子技术学校"乱收费用"情况的反映，特向该校询问此事，该校接到市教育局的文件后对各专业进行认真调查核实。该校认为，其收费标准是根据省人民政府〔××××〕××号文件精神，结合专业情况制定的，并且市物价局也核准了，不存在乱收费、多收费的情况。该校还认为，学校对特困生免部分学费并不定期予以补助，帮助部分特困生顺利完成学业。请你以××电子技术学校的名义将核实后的情况写成报告报送××市教育局。

任务六 ▶ 请示

 学习要求

了解请示的使用范围、特点及其与报告的异同，并掌握请示的具体写法。

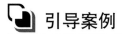 引导案例

关于交通肇事是否给予被害者家属抚恤问题的请示

最高人民法院：

据我省××县人民法院报告，他们对交通肇事致被害人死亡，是否给予被害者家属抚恤的问题有不同意见。一种意见认为，被害者若是有劳动能力的人，并遗有家属要抚养的，给予抚恤。另一种意见认为，只要不是由被害者自己的过失所引起的死亡事故，不管被害者有无劳动能力，都应酌情给予抚恤，我们同意后一种意见。几年来的实践经验证明，这样做有利于安抚死者家属。

是否妥当，请批复。

××省高级人民法院

××××年×月×日

××单位关于增拨技术改造资金的请示

××主管局：

正当我单位技术改造处于关键阶段时，资金告罄。前次所拨资金原本缺口较大，加之改造过程中出了新的技术难题，需增新设备，以致资金使用超出预算。由于该项技术是我局所属大部分企业所用的核心技术，如改造不能按期完成，势必拖延全部技术更新的进程，进而影响各单位实现全年预定生产指标和利润。目前我单位全体技术人员充分认识到市场经济的机遇和挑战，正齐心合力，刻苦攻关。缺口资金如能及时到位，我们保证该项技术改造按期完成。现请求增拨技术改造资金××××万元。

特此报请核批。

××单位

××××年×月×日

 **必备知识**

一、请示的使用范围

请示是下级机关向上级机关请求指示、批准事项时所使用的呈批性公文，属于上行公文。

二、请示的特点

（一）针对性

只有本机关单位权限范围内无法决定的重大事项，如机构设置、人事安排、重要决定、重大决策、项目安排等问题，以及在工作中遇到新问题、新情况或克服不了的困难，才可以用"请示"行文，请示上级机关给予指示、决断或答复、批准，所以请示的行文具有很强的针对性。

（二）单一性

请示事项具有单一性，即一篇请示只能涉及一件请求事项或一个问题，亦即所谓的"一文一事""一事一请示"。这是由行政管理权限及行文效果所决定的。

（三）期复性

请示的行文目的是请求上级批准，解决某个具体问题，要求做出明确答复。上级机关收到下级机关的请示后，无论同意与否，都有责任和义务尽快地予以办理和答复，避免贻误下级机关的工作。这是上级机关和下级机关在为人民服务这个根本利益相一致的前提下的共同要求。有请必复是上级机关处理请示与报告两种文件的重要区别。

（四）超前性

请示行文具有超前性，必须在事前行文，等上级机关做出答复之后才能付诸实施，不能"先斩后奏"，这是请示行文的重要原则。事前行文有助于提请上级机关帮助把关，增加了保险系数，减少和避免出现重大失误。

三、请示的类型

根据请示的用途以及行文目的的区别，请示可以分为以下三类：

（一）请求指示类的请示

这类请示的核心是要解决"我们请求应当怎样做"的问题，如《关于〈会计人员职权条例〉中"总会计师"是行政职务或是技术职称的请示》《××省高级人民法院关于交通肇事是否给予被害人家属抚恤问题的请示》等。例如，政策规定难以把握、工作中遇到新的复杂情况等，需要请求上级给予明确的解释与指示。行文中，要写明本机关的意见或建议，以便上级机关批复时参考。

（二）请求批准类的请示

这类请示的核心是要解决"我们请求能否这样做"的问题，如《××省人民政府关于请求帮助解决××半岛严重干旱缺水问题的请示》等。这是请示中最普遍的一种，即在机构设置、人员编制、领导班子调整、财务预算、重要事件或重要人物的处理问题上，本单位无权或无力解决，请上级机关进行审核批准。上级机关如同意则用"批复"行文回复请示的机关，或给予解决，或准其行事。行文中需要把有待批准的事项阐述清楚，必要时应当采用附件形式，提供有关事项的完备材料，以便上级机关审核批准或了解有关情况。

（三）请求批转类的请示

这类请示的核心是要解决"我们请求让同级相关机关或部门这样做"的问题，针对本机关提出的涉及重大事项的解决方案、工作部署性意见或拟订的重要规章制度，请求上级机关批转在相关机关或部门范围内执行。这类请示一般是业务主管部门就某一全局性的问题提出解决办法，请示上级机关批转各地执行的。上级机关如同意则用"批转性通知"行文下发给有关单位遵照执行。

四、请示的结构与写法

（一）标题

请示的标题有以下两种写法：

1. 完全式

请示标题为"发文机关+事由+文种"，如《北京市人民政府关于采取果断措施控制北京大气污染的紧急请示》。

2. 省略式

请示标题只能省略发文机关，如《关于丹霞山风景名胜区列为国家重点风景名胜区的请示》。

拟写标题时不应出现"请示报告"的混用文种问题。再者，"请示"这个文种本身已带有请求的意思，因此标题中不应有"申请"或"请求"这类表意重复拖沓的词语。

（二）主送机关

请示的主送机关是指负责受理和答复该文件的机关。请示在确定主送机关时，要注意以下三点：

1. 主送机关只能有一个

每件请示只能写一个主送机关，如需同时送其他机关，应当用抄送的形式。受双重领导的机关报送请示时，要根据请示的内容，确定一个为主送机关，另一个为抄送机关。请示如果多头行文，很可能得不到任何机关的批复。

2. 只能主送上级机关，不能报送领导者个人

国务院办公厅规定："除上级机关负责人直接交办的事项外，不得以机关的名义向上级机关负责人报送'请示'。"

3. 不宜越级行文

一般不得越级请示。如果因情况特殊或事项紧急必须越级请示时，要同时抄送被越过的直接上级机关。

（三）正文

请示的正文由请示缘由、请示事项和请示结语三部分组成。

1. 请示缘由

请示的缘由是请示事项和要求的理由及依据。要先把缘由讲清楚，然后再写请示的事项和要求，这样才能顺理成章。如果请示的理由写得充分具体，请示的事项就比较容易得到上级机关的理解和支持，否则就不容易达到请示的目的。写作时应从请示事项的重要性、必要性来考虑措辞，还要考虑上级机关的情况，全面周到地考虑问题才能把理由写得充分，为请示事项的成立打好基础。

2. 请示事项

请示事项即要求上级解决的问题，包括具体办法、措施、主张、看法等，是正文的核心部分。请示的事项要符合法规、符合实际，具有可行性和可操作性。因此，事项要写得具体、明白，一定要把情况交代清楚，不能把问题留给领导；需要批准、答复什么，或者给予怎样的帮助，都要说得清清楚楚。请求指示的请示，要写明希望在哪些具体问题、哪些方面得到指示。请求批准的请示，要把希望批准的事项分条列项地一一写明。如果在请求批准的同时，还希望得到人、财、物等方面的支持和帮助，更需要把编制、数量、途径等表达清楚、准确，以便上级及时批准。另外，写作时，请示事项应力求避免涉及不明确、不具体的情况，注意不要把事项和原因混淆起来，否则，不得要领，不知要求解决什么问题。

3. 请示结语

请示的结语有"以上请示，请批复""以上请示如无不妥，请批准""妥否，请批复"等。结语是请示必不可少的一项内容，不能遗漏，更不能含糊其辞。"请示"这一文种有请求性，所以文辞要谦和有礼、大方得体，切不可用"速答复"等命令口吻。

（四）落款

请示的落款一般包括成文时间和章印。

五、请示写作的注意事项

（一）一文一事

一份请示只能写一件事，一件请示只讲一个问题，切忌数事混杂。这是《办法》所规定的，也是实际工作的需要。如果一文多事，可能导致受文机关无法甚至无能力批复。

（二）单头请示

请示必须严格按照隶属关系逐级行文，只能主送一个上级领导机关或主管部门，不能多头主送，也不能主送领导者个人（领导人明确要求的除外）。如果需要，可以抄送有关机关。这就可以避免出现推诿、扯皮的现象。

（三）不越级请示

请示与其他行政公文一样，一般不越级进行。如果因特殊情况或紧急事项必须越级请示时，要同时抄送越过的直接上级机关。

（四）不抄送下级

请示是上行公文，行文时不得同时抄送下级以免造成工作混乱，更不能要求下级机关执行上级机关未批准和批复的事项。

（五）提前沟通

行文之前要主动与主管领导取得联系，做好沟通工作，最好能够当面陈述有关请示意见，求得领导的同情、理解和支持。大量经验证明，提前沟通是请示事项容易获准的重要因素。

（六）区别请示与报告

请示与报告是上行文中两个很接近的文种。其共同点包括：在内容方面，都要反映情况、陈述意见；在格式方面，一般都只能主送一个上级机关。请示和报告是两个不同的文种，各有其适用范围，不可混淆。其不同点包括以下几点：

1. 行文目的不同

请示向上级行文，请求批准有关事项、给予工作指示或答复问题等，需要上级机关做出明确答复，具有呈请性；报告是向上级汇报工作、反映情况，以利于上级掌握情况，并不需要答复，具有呈报性。

2. 内容要求不同

请示的内容必须坚持"一文一事"的原则要求，或具有"一事一请"性，篇幅较短；报告可以一文一事（专题报告），也可一文数事（综合报告），篇幅可长可短。在请示中可以反映情况、说明原因、陈述意见，要求上级机关必须给予答复；在报告中却不能含有请示的事项，不需要上级机关行文回复。

3. 行文时限不同

请示必须在事前行文，所请示的事项未经上级批准是无效的，应避免"先斩后奏"的无组织现象；报告则是在工作结束或进行过程中，以及情况发生之后才制发的。

4. 结语不同

报告的结尾可以用"特此报告""专此报告""以上报告，请审阅""以上报告如无不妥，请批转各地执行"等惯用语收束；请示则是用"以上请示当否，请批复""以上请示妥否，请批示"等惯用语收束。

 能力训练

一、判断题

1. 某校向上级机关申请修建教学大楼，用报告行文。（　　　）
2. 受双重领导的机关向上级机关请示时，可以同时主送两个上级机关。（　　　）
3. 请示可以一文一事，也可以一文多事。（　　　）
4. 请示在上报的同时，不得抄送下级机关。（　　　）

二、简答题

1. 试述请示与报告的区别。
2. 写作请示时应当注意哪些问题？

三、根据下述材料，拟写一份请示

×× 省工业局拟于今年10月10日派组（局长×××等6人）到美国纽约市××设备公司检验引进设备。此事需向省政府请示。该局曾与对方签订过引进设备的合同，最近对方又来电邀请前去考察。在美考察时间为20天，所需外汇由该局自行解决。各项费用预算，可列详表。

任务七 ▶ 批复

 学习要求

了解批复的概念和特点，掌握批复的写法。

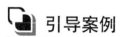 引导案例

关于组建××市劳务工联合工会的批复

××市劳动就业局：

你局《关于组建××市劳务工联合工会工作委员会的请示》收悉。经研究：同意你单位成立××劳务工联合工会。××同志任工会主席，×××同志任经审委员，××同志任女工委员（待条件成熟后成立经费审查委员会和女职工委员会）。

×× 市总工会

××××年×月×日

关于同意创办誉华职业中专学校的批复

××区教育局：

你局《关于创办誉华职业中专学校的请示》（教成〔2015〕12号）收悉。经派专员现场考察并经研究，认为该校举办人购置国有资产程序规范，办学的基本条件具备，为促进职业教育发展，同意其办学，但须注意规范以下几点：

一、学校定名为"六安誉华职业中专学校"，隶属区教育局管理；试办期两年，两年后依据省教育厅颁布的办学标准，再行评估。

二、专业设置及其他重大事项，先报批后实施。

三、不断改善办学及实习、实训条件，提高自身办学竞争能力。

四、加强学校安全和对学生的安全教育工作。

此复。

××市教育局

2018 年 12 月 1 日

 **必备知识**

一、批复的含义

批复是适用于答复下级机关请示事项时使用的一种行政公文。下级机关在工作中有时会遇到一些自身无法解决的困难，碰到一些超越自身职权范围的问题，或者发现一些无法与现行法律法规、政策"对号入座"的新情况、新问题，此时就要采用请示向直接上级请求帮助。批复就是针对下级机关的这类请示事项而制发的答复性公文，如《××师范大学关于更新机关各处（室）办公电脑的批复》。

二、批复的特点

作为典型的下行文，批复主要有以下四个特点：

（一）行文的被动性

批复是专门为了答复下级机关的请示事项而制发的，属于被动行文。往往先有上报的请示，才有下达的批复，请示是批复成文的直接前提。这一点和一般公文主动行文的特点有十分明显的区别。

（二）行文的针对性

一方面，上级的批复只针对下级的请示而制发，行文方向具有针对性；另一方面，下级请示什么问题，上级就回答什么问题，批复的内容也具有针对性。简言之，谁请示就批复给谁，请示什么就批复什么。

需要指出的是，如果批复涉及的问题带有一定的普遍性，批复的内容对于其他下级机关处理类似问题具有示范作用，那么上级机关完全可以借助于某些特定的形式，将原本针对请示机关的批复内容提升为面向广大下级机关的指导方针。例如，《最高人民法院关于公安机关不履行法定行政职责是否承担行政赔偿责任问题的批复》原本是针对四川省高级人民法院而制发的，鉴于所涉问题的特殊性，批复下发不到一个月，最高人民法院于 2001 年 7 月 17 日将此批复以司法解释的形式向全国公告，规定自当年 7 月 22 日开始施行，为全国范围内类似问题的处理提供了基本原则。

（三）内容的指导性

批复是对下级机关的请示事项提出处理问题的意见和办法，代表了上级机关的指示精神和决策意见，下级机关必须贯彻执行。

（四）行文的时限性

请示的事项往往是下级机关亟须处理，但在其职权范围、承受能力内难以办理的事项。因此，上级接到下级的请示之后，应该尽快研究解决。无论同意与否，都需要及时答复，以便下级抓紧实施或另作安排。只有这样，才能切实提高行政效率。例如，《广州市工商行政管理局（机关）限时办结制》就有这样的规定："对下级有关商标侵权定性的请示，必须在 15 个工作日内作出批复，需继续向上级请示等特殊情况，经主管局长批准可以延期。对上级有关商标侵权定性的批复，经办人员必须在收到之日起 5 个工作日内转发。"

三、批复的种类

按上级机关批复的意见分类，可分为对请示事项完全同意的批复；对请示事项部分同意、部分不同意的批复；对请示事项完全不同意的批复。

按请示类型分，可分为以下几种：

（一）表态性批复

这一类型的批复，主要针对下级请示中涉及的人力、物力、财力等方面的现实困难，或者针对设置组织机构、改变行政区划、名称及地址变迁等问题。例如，《××师范大学关于更新机关各处（室）办公电脑的批复》《国务院关于同意广东省调整广州市部分行政区划的批复》就属于这一类型。

表态性批复以"表态"为主要内容，直接表态的最为简洁，《国务院关于同意重庆市万县区和万县移民开发区更名为万州区、万州移民开发区的批复》就是一例。当然也可以在表态之后对下级提出一些贯彻执行方面的要求。例如，《国务院关于同意建立高校毕业生就业工作部际联席会议制度的批复》在明确表示"同意建立由教育部牵头的高校毕业生就业工作部际联席会议制度"之余，还提出了下列要求："联席会议不刻制印章"，"不正式行文"，由教育部"按照国务院有关文件精神认真组织开展工作"。

（二）指示性批复

这一类型的批复，主要针对那些带有法规性、政策性的请示事项。此类批复的内容除了明确表态之外，往往还要附上提示性或阐释性的内容，围绕某些方面做出比较详细的说明，以体现上级批复的指导作用，便于下级更好地理解、执行。

四、批复的结构与写法

批复是一种下行文，是上级机关答复下级机关某一请示时使用的公文。批复一般是专门就某一事、某一问题的答复，内容都比较单一，而且是先有来自下级的请示，才有上级的批复。

一般来说，批复的核心内容是就请示的内容、问题表示上级机关的态度，是同意还是反对、有不同意见等，都要在批复中直接申明。

（一）标题

标题包括批复机关、批复事项和批复文种三个部分，如《宏大公司对〈燕奇国际文化交流公司举办"燕奇杯"书法大赛的请示〉的批复》；也可只写批复事项及文种两部分，如《关于建立东风电机厂工会委员会的批复》。

（二）主送机关

主送机关指的是来文请示的单位，批复是有针对性的，所以不可缺少主送机关。

（三）正文

除了特别简略的批复之外，一般来说，批复的正文包括以下三项内容。

1. 批复引语

批复引语的写法有以下几种：

（1）请示单位略称+请示标题+请示发文字号+收悉+句号。这种写法最为常见。如《关于同意创办誉华职业中专学校的批复》中的批复引语："你局《关于创办誉华职业中专学校的请示悉》（教成〔2015〕12号）收悉。"

（2）请示单位略称+请示日期+请示标题+请示发文字号+收悉+句号。如国务院《关于编纂中华大典问题的批复》正文中批复引语："你署一九九〇年五月十二日《关于编纂〈中华大典〉及其经费问题的请示》（新出计字〔1990〕574号）收悉。"

（3）请示单位略称+请示日期+请示标题+收悉+句号。如民政部《关于广东省设立顺德市的批复》的批复引语是："你省一九九一年十二月六日《关于将顺德县改为县级市建制的请示》收悉。"

（4）请示日期+请示标题+收悉+句号。如中共中央办公厅、国务院办公厅《关于重建何香凝故居问题的批复》这样写道："一九九〇年三月五日《关于重建何香凝故居的请示》收悉。"

批复引语的目的是确保批复的针对性，抓住来文的主要特征就成为引语内容的关键。因此，《办法》明确规定："引用公文应当先引标题，后引发文字号。"相比之下，第二种写法稍显烦琐，第三、第四种略去了发文字号这一重要标识，在《办法》明确规定后，已经逐步不采用。

2. 批复事项

这是批复正文最关键的一部分，也是请示机关最关心的内容。上级机关如果同意下级的请示，就要做出明确的表态。如果不同意，就要做出合理的解释。例如，《关于重建何香凝故居问题的批复》在引述来文之后，列出了"广州市已有一座廖仲恺、何香凝纪念馆"的客观事实，随后又说明了相关依据："根据中央、国务院有关规定"，进而顺理成章地表明"缓办"的态度，并提出了合理化建议——"可在芳村故居建立一简易纪念标志"。如果是部分同意，有时还有必要对原来的请示内容进行修订或调整。部分批复还会提出要求，这也是大多数批复具备的基本内容，可长可短，视具体需要而定。事项比较简单的，在表明态度之后继续提出要求，合为一段；事项比较复杂的，则单独成段，有的还要分条列项，如《国务院关于北京城市总体规划的批复》就使用了12个序数词来分段，依次阐释意义，提出要求。

3. 批复结语

常用的批复结语有"此复""特此批复"等。有的批复有这一项，单独成段；有的批复则没有。

（四）落款

落款要写明发文单位、成文日期。

五、批复写作的注意事项

（一）行文要及时、慎重

如前所述，请示的内容对于下级机关来说，的确是既重要又紧迫。因此，上级机关有必要尽快答复，但绝对不能因此而忽略批复的指示性和政策性，更不能感情用事，一味满足下级的所有请求，从而影响批复的权威性。上级机关接到下级的请示后，要及时进行细致周密的调查研究，了解真实情况，找出对应的法律政策，认真负责而又积极稳妥地予以答复。

（二）内容要针对请示事项

请示要求一文一事，与此相对应，批复也要做到一文一复。批复要针对下级请示中最关注的事项集中作答，既不能故意回避，又不能有所遗漏，更不能"东拉西扯"。

（三）态度要清晰明确

无论是否同意，批复的态度都要清清楚楚、明明白白，容不得半点含糊。同意的，一般不再说明依据；不同意的，则必须说明法律政策依据或客观事实，使下级心服口服。

 能力训练

下面是一则病文，试指出其毛病，并写出修改稿

批复

××乡政府：

对你乡的多次请示，作如下答复：

一、原则批准你乡建立贸易公司，负责本乡的内、外贸易工作。你乡应尽快联合贸易公司开始营业。

二、你乡提出试行"关于违反计划生育规定的处罚办法"最好不执行，因为这个办法违反上级有关文件精神。

三、今年你乡要盖礼堂一座，并准备开辟为对外营业的影剧院，有利于活跃农民文化生活，增加宣传阵地。批准你们的请示。

四、同意你乡"关于开展学习拥军模范赵香同志活动"的请示。赵香同志支持丈夫、儿子上前线。在丈夫牺牲后又鼓励女儿报考军队护校，她还给前线战士寄书、写信，鼓励他们保卫祖国，事迹是感人的，应大力宣传。

××县人民政府

××××年×月×日

任务八 ▶ **函**

 **学习要求**

了解函的使用范围、特点和写法。

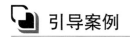 **引导案例**

关于请求解决我校进修教师住宿问题的函

××函〔2019〕××号

××大学：

首先，感谢贵校给予我校办学的大力帮助与支持。现又有一困难希望帮助解决：我校已派出××位年轻教师到贵校进修了一年，虽然与贵校有关部门多次协商，但不知何故，他们的住宿问题至今尚未解决。恳请贵校早日予以解决。如确有困难需我校协助，请尽量提出。

不知妥否，万望函复。

××电子工业学校（公章）

2019 年 4 月 15 日

××市人事局关于商调××同志的函

××函〔××××〕××号

××人事处：

因工作需要，拟调你处××同志到我市社会科学研究所工作。如同意，请将该同志的档案、表现材料及健康检查表一并寄来。请予大力支持。

××市人事局

××××年×月×日

××人事处关于商调××同志的复函

××市人事局：

你市×月×日《关于商调××同志的函》（××函〔××××〕××号）收悉。经研究，同意××同志到你市社会科学研究所工作，现随函附上该同志的档案、表现材料及健康检查表等，请尽快将报到日期函告我们。

特此复函。

附件：略

××人事处

××××年×月×日

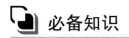 **必备知识**

一、函的使用范围

函是不相隶属机关之间相互商洽工作、询问和答复问题，向有关主管部门请求批准和答复审批事项时所使用的一种公文。

函作为公文中唯一的一种平行文种，其适用的范围相当广泛。在行文方向上，不仅可以在平行机关之间行文，而且可以在不相隶属的机关之间行文，其中包括上级机关或下级机关行文。在适用的内容方面，它除了主要用于不相隶属机关之间相互商洽工作、询问和答复问题外，也可以向有关主管部门请求批准事项，向上级机关询问具体事项，还可以用于上级机关答复下级机关的询问或请求批准事项，以及上级机关询问下级机关有关事宜，如要求下级机关函报报表、材料、统计数字等。

二、函的特点

函具有如下特点：

（一）平等性和沟通性

函主要用于不相隶属机关之间互相商洽工作、询问和答复问题，体现着双方平等沟通的关系，这是其他所有的上行文和下行文所不具备的特点。即使是向有关主管部门请求批准，在双方不是隶属关系的时候，也不能使用请示和批复，只能用函，并且姿态、措辞、口气也跟请示和批复大不相同，也要体现平等性和沟通性的特点。

（二）灵活性和广泛性

函对发文机关的资格要求很宽松，高层机关、基层单位、党政机关、社会团体、企事业单位均可发函。函的内容和格式也比较灵活，而且不限于平行行文，所以运用得十分广泛。

（三）单一性和实用性

函的内容必须单一，一份函只能写一件事项。函不需要在原则、意义上进行过多的阐述，不重务虚，重务实。

三、函的种类

函可以从不同角度分类：

（一）按性质分

函按性质分可以分为公函和便函两种。公函用于机关单位正式的公务活动往来；便函则用于日常事务性工作的处理。便函不属于正式公文，没有公文格式要求，甚至可以不要标题，不用发文字号，只需要在尾部署上机关单位名称、成文时间并加盖公章即可。

（二）按发文目的分

函按发文目的分可以分为发函和复函两种。发函即主动提出了公事事项所发出的函。复函则是为回复对方所发出的函。

（三）按内容和用途分

从内容和用途上，函还可以分为商洽事宜函、通知事宜函、询问函、邀请函、请求批准事宜函等。

四、函的结构与写法

函由标题、主送机关、正文和落款等组成。

（一）标题

函的标题有三种写法：一是完整式标题，由发函机关、事由和文种组成，如《××部关于选择出国人员的函》；二是由发函机关、事由、受理机关和文种组成，如《国务院办公厅关于悬挂国旗等问题给湖北省人民政府办公厅的复函》；三是由事由和文种组成，如《关于订购〈基础写作学〉的函》。

（二）主送机关

主送机关是指收函单位名称，要写全称或规范化简称。

（三）正文

函的种类不同，其写法也有区别：

商洽函的正文一般包括两部分内容：一是商洽缘由；二是商洽事项。

询问函的正文一般包括两部分内容：一是询问的目的，即说明为什么要询问，也就是发函的理由；二是询问的内容，这一部分是主体，要像"出试题"一样明确而又具体，使对方一看便懂，以便依题回答。

答复函的正文一般分为三部分：一是告知情况；二是答复意见；三是结尾。最后以"此复""特此函复"或"谨作答复"等作结语，有时也可不用结语。

告知函和答复函十分接近。它们的主要区别在于答复函是答复对方所询问的问题，告知函则是告知对方有关情况。告知函的正文通常包括两项内容：一是告知缘由，说明制发本函的原因；二是告知事项，简明扼要地叙述告知对方有关事项的具体内容及应注意的问题。

请求批准函的正文一般包括三项内容：一是请求批准的缘由；二是请求批准的事项；三是请求语。一般可用"请研究函复""请函复""盼复"或"以上意见当否，请复函"等作结语。

（四）落款

落款一般包括署名和成文时间两项内容。

五、写作函的注意事项

（一）内容简洁

内容简洁，即要以简要的文字，将需要商洽、询问（答复）、请求批准的事项（问题）明确、具体地交代清楚。

（二）用语得体

函因其应用于平行机关之间相互协商、配合与互通信息，因此，用语要谦和，要讲究分寸，不使用告诫、命令性的词语，语气应委婉得体。涉外公函或不相隶属机关之间的公函，必要时使用尊称与致意性词语。公函与私人信件有严格的区别，机关之间的诚恳致意是必要的，但不要形成客套；尊重对方是应当的，但不可过分，形成恭维奉迎。用语应当适度，掌握分寸。

（三）引文要规范

复函中引述来函标题和发文字号的正确方法是先引标题，后注发文字号，发文字号用圆括号括起，如"贵×《关于××××的函》（××函〔2009〕××号）收悉"。

六、函与其他公文的区别

（一）函与批复的区别

函是用来相互之间商洽工作、询问和答复问题，向无隶属关系部门请求批准的公文，函也有批示功能，但只针对函。批复是专门用来答复请示事项的公文。

批复的作用仅限于有隶属关系或业务主管关系的上级对所管辖的机关单位行文，准与不准的态度鲜明，往往具有通知和指示的性质，它只能是下行文。函的答复更多为平级行文，并具有商洽性，联系与咨询的答复一般都是平行情况，但往往是职能上（或业务上）的管理关系，属于平行文。

（二）请示函与请示的区别

公文处理中，平行单位之间函与申请批准内容的请示混淆的情况时有发生，虽然它们都有请示的性质，但也有明显的区别，主要有两点：第一，请示是上行文，函是平行文；第二，请示的制发单位和受文单位之间的关系是领导与被领导的关系，函的制发单位与受文单位是平行或不相隶属的关系。

（三）函与通知的区别

函是唯一的平行文，主要是用来商洽工作、询问和答复问题。通知是下行文，主要用于发布党内法规、任免干部、传达上级机关的指示、转发上级机关和不相隶属机关的公文、批转下级机关的公文、发布要求下级机关办理和有关单位共同执行或周知的事项，具有功能的多样性、运用的广泛性、一定的指导性、较强的时效性等特点。

 能力训练

一、阅读下面这份函，分析其存在哪些问题并修改

关于技校自费生收费标准的复函

市技校招生办公室：

你办五月二十三日报告收悉，根据省物价局、财政厅、劳动厅联合发出的〔2014〕×价费字第138号文件的规定，考虑我市的实际情况，经研究决定，函复如下：

一、技校招生报名考务费每人12元，公费包分配学生每人每年收430元。

二、定向分配自费生，二年制，每人每年1050元；三年制的每人每年879元；市、县（区）劳动培训中心，两年制的每人每年900元；三年制的每人每年740元。从2002级新生开始执行，老生老办法，新生新办法。

三、培训教材、书籍课本按实际收取，多退少补。

四、各县（区）各招生学校、培训中心一律不得增加集资费、实习费、统考费、住宿费等其他任何收费项目，也不得提高收费标准。

特此函复！

二、根据材料拟写公文

上海××装潢材料厂曾于 2019 年 4 月与××省××市钢铁厂签订了一份购买钢材的合同，后来对方发来的钢材不符合质量要求。而在此之前，装潢材料厂已经付了 20% 的货款，共计 8 万元。经过多次交涉，最后双方在 2019 年 5 月 20 日协商达成协议，由钢铁厂在一个月内退回货款，并将钢材自行运走，就此终结合同，但事后钢铁厂仍未将货款退还。××装潢材料厂曾于 2019 年 6 月 25 日以"新艺〔2015〕15 号函"催讨，未得回音。7 月 25 日该厂再次发函催讨。根据上述材料，撰写一篇去函。

项目二　会议文书

通知

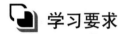 **学习要求**

了解通知的适用范围和使用特点，掌握不同类型的通知的写法。

引导案例

国务院批转关于行政审批制度改革工作实施意见的通知

国发〔20××〕33 号

各省、自治区、直辖市人民政府，国务院各部委、各直属机构：

　　监察部、国务院法制办、国务院体改办、中央编办《关于行政审批制度改革工作的实施意见》已经国务院批准，现转发给你们，请认真贯彻执行。

中华人民共和国国务院
20××年 10 月 18 日

转发国务院办公厅关于进一步做好公文处理工作有关事项的通知

粤府办〔20××〕10 号

省府直属各单位：

　　现将《国务院办公厅关于进一步做好公文处理工作有关事项的通知》（国办发〔20××〕5 号，以下简称《通知》）转发给你们，并经省人民政府同意，结合我省实际情况提出如下意见，请一并认真贯彻执行。

　　　　……

　　为切实解决公文处理工作中存在的问题，进一步强化我省公文处理工作的规范化、制度化，今后省政府办公厅将定期（每半年一次）对各单位上报省政府的公文中存在的问题进行通报。

广东省人民政府办公厅
20××年 2 月 27 日

关于杨××同志职务任免的通知

州外侨办：

经××市十五届人民政府研究决定：杨××同志任市外侨办调研员，免去外侨办副主任职务。

昌吉回族自治州人民政府

2016 年 1 月 15 日

 **必备知识**

一、通知的使用范围

通知是机关单位最常用的一种公文，"适用于批转下级机关的公文、转发上级机关和不相隶属机关的公文、传达要求下级机关办理和需要有关单位周知或者执行的事项、任免人员"，如《国务院批转公安部关于"十五"期间消防工作发展指导意见的通知》《国务院办公厅转发建设部等部门关于做好稳定住房价格工作意见的通知》《广东省人民政府办公厅关于进一步加强打击传销和变相传销工作的通知》《国务院办公厅关于调整国务院纠正行业不正之风办公室领导成员的通知》《广东省水利厅等关于印发〈广东省农村饮水工程项目建设及资金管理办法〉的通知》《关于香港特别行政区政府曾荫培等 2 人职务任免的通知》等。

二、通知的特点

通知作为使用范围最广泛、使用频率最高的公文，主要具有以下几个特点：

（一）功能的多样性

在下行文中，通知的功能是最为丰富的。它可以用来布置工作、传达指示、晓谕事项、发布规章、批转和转发文件、任免干部等，总之，下行文的主要功能，它几乎都具备。

通知在下行文中的规格要低于命令、决议、决定、指示等文体。用它发布的规章，多是基层的，或是局部性的，非要害性的；用它布置工作、传达指示的时候，文种的级别和行文的郑重程度，明显不如决定、指示。

（二）运用的广泛性

通知的发文机关几乎不受级别的限制，大到国家级的党政机关，小到基层的企事业单位，都可以发布通知。

通知的受文对象也比较广泛。在基层工作岗位上的干部和职工，接触最多的上级公文就是通知。通知虽然从整体上看是下行文，但部分通知（如晓谕事项的通知）也可以发往不相隶属机关。

（三）一定的指导性

通知这一文体名称，从字面上看不显示指导的姿态，但事实上，多数通知都具有一定程度的指导性。用通知来发布规章、布置工作、传达指示、转发文件，都在实现着通知的指导功能，受文单位对通知的内容要认真学习，并在规定时间内完成通知布置的任务。

个别晓谕性的通知，特别是通知作为平行文发布的时候，可以没有指导性或只有微弱的指导性。

（四）较强的时效性

通知是一种制发比较快捷、运用比较灵便的公文文种，它所办理的事项都有比较明确的时间限制，受文机关要在规定的时间内办理完成，不得拖延。

三、通知的种类

根据通知的内容，可以将其分为以下几种：

（一）批转、转发、发布类通知

这一类型包括两个小类：批转性通知和转发性通知。二者有同有异，使用时要加以区分。

1. 批转性通知

批转性通知是指用通知的形式批转下级机关的公文。对于下级机关呈报的某些公文，上级审批同意后，加上批示性意见，再用通知转发给有关单位贯彻执行。被批转的公文，既可以是意见、请示、报告、会议纪要，也可以是方案、计划、纲要等，无论是哪一种，一旦经上级批转，就不再仅仅是下级机关的意图，而是升格为上级的意愿和要求，与上级机关的行文具有同样的法定效力和现实约束力。例如，广东省人民政府《批转省财政厅关于切实解决市县财政拖欠工资问题意见的通知》就是广东省财政厅根据省委常委会议决定的，针对解决部分市县拖欠工资这一影响政府运转和社会稳定的重大问题提出了五条意见，省政府研究同意后，用通知批转给各市、县、自治县人民政府及省府直属有关单位贯彻执行。

2. 转发性通知

转发性通知是指用通知的形式转发上级机关或不相隶属机关的公文，或者说转发"非下级机关"的公文。既然被转发的是上级、平级或不相隶属机关的公文，当然不能随意添加批语，而只能以传达、推荐为主，但也可以结合实际提出实施意见，要求下级单位一并贯彻执行。例如，广东省人民政府《转发国务院关于整顿和规范市场经济秩序的决定的通知》，除了如实转发原决定之外，还结合本省实际情况，分别从提高认识、加强领导、制订方案、加强监管四个方面提出了实施意见，要求各市、县、自治县人民政府及省府直属有关单位"一并贯彻执行"。

在实际工作中，某些原本应该由上级机关批转的公文，却改由上级机关的办公厅（室）转发。一般来说，下级机关的来文，如果属于比较重要的事项、重大的行动或事关全局的问题，往往就由上级亲自批转；如果属于一般性意见或比较具体的事项，则授权交由办公厅（室）办理后转发。这样一来，既可以减轻上级机关的行文压力，又可以体现出处理公务活动中的主次轻重。无论是批转还是转发，从行文效用来看，并没有太大的差别。

（二）传达性通知

根据适用范围，传达性通知可以细分为以下两个小类：

1. 执行性通知

执行性通知传达的事项需要下级机关或有关单位办理、执行，包括部署重大行动、安排布置工作、贯彻落实文件、解决实际问题、制止非法或违规活动等。这类通知带有较强的约束性和指导性，某些还具有补充法规或规章的性质，必须认真执行。例如，《国务院关于做好建设节约型社会近期重点工作的通知》、广州市人民政府办公厅《关于切实做好"今冬明春"消防安全工作的通知》、广东省人民政府办公厅《关于进一步落实违规高尔夫球场项目处理意见的通知》、广东省人民政府《关于我省农村困难家庭子女免收义务教育阶段书杂费的通知》及《国务院办公厅关于各地不得自行提高企业基本养老金待遇水平的通知》等。

2. 告知性通知

告知性通知传达的事项侧重于使下级机关或有关单位有所知晓，便于对工作作出合理有效的安排，比较常见的有各类会议通知、人员或机构调整的通知、节假日放假通知等。例如，《国务院关于召开全国劳动模范和先进工作者表彰大会的通知》《国务院办公厅关于成立国务院安全生产委员会的通知》、广东省人民政府《关于调整部分副省长工作分工的通知》及《关于五一劳动节放假的通知》等。

（三）会议通知

会议通知专门用于通知召开会议的有关事项。上级机关、单位、团体召开比较重要的会议时，一般都提前告知所属有关单位、团体、个人，就用这种通知。

（四）任免性通知

任免性通知适用于将本机关人员的任免事项向指定范围公布，目的在于使有关单位及时了解有关人员的职务变动，便于联系和协调工作。例如，《国务院关于香港特别行政区政府曾俊华等3人职务任免的通知》。

四、通知的写作格式

不同类型的通知，写法也有所不同。

（一）批转、转发、发布类通知的写法

1. 标题

此类通知的标题可概括为：发文机关+批转（或转发）+原文件制发机关+原文件标题+通知。为了保证标题的简洁，可以省略原文件的制发机关或省略发文机关。需要注意的事项还有以下五点：

（1）要准确使用"批转"或"转发"，正文内容必须与之相符。

（2）原文件如果是法规、规章，引用原文件标题时必须使用全称，加书名号；除此之外，不得随意使用书名号。

（3）原文件的制发机关名称较长时，可以使用规范的简称；原文件如果属于联合发文，可以只保留主办机关名称，而将协办机关用"等部门（单位）"予以简化，或

者直接将原文件的制发机关全部予以省略。

（4）原文件也是通知时，为了避免在标题中出现两个"通知"，可以将标题中文种名称这一项予以省略，换言之，可以省略后一个"通知"。

（5）层层转发时，涉及的单位和层次较多，如果每次转发都要在标题中加以体现，必然会出现两个以上的"关于"、两个以上的"的通知"，既显得拖沓冗长，又不便于理解。为使标题简洁明了，必要时可以将中间过渡的转发机关予以省略，直接转发原文件，而将各层转发的情况改在正文中加以说明，如《关于转发市经委关于转发省经委关于转发国家经委办公厅批转〈经济日报〉发行工作座谈会纪要的通知的通知的通知的通知》，就可以直接改为《转发国家经委办公厅批转〈经济日报〉发行工作座谈会纪要的通知》。

不过，根据公文处理的实际情况，这类通知的标题有时也会出现两个"转发"。例如，广东省人民政府办公厅转发《国务院办公厅转发卫生部等部门关于进一步加强精神卫生工作指导意见的通知》（粤府办〔20××〕115号），标题中除了第一个"转发"外，剩下的全是原通知的标题。应该说，即使是这样一种比较特殊的标题，其实也在努力精简标题。

2. 正文

批转或转发性通知的正文，由于存在不同的隶属关系、职权范围，在措辞、语气等方面自然有所区别。就其基本构成而言，有的比较简单，有的则相对复杂，其模式可分别概括如下：

（1）简单型：引述原文件的标题、文号+表示同意（或说明已经被上级批准同意）+予以批转（转发）+要求贯彻执行。在正文中引述原文件时，无论是否法规、规章，都要直接引用原文件的完整标题，标题后还需注明文号。其后的三项，用语均十分简要。

（2）复杂型：引述原文件的标题、文号+表示同意（或说明已经被上级批准同意）+予以批转（转发）+批转的目的意义（或转发机关的实施意见）+要求一并贯彻执行。在复杂型批转性通知的正文中，批转机关除了表示同意、予以批转之外，还会写明批转原文件的目的意义，提出在贯彻落实中应该注意的事项。例如，《国务院批转国家经贸委、冶金部关于邯郸钢铁总厂管理经验调查报告的通知》用主要篇幅说明学习、推广"邯钢"经验的目的意义，并从转变主要领导观念、加强生产与市场之间的信息沟通、抓住降低成本这一关键、科学合理地确定目标成本、调动职工积极性五个方面提出了要求。有的则在基本肯定原文件的前提下，对原文件不够完善的地方进行补充修订。如果转发机关的实施意见内容较多，建议采取分条列项、分段分层的写法。

（二）传达性通知的写法

1. 标题

此类通知的标题，可以根据内容的不同，分别采取三种不同的结构：发文机关+事由+通知；事由+通知；直接以"通知"为题。完整式标题尤其适用于内容比较重要，政策性、指导性较强的通知，因为标题越完整，越能够显示出内容的庄重严肃。如果是一般性事项的安排布置，可以将发文机关予以省略，但不宜省略事由。各单位内部使用的通知，则经常直接以"通知"为题，比较灵活方便。

2. 正文

传达性通知的正文，一般都包括缘由、事项、要求三个组成部分。

缘由是通知的引言（导言）。主要用来说明发文目的、制发依据、意义作用等。事项是正文的主体。内容简单的，一般不分段；内容复杂的，经常采用分条列项的写法，便于阅读对象准确把握主要内容，特别是与政策界限有关的事项，更应该逐一分列，以免混淆。执行要求是通知的结束语。事项单一的，一般在事项说明结束后，使用"请遵照执行""请认真贯彻执行""请结合各地（各单位）实际情况贯彻执行"等结束语来收尾；事项繁复的，或者将执行要求单独列为事项之一，或者将要求渗透在各个事项当中，使执行要求与具体事项紧密结合。

有的传达性通知还附有联系人、联系电话等项目，主要是方便联系工作之用。

（三）会议通知的写法

会议性通知在写作上具有要素化的特点，即写清会议的名称，召开会议的目的、依据、会议的中心议题，召开会议的具体时间、地点、参加人员、会前准备工作及其他事项等。

（四）任免性通知的写法

1. 标题

任免性通知的标题，其模式可以概括为"发文机关+关于+机关单位名称+任免人员姓名+职务任免+通知"，其中的"发文机关"和"机关单位名称"往往可以酌情省略。

2. 正文

任免性通知是行政机关任免、聘用干部时使用的通知，也包括机构设立和撤销的通知。这类通知的正文很简单，通常只写明任免事项或设立、撤销的事项即可，有的也交代一下原因、依据等。在行文写作时，一般要遵循先任后免、职务由高到低的原则。如果同时任免的人员较多，就有必要采取分条列项的写法。

五、写作通知的注意事项

通知可以说易写难精，写作时必须注意以下几点：

（一）行文要注重实效

实用性强是通知的一大优势，需要注意的是，通知虽然好用、常用，但也不能滥用。无论是安排布置工作，还是批转（转发）文件，都要充分注意必要性和可行性。力争做到该发的一定要发、不该发的一律不发和该转的要尽快转、不该转的坚决不转。

（二）内容要具体明确

在众多的公文种类中，通知与实际工作的关系最密切，事项性通知尤为突出。因此，通知的内容必须详尽而具体，便于理解和执行。这就要求在撰写通知之前，必须做好调查研究工作，缜密思考，反复推敲，充分保证发文质量。

衡量一份通知的内容是否明确具体，一般可以借鉴新闻写作中的"5W1H"作为标准，即 Who、Why、What、When、Where、How。这"5W1H"大致可以对应为通知的六项内容：主送机关、发文缘由、具体事项、时间要求、实施范围、具体步骤（或质量要求）。

（三）制发要迅速及时

反应快捷、制发灵活也是通知的优势之一。及时行文，不仅仅是部署重大行动、制止非法或违规活动的需要，也是批转（转发）文件、告知有关事项的需要。通知的标题中有时会出现"紧急""临时""补充"等字样，这也正是它制发灵便、反应快捷的体现。

（四）用语要准确得体

通知的适用范围不同，行文方向也不一样，因此必须根据实际需要，区别使用不同的公文用语。

 能力训练

一、回答问题

1. 会议通知一般具备哪些要素？
2. 分析通知与通告的区别。

二、写出下列各种情形时的文种行文

1. ××公司告知聘请×××担任该公司常年法律顾问的事项。
2. ××局告知干部职工于×月×日下午召开全局大会。
3. ××大学告知毕业班学生 11 月 12 日回校参加学位授予典礼的事项。
4. ××市公布有关维护当地中小学正常教学秩序的事项。

三、根据材料拟写公文

××市教委决定召开一次各直属学校校长，镇、街道办事处教办主任参加的安全工作会。会议于 2016 年 12 月 5 日下午 2：00 在市教委招待所三楼会议室举行，主要部署安全教育工作，要求参会人员提前 15 分钟到场。请代市委拟写一份会议通知。

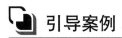 任务二 ▶ **会议记录**

 学习要求

了解会议记录的含义及格式，掌握会议记录的写法。

 引导案例

飞虹公司项目会议

时　　间：2017 年 9 月 1 日
地　　点：公司会议室
出席人：（签名）

主持人：马连（公司副总经理）

记录人：祁迎风

会议议题：讨论"中国办公室"软件是否投入开发的问题；讨论如何开展前期工作的问题。

（一）主持人讲话

今天主要讨论一下，"中国办公室"软件是否投入开发以及如何开展前期工作的问题。

（二）发言

技术部朱总："类似的办公软件已经有不少，如微软公司的 Word、金山公司的 WPS 系列以及众多的财务、税务、管理方面的软件。我认为首要的问题是确定选题方向，如果没有特点，千万不能动手。"

资料部祁主任："应该看到的是，办公软件虽然很多，但从专业角度而言，大都不很规范。我指的是编辑方面的问题。如 Word 中对于行政公文这一块就干脆忽略掉，而书信这一部分也大多是英文习惯，中国人使用起来很不方便。WPS 是中国人开发的软件，在技术上很有特点，但中国应用文方面的编辑十分简陋，离专业水准很远。我认为我们定位在这一方面是很有市场的。"

市场部唐主任："这是在众多'航空母舰'中间寻求突破，我认为有成功的希望。关键的问题就是必须小巧，并且速度要快。因为我们建造的不是航空母舰，这就必须考虑兼容问题。"

会上达成的协议：各部门都同意立项，初步的技术方案将在十天内完成，资料部预计需要三个月完成资料编辑工作，系统集成约需要二十天，该软件预定于元旦投放市场。

主持人：（签名）　　　　　　　　　　　　　　　记录人：（签名）

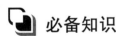 必备知识

一、会议记录的含义及作用

在会议过程中，由专门记录人员把会议的组织情况和具体内容如实地记录下来，就形成了会议记录。

会议记录有"记"与"录"之分。"记"有详记与略记之别。略记是指记录会议大要，会议上的重要或主要言论。详记则要求记录的项目必须完备，记录的言论必须详细完整。若需要留下包括上述内容的会议记录则要靠"录"。"录"有笔录、音录和像录几种，对会议记录而言，音录、像录通常只是手段，最终还要将录下的内容还原成文字。笔录也常常借助音录、像录，以之作为记录内容最大限度地再现会议情境的保证。

二、会议记录的格式

会议记录的格式分为记录头、记录主体、审阅签名三个部分。

记录头主要包括：会议名称，会议起讫时间，会议地点，会议主席（主持人），会

议出席、列席和缺席情况。

记录主体主要包括：会议发言、会议各项程序。

审阅签名主要是指会议主席和记录人员签名。

三、会议记录的要求

会议记录的要求归纳起来主要有两个方面：一是速度要求；二是真实性要求。

（一）速度要求

快速是对记录的基本要求。

（二）真实性要求

纪实性是会议记录的重要特征，因此确保真实就成了对记录稿的必然要求。会议稿要有真实的内容，体现真实的发言者风格，但是为了表达清楚可以适当修改发言人的错误发音或语法缺陷以及过于啰唆的表达。

真实性要求的具体含义是：

1. 准确

不添加，不遗漏，依实而记。

2. 清楚

要想记录一个完美的会议过程，首先，书写要清楚；其次，记录要有条理。

3. 突出重点

会议记录应该突出的重点有：①会议中心议题以及围绕中心议题展开的有关活动；②会议讨论、争论的焦点及其各方的主要见解；③权威人士或代表人物的言论；④会议开始时的定调性言论和结束前的总结性言论；⑤会议已议决的或议而未决的事项；⑥对会议产生较大影响的其他言论或活动。

 能力训练

1. 会议记录有什么特点？
2. 代近期召开的班会写一份会议记录。

项目三　从业文书

任务一 ▶ **计划**

学习要求

通过学习，了解计划的种类、特点，掌握计划的写法，写出规范的计划。

引导案例

××厂财会人员培训工作计划

为了适应本厂业务发展的需要，急需提高在职财会人员的专业知识和业务水平，以提高企业的经营管理水平，经报请厂长批准，拟举办财会人员培训班。通过短期学习，使没有经过系统专业学习的中青年财会人员在本门业务上达到财经中专毕业水平，能够正确地掌握财会基本理论知识和财会工作的基本技能。

1. 组织领导

由厂财务处会同人事处建立培训班领导小组，由总会计师主持。

2. 培训对象

（1）本厂所属各分厂在职财会人员。

（2）从现有在职干部中抽调的准备培养补充的财会人员。

年龄在40岁以上，具有高中毕业文化水平，身体健康，作风正派，能坚持业余学习而本人又自愿学习的，经组织同意均可报名，经过考试，择优录取。

3. 培训方式

采用半脱产业余学习的办法。

4. 学制

学制定为一年。每周一、三、五下午上课，每次上课4小时，利用工作时间，每周共12小时；另外，利用8~12小时的业余时间进行自学、辅导、作业、讨论和教学实习等活动。

5. 课程设置

（1）工业经济概论。

（2）会计学原理。

（3）工业会计。

（4）工业财务。

（5）工业企业经济活动分析。

6. 教材和教师

教师由领导小组在厂部和各分厂会计师以上财会人员中聘请，一律为兼职。教材由任课教师推荐或自编，领导小组同意后使用。

7. 考核

每学期每门课程结束后，进行考核，以巩固学员学到的知识，检查教学效果，提高教学质量。学员五门课程考试均及格者，由培训班发给结业证书，证明在本门业务上具有中专毕业的同等资格。

8. 时间安排

第一期 20××年 1~12 月，分为两个学期，每期 20 周，其中讲课 18 周，复习考试一周，机动一周。

9. 招生简章另订

20××年 12 月 25 日

××职业技术学院十年发展规划

（2013~2022 年）

为加快学院发展步伐，实现市委韩先聪书记提出的要把学院建成"省内知名，区域一流"高职院校的办学目标，根据学院实际，特制定本规划。

（一）指导思想

坚持以邓小平理论和"三个代表"重要思想为指导，全面贯彻落实科学发展观，以"中部崛起"和实施东向发展战略为契机，以发展为主线，以改革和机制创新为动力，以满足社会需求为出发点，加快新校区建设和专业建设步伐，加强师资队伍建设、教学设施建设和精神文明建设，努力提高办学规模、层次和教育教学质量，构建充满活力、和谐稳定、安全文明、发展协调的新学院。

（二）总体发展目标

经过 10 年的建设，到 2022 年学院在教育教学质量、师资队伍建设、学科建设、专业建设、科学研究、管理水平、办学规模和办学效益等方面得到显著提高，总体办学水平达到省内同类院校一流水平，部分专业达到国内同类院校先进水平，自我发展能力和竞争实力明显增强，成为特色鲜明、优势突出、全省一流、全国有影响的地方性、开放型示范高职学院。

（三）"三步走"发展战略

第一步，2013~2015 年，强基础阶段。通过平稳过渡和实质性融合，实现"五统一"，确保各项工作步入良性发展轨道目标。

按照改革、发展、稳定的要求，完成四校有机整合，构建组织机构较为齐全、规章制度较为完善的运行机制。加强教学基本建设，改革教学方法，探索建立具有职业教育特点的人才培养模式，加强教师队伍建设和学科建设，逐步提高教学质量和办学效益，在校生规模达到 4000 人。

第二步，2016~2018 年，谋发展阶段。通过全力以赴建成新校区，努力确保教育部评估合格，实现"省内知名，区域一流"的阶段办学目标。

以顺利通过教育部人才培养工作水平评估为目标，以学院整体入驻新校区为契机，通过深化教育教学改革，完善内部管理体制和运行机制，进一步提高教育质量和办学效益，适应市场经济和社会发展需要，建立特色鲜明、实用性、技能性较强的人才培养模式，逐步形成自己的特色，建成一批教学、科研、生产相结合的多功能实践、实训基地，初步建立一支学历层次较高、职称和专业结构合理、高素质的"双师型"教师队伍，在校生规模达到 6000~8000 人。

第三步，2019~2022 年，争跨越阶段。通过强特色、扩规模、上质量，实现"省内一流，全国有影响"的示范性高职院校办学目标。

通过不断完善办学条件，不断增强办学实力，进一步提高办学层次；初步建成若干个具有优势的品牌专业；整体办学质量和效益达到全省同类院校一流水平；实现部分重点实验室和实习、实训基地达到国家级标准；形成一支具有一定影响力的教育专家和骨干教师队伍；建成较为完善的公共基础设施和教学科研服务体系，使其成为一所环境优美、设备齐全、功能完善、特色鲜明、质量一流的现代化地方高校；在校生规模将达到万人。

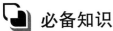 **必备知识**

一、计划的含义

计划是党政机关、企事业单位或个人为了完成未来的某项工作或任务，结合实际情况预先做出设计安排的事务性文书。计划是个统称，规划、纲要、设想、打算、要点、方案、安排等都是根据计划目标的远近、时间长短、内容详细等的差异而确定的名称，分述如下：

规划：规划是计划中最宏大的一种，从时间上说，一般都要在三年以上；从范围上说，大都是全局性工作或涉及面较广的重要工作项目；从内容和写法上说，往往是粗线条的，比较概括，如《××省经济和社会发展十年规划》《××省工业结构调整规划》等。规划是为了对全局或长远工作作出统筹部署，以便明确方向、激发干劲、鼓舞斗志。相对其他计划类文书而言，规划带有方向性、战略性、指导性。

设想：设想是计划中最粗略的一种，在内容上是初步的，多数是不太成熟的想法；在写法上是概括地、粗线条地勾勒；时间不一定都是远的，范围也不一定都是宏大的。一般来说，时间长远些的称为"设想"；范围较广泛的称为"构想"；时间不太长、范围也不太大的则称为"思路"或"打算"。设想是为制定某些规划、计划做出准备的，是一些初步想法。

要点：要点是计划的摘要，即经过整理，把主要内容摘出来的计划。

方案：方案是计划中内容最为复杂的一种，一般在指导思想、目的要求、方法措施、具体步骤等方面都有具体、周密的部署，具有很强的可操作性，比较适合专项性工作，其实施往往要经上级批准。

安排：安排是计划中最为具体的一种格式，由于其工作比较确切、单一，不做具体安排就不能达到目的，所以其内容要写得详细一些，这样容易使人把握。

二、计划的特点

计划具有以下特点：

（一）目的性强

制订计划就是为了在一定时间、一定规定内完成某项任务，达到某个目的，因而计划的目的性很明显，没有一个明确的目标，计划就失去了制订的意义，因此，目标能够量化的要尽量予以量化。

（二）预见性强

计划是行动之前对某一实践活动的一种预想，做什么、如何做、做的过程中可能会出现什么问题、最终要达到什么目的，都有预见性。这种预见不是凭空而来的，要以科学性为基础，它应建立在对本单位情况的全面分析、对上级指示精神的深刻领会、对其他单位经验教训的认真吸取之上，只有这样，计划才能反映出事物发展的客观规律，才能经受实践的检验。

（三）可操作性强

制订计划是为了指挥实践，制订时要充分考虑其可行性，计划中的措施、方法、步骤必须是力所能及的，要坚持实事求是、量力而行、努力可达、留有余地的原则。

（四）约束性强

计划一经讨论通过、下达，就要遵照执行。如要调整和修改，一般要经过一定手续的审批。

三、计划的种类

从内容上划分，可分为学习计划、工作计划、研究计划、财务计划、教学计划、分配计划、购销计划等。

从使用范围上划分，可分为国家计划、地区计划、单位计划、班组计划等。

从时间期限上划分，可分为十年规划、五年规划、年度计划、季度计划、月计划、周计划等。

从性质上划分，可分为指令性计划、指导性计划、综合性计划和专题性计划等。

从表达方式上划分，可分为条文式计划、表格式计划、条文与表格结合式计划等。

四、计划的写作格式

计划的格式与写法虽没有统一的规定，但在具体的写作过程中，仍有一定的规律可循。计划一般由标题、正文、落款三个部分组成。

（一）标题

计划标题有以下三种形式：

1. 完全式标题

完全式标题由四个部分组成：单位名称、期限、内容范围、文种，如《××市2006—2010年经济发展规划》。

2. 省略式标题

完全式标题中的单位名称、期限，可以根据需要做出取舍，即可变为省略式标题，如《2006年招生计划》《××学院课程安排》。

3. 未定稿式标题

未定稿的计划，应在标题后或下一行用括号标明"草案""讨论稿""征求意见稿""送审稿"等字样。

（二）正文

计划正文是计划的主体部分，一般包括开头、主体、结尾三部分。

1. 开头

开头是计划的总纲，概括地介绍基本情况，使人们了解执行计划的必要性，可有选择地介绍制订计划的基础（对前一段工作情况作简单回顾，以承前启后）、主要依据（制订计划所遵循的方针和指示，所根据的情况等）、目的、缘由、指导思想或总的目标任务（开展什么工作、解决什么问题、达到什么效果等）。最后常用"具体安排如下""特制订以下计划"之类的过渡句转入主体。

2. 主体

主体是计划的基本内容，主要解决"做什么""怎么做""何时完成"等问题，一般要写出三个要素。

（1）目标和任务，不应泛泛地写，要清楚地写明目标、任务、各项主要指标和完成的期限。

（2）措施和方法，是完成目标、任务的具体方法。如采用哪些手段，需创造什么条件，运用哪些方法，怎样安排人力、物力、财力，怎样分工协作，怎样考虑奖励等，尽可能考虑周到、全面、具体，制订得切实可行。

（3）步骤和安排，即达到目的、完成任务的程序和时间安排。在实现目标的过程中总要有先后之分，有轻重之别，这些程序安排要顺序合理，环环相扣，这样才能保证计划有条不紊地得以顺利实施。

计划不同，主体部分三个要素详略也不同，第一个要素一般要首先写明；后两个要素视具体情况而定，可分开写，可糅合一起写，也可有分有合地写，没有固定的结构模式。

3. 结尾

一份计划是否要结尾，写作者可视实际情况灵活掌握，不强求一定要有，如主体内容已非常完备，完全可以省略该部分，表格式计划通常就无结尾部分。计划的结尾通常是发出号召，展望前景，或强调计划的重点，或用"此计划希各单位认真执行"收束全文。

（三）落款

如果制订计划的单位名称已在标题中出现或已署在标题的正下方，那么正文结束后不用署名，只标注日期即可。

五、写作计划的注意事项

（一）要正确使用计划的特殊种类

机关或单位对未来工作的预先安排、打算，多数情况下使用"计划"这一文种表达出来，但它还有其他几种类别名称，如"规划""要点""安排""打算"等，它们各自有一定的特殊功能，使用时不可混淆。

（二）方向正确，切合实际

制订计划要掌握党和国家的有关方针、政策，以指导自己今后一个时期的工作。制订计划要领会上级的意图，以使所订计划的总要求和基本想法与上级保持一致，防止出现脱节现象。制订计划还要了解下情，从实际出发。要认真调查研究，了解前一个时期工作成功的经验、不成功的教训，哪些工作已经做完了，哪些工作有待今后继续完善，工作中的有利因素、不利因素以及薄弱环节，这样制订出来的计划才能真正起到指导、推动和保证的作用。

（三）任务明确，措施具体

在制订计划时，首先要把任务明确地提出来，并且最终要实现什么目标，给执行者一个直观的感觉，体现计划的指导性；同时措施要具体可行，不能笼统，以便于操作和检查。

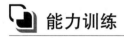 能力训练

一、问答题

1. 计划与方案、要点、规划、安排、打算、设想、纲要的区别是什么？
2. 分析说明一般计划正文的写作内容。

二、选择题（分别将正确的答案序号填入相应括号）

A. 计划　　B. 打算　　C. 规划　　D. 要点　　E. 安排　　F. 设想　　G. 方案

1. 天津市城市远景（　　）。

2. ××公司新产品洽谈会（　　）。

3. 关于我校经管系学生实习的近期（　　）。

4. 本周各部门工作（　　）。

5. ××市家技站 2005 年工作（　　）。

6. 关于治理我市护城河的初步（　　）。

7. ××公司员工培训（　　）。

三、请为自己制订一份暑假或寒假的学习计划，要求必须有明确的目标和具体的措施

任务二 ▶ 总结

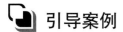

学习要求

了解总结的特点、种类，掌握总结的写作要求，能写出规范的总结。

引导案例

××春季交易会××市纺织品交易团调研工作总结

在今年春季交易会上，我纺织品交易团重视调研工作，组成工贸结合的调研组，调研人员通过业务洽谈和召开专题座谈会进行调研，取得了一些成绩。

（一）本届交易会调研工作取得的成绩

通过调研，基本上弄清了当前纺织品市场情况水平、供应关系、价格，对搞好今后交易会的业务成交起了良好的作用。

通过调研，对于当前和今年下半年纺织品市场供求关系和价格趋势较前有更为明确的认识，有利于完成全年的经营计划，为领导确定经营决策、制定措施提供了参考。

对一些重点市场和重点商品的产、销、存等情况及趋势进行了调研，积累了资料，有利于今后进行系统研究。

调查了解国外纺织品和服装的品种、花色、款式等方面的流行趋势及用户对我产品的要求，提供给我生产部门以便改进，使产品适合国外市场需要，扩大纺织品出口。

（二）本届交易会调研工作的经验和体会

领导重视，调动调研员的积极性，不断地强调和宣传搞好调研工作的重要性，强调其是搞好调研工作的保证。

本届交易会采用工贸结合的调研组织形式，是一种较好的可行形式，只要加强统一领导，互相配合通气，工贸双方既可分头活动，也可合作活动。

调研中要注意不断提高调研工作的质量，不仅要及时反映情况，还要在一定时间内进行分析研究，提出意见和看法。调研期间，可分段进行，前半段应着重调研当前市场和价格，为本届交易会工作服务；后半段应着重调研趋势，为今后工作服务。

调研会是进行调研的好方法，今后可多开展一些专题性的客户座谈会和业务员座谈会。

（三）存在的问题和建议

工作中调查多，分析研究少。在编印的简报中，介绍客商的反映多，而经过分析拿

出我们的看法、建议少。调查偏重于商品，对地区市场情况缺乏系统归纳和分析，拿不出有参考价值的意见。

建议以后在交易会前，各有关公司都应该提交本公司的调研提纲，以便调研组及时制订反映实际要求的调研方案。

××市纺织品交易团

××××年×月×日

个人学习年度总结

转眼到中国人民大学已经一年了，这一年是我人生旅途中的重要一程。进入这个以人文教育著称的高等学府，我深知学习机会的来之不易和组织的信任及自身的责任。期间，在单位领导的关心、支持下，在老师的教导及同学们的帮助下，通过自身的不懈努力，逐步完成着从公务员到大学生这种环境和角色的双重转变和适应。同时，也在学习中逐步成长、完善自我，进而使自己在政治思想、理论知识水平方面都有进一步的提高，在"行政管理"专业知识上有了全新的认识。岁首年终，回顾这一年的学习生活，收获颇丰，感受颇多。现就这一年来的学习情况总结如下。

(一) 加强思想政治学习

为了适应社会的发展，一年来，始终把政治学习放在重要位置，通过运用互联网、报刊、电台广播等媒体多途径地学习邓小平理论、"三个代表"重要思想、十六届六中全会决定、"八荣八耻"、构建社会主义和谐社会若干重大问题决定等。作为班支部组织委员，责无旁贷，以身作则，积极组织并参加班支部各项学习和组织生活会等，有效地提高了自己的理论水平与政治素质，进一步增强了党性，牢固树立了全心全意为人民服务的宗旨和正确的世界观、人生观和价值观。

(二) 认真学习专业知识，完善知识结构

首先，学习上我始终严格要求自己、刻苦努力、积极向上，百般珍惜这次难得的学习机会，通过多看、多听、多想、多问、多做，认真学习了学校安排的各门学科，上半学期取得了平均分89.2分的好成绩，期间，从无迟到、早退和旷课现象。另外，我还注重课本以外知识的学习，加强积累、消化、吸收，受益匪浅，努力提高自己的综合能力。一是充分利用学校图书馆的有利资源，自学专业知识以外的书籍、资料，拓宽知识面；二是利用一切机会聆听站在学术前沿的专家、知名人士的专题知识讲座，开阔视野，增长见识；三是通过专业课程写作和课堂交流互动的锻炼，掌握有效的学习方法，提高了自己分析、解决问题及辩论、阐述问题的能力。

其次，我虚心向身边的同学请教。同学们都来自不同部门、不同岗位、不同职业，为彼此间相互学习、借鉴、交流提供了很好的平台与资源。

最后，通过网络和报刊等方式积极了解×××各方面的发展情况，结合自己的专业课程撰写心得体会。

(三) 今后的努力方向

这一年中，虽取得了一定成绩，但我清醒地认识到自身还有很多不足。譬如，工作

能力和创新意识不够强，政治理论水平有待进一步提高等，鉴于此，我决定在今后的学习中努力做好以下几点：

进一步加强学习，特别是政治理论、专业知识的学习，不断增强自己的政治敏锐性和政治鉴别力，理论联系实际，逐步提高自己的理论水平和专业知识水平，完善自身的知识结构。

继续提高自身的思想道德水平，强化为人民服务的宗旨意识，培养良好的道德修养。

克服年轻气盛、急功近利的不良心态。办事做到脚踏实地、兢兢业业，提高工作积极性、主动性，在点滴实践中完善自己、提高自己。

 必备知识

一、总结的含义及使用范围

总结是人们对前一阶段的工作或一项活动，进行全面、系统的回顾和分析研究，从中找出经验教训，引出规律性的认识，明确今后实践、写作的方向。

日常工作中常用的小结、体会，实际上也是总结，不过它反映的内容较为单纯或经验不成熟、时间较短、范围较小。

总结的使用范围很广。党政机关、企事业单位、人民团体，上至中央、下至基层，乃至工作人员个人，凡是做工作的地方都需要工作总结。

二、总结的种类

总结的种类较多，标准不同，分类也不同。按内容分，有生产总结、工作总结、学习总结、思想总结、活动总结等；按时间分，有月份总结、季度总结、年度总结、阶段总结等；按范围分，有个人总结、班组总结、单位总结、部门总结、地区总结等；按性质分，有经验总结、问题总结等；这些总结都是人们经常遇到的，但从工作中使用总结的角度来看，这些种类划分的必要性并不大。所以，只把它概括为三类，即全面总结、专题总结和个人总结。

（一）全面总结

全面总结也被称为综合总结。这种总结要求比较全面地总结一个单位、一个部门各方面的工作情况。它的内容包括情况介绍、成绩和经验、缺点和教训、表扬和批语等方面。这类总结既要全面，又要突出重点。写这类总结往往要求作者掌握较全面的情况，并具有较高的分析和综合能力。

（二）专题总结

专题总结又被称为经验总结，是对某一方面的工作经验进行的单项总结。这类总结的内容比较单一、集中，针对性较强，偏重于总结经验，行文要有一定的思想深度，概括出规律性的东西，内容上也要求写得具体、细致。这类总结一般理论性较强。

（三）个人总结

个人总结是对个人在工作、学习和思想方面的情况的总结。个人总结要抓住主要问题，突出经验、教训和个人在思想上的体会、收获，不可停留在对生活过程的回顾或一般优缺点的检查上，要注意防止陈列式、记流水账，也不要写成检讨书、决心书。

三、总结的特点

（一）内容的自我性和客观性

首先，总结是自身活动实践的产物，它以客观评价工作活动的经验教育为目的，以回顾自身工作情况为基本内容，以自身工作实践的事实为材料，其所总结出来的理性认识也应该反映自身工作实践的规律，所以内容的自我性是总结的主要特点。其次，总结是对过去的学习或工作实践进行回顾和反思，因而要遵从客观事实，要以事实为依据，所列举的事例和数据都必须完全可靠、确凿无误，不能夸大或缩小，也不能随意杜撰或歪曲事实，否则会使总结失去其应有的价值，这决定了总结有很强的客观性。

（二）回顾的概括性和理论性

总结应当忠实于自身工作实践活动，但总结不只是自身工作实践活动的记录，不能完全照搬实践活动的全过程。总结不仅要在回顾的过程中，通过大量事实肯定成绩、发现缺点，还应在此基础上找出经验与教训，并概括出具有一定理论高度的认识和观点，进而达到指导今后工作和学习的目的，所以总结具有理论性的特点。同时，总结又具有概括性的特点，是对工作实践活动的本质概括，要在回顾工作实践活动全过程的基础上进行分析研究，归纳出能够反映事物本质的规律，把感性认识上升到理性认识，这正是总结的价值所在。

（三）结论的指导性和规范性

总结所归纳和概括出来的认识和结论具有理论性和规律性，通过总结，可以明确过去实践的成绩与失误及其原因，发扬优点，同时吸取经验教训，使今后少犯错误，取得更大的成绩。因而，总结能够指导将来的实践活动。同时，总结也经常会对今后的工作或学习提出建议和要求，因此也具有一定的规范意义。

四、总结的一般结构

（一）标题

标题有多种写法，最常见的由单位名称、时间、主要内容、文种组成，如《××市财政 2016 年工作总结》《××20××年上半年工作总结》；有的总结标题中不出现单位名称，如《创先争优活动总结》《××××年教学工作总结》；有的总结标题只是内容的概括，并不标明"总结"字样，但一看内容就知道是总结，如《一年来的谈判及前途》《走活三步棋，选好一把手》等；还有的总结采用双标题，正标题点明文章的主旨或重心，副标题具体说明文章的内容和文种，如《构建农民进入市场的新机制——运城麦棉产区发展农村经济的实践与总结》《加强医德修养、树立医疗新风——南方医院惠侨科精神文明建设的经验》。

（二）正文

和其他应用文体一样，总结的正文也分为开头、主体、结尾三部分，各部分均有其特定的内容。

1. 开头

总结的开头主要用来概述基本情况。开头包括单位名称、工作性质、主要任务、时代背景、指导思想，以及总结目的、主要内容提示等。作为开头部分，要注意简明扼要，文字不可过多。

2. 主体

这是总结的主要部分，内容包括成绩和做法、经验和教训、今后打算等方面。这部分篇幅大、内容多，要特别注意层次分明、条理清楚。主体部分常见的结构形态有以下三种。

（1）纵式结构，即按照事物或实践活动的过程安排内容。写作时，把总结所包括的时间划分为几个阶段，按时间顺序分别叙述每个阶段的成绩、做法、经验、体会。这种写法的好处是使事物发展或社会活动的全过程清楚、明白。

（2）横式结构，即按事实性质和规律的不同分门别类地依次展开内容，使各层次之间呈现相互并列的态势。这种写法的优点是各层次的内容鲜明、集中。

（3）纵横式结构，即安排内容时，既考虑时间的先后顺序，体现事物的发展过程，又注意内容的逻辑联系，从几个方面总结出经验教训。这种写法，多数是先采用纵式结构，写事物发展的各个阶段的情况或问题，然后用横式结构总结经验或教训。

3. 结尾

结尾是正文的收束，应在总结经验教训的基础上，提出今后的方向、任务和措施，表明决心、展望前景。这段内容要与开头相照应，篇幅不应过长。有些总结在主体部分已将这些内容表达过了，就不必再写结尾。

（三）落款

总结的落款包括署名和日期。单位总结的署名一般不放在落款处，而写在标题中或标题下；个人总结署名一般写于正文后的右下方。

五、总结的写作要求

（一）找出规律，忌罗列材料

通过分析归纳找出事物发展的规律性是总结的目的，也是衡量一篇总结质量高低的重要标志。

（二）精选材料，忌写"流水账"

撰写总结最大的流弊就是记"流水账"、面面俱到、没有重点，专题总结要突出重点，全面总结也不能缺乏中心。写总结时要对零散的材料进行归类、定位，具体表达时要有详有略、主次分明。

（三）写出新意，忌"老生常谈"

写总结，在构思时要认真研究材料，挖掘出恰当而又有特色的主题和材料，不能搞通用化、老一套、一般化、观点材料缺少新意的总结。当然，"新"不是标新立异、哗众取宠，必须建立在正确反映客观实际发展变化的基础上。

（四）实事求是，忌"跑调走样"

总结的目的是发扬成绩、克服缺点、找出经验、推进工作，因此一定要实事求是，不能搞形式主义、弄虚作假、编造数字；还要防止片面性，不能只讲成绩、经验，不讲缺点、错误，或大讲成绩、经验，少讲缺点、错误，或出现差错后只从客观上找原因，少从主观上找原因。

 能力训练

请写一篇《学期个人总结》，结构形式自定，字数不少于 600 字。

项目四　经济管理事务文书

学习要求

了解规章制度的概念和特点，能够写出规范的规章制度。

引导案例

公司合同管理制度

第一条　总　则

（一）为了实现依法治理企业，促进公司对外经济活动的开展，规范对外经济行为，提高经济效益，防止不必要的经济损失，根据国家有关法律规定，特制定本管理办法。

（二）凡以公司名义对外发生经济活动的，应当签订经济合同。

（三）订立经济合同，必须遵守国家的法律法规，贯彻平等互利、协商一致、等价有偿的原则。

（四）本办法所包括的合同有设计、销售、采购、借款、维修、保险等方面的合同，不包括劳动合同。

（五）除即时清结者外，合同均应采用书面形式，有关修改合同的文书、图表、传真件等均为合同的组成部分。

（六）国家规定采用标准合同文本的则必须采用标准文本。

（七）公司由法律顾问根据总经理的授权，全面负责合同管理工作，指导、监督有关部门的合同订立、履行等工作。

第二条　合同的订立

（一）与外界达成经济往来意向的，经协商一致，应订立经济合同。

（二）订立合同前，必须了解、掌握对方的经营资格、资信等情况，无经营资格或资信的单位不得与之订立经济合同。

（三）除公司法定代表人外，其他任何人必须取得法定代表人的书面授权委托方能对外订立书面经济合同。

（四）对外订立经济合同的授权委托分固定期限委托和业务委托两种授权方式，法定代表人特别指定的重要人员采用固定期限委托的授权方式，其他一般人员均采用业务委托的授权方式。

（五）授权委托事宜由公司法律顾问专门管理，需授权人员在办理登记手续，领取、填写授权委托书，经公司法定代表人签字并加盖公章后授权生效。

（六）符合以下情况之一的，应当以书面形式订立经济合同：

1. 单笔业务金额达一万元的；

2. 有保证、抵押或定金等担保的；

3. 我方先予以履行合同的；

4. 有封样要求的；

5. 合同对方为外地单位的。

（七）经济合同必须具备标的（指货物、劳务、工程项目等），数量和质量，价款或者酬金，履行的期限、地点和方式，违约责任等主要条款方可加盖公章或合同章。经济合同可订立定金、抵押等担保条款。

（八）对于合同标的没有国家通行标准又难以用书面确切描述的，应当封存样品，由合同双方共同封存，加盖公章或合同章，分别保管。

（九）合同标的额不满一万元，按本办法第十三条规定应当订立而不能订立书面合同的，必须事先填写非书面合同代用单，注明本办法所规定的合同主要条款，注明不能订立书面合同的理由，并经总经理批准同意，否则该业务不能成立。

（十）每一合同文本上或我方所留合同文本上必须注明合同对方的单位名称、地址、联系人、电话、银行账号，如不能一一注明，须经公司总经理在我方所留的合同上签字同意。

（十一）合同文本拟定完毕，凭合同流转单据按规定的流程经各业务部门、法律顾问、财务部门等职能部门负责人和公司总经理审核通过后加盖公章或合同专用章方能生效。

（十二）公司总经理对合同的订立具有最终决定权。

（十三）流程中各审核意见签署于合同流转单据及一份合同正本上，合同流转单据作为合同审核过程中的记录和凭证由印章保管人在合同盖章后留存并及时归档。

（十四）对外订立的经济合同，严禁在空白文本上盖章并且原则上先由对方签字盖章后我方才予以签字盖章，严禁我方签字后以传真、信函的形式交对方签字盖章；如有例外，须总经理特批。

（十五）单份合同文本达二页以上的，须加盖骑缝章。

（十六）合同盖章生效后，应交由合同管理员按公司确定的规范对合同进行编号并登记。

（十七）合同文本原则上我方应持三份，至少应持二份，合同文本及复印件由财务部、办公室、法律顾问、具体业务部门等部门分存，其中原件由财务部门和办公室留存。

（十八）非书面合同代用单也视作书面合同，统一予以编号。

第三条　合同的履行

（一）合同依法订立后，即具有法律效力，应当实际、全面地履行。

（二）业务部门和财务部门应根据合同编号各立合同台账，每一合同设一台账，分别按业务进展情况和收付款情况一事一记。

（三）有关部门在合同履行中遇履约困难或违约等情况应及时向公司总经理汇报并通知法律顾问。

（四）财务部门依据合同履行收付款工作，对具有下列情形的业务，应当拒绝付款：

1. 应当订立书面合同而未订立书面合同，且未采用非书面合同代用单的；

2. 收款单位与合同对方当事人名称不一致的。

（五）付款单位与合同对方当事人名称不一致的，财务部门应当督促付款单位出具代付款证明。

（六）在合同履行过程中，合同对方所开具的发票必须先由具体经办人员审核签字认可，经总经理签字同意后，再转财务审核付款。

（七）合同履行过程中有关人员应妥善管理合同资料，对工程合同的有关技术资料、图表等重要原始资料应建立出借、领用制度，以保证合同的完整性。

第四条　合同的变更和解除

（一）变更或解除合同必须依照合同的订立流程经业务部门、财务部门、法律顾问等相关职能部门负责人和公司总经理审核通过。

（二）我方变更或解除合同的通知或双方的协议应当采用书面形式，并按规定经审核后加盖公章或合同专用章。

（三）有关部门收到对方要求变更或解除合同的通知必须在三天内向公司总经理汇报并通知法律顾问。

（四）变更或解除合同的通知和回复应符合公文收发的要求，挂号寄发或由对方签收，挂号或签收凭证作为合同组成部分交由办公室保管。

（五）变更或解除合同的文本作为原合同的组成部分或更新部分与原合同有同样的法律效力，纳入本办法规定的管理范围。

（六）合同变更后，合同编号不予改变。

第五条　其他

（一）合同作为公司对外经济活动的重要法律依据和凭证，有关人员应保守合同秘密。

（二）业务部门、财务部门应当根据所立合同台账，按公司的要求，定期或不定期汇总各自的工作范围内的合同订立或履行情况，由法律顾问据此统计合同订立和履行的情况，并向总经理汇报。

（三）各有关人员应定期将履行完毕或不再履行的合同有关资料（包括有关的

文书、图表、传真件以及合同流转单等）按合同编号整理，由法律顾问确认后交档案管理人员存档，不得随意处置、销毁、遗失。

 **必备知识**

一、概述

规章制度在国家行政机关、社会团体和企事业单位中使用非常广泛。规章制度包括行政法规、章程、制度、公约四大类文种。不同的类别，反映不同的需要，适用于不同的范围，起着不同的作用。俗话说："没有规矩，不成方圆。"从财经管理来说，"规矩"就相当于现代意义上的规章制度，"方圆"就相当于现代意义上的有序工作状态。规章制度既有法律法规所辖的制约功能，又有伦理道德所寓的评价功能。

（一）定义

规章制度是国家行政机关、社会团体和企事业单位为了维护工作秩序，保证各项工作、生产和生活正常有序地开展而普遍制定的通用文书。

（二）特点

1. 法规性

规章制度是依据国家宪法和相关法律法规，结合本单位本部门的工作实际制定的行为准则。规章制度与法律法规在本质上保持一致。规章制度一旦公布，那么，在规章制度面前就意味着人人平等。以企业为例，企业的规章制度是根据《劳动法》制定的，体现了企业与劳动者在共同劳动、工作中所必须遵守的劳动行为规范。依法制定的规章制度是企业内部的"立法"，是企业生产规范运行和法人行使管理权的重要方式之一。

2. 约束性

在一定的范围之内，每一个人的工作、生活都要受到规章制度的约束。就企业而言，企业制定规章制度是建立现代企业制度的需要。规范企业生产管理，对员工的行为在合法、合理、合情的基础上进行约束，能使企业经营有序，增强企业的竞争实力，能使企业员工行为合矩，提高企业的管理水平和生产效率。企业的具体情况是千变万化、错综复杂的，成功的企业规章制度不仅使企业运行平稳、流通、高效，还能够发挥防患于未然的功能，为企业运行提供安全保障。

3. 程序性

规章制度的颁布必须经过一定的组织讨论、研究、协商和审批。从企业来说，《公司法》第十八条第三款规定："公司研究决定改制以及经营方面的重大问题、制定重要的规章制度时，应当听取公司工会的意见，并通过职工代表大会或者其他形式听取职工的意见和建议。"职工参与企业民主管理是企业管理制度的一个重要内容，这不仅是我国社会主义企业管理的特色，而且是世界范围内企业管理的一个趋势。

4. 合理性

规章制度制定的目的是以人为本。合理的规章制度能够保障人的合法权益，使人与所在工作单位的关系保持动态与和谐。在企业方面，公司制定规章制度应当体现权利与义务一致、奖励与惩罚结合，不得违反法律、法规的规定，否则就会受到法律的制裁。例如，《劳动法》第八十九条规定："用人单位制定的劳动规章制度违反法律、法规规定的，由劳动行政部门给予警告，责令改正；给劳动者造成损害的，应当承担赔偿责任。"

（三）种类

根据不同的标准，可以将规章制度分为不同的种类。

1. 行政法规类

（1）条例。条例具有法律性质，是对有关法律、法令作辅助性、阐释性的说明和细化，是对国家或地区的某些领域重大事项的管理和处置做出全面、系统的规定。条例的制发者是国家权力机关或行政机关。如：《中华人民共和国人民币管理条例》。

（2）规定。规定是有关部门为实施贯彻有关法律、法令和条例，根据授权，对有关工作或事项作出局部的具体的限定；是法律、政策、方针的具体化；是处理问题的原则。如：《安徽省典当行审批和管理暂行规定》。

（3）办法。办法是有关部门等为了贯彻执行某一法令、条例或进行某项工作，提出的切实可行的方法、步骤、措施等。办法重在可操作性。如：中国银行业监督管理委员会颁发的《信托公司净资本管理办法》。

（4）细则。细则是有关部门为使下级机关或人员更好地贯彻执行某一法令、条例和规定，结合实际情况，对其所做的详细的、具体的解释和补充，与原法令、条例、规定配套使用。其目的是弥补原条文中的不足，便于实施操作。

2. 章程类

章程是企事业或社会团体经特定的程序制定的，用以说明该组织机构的宗旨、性质、原则、职能、职责等，是一种根本性的规章制度。如：《中核苏阀科技实业股份有限公司章程》。

3. 制度类

（1）制度。制度是有关部门制定的要求所属人员共同遵守的办事规程或行动准则，是对某一项具体工作、具体事项制订的必须遵守的行为规范。如：《南新阀门厂财务管理制度》。

（2）规则。规则是有关部门为了维护劳动纪律和公众利益而制定的要求所属人员共同遵守的条规。规则具有适用普遍性。如：《中国纺织建设公司仓库管理规则》。

（3）规程。规程是有关部门或机构为了实现特定目标而采取的一系列前后相继的行动组合，也即多个活动组成的工作程序，以及为这一系列工作程序制定的标准、要求和规定。如：《中国农业银行贷款操作规程》。

（4）守则。守则是国家行政机关、社会团体、企事业单位为了维护公共利益，向所属成员发布并要求自觉遵守的行为准则。如：《国家电网公司员工守则》。

（5）须知。须知是有关部门为了维护正常秩序，搞好某项具体活动，完成某项工作而制定的具有指导性、规定性的守则。如：浦发银行的《个人网上银行办理须知》。

4. 公约类

公约是有关单位和个人经协商决议而制定的共同信守的行为规范。如：《郑州房产企业自律公约》《中外企业信用联盟公约》。

(四) 作用

1. 树立威信

规章制度的颁布是领导者树立威信的一种方式。一方面，领导者坚持规章制度面前人人平等的原则，身体力行，严于律己，做到心正、言正、行正、身正，正气凛然，就会赢得群众的敬重；另一方面，对于干部使用、评先评优、员工福利、人事处理等，领导者依章办事，对事不对人，"一碗水端平"，奖惩严明，不徇私情，一切都真正做到公开、公平、公道、公正，就能赢得员工的认可，继而赢得员工的尊敬。这样的话，领导的职能就能够发挥到最佳状态，规章制度对员工的约束力也能够得到有效实现。

2. 规范行为

规章制度用文字形式规定了全体员工活动的内容、程序和方法，是全体员工的行为准则。规章制度告诉人们应当做什么、不应当做什么、应当如何去做。规章制度一经颁布就相对稳定，在一定时期内人人遵照执行，不会朝令夕改，使人无所适从。在企业，全体员工在生产经营活动中共同遵守规章制度，对于保证企业的生产经营活动安全、顺利、高效地进行，目标和行动一致，职务、责任、权限、利益相一致，有章必循、违章必究、令出必行，促进企业经济效益增长有重要的作用。

3. 和谐共济

规章制度使领导和全体员工的思想、行为和利益得到统一。例如，一个企业由成百上千的人通过一定的组织形式聚集而成，规章制度被用来确定每一个层次、每一个环节、每一个部门乃至每一个人的活动内容、活动方式、活动方法，使每一个人的活动有所遵循，形成一个动态、完整、和谐、统一的生产经营系统。只有规章制度十分明确，才能使每一个人对这个系统真正达成共识，如目标一致、公众利益第一、效益优先、最大限度地提高员工工作能力和收入水平及管理水平，以及科学技术是企业的第一生产力等，进而促使每一个人为企业的生存和发展努力工作。

4. 优化绩效

建立规章制度的目的是保证本部门按照计划有条不紊地实现工作目标。例如，企业的目标一般包括盈利能力、市场、生产率、产品、资金、生产、研发、组织、人力资源、社会责任等。相应的规章制度将使各个方面的关系顺畅，保证其相互之间的协调与配合，实现绩效的最优化。此外，建立规章制度还可以规避各种风险。企业的风险包括战略风险、财务风险、运营风险、法规风险、市场风险、信用风险、利率风险、信息化建设风险等，企业健全风险管理的规章制度，可以在成本最小化的基础上优化绩效。

二、写作

(一) 标题

一般由制发机关+事由+文种组成。例如：

××房地产股份有限公司财务管理规定

规章制度属于试行、暂行或草案，则应在标题之后用括号注明。例如：

××集团股份有限公司财务风险管理办法 (试行)

（二）正文

各种规章制度的正文结构大体类似，一般都是采用分条列项的格式，由总则、分则、附则三部分组成。

1. 总则

总则主要写明制定规章制度的目的、根据，明确工作的基本方针、基本任务，以及适用范围和执行办法等原则性的规定。其具体写法灵活，有的可以单列一章，下面再分若干条文来写；有的也可以采用导语、序言的形式，将总则部分的内容用一段文字加以概括，放在具体条文之前。

2. 分则

分则主要写明规章制度的具体内容，结构上是由章、节、条、款组成，是正文的主要篇幅。具体的写法要根据内容的多少、繁简而定。有的可以分章、节、条、款来写；有的也可以不分章、节、条、款，只列若干条文，每一个条文写一个具体问题。分则分成章、节来写作时，要为每一个章、节拟出一个小标题，以便段意眉目清楚。每一个章、节里的条、款次序，应当按其内容的联系和逻辑顺序加以排列。条文的编号，无论是否分章、节，所有的条文都应统一连续编排序号。每一个条文所辖的各款，可以分别单独编排顺序号，以方便引用。换句话说，如果规章制度的内容丰富、篇幅较长，则可以将全文用多层序码排序，章下分节、节下分条、条下分款，通常用"一、二、三……"、"（一）（二）（三）……"、"1. 2. 3.……"、"（1）（2）（3）……"来表示。

3. 附则

附则主要写明规章制度的实施时间，宣布原先的与当下规章制度相抵触的规章制度同时作废，写明修改、补充、解释权，以及对违反规章制度者的处理等。如果正文已经把所有内容表述完毕，也可以不写附则。

（三）落款

规章制度的制发机关和日期，有的标注在标题之下、正文之上，居中，加半圆括号；有的标注在正文结束后的右下方。

（四）写作要求

第一，要明确目的。规章制度是领导者管理思想的载体、管理意图的物化。因此，写作规章制度不仅要有本部门领导的安排或授权，而且必须明白上级或主管部门的目的和要求，从而使建立规章制度有的放矢。

第二，要确立基准。写作前应深入了解本部门的现状，需要解决哪些方面的问题，需要限制的范围及程度，从而把握规章制度的侧重点或表述尺度，形成一个清晰的写作思路。章、节、条、款四者之间要有严密的内在逻辑。

第三，要符合法律。规章制度的建立必须符合相关法律法规，不能够相互抵触和矛盾。规章制度在实行了一段时间之后，要根据实践检验和形势变化，做必要的修正完善或者重新制定。

! 例文点评<<<

××中医学院教育发展基金会财务管理制度

第一章 总 则

第一条 为了规范××中医学院教育发展基金会（以下简称"基金会"）的财务行为，加强财务管理，建立基金会管理工作的正常秩序，管好用好基金，充分发挥基金使用效益，根据国务院令〔2014〕第400号《基金会管理条例》、财政部财会〔2014〕7号《民间非营利组织会计制度》和国家有关法规，结合基金会实际，特制定本制度。

第二条 基金会财务管理工作在理事会领导下开展，接受××省民政厅、××省财政厅、××省审计厅等部门的监督、指导。基金会财务管理工作实行"统一领导，集中管理，分工负责，责权结合"的原则。财务开支实行"一支笔"审批制度。

第三条 财务管理工作的基本职能是：认真贯彻执行党和国家的各项财经方针、政策、法令、制度，维护财经纪律，保护基金会公共财产的安全、完整，拟定财务规章制度，监督检查基金会各项基金的管理和预算执行情况，通过做好记账、算账、报账工作和分析考核基金使用的效益，对基金会的重大决策提供财务分析依据。

第四条 财务管理是基金会管理工作的重要组成部分，基金会领导对财务管理有领导、组织、监察、监督的责任。财务人员具体负责实施，并负责集中管理基金会的一切财务收支，认真执行各项制度，奉公守法，履行职责，领导以及各部门应支持会计部门按《会计法》执行会计监督。

第五条 基金会财务管理范围：

（一）接受捐赠的现金和实物、基金增值、各项合法收入；

（二）财务收支计划；

（三）基金使用和运作；

（四）受委托代管的基金和资产；

（五）财产、物资资料管理；

（六）暂收暂付管理；

（七）会计凭证和会计档案管理；

（八）财务报告与财务分析；

（九）财务监督和检查。

第二章 会计核算

第六条 资产管理要实行账、款、物分别设岗，会计、出纳、保管人员职责应明确界定，不得相互兼任。财务专用印鉴和票据要分人专管。现金管理参照福建中医学院财务处的有关规定执行。

第七条 会计核算执行国家统一的会计制度，依法进行会计核算，建立健全内部会计监督制度，保证会计资料合法、真实、准确、完整。

第八条 基金会接受捐赠的现金和实物，开具基金会捐赠专用发票。专用票据的管理按国家相关规定执行。

第九条 基金会采用年度预算方式，预算方案经理事会批准后执行。

第十条　资助项目和日常经费开支由受益单位、基金会办公室按预算方案执行。

第十一条　基金会日常财务报销可参照××中医学院相关财务报销规定和制度执行，特殊情况可由基金会秘书处重新制定报理事会批准后执行。

第三章　基金的使用和管理

第十二条　基金会组织募捐、接收捐赠，使用基金应当符合章程规定的宗旨。捐赠协议明确了具体使用方式的捐赠，根据捐赠协议约定使用。接受捐赠的物资无法用于本基金会宗旨的用途时，基金会可以依法拍卖或变卖，所得收入用于捐赠目的。

第十三条　基金会及其捐赠人、受益人依照法律、行政法规的规定遵守税收优惠。

第十四条　基金会应当按照合法、安全、有效的原则实现基金的保值、增值。

第十五条　基金会财产必须用于符合本基金会章程所规定的业务范围和教育事业发展，不得在会员中分配。

第十六条　捐赠人有权向本基金会查询捐赠财产的使用、管理情况，并提出意见和建议。对于捐赠人的查询，基金会应及时如实答复。本基金会违反捐赠协议使用捐赠财产的，捐赠人有权要求基金会遵守捐赠协议或向人民法院申请撤销捐赠行为、解除捐赠协议。

第十七条　本基金会的财产和其他收入受法律保护，任何单位、个人不得侵占、私分、挪用。

第四章　暂收暂付的管理

第十八条　财务人员应加强对暂收及暂付款的管理，及时清理、收回或结清暂收及暂付款项。

第十九条　购买固定资产，要先办理申购手续。借用现金或领用支票，借款人要填写借款单，按规定办理。借款人在领用后要及时办理报销手续。报销时，应提供经办人、验收（或证明人）签字的合法票据，经有关负责人批准后，方可报销。

第五章　会计凭证和会计档案的管理

第二十条　基金会一切财务收支凭证，包括收据及票证由财务人员统一购买、统一编号、统一管理，其他部门和个人不得擅自购买和印制。

第二十一条　必须建立健全会计档案管理制度，对各种会计凭证和档案资料应妥善保管。档案的保管期限和要求，严格按照国家现行规定执行。

第六章　财务监督和检查

第二十二条　基金会的财务监督检查工作由基金会监事会负责，必要时可提请审计部门检查和审计。

第二十三条　为保证贯彻财务制度，维护财经纪律的严肃性，基金会要进行定期和不定期的财务检查，并坚持实行内部稽核、审计制度。

第七章　财务会计报告

第二十四条　财务报告是反映基金会财务状况、业务活动情况和现金流量等的书面文件。包括会计报表（资产负债表、业务活动表、现金流量表）、会计报表附注和财务情况说明书。

第二十五条　基金会对外提供的会计报告应当依次编定页数，加具封面，装订成册，加盖公章。封面上应当注明：组织名称、组织登记证号、地址、报表所属年度或日期，并由单位负责人、会计机构负责人（会计主管人员）签名并盖章。

第二十六条　基金会根据《民间非营利组织会计制度》的规定，对外提供真实、完整的财务会计报告，定期报送业务主管部门、社团登记管理机关。向赞助捐赠人报告基金使用情况与效益。

第八章　附　则

第二十七条　基金会财会人员持财政部门颁发的《会计证》上岗工作，未取得会计证的人员，不得从事专职财务工作。财会人员应当具备必要的专业知识和专业技能，熟悉国家有关法律、法规、规章和国家统一的财务会计制度，遵守职业道德。

第二十八条　基金会理事及工作人员要严格遵守和执行本财务管理制度。

第二十九条　本财务管理制度由基金会秘书处负责解释。

第三十条　本财务管理制度自印发之日起执行。

这是一篇某高等学校的财务管理制度，对管好、用好基金具有重要的现实意义。在内容方面，全文共八章，法规依据确凿，含义归类集中，分则各章小标题概括要点恰当，突出了本章内容的中心，厘清了章与章之间的界限。在形式上，采用总则、分则、附则三部分结构的写法，章与条款分列合理，层次结构清晰，序码标注明确，语言通俗易懂。格式符合制度写作的规范。

 思考与练习

一、填空题

1.（　　　）是国家行政机关、社会团体和企事业单位为了维护工作秩序，保证各项工作、生产和生活正常有序地开展而普遍制定的通用文书。

2. 规章制度包括（　　　）、章程、制度、公约四大类文种。

二、判断题

1. 总则主要写明规章制度的具体内容，结构上是由章、节、条、款组成，是正文的主要篇幅。

2. 规章制度的建立必须符合相关法律法规，不能够相互抵触和矛盾。

三、简答题

1. 为什么说规章制度有和谐共济的作用？

2. 怎样理解规章制度的稳定与变更之间的关系？

四、评析题

请认真阅读下面一则规定，然后分析其内容表达与形式结构的特点。

××省股份制企业财务审计暂行规定

（2019 年 6 月 23 日）

第一条　为了规范股份制企业财务审计工作，维护市场经济秩序，促进经济健康发展，根据《中华人民共和国审计法》（以下简称《审计法》）、《中华人民共和国审计法实施条例》（以下简称《实施条例》）和有关法律、法规，结合本省实际，制定本规定。

第二条　本规定所称股份制企业财务审计，包括：

（一）审计机关依法对国有资产占控股地位或者主导地位的股份制企业的资产、负债、损益进行的审计；

（二）审计机关根据本级人民政府的授权交办，对国有资产虽不占控股地位或者主导地位，但是与国计民生有重大关系的股份制企业与国家财政收支有关的特定事项进行的审计。

第三条　本规定所称股份制企业，是指依法设立的有限责任公司、股份有限公司和股份合作制企业。

本规定所称国有资产占控股地位或者主导地位的股份制企业，是指国有资本占企业资本总额的 50% 以上，或者国有资本占企业资本总额的比例不足 50%，但是国有资产投资者实质上拥有控制权的股份制企业。

第四条　审计机关根据股份制企业的财政、财务隶属关系或者国有资产监督管理关系，确定审计管辖范围。两个以上国有资产投资者投资的股份制企业，由对主要投资者有审计管辖权的审计机关进行审计。

审计机关之间对审计管辖范围有争议的，由其共同的上级审计机关确定。上级审计机关可以将其审计管辖范围内的审计事项，授权下级审计机关进行审计；上级审计机关对下级审计机关审计管辖范围内的重大审计事项，可以直接进行审计。

第五条　审计机关对国有资产占控股地位或者主导地位的股份制企业资产、负债、损益进行审计的主要内容是：

（一）企业财务会计核算遵循国家有关规定和会计处理惯例情况；

（二）企业依法缴纳税费和国有资产收益情况；

（三）企业资产、负债、所有者权益形成的真实、合法情况；

（四）企业收入、成本、费用、损益形成的真实、合法情况；

（五）企业利润分配、资本结构变动的真实、合法情况；

（六）需要审计的其他事项。

第六条　审计机关对国有资产占控股地位或者主导地位的股份制企业资产、负债、损益进行审计时，可以要求企业提供与其财务收支有关的下列材料：

（一）企业设立批准文件、改制方案、招股说明书、资产评估报告、验资报告、公司章程等材料；

（二）企业组织结构、资本构成、资产结构、经营范围的重大调整和变更事项证明材料；

（三）企业会计凭证、会计账簿、会计报表等有关会计资料；

（四）企业在金融机构设立账户情况；

（五）企业内部控制制度及企业执行的有关财政、税收政策和法规；

（六）法律、法规规定的其他材料。

第七条　审计机关对国有资产占控股地位或者主导地位的股份制企业资产、负债、损益进行审计后，按照下列规定办理：

（一）对没有违反国家规定的财务收支行为的，应当对审计事项作出评价，出具审计意见书；对有违反国家规定的财务收支行为，情节轻微的，应当予以指明并责令自行纠正，对审计事项作出评价，出具审计意见书。

（二）对有违反国家规定的财务收支行为，需要依法给予处理、处罚的，除应当对审计事项作出评价，出具审计意见书外，还应当对违反国家规定的财务收支行为，在法定职权范围内作出处理、处罚的审计决定。

（三）对违反国家规定的财务收支行为，审计机关认为应当由有关主管机关处理、处罚的，应当出具审计建议书，向有关主管机关提出处理、处罚意见。

第八条　审计机关根据本级人民政府的授权交办，对国有资产虽不占控股地位或者主导地位，但是与国计民生有重大关系的股份制企业与国家财政收支有关的特定事项进行审计后，应当向本级人民政府提交专题审计报告，提出处理、处罚意见或者建议。

第九条　审计机关出具的审计意见书、作出的审计决定，应当抄送财政、工商、税务等部门。财政、工商、税务等部门应当将其作为年度检查、登记和换证的参考依据。

第十条　审计机关及其审计人员办理审计事项，应当坚持依法审计，遵守《审计法》《实施条例》规定的审计程序，做到客观公正、实事求是、廉洁奉公、保守秘密。

第十一条　股份制企业应当按照有关规定，建立健全内部审计制度，加强内部审计监督。

审计机关应当对审计管辖范围内的股份制企业内部审计进行业务指导和监督，在实施审计时，可以利用企业内部审计的工作成果。

第十二条　股份制企业违反《审计法》《实施条例》和本规定，拒绝、阻碍审计机关依法进行审计的，或者拒绝、拖延提供与审计事项有关材料的，由审计机关责令改正，可以通报批评，给予警告；拒不改正的，依照《审计法》《实施条例》等有关法律、法规处理。

股份制企业的财务收支违反法律、法规的规定，构成犯罪的，依法追究有关人员的刑事责任。

第十三条　股份制企业对审计机关作出的审计决定不服的，应当先向上一级审计机关或者本级人民政府申请行政复议；对行政复议决定不服的，可以向人民法院提起行政诉讼。

第十四条　审计人员在办理股份制企业财务审计时，滥用职权、徇私舞弊、玩忽职守，构成犯罪的，依法追究刑事责任；尚不构成犯罪的，依法给予行政处分。

审计人员违法、违纪取得的财物，依法予以追缴、没收或者责令退赔。

第十五条　本规定自 2019 年 9 月 1 日起施行。

五、写作题

请结合本单位公车使用实际，代办公室拟写一份公务车辆使用管理规定。

 任务二 ▶ 讲话稿

 学习要求

了解讲话稿的特点、种类以及写作要点，能够针对某种特定场景写出适合的讲话稿。

 引导案例

万众一心、努力拼搏，共同创造新局面

今天的会议是统一思想、团结队伍、凝聚人心的大会，是鼓舞干劲、激人奋进、努力拼搏的大会。今天的会议是经过局领导班子研究召开的，目的就是要进一步统一思想，摒弃存在的不良风气，部署工作，提出要求，不折不扣完成上级领导交付的各项任务。

今年是"城镇面貌三年大变样"的最后一年，也是我县城镇面貌起步攻坚之年。一年一度的中国安平国际丝网博览会即将召开，当前我们任务十分繁重，这需要我们大家做好吃苦的准备。现阶段，住建局各项工作紧张有序地开展，同志们加班加点，不辞辛苦、任劳任怨，尤其是城市管理综合执法大队，既要每天早晨坚持晨训，又要配合拆迁工作，还要维护好县城街道秩序，做好平安公园值班工作，非常辛苦。在此，我代表住建局所有工作人员，向你们说一声："辛苦啦！"

同志们，城市管理工作复杂而艰巨，反弹性强，需要我们大家继续坚持能吃苦、能战斗的优良作风。下面我就如何进一步搞好城市管理综合执法工作讲两点意见。

第一，强化"五种意识"，树立城市管理综合执法"以人为本"的工作理念。一是强化敬业意识。通过一系列的学习、教育和整顿，使广大执法干部进一步增强努力工作的责任感和使命感，向全体执法人员倡导"加压奋进、执法为民、自主创新、敬业有为、爱岗奉献"，培养广大执法队员树立热爱城管事业、安心本职工作、树立开拓创新的新理念。二是强化模范意识。我们执法人员要带头遵守各项法律、法规和规章，带头讲文明、讲科学、讲卫生、树新风，做模范市民，在工作和生活中通过言行感召市民共同维护城市环境。三是强化服务意识。一切从群众利益出发是我们服务的宗旨，在执法过程中，我们把刚性的法律柔性执行。坚持以教育开导方式为主，对管理对象做到提示在先、教育在先、告诫在先、处罚在后。在法律法规允许的范围内帮助他们解决一些实际困难，变严格执法为热情服务。四是强化创新意识。实行城市管理网格化、全覆盖，基本做到处处有人管、

事事有人管、人人有责任，形成一个无缝隙管理模式。五是强化形象意识。倡导"形象就是旗帜，形象就是环境，形象就是灵魂"，要求执法人员像对待眼睛一样珍惜和维护队伍形象。女子中队不仅代表我局的形象，更能展现出我局的精神风貌。我们应牢记"住建八条禁令"，并严格遵守，时刻铭记自己是住建局的一员。

第二，提高"三种能力"，塑造城市管理综合执法的良好形象。一是提高依法行政、依法执法的能力。作为一支执法队伍，只有牢固树立法律意识，才能真正做到依法行政、严格执法、公正执法，为此，我们应狠抓队伍的业务学习，包括规划、城建、房地产管理、城市管理、拆迁五方面的知识，不断提高执法干部的业务能力，组织对全体执法人员进行法律业务培训，确保每名执法人员执法懂法。二是提高做思想工作的能力。城市管理执法人员既是行政工作人员，又是社会工作者。在执法过程中，只要思想工作做得好、做得细致，做到了行政相对人的心坎上，许多问题都会迎刃而解。三是提高善于处理各种社会矛盾的能力。城市管理工作涉及面广，面对的是市民群众，多数属弱势群体，社会各界十分关注。为了解决这些矛盾，我们应采取一些有效措施，对那些认错态度诚恳、后果不严重且属初犯者，能不罚则不罚，做到以德服人。另外，应建立应急处理机制。城市管理情况复杂，一旦发生突发和意外情况，能够做到快速反应，及时解决问题，避免矛盾和影响进一步扩大。

"万里寒空只一日，金眸玉爪不凡材。"这是诗圣杜甫歌颂鹰的绝美诗句。我们要建设成一流的队伍，就要将像鹰一样的职工作为前进的主力军，发扬"勇敢前进、自强不息，永不言败"的精神与品质，锤炼得如鹰一样勇猛、坚强，来迎接一切挑战。

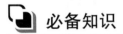 **必备知识**

一、概述

讲话稿是国家行政机关、社会团体和企事业单位常用的一种应用文书。领导干部亲自动手撰写讲话稿，是一贯倡导的优良作风。当然，为了提高行政效率，撰写讲话稿通常是办公室的重要任务之一，是秘书的基本功所在。如果不会写作讲话稿，或者不能撰写符合领导要求的讲话稿，就不是一名称职的秘书。讲话稿同公文是近亲，均属于公务文书，但是，讲话稿不属于法定公文。讲话稿和发言稿在不用作公务文书时两者可以通用；如果用作公务文书，那么，讲话稿主要体现上级机关的观点，发言稿主要体现平级或下级机关的意见。

（一）定义

讲话稿是国家行政机关、社会团体和企事业单位领导在参加会议、出席仪式等公开场合发言时所使用的通用文书。

（二）特点

1. 时效性

撰写讲话稿具有时间要求。一方面，领导或者办公室下达撰写讲话稿的任务是有时间限制的，撰稿者必须在规定的时间之内撰毕并事先提交给领导或者办公室。有的时候，遇到临时而紧急的会议，领导或者办公室当天晚上布置任务，第二天上午八时上班就要使用，为了保证撰写讲话稿的质量，撰稿者经常通宵达旦地工作。另一方面，领导讲话是有时间限制的，因此，对讲话稿的篇幅有特定的要求，不能不顾具体情况随意写作，造成超时或减时。一般来讲，表彰、通报、庆典等会议讲话稿的篇幅和宣读时间也不宜过长，以免喧宾夺主。

2. 针对性

会议的种类繁多，领导人的身份各异，讲话稿的内容必须根据会议主题和领导人的身份来决定。在撰写讲话稿之前，撰稿者必须深入了解会议的主题、性质、事项，讲话的场合、背景、对象，领导的意图、指示、要求，听众的身份、构成、习惯等，有针对性地把握讲话稿的内容和语言分寸。此外，撰稿者是以代言人的身份来写作的，因此，还必须尊崇、了解和体验领导讲话的个性、风格和习惯，讲话稿的语言表达要得体，既要准确、简洁，又要通俗、生动，适当口语化，杜绝"八股文"，使讲话稿有现场感、生活感。

3. 原则性

领导的讲话有时候表达的是个人的意见，或者礼节性的愿望，但在绝大多数正式场合，表达的是上级机关的意见，因此，讲话稿的内容主要体现了党和国家的路线、方针、政策，以及在本地区、本系统、本单位贯彻执行的具体要求。所有这些意见或要求都具有严格的原则性，需要全体人员遵照执行。因此，讲话稿的内容必须在政治上与党中央保持一致，绝不能发表与之相悖的言论；不能缺乏全局观念，仅从本地区、本部门、本单位的利益出发，对党的政策和国家的法律、法规断章取义，各取所需，搞"上有政策、下有对策"的小动作。

4. 权威性

既然讲话稿在绝大多数正式场合代表了上级机关的原则性意见和要求，那么，讲话稿就一定要有指导下级机关工作的权威性。这种权威性来自从根本上符合党的政策和国家的法律、法规，因地制宜地符合本地区、本系统、本单位的工作实际，有所创新地符合广大干部群众的事业追求和利益需要，个性鲜明地阐述了加快改革、促进工作、提高效益的独到观点，可行性强地提出了解决工作中遇到问题的方法。也就是说，这种讲话稿不但合情、合理、合法，而且于民有利、于事有裨、于国有益。

（三）种类

根据不同的标准，可以将讲话稿分为不同的种类。

按照性质来分，有一般讲话稿、辅助讲话稿、主旨讲话稿。

按照内容来分，有综合总结讲话稿、专题业务讲话稿。

按照形式来分，有要点讲话稿、全面讲话稿。

按照用途来分，有开幕词、闭幕词、祝词、欢迎词等。

按照人称来分，有自拟讲话稿、代言讲话稿。

按照时间来分，有即兴讲话稿、备用讲话稿。

（四）作用

1. 阐明观点，表明态度

讲话稿是以领导的身份出现在公开场合代表领导机关发言，无论对人、对事或对议题，都要发表自己的看法，阐明自己的观点，表明自己的态度，严正自己的立场。这本质上是一种工作行为。因此，撰稿者在动笔之前，一定要认真学习吃透有关文件精神。在必要的情况下，撰稿者要列席有关重要会议，以便理解领导的意图，加深对有关文件的领会。这不是搞特殊化，而是工作的需要。反之，有的时候，领导讲话对党的政策和上级指示贯彻不好，不是领导有意抵制，而是由于撰稿者学习不够、理解不深造成的。

2. 传达政令，布置任务

在绝大多数情况之下，领导的讲话稿是用来传达政令、布置工作任务的。尤其是在业务性很强的工作会议上，领导的讲话稿必然发挥着重要的传达政令、布置工作任务的作用。从这一种意义上来说，讲话稿的质量往往决定了会议的质量。而下级机关参加会议之后回到本单位传达会议的精神，主要就是传达领导的讲话，并据此落实领导在会议上布置的工作任务。所以，撰稿者动笔的时候，一定要有全局观念，要善于将上级指示与本地区、本部门、本行业的实际结合起来，使所传达的政令、布置的任务切实可行，经过努力能卓见成效。

3. 推广经验，指导工作

在业务工作性会议上，领导一般都会概述基本情况，通过比较介绍先进典型，找出存在的差距和出现的问题，号召学习成功经验，加快本单位的发展。因此，讲话稿要把典型经验和存在问题抓准、抓好，闭门造车不行，也不能凭一知半解就动笔，必须深入调查研究，摸清情况。每一次在召开重要会议之前，撰稿者都要深入实际，通过调查研究摸清底数，把工作成绩、先进经验、存在问题和解决办法搞清楚，然后再动笔去写。实际经验丰富的撰稿者习惯于调查研究，同时又了解领导的意图，撰写的讲话稿往往有很强的指导性。

4. 公务礼仪，交往联络

开幕词、闭幕词、祝词、欢迎词等讲话稿有很浓重的公务礼仪性质。但是，即便是公务礼仪性的讲话稿，也不是纯粹冠冕堂皇的客套话，而是按照必要的公务礼仪规范去撰写的。众所周知，公务礼仪指公务活动中应遵循的礼仪规范，包括公务行文礼仪、公务迎来送往的礼仪，公务会见会谈的礼仪、公务宴请招待的礼仪，其有助于人们之间联络感情，互相尊重，建立友好合作的关系。一般来说，在社交礼仪活动中，人们受到尊重、礼遇、赞同和帮助就会产生向心情感，形成友谊关系，进而有利于本单位面向市场经济工作的开展。

二、写作

(一) 标题

讲话稿标题有两种形式。

1. 单标题

由事由＋文种构成。例如：

×××局长在"税收宣传月"启动仪式上的讲话

2. 双标题

上面一行标题是正题，表述讲话主题。下面一行标题是副题，表述讲话事由及文种。例如：

> 依法诚信纳税，共建小康社会
>
> ——×××局长在年终税务大检查会议上的讲话

（二）落款

标题之下要代领导署名和写明讲话日期。

（三）称谓

根据会议的性质和与会人员的情况来撰写合适的称谓，如"同志们、朋友们""各位专家、学者""女士们、先生们"等，要求庄重、亲切、热情、得体。

（四）正文

讲话稿的正文一般由开头、主体、结尾三个部分组成。

1. 开头

用简洁的语言开门见山地概述讲话的主题，说明讲话的缘由等。开头要能够体现领导的身份、修养，讲话内容的性质、分量；要能够体现领导和听众之间的亲密关系，符合讲话的场合，造成一种融洽的气氛；要能够尽快控制听众的情绪，吸引听众的注意力。

2. 主体

这是讲话稿的关键部分。写法上往往要根据会议性质、工作目的、特定场合和听众身份等来确定行文内容、组织结构和语言氛围。例如：

2019 年春节团拜会致辞

县长　×××

（2019 年 2 月 8 日）

同志们、朋友们：

（以上称谓）

金牛辞旧春华启，虎啸新春气象新。再过几天，我们即将迎来 2019 年新春佳节。在此，首先，我代表县委、县政府向全县广大工人、农民、知识分子、各级干部，向驻××县的部队及武警官兵、公安干警，向所有关心、支持××县发展的各位同志、各位朋友致以节日的问候和新春的祝福！祝大家新年快乐！（明确主题）

（以上开头）

刚刚过去的一年，是××县经济社会发展史上极不平凡的一年。一年来，通过全县上下的不懈努力，××县经济社会迎来了一个高速发展期。全县生产总值、规模以上工业增加值、全社会固定资产投资、全口径财政收入、财政支出、招商引资到位资金 6 项主要经济指标比 2018 年实现了 20%以上增长速度，其中，全口径财政收入增幅位居全市第一。在全省 42 个县市（区）县域经济综合实力发展指数排名中，我县由 2018 年度的第 38 位晋升到 2019 年度的第 33 位，一个年度一次性晋升 5 位，晋位幅度居白山地区之首。在全市 2018 年经济工作会议上，我县获得全市县域经济突破工作升级晋位奖、综合排序先进奖和招商引资工作二等奖的好成绩，县域经济综合实力排序首次进入全市三甲行列，受到了市委、市政府的表彰奖励。成绩来之不易，得益于全县人民、驻××县企事业单位及社会各界人士热诚关心、鼎力支持。在此，我代表县委、县政府向在座各位，并通过你们向为××县发展做出贡献的同志们、朋友们表示衷心的感谢和崇高的敬意！（回顾成绩）

百舸争流破浪者领航，千帆共进奋勇者当先。今日××县，天时、地利、人和齐聚，新的征程，新的机遇，对我们提出了新的更高的要求。让我们在县委的正确领导下，紧密团结起来，以奋发有为的精神、艰苦奋斗的作风、百折不挠的斗志、锐意进取的勇气，万众一心，奋发图强，推动××县经济实现爆发式增长，努力创造出无愧于时代、无愧于人民的光辉业绩！（展望未来）

（以上主体）

最后，祝大家新春愉快，身体健康，阖家欢乐，万事如意！

谢谢大家！

（以上结尾）

不同的讲话稿有不同的写法。一般地说，讲话稿要集中阐述一个中心思想，主次要分明，不能面面俱到。主体的内容比较丰富，则可以采取按不同部分再分条列项的形式来说，有时也可以单列小标题，使层次清楚，逻辑性强，便于听众领会掌握。

3. 结尾

讲话稿的结尾要能够照应全文，起到"收煞"的作用，使听众对全部讲话内容有清晰、完整、深刻的印象。讲话稿的结尾形式可以灵活多样，如表祝愿、提希望、发号召、征意见、提建议、下指示等。

（五）写作要求

第一，正确处理理论指导和工作安排的关系。要把握理论指导精髓、言简意赅，要安排工作思路清晰、抓住关键，使讲话稿虚实有度、言之有物。

第二，正确处理场合变化和领导风格的关系。要立足不同场合，找准讲话切入点，要大胆创新，立意新颖独特，使讲话稿切合时宜、个性鲜明。

第三，正确处理全面完整和突出中心的关系。要准确把握会议主题、提炼共性与个性，要随时掌握工作动态，进行详细分类整理，使讲话主题鲜明、思路严谨。

⚠ 例文点评<<<

外国政府贷款合作交流会讲话稿

国家发展和改革委员会外资司巡视员　×××

（二〇一九年八月三十一日）

尊敬的××副部长，

尊敬的法国驻华大使×××××先生，

尊敬的德国、西班牙、葡萄牙、波兰政府驻华使馆，以及北欧投资银行、德国复兴信贷银行、法国开发署的官员和代表们，女士们、先生们：

大家上午好！

首先，我代表国家发展改革委外资司对大家出席这次合作交流会表示衷心感谢，对有关国家政府及地区贷款机构，财政部、地方政府部门，以及国内招标代理、转贷等中介机构对我国利用外国政府贷款工作的大力支持表示衷心感谢。

借用外国政府贷款是我国利用外资的重要组成部分。改革开放以来，按照我国宏观经济政策和产业政策，紧紧围绕国民经济和社会发展规划，坚持把外国政府贷款用于固定资产投资项目，重点支持国家鼓励和重点发展的行业和领域，并按照国家关于西部大开发和振兴东北老工业基地战略，将外国政府贷款向中西部地区和东北老工业基地等倾斜，推动了当地的经济和社会发展。

截至 2018 年年底，我国累计利用外国政府贷款（日本政府贷款除外，含日本政府贷款为 637 亿美元）约 227 亿美元，生效项目数 2373 个（含日本政府贷款为 2836 个）。近十年来，外国政府贷款和国内资金结合，重点支持污水和垃圾处理、消防、集中供热、医疗卫生、教育等节能减排和社会发展领域。总体说来，项目执行情况较好，取得了较好的社会效益和经济效益，为提高我国综合国力、促进经济和社会发展发挥了重要作用。

在当前扩大政府投资拉动内需，各地方特别是中西部地区政府建设投资的需求较大，以及节能减排、环境保护领域投入不足的情况下，外国政府贷款仍然是政府投资资金的重要来源。我们要按照"突出重点、优化投向，规范程序、加强管理，改善服务、提高效率"的要求，不断提高借用外国政府贷款工作的水平。

下面，我就当前如何进一步做好借用外国政府贷款工作讲几点意见：

（一）积极促进中外交流，提高信息沟通的质量和效率

外国政府贷款国别多，每个国别的贷款条件、供货能力、优势领域均有差异。由于信息不对称或信息不充分，对外国政府贷款的使用造成一定影响。因此，我们不仅要密切跟踪各个外国政府贷款国别在贷款条件、领域、程序、采购限制等方面的变化，而且要通过加强与国外相关企业的交流，进一步深化对相关国别优势领域及其供货能力的了解。

财政部金融司会同我司共同举办此次外国政府贷款合作交流会是必要和及时的，有关国家政府和贷款机构也给予了高度重视。此次合作交流会将专题介绍贷款最新政策、条件、程序和有关要求，我相信，通过此次合作交流会，各地有关部门将更好地了解外国政府贷款的最新信息，可以更好地利用外国政府贷款优惠资金，推动本地区经济和社会发展。

我们希望，中外双方的外国政府贷款管理部门共同努力，促进地方政府部门、中介机构与外国政府贷款机构、企业之间的信息交流，建立良好的沟通渠道。

（二）优化贷款综合条件，提高工作效率

在实际工作中，我们了解到，项目单位选择外国政府贷款国别取决于贷款的综合条件和取得贷款的周期。在贷款的综合条件方面，贷款的利率水平、还款期限等固然重要，采购国别成分的限制以及能否用于土建也是项目单位考虑的重要因素。此外，项目单位特别重视从提出申请到获得贷款的时间周期。我们建议，中外双方共同努力，合理优化贷款综合条件，不断提高工作效率，缩短外国政府贷款项目周期，建立规范、高效的外国政府贷款工作机制。

（三）切实做好国别比选工作

国别比选是我们针对部分项目前期工作不充分的问题提出的改进措施。大家都知道，在企业上市前，中介机构要对企业进行上市前的辅导。对于借用外国政府贷款项目而言，国别比选就是对项目单位进行早期辅导。开展这项工作的目的在于，促进相关的政府部门以及有经验的工程咨询机构、招标机构和转贷银行改善对项目单位的服务，使得项目单位通过设备技术方案、融资条件、商务条件等方面咨询，在提出借用贷款申请之前，就对借用外国政府贷款有比较全面、深入的了解，这对提高项目质量、缩短项目周期是十分重要的。借此机会，我对财政部门以及各中介机构对国别比选工作的支持表示感谢，也要求各中介机构不断提高业务水平，为项目单位提供更好的前期咨询服务。

（四）要更好地发挥中介机构的作用

这次会议邀请了招标公司和转贷银行的同志参加。在座的中介机构承担了全国绝大部分外国政府贷款的招标采购代理和转贷工作。项目招标是项目实施过程中的关键环节之一，不仅关系到项目的成本，项目的质量乃至项目的成败，也关系到项目的合规性。借此机会，我再次强调，招标公司在招标过程中一定要体现公平、公正，希望招标公司本着自尊、自重、自律的原则，在项目单位的利益和设备供应商的利益之间、项目单位的利益和社会公共利益之间找准自己的位置。招标公司的工作，项目单位的工作以及所有借用外国政府贷款有关单位的工作，都要经得起审计署等机构的审计、检查，交出让老百姓放心的答卷。

各位代表，今天的外国政府贷款合作交流会是规模最大的一次，也是交流最深的一次，既创新又务实。希望大家在一天半的时间里，通过认真学习和交流，为平时工作中存在的一些疑问找到答案。财政部的同志为这次合作交流会做了大量的准备工作，我代表发改委的同志们对此表示衷心感谢，希望通过今天的交流会，中外双方共同努力，使借用外国政府贷款工作更上一层楼。

最后，预祝合作交流会圆满成功！

谢谢大家！

这是一篇专题业务讲话稿。领导人代表国家职能部门，体现的是中国国家形象，有全球的视野和开阔的襟怀。全篇内容立足中国改革开放的背景，专注于与外国政府贷款合作交流的现状、前景和利益关系，中心思想集中，观点鲜明突出。标题和署名符合讲话稿的写作要求。称谓采用尊重和恭敬的语言，符合外交场合和礼仪，显示了中国人民的友好态度。开头直接切入主题并表达祝愿，简洁明了，情感诚挚。主体分条列项，提纲挈领。结尾表达愿望，首尾圆合。全文形式规范。

 思考与练习

一、填空题

1. （   ）是国家行政机关、社会团体和企事业单位领导在参加会议、出席仪式等公开场合发言时所使用的通用文书。

2. 开幕词、闭幕词、祝词、欢迎词等讲话稿有很浓重的（　　）性质。

二、判断题

1. 从形式上来分，有主旨讲话稿、全面讲话稿。

2. 会议的种类繁多，领导人的身份各异，讲话稿的内容必须根据会议主题和领导人的喜好来决定。

三、简答题

1. 为什么说讲话稿的写作具有针对性的特点？

2. 撰写讲话稿的开头要注意哪些事项？

四、评析题

请认真阅读下面一篇讲话稿，然后分析其内容和形式方面的写作特点。

奥运税务办公室成立新闻发布会讲话稿

××市地税局副局长　×××

（2014 年 7 月 8 日）

各位来宾，新闻界的朋友：

下午好！

值此北京申奥成功 3 周年即将到来之际，我们在这里举行××市地方税务局奥运税务办公室成立新闻发布会，意在表达我们为北京市成功举办奥运史上最出色一届奥运会提供一流税务服务的奋斗目标和信心。

为支持和服务北京市成功举办第 29 届奥林匹克运动会，××市地方税务局决定成立奥运税务办公室。该办公室的成立，标志着××市地方税务局为奥运会举办所涉及地方税收事宜办理提供"集中、高效"的"一门式"服务的工作正式启动。

市地税局奥运税务办公室是在第 29 届奥运会前、奥运会期间、奥运会后，为奥运会市场开发计划等各项计划的实施所涉及地方税收事宜的办理提供"公开、透明、集中、高效"的"一门式"服务的内设机构和服务窗口。

奥运税务办公室设立宗旨是：为北京市成功举办奥运史上最出色一届奥运会提供一流的税务服务。主要职责是：集中负责奥运会涉及地方税收政策的贯彻执行；奥运税收政策涉及减免税管理；奥运专用发票管理；奥运税款涉税证明的开具；奥运税收政策执行及征管情况与问题的调查研究；奥运税收政策及涉税事宜办理的宣传与咨询；建立与市政府、北京奥组委相关部门、国家税务总局涉及奥运税收的工作联系与协调，配合落实相关税务服务工作。

奥运税务办公室的成立，为奥运会涉税纳税人有关事宜的办理建立了直接、集中受理的"窗口"，改变了以往涉税事宜办理"分散、多头、多层级"管理的状况，建立起"一门式"服务的快速通道。

奥运税务办公室在今后的工作中，将坚持并实践"四个一"地税理念，努力实现办公室设立的工作宗旨和原则，加强自身素质建设，牢固树立"大局意识和服务意识"，创新管理理念和服务模式，建立"集中、高效"的服务规范和内外协调工作机制；依托现代化管理手段，通过"一门式"服务、网上服务、个性化援助等服务模式，为奥运会的组织者与参与者提供便捷、周到的税务服务。

"百年奥运、中华圆梦"。2008 年奥运会将为北京乃至全国的发展增添了新的强大动力，北京将进入一个以奥运经济带动率先实现现代化的机遇期和加速发展期。××市地方税务局税收工作管理理念和服务模式、手段的不断创新，将为奥运经济和优化首都经济的发展环境提供不竭的支持。

我们相信，在市委、市政府的领导下，"新北京、新奥运"战略构想一定能实现，地方税收事业发展也将进入一个崭新的阶段。

欢迎并衷心感谢各位来宾及新闻界的朋友，希望一如既往继续关注和支持市地税局工作。

谢谢大家！

五、写作题

请结合自己将要参加的一次财经管理学习班或工作会议，代单位领导撰写一份讲话稿。

任务三 ▶ 大事记

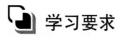 学习要求

了解大事记的概念和特点和作用，能够写出一篇纪实的大事记。

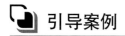 引导案例

×××人民政府××××年 9 月份大事记

9 月 8 日　市委、市政府庆祝第×届教师节暨优秀教师表彰大会召开，有关领导××、×××、×××、×××出席。

9 月 9 日　×××市长向全市教师发出公开慰问信。

9 月 13 日　第十届市运动会召开。

9 月 28 日　×××国家×××领导人来访。

9 月 30 日　市政府召开新闻监督座谈会，主要议题是"研究部署新闻系统加大反腐败斗争和廉政建设的舆论监督作用"。

必备知识

一、概述

大事记是志书的体裁之一，反映地域性和本部门的大事、要事、新事。企事业单位大事记就是企事业单位的史志，现在通用的大事记写作体例，在传统方志中是没有的。大事记服务于行政管理，可以为本地区、本单位、本部门的工作检查、工作汇报、工作统计、工作总结和上级机关掌握面上情况提供系统的材料。大事记还可以为人们提供一定范围内的政治、经济、文化等方面的状况，提供一个部门自成立到发展的轨迹。

（一）定义

大事记是国家行政机关、社会团体、企事业单位按照时间顺序，记叙本部门重要工作或辖区所发生的重大事件的通用文书。

（二）特点

1. 纪实性

大事记是本部门所经历的重要事件的客观而真实的记叙，不允许有任何编造、夸大的写法。在写作大事记的过程中，实事求是、文风平易、语言质朴是第一位的。大事记不能只报喜不报忧，只要是大事，不管是成就还是失误，都应如实记载。人们可以从大事的正反两方面汲取经验教训，通过借鉴增长智慧，搞好今后的工作。大事记的语言通俗浅显，具有可读性，通常不使用深奥的专业术语。写作大事记通常也不采用比喻、形容、象征等修辞手法，避免带来事物的变态、褒贬的失当。

2. 简要性

大事记的内容简明扼要。每一件大事记叙都按照一定的取舍标准，经过了刻意的挑选，不是事无巨细不加甄别、一概照搬、记流水账。大事记的形式简单，格式固定，文本单一，由标题和主体组成，三言两语点到为止，三行五行写明即可，只采用概括叙述的方式赋陈其事，不抒情、不议论、不描写。大事记的处理简捷干脆，当天发生的事件当天记叙。在网络技术高度发达的时代，大事记要讲究时效，及时上传面世，扩大传播和接受效果。所有大事记文本年终均归档保存。

3. 连贯性

大事记以时为经，以事为纬。从时间上来说，大事记通常以年度为时限，按年、月、日的顺序记叙事件，前后年、月、日相互连贯，自然构成一个单位工作内容的编年史大纲。从事件来说，大事记记叙本单位重要事件，以及所涉及的一个地区的政治、经济、文化、社会、自然等方面的重要内容，提纲挈领地将本单位的事和人从远到近、有纵有横贯通起来，使人们能够了解该单位历史发展的大致脉络、事物发展的大致线索、一个地区的大概面貌。

4. 资料性

大事记是用资料汇编而成的。大事记资料的主要内容包括领导动态、工作要事、特色活动、人物事迹、统计数据等。在写作之前，必须深入实际，调查研究，广询博采，掌握大量丰富多样的第一手事实资料。在写作之时，必须对这些资料进行比较筛选，披沙拣金，反复核实，运用有限的文字记叙上述内容，按事件本来面目客观地加以反映，用事实来说话，强化资料的可信度。所有这些内容和文字就都形成为正式面世的现实资料。在写作之后，这些资料可以存档，继续体现历史资料价值。

（三）种类

根据不同的标准，可以将大事记分为不同的种类。

按照范围来分，有世界大事记、全国大事记、地区大事记、部门大事记、单位大事记。

按照性质来分，有党务机关大事记、国家行政机关大事记、社会团体大事记、企事业单位大事记。

按照内容来分，有综合性大事记、专题性大事记。

按照时间来分，有贯通古今大事记、断代大事记、年度大事记、季度大事记、月份大事记、每旬大事记、每周大事记、每日大事记。

（四）作用

1. 记录与备忘

大事记继承和发扬了古代志书写作的优良传统，秉持了"直书""实录""述而不作"的原则，内容通过了领导和组织的审核，去伪存真，剔芜取精，经得起事实的推敲和时间的检验。当然，大事记并非不分青红皂白有闻必录、有事必记，而是有所遴选，寓褒贬于其中。但是，在本质上，大事记作为本单位工作实际的客观反映而真实再现，对后人查考当时的情况具有历史凭据的作用，是国家行政机关、社会团体、企事业单位将来写作志书的主要资料来源。

2. 鼓舞与激励

大事记是领导和组织发挥管理职能的重要工具和手段。大事记通过反映和报道本单位当下工作的重点事项、重要事件、重大成就、典型个人、先进事迹，可以对广大干部群众的思想、精神和活动进行有效的引导，发挥振奋人心、鼓舞士气、激励进取的积极作用。例如，新中国的企业大事记记叙着党和国家兴办工业的政策演变情况，记述着国营大、中、小型企业曲折发展的道路，每一件事都有时代的烙印，对当今企业进一步深化改革不无鼓舞与激励作用。

3. 宣传与广告

大事记是国家行政机关、社会团体、企事业单位塑造自身形象的有力途径。例如，企业大事记写作以生产经营为中心，以技术进步为龙头，既反映行业的共同点，又反映本企业的特殊点。大事记一经面世传播，企业的形象及产品的质量就展露在用户面前，有强烈的时代气息。从宣传与广告效应来说，大事记对于扩大企业的社会影响、提高产品的名牌效应、促进产品的销售和科技信息的交流能够发挥重要作用。

二、写作

（一）标题

大事记的标题主要有四种写法。一是由制发机关+事由+文种组成。例如：××市地方税务局税源清理工作大事记。

二是由制发机关+文种组成。例如：××嘉陵车业有限公司大事记。

三是由事由+文种组成。例如：企业改制大事记。

四是由制发机关+时间+文种组成。例如：××科技贸易有限公司2019年大事记。

（二）主体

主体的内容一般由时间和事件两个部分组成。其中，时间是按年、月、日的顺序依次排列；事件是指主要工作和重大事件。

事件内容大致包括以下几个方面：一是贯彻执行党和国家方针政策过程中产生的重大反响和出现的重大问题；二是机构设置、体制改革、重要人事任免等情况；三是重要会议和重大活动，其中包括内务和外事活动；四是上级到本地区、本部门参加重大活动，或检查、指导工作并作出重大决策或重要部署、指示等；五是本地区、本部门的主要工作或重大事件，如取得的重大成绩，获取的重要数据，发生的重大事件、事故、案件、灾情，群众反映的重大问题，提出的重要建议和意见，以及其他重要动态和需要记载的大事等。

记叙文的六大要素是时间、地点、人物、事件、原因、结果。作为记叙体裁的大事记，最基本的要素是时间和事件，就是某年某月某日发生了某事。如果事件发生在本单位之外，可以增加地点要素。如果事件涉及具体人物，可以增加人物要素。在必要的情况下，可以叙写事件发生的原因或结果。

主体的写法一般是以时系事，每日一事或一日几事，每事一段或一条，每条一记。每一件大事按照阿拉伯数字顺序编号即可。

（三）写作要求

第一，时间准确，事件真实，确凿无误，能够经受实践检验。

第二，摘其大事，疏而不漏，要言不烦，充分体现工作导向。

第三，专人负责，随时记叙，定期整理，归档备查保存价值。

⚠ 例文点评<<<

××省财政厅2018年大事记

1月1日，我省全面启用全国统一式样的财政票据监制章，同时废止了所有旧版财政票据。

1月1日，《××省教育费附加和地方教育附加征收管理办法》（省政府令第218号）正式实施。办法规定，在我省行政区域内缴纳增值税、营业税、消费税的单位和个人，应分别按实际上缴"三税"税额的3%和1.5%同时缴纳教育费附加和地方教育附加。

从1月13日开始，在近一个月时间内，我省遭遇了严重的低温雨雪冰冻灾害，全省3927万多人受灾，直接经济损失680亿元。各级财政部门在省委省政府领导下，积极开展抗冰救灾工作，及时筹集和拨付救灾资金，有力地支持了全省抗冰救灾、恢复生产工作。

1月15日—16日，全省财政工作会议在长沙召开，会议对2017年度全省财政工作进行了总结，对2018年全省财政工作进行了部署。×××厅长作了工作报告，×××书记、×××省长对全省财政工作报告作了重要批示。

2月16日，××省财政厅、××省教育厅联合下发《关于2018年春季学期启动我省免除城市义务教育阶段学生学杂费试点工作的通知》，标志着我省城市义务教育免学杂费工作正式启动。

4月26日，沅江市、宁乡县、湘潭县被确定为全省村级公益事业建设"一事一议"财政奖补试点县市，6月30日，增加桃源县、临湘市为试点县市，标志着我省探索农村公益事业建设新机制工作迈出了新的步伐。

5月12日，四川汶川发生大地震，根据国务院抗震救灾总指挥部安排，我省负责四川德阳孝泉镇板房建设，省财政厅会同省建设厅，预拨资金2.1亿元，保证了援建板房工程按时开工。援建期间，实际建造活动板房19251间，总投资22970万元，有力地支持了四川德阳安置灾民临时过渡。

5月14日，省财政厅在北京召开《长株潭城市群"两型社会"建设财税改革专项方案》专家咨询会和论证会。财政部办公厅、预算司等司局负责人以及国务院研究室、国务院发展研究中心等科研机构的10多位国内知名专家出席了会议。

6月4日，省财政厅×××、×××、×××、×××、×××5位同志参加了"点燃激情、传递梦想"奥运火炬在湘传递活动。

7月21日，省委、省政府下发湘办〔2018〕28号文，批准成立省铁路建设投资有限公司，由××省土地资本经营公司控股，归口省财政厅、省国土资源厅管理，其中土地业务以省国土厅为主管理，其他业务以省财政厅为主管理。

7月30日，省铁路建设投资有限公司成立授牌暨银企合作签约仪式在长沙召开。

9月1日起，省属高校收入过渡户取消，省属高校收费实现了直接缴款。

10月23日，××首届创业投资战略合作对接会在长沙举行。省委常委、副省长×××，省人大常委会副主任×××，省政协副秘书长×××，省长助理、省财政厅厅长×××等领导出席会议并讲话。××高新投与省内外8家创业投资机构签订了战略合作协议，约定3~5年内联合完成80亿~100亿元的项目投资；与省内8家高新技术企业签订了投资合作协议，投资总额超过1亿元，带动社会多元投资20多亿元。

10月28日，省财政厅下发《××省财政厅关于创新财政监督机制的若干意见》，对全省创新监督机制工作提出了明确要求。

11月12日，省政府下发《××省实施〈中华人民共和国耕地占用税暂行条例〉办法》，自公布之日起施行。我省耕地用税平均税额标准提高4倍，外商投资企业和外国企业纳入了纳税人范围。

11月20日，省政府办公厅下发《关于印发〈××省行政事业单位国有资产管理实施暂行办法〉的通知》（×政办发〔2018〕33号），有力推动了全省行政事业单位国有资产的规范管理工作。

12月19日，省财政厅下发《××省石油价格调节基金征收使用管理办法》。

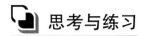 **思考与练习**

一、填空题

1. （　　　）是国家行政机关、社会团体、企事业单位按照时间顺序，记叙本部门重要工作或辖区所发生的重大事件的通用文书。

2. 大事记是（　　　）的体裁之一，反映地域性和本部门的大事、要事、新事。

二、判断题

1. 大事记是本部门所经历的重要事件的客观而真实的记叙，允许有适当编造、夸大的写法。

2. 大事记并非不分青红皂白有闻必录、有事必记，而是有所遴选，寓褒贬于其中。

三、简答题

1. 为什么说大事记具有纪实性的特点？

2. 怎样理解大事记写作的要素？

四、评析题

请仔细阅读下面一则大事记，然后分析其写作上的特点。

××市中小企业发展促进会2019年上半年大事记

1月14日　为加强银企之间的互动交流，我会与江苏银行深圳分行在深圳东部华侨城云海谷，共同举办了"江苏银行总裁杯"深圳中小企业高尔夫大赛，同期召开了四届一次会长沙龙，近100位企业家和特邀嘉宾参加了比赛。

1月27日　为帮助深圳军工企业开拓军品市场，我会军工企业专业委员会在龙岗正中高尔夫球会会所召开了"2019深圳军工企业沙龙"，13位军方代表、我会常务副会长×××、我会副会长兼军工企业专业委员会主任×××、市科工贸委军工办×××调研员和×××科长，以及我会邀请的部分军工企业负责人参加了沙龙。

2月11日　泰国投资促进委员会驻广州办事处主任帮安·××××××女士一行到访我会。我会副秘书长×××热情接待了她们，双方就经贸考察交流等合作事宜进行了深入交流。

2月25日　我会常务副会长×××一行调研了广东迅兴拍卖有限公司。联盟迅兴拍卖公司，是我会今年拓宽企业融资渠道的重要创举，也是创新企业融资服务的成果展现。

3月17日　中国民促会与深圳市民间组织管理局在深圳共同举办了"社会组织内部治理与发展"研讨会，我会常务副会长×××应邀参加了研讨活动并作主题演讲。

3月17日　我会×××副秘书长热情接待香港会计业总工会、财务策划人员总工会一行20人到访，双方就深圳中小企业上市融资、金融人才需求等多个问题进行了讨论。

3月18日　为帮助企业了解市政府机构改革后的相关部门情况和深圳最新税收优

惠政策，我会联合市市场监督管理局、市地税局，在高训大厦共同举办"中小企业服务日——市场监督管理局、地税局专场"活动，×××副局长带队的市监管局部分处室、地税局两处室领导与近 280 家企业负责人进行了面对面的介绍和交流。

3月22日　中国建设银行深圳分行在我会会长单位、深圳广田装饰集团股份有限公司总部，与广田装饰集团签订 15 亿元授信额度战略合作协议，这是建行深圳分行迄今为止对建筑装饰企业提供的最大融资支持。

4月6日　韩国政府经贸代表机构、大韩贸易投资振兴公社驻广州首席代表×××先生、×××先生到访我会。我会常务副会长×××女士热情接待了他们，双方就市场开拓、经贸考察等合作事宜进行了深入交流。

4月7日　韩国电子信息通信产业振兴会驻沪代表一行到访我会。我会常务副会长×××女士热情接待了他们，双方就"KES2010 韩国电子产业大展"合作事宜进行了深入交流。

4月9日　国家工信部中小企业对外合作协调中心×××处长，苏州国际博览中心×××副总裁、×××经理等一行到访我会。我会常务副会长×××热情接待了他们，双方就深圳组团参加"2010 年中国（苏州）国际中小企业交易会"具体事宜进行了深入交流。

4月22日　我会联合市科工贸信委，在市民中心共同举办"中小企业服务日市科工贸信委专场"活动。科工贸信委×××副主任带领各处室领导，与促进会 400 多家会员企业负责人进行了面对面互动交流。

5月12~14日　为进一步推动深圳军工产业做大做强，由市政府副秘书长×××率团，市科工贸信委、市军工办主办，我会承办并组织的经贸代表团 100 多人，参加了第七届中国国际国防电子展览会，深圳展团签订合同、意向协议等金额达 5.2 亿元人民币，比上届 3 亿元增长近一倍。

5月20~23日　为进一步加强深圳、苏州两地的紧密联系，深化中小企业间的经验交流、市场合作，由深圳市政府×××副秘书长率团，市科工贸信委、市中小企业服务中心与我会共同组织的深圳展团 100 多人，首次参加了 2010 中国（苏州）国际中小企业交易会，集中展现了深圳中小企业自主创新的丰硕成果。

6月7日　由中共中央政治局委员、广东省委书记××带队，广东省组织经贸代表团出访俄罗斯、罗马尼亚等国。由深圳市委常委、常务副市长×××带队，市科技工贸和信息化委员会主办，我会组织了 25 家企业、近 40 人的深圳经贸代表分团随省团出访，在广东—俄罗斯经贸合作洽谈会上，深企签订合约、意向合作金额累计 2.37 亿美元。

6月8日　招商银行小企业信贷中心小企业"伙伴工程"项目启动仪式，暨小企业信贷中心深圳区域总部成立庆典在大中华喜来登酒店隆重举行，×××市长、×××副市长领导出席了本次活动，我会×××会长和×××常务副会长分别被聘为招行深圳区域风险顾问。

6月13日　我会与芬兰诺鼎联盟在中心书城紫苑茶馆联合举办了"走近芬兰，与北欧企业家对话"沙龙，邀请了深圳企业家、芬兰企业家和管理学专家等 20 多人出席了活动。

6月17日　芬兰国家企业家学院领导和专家一行，在芬兰诺鼎联盟副总裁×××女士的陪同下到访我会。我会常务副会长×××女士热情接待了客人，双方就企业家管理培训等事宜进行了深入交流。

6月18日　万泰认证对我会质量管理体系进行了监督审核，经过8个多小时的全面审核，审核专家宣布我会继续拥有认证资格，可换发ISO9001：2008国际质量管理体系新版证书。

6月30日　我会联合龙岗区贸工局、科技局和华南国际原料城有限公司，在华南城行政楼一楼举办了"中小企业服务日——龙岗区专场暨融资对接会"的活动。

五、写作题

请结合个人学习或工作的特点，写作一年或一个月的大事记。

任务四 ▶ 述职报告

 **学习要求**

了解述职报告的概念和特点及作用，能够写出格式完整的述职报告。

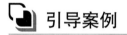 **引导案例**

办公室述职报告

回顾这半年来，我在公司领导及各位同事的支持与帮助下，严格要求自己，按照公司的要求较好地完成了自己的本职工作。通过半年来的学习与工作，工作有了新的突破，工作方式有了较大的改变，现将半年来的工作情况总结如下：

一、办公室的日常管理工作

办公室的工作对我来说是一个全新的领域。作为办公室的负责人，我清楚地认识到，办公室是总经理室直接领导下的综合管理机构，是承上启下、沟通内外、协调左右、联系四面八方的枢纽，是推动各项工作朝着既定目标前进的中心。办公室的工作繁杂、琐碎，有文书处理、档案管理、文件批转、会议安排、迎来送往及用车管理等。面对大量的事务性工作，我强化工作意识，注意加快工作节奏，提高工作效率，冷静处理各项事务，力求周全、准确、适度，避免疏漏和差错，至今基本做到了事事有着落。

第一，理顺关系，办理公司有关证件。公司成立伊始，各项工作都是从头开始，需要办理相关的手续及证件。我利用自己在××部门工作多年，部门熟、人际关系较融洽的优势，积极为公司办理各类证件。通过多方努力，我只用了月余时间，办好了×××证书、项目立项手续、产权证等，充分发挥了综合部门的协调作用。

第二，及时了解×××××情况，为领导决策提供依据。作为×××××企业，土地交付是重中之重。由于×××的拆迁和我公司开发进度有密切关联，为了早日取得土地，公司成立土地交付工作小组。我作小组成员之一，利用一切有利资源，采取有效措施，到××、××拆迁办等单位，积极和有关人员交流、沟通，及时将所了解的拆迁信息、工作进度、问题反馈到总经理室，使公司领导在最短时间内掌握××××××及拆迁工作的进展，并在此基础上进一步安排交付工作。

第三，积极响应公司号召，深入开展市场调研工作。根据公司（××号办公会议精神要求，我针对目前××房地产的发展情况及房屋租售价格、市场需求、发展趋势等做了详细的市场调查。先后到土地、建设、房管部门详细了解近几年房地产开发各项数据指标，走访了一些商业部门如××、××，又到××花园、××花园、××小区调查租售情况。就×号地块区位优势提出"商业为主、住宅为辅、凸显区位、统筹兼顾"开发的个人建设。

第四，认真做好公司的文字工作。文字工作包括草拟综合性文件和报告等文字工作，负责办公会议的记录、整理和会议纪要提炼，并实施会议有关决议。认真做好公司有关文件的收发、登记、分递、文印和督办工作；公司所有的文件、审批表、协议书整理归档入册，做好资料归档工作。配合领导进一步补充、完善制订的各项规章制度。及时传达并贯彻公司有关会议、文件、批示精神。

第五，落实公司人事、劳资管理工作。组织落实公司的劳动、人事、工资管理和员工的考勤控制监督工作；根据人事管理制度与聘用员工签订劳动合同；按照有关规定，到劳动管理部门办理社保（养老保险、失业保险、医疗保险）缴纳的各项手续。

第六，切实抓好公司的福利、企业管理的日常工作。按照预算审批制度，组织落实公司办公设施、宿舍用品、劳保福利等商品的采购、调配和实物管理工作。办公室装修完毕后，在×月完成了购置办公用品、通信设备、复印机、电脑等的配置工作。切实做好公司通信费、招待费、水电费、车辆使用及馈赠品的登记手续，严格按照程序核定使用标准。

第七，做好公司董事会及其他各种会议的后勤服务工作。在××××召开期间，认真做好会场布置、食宿安排工作。落实好各种会议的会前准备、会议资料等工作。

二、加强自身学习，提高业务水平

由于感到自己身上的担子很重，而自己的学识、能力和阅历与所任岗位有一定的距离，所以不敢掉以轻心，总在学习，向书本学习、向周围的领导学习、向同事学习，这样下来感觉自己半年来有了一定的进步。经过不断学习、不断积累，我已积累了办公室工作经验，能够比较从容地处理日常工作中出现的各类问题，在组织管理能力、综合分析能力、协调办事能力和文字言语表达能力等方面都有了很大的提高，保证了所在岗位各项工作的正常运行，能够以积极的态度对待各项工作任务，热爱本职工作，认真努力贯彻公司各项决策。积极提高自身各项业务水平，保持工作的主动性，具备较强的专业能力、责任心，努力提高工作效率和工作质量。

三、存在的问题和今后努力方向

半年来，本人敬业爱岗、创造性地开展工作，取得了一些成绩，但也存在一些问题和不足，主要表现在：第一，办公室主任对我而言是一个新的岗位，许多工作我都是边干边摸索，以致工作起来不能游刃有余，工作效率有待进一步提高；第二，有些工作还不够细，一些工作协调得不是十分到位；第三，自己的理论水平还不太适应公司的要求。

在新的一年里，我决心认真提高业务、工作水平，为公司经济跨越式发展贡献自己的力量。我想我应努力做到：第一，加强学习，拓宽知识面。努力学习房产专业知识和相关法律知识。加强对房地产发展脉络、走向的了解，加强对周围环境、同行业发展的了解、学习，要对公司的统筹规划、当前情况做到心中有数。第二，本着实事求是的原则，做到上情下达、下情上报，真正做好领导的助手。第三，注重本部门的工作作风建设，加强管理，团结部门员工，勤奋工作，形成良好的部门工作氛围。不断改进办公室对其他部门的支持能力、服务水平。遵守公司内部规章制度，维护公司利益，积极为公司创造更高价值，力争取得更大的工作成绩。

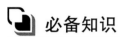 **必备知识**

一、概述

从管理学的本质来说，述职者通过述职报告陈述自己的任职情况、评议自己的工作实绩、接受上级领导的综合考核和广大群众的评价监督，是领导机关实施人力资源管理、推动工作的主要手段之一。改革开放以来，我国进行干部体制改革，实行了岗位责任制和干部聘任制。受聘上岗的干部或由选举出任的干部，在任职期间，要向有关部门和群众报告履职情况和工作实绩，而述职时撰写的文稿逐步形成了独具特色的体式，形成了一种新的应用文书。从全面回顾和面向群众的角度而言，述职报告不乏一定的个人总结和个人汇报的意义。

（一）定义

述职报告是国家行政机关、社会团体和企事业单位工作人员，特别是领导干部或企业骨干向广大群众陈述任职情况的通用文书。

（二）特点

1. 规定性

中央纪委、中央组织部《关于党员领导干部述职述廉的暂行规定》（中办发〔2015〕30号）明确指出："县级以上党委、政府派出机关、直属机构、办事机构、直属事业单位和工会、共青团、妇联等人民团体的领导班子中的党员干部。相当于上述级别的党组（党委）的领导班子成员。上述单位中的非中共党员领导干部，适用本规定。"为加强对干部或企业骨干的管理和监督，各行各业均普遍实行了干部或企业骨干定期述职的制度，如天津普林电路股份有限公司的独立董事年终要向董事会作述职报告。

2. 个人性

述职报告是个人对所负责的某一时段的工作进行全面的回顾。与一般工作报告不同的是，述职报告特别强调干部或企业骨干个人的所作所为。干部或企业骨干要通过用事实说话的方式列举个人的工作实绩，而且，根据分工明确了是个人负责的组织或部门所取得的成绩，也归属于个人实绩的有机组成部分。例如，内蒙古自治区巴林左旗人民政府分管经济工作的副旗长 2018 年述职报告，就叙述了协助旗长负责财税、金融、审计、粮食、供销、商贸等工作，带领分管部门的同志团结协作，真抓实干，实现了分管工作的整体推进和重点突破。

3. 自评性

述职报告面向广大干部群众，用通俗易懂的语言述说个人在一定时期内履行职责的情况。在述说的内容构成和表达方式上，既有工作实绩，也有自我评价，是有叙有议，一边叙述一边议论。所谓自我评价，就是指依据岗位要求、任职目标和评价标准，对个人任期内的德、能、勤、绩等方面的情况进行自我评估、自我鉴定、自我定性，如为本单位做了什么事情、完成了什么指标、取得了什么效益，工作责任心如何等。当然，也要采用定性分析和定量证明相结合的方法，使自述内容实在，自评论据确凿，从而增强说服力和可信度。

4. 客观性

无论是自述还是自评，述职报告都是遵循实事求是的原则，注重客观性，杜绝主观性。所谓客观性，一方面是指述说个人工作实绩必须实实在在，事实确凿无误，切忌弄虚作假；另一方面是指自我评价工作实绩必须用词准确，语言生活化、口语化、大众化，持严肃、认真、慎重的态度，不能放不下官架子，傲慢且盛气凌人，夸夸其谈，言过其实。干部或企业骨干述职既是对自己负责，也是对组织负责、对群众负责。现在，很多政府部门或企业将述职报告在网站上面向全社会公开，因此，只有保持客观性，述职报告才能够经得起时间和实践的考验。

（三）种类

根据不同的标准，可以将述职报告分为不同的种类。

按照人员来分，有个人述职报告、集体述职报告。

按照时间来分，有年度述职报告、任期述职报告、不定期述职报告。

按照内容来分，有专题性述职报告、综合性述职报告。

按照方式来分，有口头述职报告、书面述职报告。

（四）作用

1. 加强监督管理

述职报告是上级机关考核、评估、任免、使用干部或企业骨干的重要依据，是上级机关对下级部门干部或企业骨干进行有效监督和管理的必要手段。干部或企业骨干作述职报告时，一般都有上级领导机关的同志参加，或者会后要将述职报告送给上级领导机关。上级领导机关从述职报告过程或当中，可以从中发现干部或企业骨干平时工作的优点和缺点，从而通过采取适当措施，进一步切实强化对干部或企业骨干全方位的监督和管理，切实加强和改进对领导干部或企业骨干的考察和任用。

2. 及时发现问题

述职报告的撰写过程就是干部或企业骨干反思、梳理和小结以往工作的过程。在这一个反思、梳理和小结的过程当中，干部或企业骨干会对照当初上岗任职的承诺，会运用已有的考核标准衡量所完成的工作，其结果无非是达到考核标准或者没有达到考核标准两种情况。对于干部或企业骨干自身而言，更重要的是能够从中及时发现工作中存在的错误和缺点，并且从中接受教训，改进今后工作。按照规定，述职报告之后，群众会对干部或企业骨干进行民主评议，从中也能够及时发现问题，这有利于帮助干部或企业骨干改进工作。

3. 促进作风建设

干部或企业骨干面向群众述职，接受群众的民主评议和监督，对群众提出的种种意见有则改之、无则加勉，有利于促进干部或企业骨干认真对待自己的各项工作，自觉用勤政廉洁的思想严格要求自己。干部或企业骨干面向群众述职的过程，也是现身说法，加强对群众的宣传教育、提高认识、强化责任、健全制度、落实措施、讲求实效的过程。干部或企业骨干以及全体群众均能够真正做到爱岗敬业，树立正确的政绩观，自觉遵守法律法规，增强拒腐防变能力，势必有利于促进本单位或者企业的工作作风建设。

4. 提高效能水平

撰写述职报告是干部或企业骨干执行规定、接受管理和上级监督的表现，是述职者本人总结经验、改进工作、提高素质、培养能力的一个有效途径。干部或企业骨干面向群众述职，是干部或企业骨干与群众之间进行思想交流和工作探讨的渠道。述职报告制度设计科学合理、经济适宜，有利于提高本单位日常管理和效能监察质量，有利于提高干部或企业骨干履行职责效能，达到预防腐败、防范风险的目的。总之，健全与完善述职报告的长效机制，有利于提高本单位或企业的工作规范、效益、效果、效率和管理水平。

二、写作

（一）标题

述职报告的标题有两种形式。

1. 单标题

一是只写文种，如"述职报告"；二是由单位名称+时间+事由+文种组成，如"××市地方税务局 2019 年政风行风建设评议述职报告"。

2. 双标题

上面一行正标题概括述职主题，下面一行副标题与单标题的第二种构成形式大体相似。例如：

求真务实　开拓创新
——长城保险××分公司业务经理 2019 年度述职报告

（二）落款

在标题之下署名，写明职务和述职日期；落款也可以置于正文右下方。

（三）称谓

称谓根据会议性质及听众对象而定，如"××××股份有限公司董事会并股东大会""尊敬的各位领导、各位纳税人代表、同志们"等。称谓置于标题之下第一行顶格。

（四）正文

述职报告的正文一般由导言、主体、结尾三个部分组成。

1. 导言

导言主要包括两个方面的内容：一是任职介绍，说明自己的任职时间、担任的职务和主要职责，简要交代述职的内容和范围；二是任职期间的总体评价，扼要介绍任职以来的工作情况。这一部分力求评价客观准确、简洁明了，给听众一个整体而深刻的印象。

2. 主体

主体是述职报告的核心，主要用事实陈述履行职务的情况，包括三个部分的内容：一是任职期间的任务完成情况，取得的主要工作成绩；二是存在的主要问题及教训；三是今后工作的努力方向、目标或打算。各部分在结构上一般采用横向并列的方式。如果内容比较丰富，各部分之下又可以采取分条列项的写法。每一条每一项一般都要用陈述句概括段意，置于段首，进行自我评价。条项之间在内容上要分清主次轻重，讲究逻辑顺序。语言主要采用说明、叙述和议论相结合的表达方式。

3. 结尾

结尾一般采用致谢辞如"谢谢大家"，或礼貌用语如"以上述职报告妥否，请予审议"结束全文；也可以采用谦逊式、归纳式或表决心式等形式结尾。

（五）写作要求

第一，要实事求是，以数据和事实说话，对以往的工作情况进行回顾、分析和自我评价，数字必须准确可靠，事实必须确凿可信。

第二，要点面结合，以典型实绩说明自我评价，用基本情况作典型实绩的铺垫，通过正面材料的运用体现述职内容的客观性。

第三，要实实在在，对于存在的不足不宜避重就轻，表达今后的计划、目标、措施要切实可行，条理要清楚，语言要朴素。

⚠ 例文点评<<<

述职报告

××市商务局局长 ×××

（2017 年 12 月 18 日）

同志们：

今年以来，在市委、市政府的正确领导下，在市人大、市政协的大力支持和监督下，在上级部门的悉心帮助与监督指导下，在市级相关部门的紧密配合和协作下，我和局领导班子全体成员一道，紧紧依靠全局干部职工，依靠各县、市、区商务战线的全体同志的共同努力，坚持科学发展，创新工作方式，强化服务力度，有效化解各种矛盾和问题，努力适应变化后的新情况，有力地推动和促进了商务工作的开展和进步，确保了市委、市政府交给的各项任务的完成。现将一年来的履职情况报告如下：

一、加强学习，不断提升自身的政治思想素质

1. 认真学习理论和时事政治

今年以来，全面系统地学习了中国特色社会主义理论体系所涉及的相关内容，学习

了"三个代表"重要思想和科学发展观的理论要点，学习了构建和谐社会的理论内涵，学习了党的十七大报告的全部内容。在学习的过程中，先后写下了学习笔记和学习心得数万字，撰写了《关于加强我市商贸流通业发展的思考》的调研文章，被市政府《政务调研》采用刊发。同时，自己还利用向职工作形势报告、上党课的机会，通过查阅相关资料来加强学习。通过学习，不但极大地提高了自己理论水平、思想水平，而且提高了自己的知识水平和智力水平，提升了自己的思维能力和判断能力，从而有效地强化了自身的综合素质。

2. 认真落实科学发展观，为构建和谐社会做出自身的努力和贡献

根据商务工作涉及面广，直接面对民生的特点，努力创新思维，不断探索新形势下我市商务工作发展的新路子，加快我市实现国际、国内市场一体化发展进程，不断完善我市商品市场体系和市场监测体系，完善市场应急保障体系。充分满足人民群众日益增长的各种消费需求。立足商贸流通服务业切实关注民生，全身心地为企业做好服务，帮助企业尽快实现市场经济转型，主动为企业的发展献计献策，切实帮助企业解决各种困难和问题。深入联系的乡镇、扶贫村，竭力做好帮扶工作。

3. 强化法制意识，严格依法行政

自觉学习各种法律法规，从思想上强化法制意识，不断规范本机关的执法秩序，着重提高班子成员和全局人员的法律素养，作为政府组成人员，能自觉接受市人大常委会的依法监督，自觉向人大常委会及专委会报告工作。

二、执行民主集中制原则

自觉维护领导班子的团结，带头执行本局制定的《党委会议事规则》和《局长办公会议议事规则》，坚持领导班子成员分工明确、职责到位，坚持重大问题集体讨论决定，从不以个人意见压制其他成员的意见，从不独断专行。凡属有争议的事项，都不急于决定，反复商议、沟通、达到意见一致后再行决策。凡属个人意见不为党委成员多数所接受的，主动放弃己见。坚持班子成员信息对称，不设秘密，对同志心地见底，不结疙瘩。在维护班子成员团结的同时，带头维护整个干部队伍的团结，维护全局职工的团结，虚心听取干部职工的意见和建议。

三、切实落实廉洁从政的各项规定

1. 认真履行党风廉政建设第一责任人的职责

按照上级党委、纪委关于党风廉政建设的各项要求，我定期或不定期地通过领导小组会议或个别交谈来检查和监督党风廉政建设分工责任制的落实情况，在党委会、局长办公会、党委中心学习组学习会、全局职工会上反复强调廉政建设工作。按照上级的部署，认真开展了反对商业贿赂的相关工作，并在全系统开展了检查和落实。对班子成员及副科长以上的干部加强教育和监督，强化事前防范，迄今为止尚未接到局机关人员涉及廉政方面的违法违规的事实举报。

2. 自觉遵守廉洁从政的各项规定

今年任期内，我没有利用手中的权力为自己谋取私利，没有与服务对象有过钱权交易的事情，更未发生吃拿卡要的行为，没有以任何方式非法获取钱财。

四、勤政敬业，以扎实的工作作风创造良好的工作业绩

我自己能抓住工作主线，突出工作重点，主动协调各方，有效化解矛盾，与班子成

员一道团结全局职工努力拼搏，千方百计克服困难，在推动和促进商务工作全面发展上狠下功夫，较好地完了市委、市政府交给的各项任务。

就主体工作而言，商品市场体系建设取得显著成效，连锁配送、社区便民店等新型业态发展迅速。"万村千乡"新型农村市场建设工程强有力地推进，市场监测体系不断得到完善，对外贸易继续保持增长，利用外资取得历史性突破，对外经贸合作取得新的进展。1~11 月，全市出口总额达到 12.18 亿美元，比去年同期增长 22.07%，其中出口总额 56715 美元，同比增长 16.62%；进口总额 65137 美元，同比增长 27.26%；进出口、出口、进口均在全省名列第二位。1~12 月实际到位外资 1.09 亿美元，同比增长 147%；外派劳务 1911 人，同比增长 13.5%；社会商品零售总额 175 亿元人民币，同比增长 17%。

就突击性工作而言，今年我局主要承担了两项任务。一是创建中国优秀旅游城市，我局负责餐饮休闲一条街的打造，负责社会餐馆、社会旅馆、旅游商品专销、旅游特色食品专销、穆斯林、粤菜、西餐等特色餐饮店的打造，所涉事项点多、面广，时间紧、任务重。在全局职工的共同努力下，我局所承担的任务内全部必检项目无一失分，较好地完成了创建工作。二是在今年 8 月中旬开始的全国食品安全和产品质量专项整治活动中，我局承担了整治要求达到的十二个 100% 硬任务中的三个 100%，即食品出口原料基地 100% 到清查，食品出口包装 100% 加贴检验检疫标记，非法进口的肉类、水果等100% 退货或销毁。经过三个多月的艰苦努力，我局与相关部门一道，不但全面完成了预定的任务，通过了省政府的全面验收，而且打造了 48 个检查点，提供给全省产品质量和食品安全整治活动现场会的与会代表们——评比检查，受到了市委、市政府的充分肯定。

五、存在的主要问题

一是面对商务工作越来越繁重的任务，在局机关内部运行机制上还存在着很多不适应的方面。

二是面对人民币汇率不断地缓慢升值，国家出口退税政策大幅向下调整，对我市出口企业所带来的新情况、新问题，深入企业调查研究，帮助指导上做得不很到位。

在新的一年里，我将与全局干部职工一道，在市委、市政府的领导下，在市人大、市政协的关心支持下，认真贯彻落实党的十七大精神，坚持以科学发展观为指导，按照市委、市政府"两年有新突破，四年上新台阶"的发展要求，以更加良好的精神状态不断推动和促进全市商务工作上规模、上质量、上水平，以实际行动为××经济社会的发展和构筑和谐社会做出应有的努力。

谢谢大家！

这是一篇个人年终述职报告，对一年来个人的履职和主管工作做了全面的述评。开头能够用概括的语言做自我总体评价，然后运用过渡句转入主体的写作，衔接自然。主体的五个部分能够按照主次轻重安排顺序，从思想、组织、廉政、作风到业务，从虚到实，逻辑性强；能够辩证对待和分析个人的工作，不避讳存在的不足，有利于保证述职报告的客观性，进而获得群众的信任，防止述职工作走过场、搞形式主义。结尾表达今后工作的打算，能够鼓舞士气。全文形式比较规范，语言平易素朴。

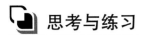 **思考与练习**

一、填空题

1. （　　）是国家行政机关、社会团体和企事业单位工作人员，特别是领导干部或企业骨干向广大群众陈述任职情况的通用文书。

2. 无论是自述还是自评，述职报告都是遵循（　　）的原则，注重客观性，杜绝主观性。

二、判断题

1. 述职报告各部分在结构上一般采用纵向递进的方式。如果内容比较丰富，各部分之下又可以采取分条列项的写法。

2. 撰写述职报告要面面俱到，以典型实绩说明自我评价，用基本情况作典型实绩的铺垫，通过正面材料的运用体现述职内容的客观性。

三、简答题

1. 谈谈你对述职报告个人性特点的认识。

2. 撰写述职报告时，怎样对待过去工作当中存在的缺点和不足？

四、评析题

请认真阅读下面一篇述职报告，然后分析其写作特点。

述职报告

×××旗人民政府副旗长×××

（2018 年 12 月 15 日）

同志们：

按照政府工作分工，我协助旗长负责财税、金融、审计、粮食、供销、商贸等工作。在旗委、政府正确领导下，我带领分管战线的同志们团结协作、真抓实干，实现了分管工作的整体推进和重点突破，现将一年来工作述职如下：

一、主要工作

（一）财税工作

全力组织财政收入。加大对重点税种、重点企业的征管力度，大力规范政府非税收入管理。截至 11 月底，全旗地方财政总收入完成 31994 万元。其中，一般预算收入完成 14007 万元，上划中央税收收入完成 15303 万元，上划自治区收入完成 2684 万元。基金累计收入完成 5176 万元。国税部门完成 13358 万元，地税部门完成 16396 万元。预计全年可实现财政收入 4 亿元。

强化财政支出管理。千方百计筹集资金，保工资、保运转、保重点项目支出。截至 11 月底，全旗财政一般预算支出完成 50950 万元，比去年同期增支 5340 万元，增长

11.7%。安排一般公共服务支出 11382 万元；教育支出 12886 万元；文化体育与传媒支出 1050 万元；社会保障和就业支出 7090 万元；医疗卫生支出 4002 万元；城乡社区事务支出 2065 万元；农林水事务支出 7503 万元；基金支出完成 5565 万元。

深化各项财政改革。建立和完善了以"以奖代补"为内容的新一轮旗乡财政管理体制，进一步加快苏木镇经济发展，加大对"三农"的投入力度，完善苏木镇财政管理体制，充分调动苏木镇招商引资、项目建设、培植财源等工作的积极性。稳步扩大政府采购范围，截至 11 月底，完成政府采购项目 78 个，完成采购预算 2365 万元，节约资金 220 万元，资金节约率 8.51%。

多渠道争取资金。继续加强财政项目库建设，加大向上争取资金力度。全年争取到财政转移支付、支农资金、社会保障补贴、行政司法和教育等各项资金共 53850 万元。

（二）审计工作

坚持"全面审计、突出重点"的方针，加强审计法制建设，加大审计决定落实力度。截至 11 月底，共完成审计和审计调查项目（单位）48 个，完成责任目标的 127%。其中：财政预算执行审计 13 个，乡级财政决算审计 5 个，专项资金审计 8 个，行政事业审计 13 个（经济责任审计 8 个 13 人），固定资产投资审计 9 个，审计调查 1 个（企业审计）。共查出违纪、违规资金 2083 万元，应上缴财政 104 万元，应归还原资金渠道 41 万元，应调账处理 900 万元，应减少财政拨款或补贴 368 万元。目前，已上缴财政 100 万元，已归还原资金渠道 28 万元，已调账处理 900 万元，已减少财政拨款或补贴 368 万元，上缴财政入库率 96.2%，审计决定落实率 98.8%，为国家增收节支 507 万元，挽回国有资产损失 1236 万元。

（三）商贸粮食供销工作

1~11 月份，预计全社会消费品零售总额完成 12.68 亿元，同比增长 25.7%，其中批发零售贸易完成 10.7 亿元，同比增长 26.3%。市场体系和流通网络建设取得突破。时代购物广场项目总投资 4000 万元，建设集超市、家电、家私和服装鞋帽为一体的综合性商场 1.6 万平方米，现已竣工，预计 12 月 28 日开业运营。广场建成后预计可入驻商户 200 多户，安排就业 500 多人，年营业额达 5000 万元以上，年利税近 500 万元。胜利村拟建 326 亩的蔬菜综合市场，正在做项目可行性研究。赤峰上京物流园区项目，计划总投资 10.27 亿元，占地 4600 亩，目前已获得自治区发改委项目备案手续，注册资金为 1000 万元。成立了内蒙古上京物流园区有限责任公司，园区内的各专项规划也正在有序进行。加大对成品油加油站、酒类等特业市场管理工作力度。"万村千乡市场工程"建设取得重大突破，现已落实 20 个农家店。国有粮食购销企业共使用发行贷款 1.3 亿元，收购入库粮食 60340 吨，其中玉米 35860 吨。在全旗范围内开展了"放心粮店"评选活动，有力地维护了粮食消费和流通秩序，加强了粮食质量监督。供销系统以发展壮大农牧业经济合作组织为重点，积极参加农牧业产业化经营。截至目前，全系统供应化肥 13000 吨、农用柴油 600 吨、农药 5 吨、种子 50 吨，收购山羊绒 20 吨。

（四）金融工作

1~11 月份，全旗金融机构各项存款余额为 281891 万元，比年初增加 45078 万元；各项贷款余额为 98984 万元，比年初增加 57 万元；金融机构累计实现现金净投放 69874 万元，比去年同期多投放 36102 万元；辖区金融机构总体实现盈余 4722 万元；较好地满足了农业、重点企业和重点项目的信贷需求。通过积极争取，在我旗建立二级工商银行一处已得到银监局批准，小额贷款公司也正在筹建中，邮政储蓄也将成立邮政银行，扩展业务，改变只储不贷的局面。

（五）信访工作

全面贯彻落实旗委书记大接访活动指示，认真执行国务院《信访条例》，结合自身分管工作有效地解决了粮油厂二次转制、林东五七厂退休人员工资、原化工厂社会集资、工商局上划遗留问题、上京市场管理人员问题等一批疑难复杂上访案件，妥善处置了部分苗头性事件，维护了社会稳定，促进了和谐社会建设。

二、自身建设

在工作中，我注重摆正位置，团结同志，自觉接受旗委、旗政府的领导，服从和服务于旗委、旗政府的工作大局，在重大原则问题上认真领会和贯彻党的路线、方针、政策。注重加强学习，不断提高政治思想素质，努力提高运用党的基本理论解决实际问题的能力和水平。在工作和生活中坚持严于律己，做到自重、自省、自警、自励，严格用党的纪律和公务员准则约束自己，自觉反对和抵制以权谋私等不正之风，行使好人民赋予的权力。

回顾一年来的工作，取得了一定的成绩，但距旗委、旗政府和全旗人民的要求还有一定的差距，我将在今后工作中认真总结经验，努力克服不足，争取把工作做得更好。

谢谢大家！

五、写作题

请联系个人实际，就已经完成的本职工作写一篇述职报告。

项目五　就业文书

 学习要求

了解个人简历内容的基本要素，掌握个人简历的写作方法和技巧，学会写作个人简历。

 引导案例

个人简历

（一）个人基本资料

姓名：×× 　　性别：男 　　出生年月：1995-01-04

民族：汉族 　　政治面貌：团员 　　户籍所在地：××市

（二）学习经历

最高教育程度：本科

专业：测控技术与仪器 　　毕业院校：××石油大学

所在"测控技术与仪器"专业为××省名牌专业之一。学科涉及军事、航天技术，是电子仪器、自动化、机械、信号学科结合的产物，课程难度艰深。

已通过国家计算机水平二级（VB）认证，精通 Windows 附载的各种办公、设计软件，达到高手级别，具有单片机开发实践能力，能运用汇编语言、C、Matlab、Protel、Labview、CAD 等进行相关设计。

（三）工作经历

相关工作经验：2 年

大一在校办工厂进行机械加工实习。大二在校参加实习和 DSP 课程设计。利用业余时间跟随各界人士从事过房地产和建材销售、竞标、员工管理、外贸洽谈、库房流程管理等。关注经济领域达 5 年之久，现承包着校溜冰场、健身房等娱乐设施。

（四）求职意向

求职类型：全职

应聘岗位：硬件工程师。能胜任仪器仪表、机械电子类专业技术工作，同时对采购、生产管理、策划、销售工作也感兴趣，并有实际工作经验，能"干一行，爱一行，精一行"。

（五）联系方式

联系人：×× 　联系电话：×××××××

手机：×××××××××××

E-mail：××××××××× 　OICQ 号码：×××××××××

个人主页：×××××××

联系地址：××市××区××大道××号

（六）外语特长

英语：已通过国家六级

（七）普通话程度

国家二级甲等

（八）计算机能力

优秀

（九）其他特长

不断尝试，不断学习。善于交际，亲和力较强，积极上进，注重团队合作，工作认真负责。获得高等教育公共关系证。本人精通机械制图，能看能画。所学工商管理类专业书籍有十余本。

（十）证明材料

略。

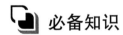 **必备知识**

一、个人简历的含义

个人简历，也被称为个人履历，是求职者在求职应聘时向用人单位提供个人情况的不可缺少的常见应用文体。它是对求职者的背景、优点、成就和有关个人材料进行的简洁概述，是求职者与用人单位的人事部门领导甚至高级领导相沟通的一种手段。对初出校门的学生来说，简历事关第一份工作。简历就是个人广告，别人买不买你的账就从你的简历开始。它是"一扇窗"，向人们展示你丰富多彩的人生历程。简历既是一种介绍，又是对自己成长历程的一次整理，要把自我的完整形象立体地展现出来。

二、写作个人简历的内容要点及写作要求

个人简历的写作格式一般由八个部分组成，即标题、个人基本信息、学习经历、实

践经历、求职意向和自我评价、所获得的各种奖励和荣誉、联系方式、证明材料。

（一）标题

标题可以直接写"简历"二字，也可以在简历之前冠以姓名和称谓。

（二）个人基本信息

个人基本信息是指对个人的基本情况做简要介绍，包括姓名、年龄（出生年月）、性别、籍贯、民族、学历、学位、学校、专业、身高、毕业时间、政治面貌、职务、职称等。一般来说，一项内容要素用一两个关键词简明扼要地概括说明一下就可以了。这一部分放在前面，便于用人单位取得联系。

（三）学习经历

学习经历是介绍求职人的受教育程度，如毕业的学校、专业和时间。可按时间顺序来写自己的学习过程，主要以大学的学习经历为主。列出大学阶段的主修、辅修及选修课的科目和成绩，尤其是要体现与所谋求的职位有关的教育科目、专业知识。

（四）实践经历

工作经历是最重要的部分。初出校门的大学生，工作经历可以改为社会实践和实习经历，包括在学校、班级所担任的社会工作、职务、勤工助学、校园活动及课外活动、义务工作、参加的各种团体组织、兼职工作经验、培训、实习经历和实习单位的评价、专业认证、兴趣特长等。已出校门的大学生，主要写参加工作之后各阶段的情况，要注意突出主要才能、贡献、成果以及学习、工作、生活中有典型意义的事迹等，突出自己在原先岗位上的业绩也是非常重要的，得过哪些奖项及必要的技能水平，这些要注明时间、地点、相关名称。这部分内容要写得详细些。通过这些，用人单位可以考察求职者的团队精神、组织协调能力等。

（五）求职意向和自我评价

求职意向正是用人单位所急需的，要写得一目了然。主要表明本人对哪些岗位、行业感兴趣及相关要求。要表明自己应征的职位，说明自己具备哪些资格和技能，想找什么样的工作。要突出重点，有针对性，使自己的学历、知识结构让用人单位感到与其招聘条件相吻合。

（六）所获得的各种奖励和荣誉

所获得的各种奖励和荣誉包括上学期间获得的奖项、出版物上发表的论文、发表演讲、社团成员资格、计算机技能、专利权、语言技能、许可证书和资格证书，个人兴趣爱好也可以列上两三项，让用人单位了解求职者的工作、生活情况。

（七）联系方式

联系方式包括通信详细地址、邮政编码、电话区号及号码、手机号、电子邮箱地址等。

（八）证明材料

简历的最后一部分一般是列举有关的证明人及有关附加性参考材料，附加性材料包括学历证明、获奖证书、专业技术职务证书、专家教授推荐信，所发表的论文著作等。

证明人一般提供 3~5 个，是对你求职资格、工作能力和个人情况的保证人，因此一般选择在校期间、以前工作单位或所参加社团中比较熟悉且知名的人，一般不要选择自己的父母或亲戚。让别人做证明人，应事先征得选取对象的同意。在证明人栏目中要详细说明证明人的姓名、职务、工作单位及联系方式。后页附上的是自己的成绩单、实践成果、证书复印件。

总之，个人简历的写法比较灵活，无论采用哪种形式都要突出个性、富有创意，向用人单位展示自己，达到成功推介自己的目的。

三、个人简历的写作技巧

（一）精心打造个性化的个人简历

写作简历没什么绝对格式，诚实是根本，可要诚实地把自己的经验技术和优点表现出来也是一大学问。怎样使简历在最短的时间内吸引用人单位，如今已经成为一种艺术。要打造一份独一无二的简历就要有创意，要讲究个性化，让简历脱离俗套，既能吸引招聘人员的注意力，又保证内容一目了然。简历制作应适当运用编辑技巧，如各种字体、粗体字、斜体字、下划线、段落缩进等，突出要点，避免使用大块的段落文章。

（二）岗位意向不同，简历内容要有所侧重

一人应聘广告公司，就详写在某广告公司的兼职经历，并且由于应聘的是创意部，在简历中还配上了自己画的封面。投给媒体行业的简历则附上了在某报社实习的成果，为了方便阅读，打印了一份目录，而将厚厚成果的复印件放在后面。对于几家对英语要求很高的外企，则附上一页流畅的英文简历。人事招聘的人员，每天要看上百份应聘信。一般来说，用人单位总是关注与之相关的知识背景和实践经历，这是简历吸引招聘者注意力的关键。简历，形式可简，而其中的苦心不能简。

（三）突出自己的优势

每个人都有自己值得骄傲的经历和技能，如有演讲才能并得过大奖，又如创意新，曾获得××发明奖，这些应详尽描述，要突出自己的优势，这样有助于应聘某些职位。相关的特长与技能（一般为 3~4 项）是简历的重点。诚实、精练、有选择性地列出相关技能。

用事实和数字说明强项，不要只写"善于沟通"或"富有团队精神"，这些空洞的字眼招聘人员已熟视无睹，应举例说明曾经如何说服别人、如何与一个和自己意见不同的人成功合作，这样才有说服力，并给人留下深刻的印象。

（四）要突出"简"字，让简历变得醒目

简历达到的最佳效果就是让用人单位在最短的时间内获得求职者的最多信息，要力求用最快的速度、最简洁的方式直截了当地把个人资料介绍出来。简历要力求在一个"简"字上下功夫，用人单位要的就是学历和实干能力的证明。要有针对性，必须明确地写出想要什么工作和最适合什么工作。确定从事此工作必需的知识与技能，这是关键的一步。简历犹如个人素描一般，少一笔难尽翔实，多一笔会显累赘烦琐，最好能一语中的。

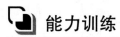 **能力训练**

根据自己所在院校和所学专业的实际，按照简历的写作要求，为自己设计一份精美的个人简历。

任务二 ▶ 求职信

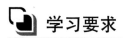 **学习要求**

了解求职信的内容要点；掌握写作求职信的基本格式和技巧；学会写作求职信。

引导案例

如果您是伯乐，那么请相信，我就是您遍寻南北而未得的千里马；如果您是慧眼识珠的用人单位领导，那么请相信——我就是乔·吉拉德。

我的自荐信

首先感谢您的慧眼，在众多的自荐信中，能够读到我这封信，我知道这一刻我是幸运的。

当然，除了幸运以外，我想我还是优秀的，请您抽出 5 分钟时间耐心读完，我会给您一个确定的答案。

每天卖出 6 辆汽车的美国的推销员乔·吉拉德曾经说过："很多人把我称为'世界上头号零售推销员'，其实他们说得不对，他们不懂什么是真正的推销，因为他们忽略了一个真相，我只不过是在推销这个世界上的头号产品——我自己而已。"

我叫庄文静，是一个普通人。在读到乔·吉拉德的这段话后，我明白了一个伟大的道理，因为它让我自信。现在，我请您相信：我现在正向您推销的也是一件不可多得的"头号产品"！

2016 年毕业于吉林大学金融专科的我，因为对知识的渴求，续读了金融本科，获得了学士学位。也许学历并不重要，您更看重知识和智慧。

知识来自实践，智慧来自积累。学过会计学、金融市场学、管理学的我具备了一点专业基础和修养，如果您正因财务头绪繁杂、资金管理挠头、投资方向困惑、营销策略平淡而需要人手的话，您不妨考虑一下让我出现在您的团队里面，因为对于一个领导来说，他最主要的能力应该是把一个专业知识过硬、知识结构完整、思维活跃、思路宽广的人招至麾下。

对于一个人来说，他所希望的是自己能够全力以赴献身于一种美好的事业。2016

年毕业的我，2017年仍然是"学习年"，这一年，我自费白天在新时代计算机培训中心（图形界面设计专业）进修，晚上又在新东方高级涉外商务人员培训班学习，这两种专业知识的积淀，也使我想在计算机和英文翻译与读写行业跃跃欲试，因为在我看来，它们都是一种美好的事业，而且我也想成为复合型人才。

1. 我所具备的长处

（1）敬业精神和上进心。很多不甘平庸的人都如此。

（2）有韧性。困难很可怕，但是我会知难而进。

（3）有责任感。荣誉降临的时候，我不会躲闪，同时对于职责范围内的事情我也会勇于承担。

（4）有悟性。善于学习和继承的人是永远无法被打败的，与时俱进和善于吸收前任、上下级先进的工作方法、经验和好的个人品行，是人在今后工作中能够游刃有余的秘密武器。

（5）沟通能力强。善于交际的我掌握了沟通的良方。

（6）愿意做工作和生活的主人。能够在工作中体会生活的充实和美满，同时把工作当作生活中的一部分，这也许是我区别于别人的地方。

2. 我自省到的缺点

（1）少一点创新精神和创造性。对于一个善于模仿和继承的人来说，他的创造性相对来说就少一点，对这一点我有点自惭形秽，不过理解能力强的我会尽量弥补，因为我不是完人。

（2）年轻、阅历少是我最大的"天敌"。

（3）我还需要增强一些耐心。

3. 我的过去

曾多次获得金融专业的奖学金，获得过计算机初级、中级优秀证书，在校担任学生会干事，曾参加过相声比赛（幽默是必要的），获在校大学生素质技能竞赛计算机组三等奖，是校年度文明宿舍成员（我是热爱生活的）。

曾经到吉林市化纤企业进行了社会实践，到长白山卷烟厂进行过财务评估实践，毕业后在长春文惠家教中心做兼职教师，为电影《萍聚》做过后期特效处理，在宝姿有限公司长春时装发布会兼职后台助理等。

4. 我的现在

随时准备接受任何有挑战性的工作。

5. 我的将来

等待着英明（如您）的领导的赏识。

最后，还要告诉您，我是一名女生，相信您在了解了我的能力的基础上，不会对我的性别提出任何异议，因为您不是在挑选"力工"，如果您觉得我可以被考虑的话，请您及时和我联系！谢谢！

通信地址：长春市自由大路187号　电话：×××××××

 **必备知识**

一、求职信的作用

在求职的过程中，撰写一封得体的求职信可能是你在寻找工作时遇到的最棘手的问题之一。只有能体现个人才智的求职信，才能帮助你顺利地谋求到一份理想的工作。你需要仔细考虑第一封信的目的及其可能产生的影响。一封平庸的私人信件根本起不到什么作用。信件要引起读者的兴趣，要反映出你的目的，要符合特定的环境要求。

要理解求职信和个人简历的区别：求职信是商业信函，就如同向客户发出的合作邀请一样，要求规范、专业，吸引别人去看后边的简历以获得更多的信息。个人简历属于推销个人的广告文稿，就像产品介绍一样，要能激起"客户"的购买欲望，说服招聘方给予面试的机会。求职信来源于简历，又高于简历，是简历的综合介绍，是简历的补充说明和深入扩展，可用主观性描述进行强调补充。比如，在简历中介绍自己有吃苦耐劳精神和团队精神，在求职信中就可以通过具体的事例进行有针对性的说明。

二、求职信的内容要点

（一）求职目标

求职目标是指对你所申请职位的描述和界定。用人单位一般会在广告中注明招聘条件，但你不应只将公司列出的条件作简单重复，而应从自身出发，阐述对所应聘岗位的理解，如工作流程、职责、义务……这样可以让对方感觉到尽管你刚迈出校门，但具有一定的职业素质与潜力，与同龄人相比似乎更成熟、更适合从事该工作，而且对他们的公司十分了解。

（二）求职缘起

求职缘起指的是信息的来源，即从何处获悉招聘信息。对用人单位来说，公布招聘信息的渠道很多，如在报纸杂志上刊登广告、到招聘会上设摊、在网上发布信息、在职业介绍所登记或是通过熟人客户介绍。

当然，上述种种招聘渠道所收取的费用也不尽相同，哪些是最有效、最经济的呢？这个答案用人单位非常想知道，而答案只能从应聘者中得到反馈，如果你能在自荐信中指出信息来源，让用人单位获取他们想要的信息，那么你的简历无疑会被更仔细地阅读下去。

（三）求职条件

对你符合这一职位的条件、优势进行高度概括。说明你为什么适合申请该职位，提出你能为未来雇主做些什么，而不是他们为你做什么。一般来说，用人单位总是会关注有相关知识背景和实践经历的人，因为他们都想知道你能为公司做些什么，这也是自荐信抓住对方"眼球"的关键，所以你应投其所好，有的放矢，根据不同的单位进行不同的表达。

（四）求职附件

求职附件有很多，如相关学历、经历、奖励证件等证明材料。

能力训练

修改下列求职信

姓　　名：陈××

联系地址：广州市中山三路×××号

联系电话：（略）

求职目标：经营部、营销部、广告部、管理部

资格能力：2016 年 7 月毕业于××商学院商业管理系，获商业管理学学士学位。所修课程主要有：商业经济学、商业管理学、市场营销学、商业传播学、广告学、公共关系学等。选修课程有：零售企业管理、消费者行为学和计算机原理与应用等。在校期间学习成绩一直优秀，撰写的毕业论文曾受到奖励，并在全国多家期刊上发表。

工作经历：2016 年 8 月至现在皆在××市百货公司负责市场营销及有关管理工作。

社会活动：求学期间曾担任××协会主席，曾在××市营销管理论坛上代表协会发表演讲，并在该论坛 2014 年 5 月举行的会议上当选为年度"明月之星"。

其他情况：1994 年出生，未婚，能熟练运用各种现代办公设备，英语会话能力强，书写能力略逊。爱好旅游、打网球、摄影。

经济专业应用文文书

项目一　调研决策类文书

任务一 ▶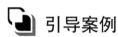

学习要求

了解调查方案的含义、特点及类型；能够撰写小型调查方案。

引导案例

西安杨森采乐市场调查方案

（一）调研背景

近年来，宝洁公司凭借其强大的品牌运作能力以及资金实力，在洗发水市场牢牢地坐稳了第一把交椅。但是随着竞争加剧，局势慢慢起了变化，联合利华强势跟进，夏士莲、力士等多个洗发水品牌从宝洁手中夺走了不少消费者。花王旗下品牌奥妮和舒蕾占据了中端市场，而低端的市场则归属了拉芳、亮庄、蒂花之秀、好迪等后起之秀。至此，中国洗发水行业呈现了一个典型的金字塔形品牌格局。通过市场细分，西安杨森于2002年推出了采乐，在药品和洗发水两个行业找到了一个交叉点。为了提高其在全国重点城市中的占有率，并为其今后的营销发展计划提供科学的依据，"六人行"市场调查公司将在全国范围的重点城市进行一次专项市场营销调查。

（二）调研目的

本次市场调研工作的主要目标是：

（1）分析采乐洗发水的前期营销计划（包括其销售渠道、媒体投放、产品终端和产品情况）以及消费者的产品期望，明确其自身的优势和劣势以及面临的机会和威胁。

（2）了解消费者对去屑洗发药的认知，探查对去屑洗发药的接受程度。

（3）了解产品的知名度以及美誉度，确定今后营销计划的重点。

（三）调研内容

根据上述调研目的，我们确定本次调研的内容主要包括：

（1）针对其营销计划进行全面的分析，从而为其今后的营销计划提供科学的依据。本部分所需要的主要信息点是：① 消费者对于采乐洗发药的使用情况——是否用过，满意度以及认为产品的哪方面更加吸引消费者；② 对采乐的前期营销计划情况的了解——怎样知道采乐的，通过什么渠道购买到采乐的，是否遇到买不到采乐的情况，使用采乐过后的感觉以及认为可以在产品上改进的地方；③ 消费者对于去头屑这方面的认知。

（2）了解消费者的观念以及对采乐前期推广的深入程度做一个调查。

（3）对产品前期的销售宣传做一个调查，主要须掌握的信息点有：① 对于采乐的了解程度——是否知道以及是否使用过；② 对于采乐印象的评价（五分法）。

此外，我们还将收集包括消费者的年龄、性别、收入、职业以及消费者的发质在内的背景资料以备统计分析之用。

（四）目标被访者定义

因本次调查是针对其前期的营销计划实施情况的一个效果回馈，我们在样本定义时遵循以下原则：一是样本要有广泛的代表性，以期能够基本反映消费者对采乐洗发药的看法以及能反映采乐前期营销计划的实施情况。二是样本要有针对性。由于采乐属于日用品，而且它主要是针对有头屑的人，还有它的价格也较高，所以就需要有一定的购买和支付能力。因此，此次调查主要是针对有使用经验的人，主要在全国的重点城市做调查。基于以上原则，我们建议采用以下标准甄选目标被访者：

（1）20~45周岁的城市居民。

（2）本人及亲属不在相应的单位工作（如市场调查公司、广告公司以及洗发水行业等）。

（3）在过去的六个月内未接受或参加过任何形式的相关市场营销调研。

（五）数据收集方法

本项目的资料收集方法如下：

"六人行"市场调查公司将根据与西安杨森公司探讨所达成共识的设计问卷，问卷的答卷时间长短控制在半个小时左右，问卷经双方商讨确定之后正式启用。

问卷抽样方法：在北京、哈尔滨、上海、广州、长沙、成都、西安7个城市中各选择400人作为调查对象，在每个城市的电话簿中随机选择400个号码，打电话核实受访者。在不断淘汰受访者的情况下，多次随机选择，直到选够400人为止。

采用结构性问卷进行入户调查。

（六）样本量

根据以往经验，最大允许误差应控制在小于±2%；考虑统计分析对样本量的要求和成本方面的经济性，我们建议本次研究所需要的样本量为每个城市400个。

（七）质量控制与复核

（1）本次访问复核率为30%，其中15%电话复核，15%实地复核。

（2）我们将实行一票否决权，即发现访问员一份问卷作弊，该访问员的所有问卷作废。

（3）为确保科学、高效地完成调研工作，我们将成立专门的项目小组为客户服务。

（八）数据录入与处理

参与此项目的所有数据录入及编码人员将参与问卷的制作与调查培训；在录入过程

中需抽取 10% 的样本进行录入复核，以保证录入质量；数据处理采用 SPSS 软件进行。

（九）研究时间安排（见表 1-1，自项目确定之日起）

表 1-1 略。

（十）报告提交

由"六人行"市场调查公司向西安杨森公司提交调研报告一份及所有的原始问卷，并根据市场调研报告进行数据分析，如有需要，我们将向西安杨森公司做口头汇报。

（十一）费用预算

项目费用预算约为 6.7 万元，其用途如表 1-2 所示（表 1-2 略）。

××市餐饮市场调查方案

（一）调查背景

××市市区人口大约 150 万人，市区范围内三星级及以上酒店为 22 家，街头小型餐馆近 3000 家，餐饮市场潜力巨大。该市的餐饮市场具有鲜明的独特性，消费者的消费偏好在保持传统的同时也出现了一些新的发展趋势。

（二）调查目的、内容与方式

1. 调查目的

基本掌握××市餐饮市场的总体规模；了解该市消费者的消费能力水平；了解当地消费者的饮食偏好。

2. 调查内容

（1）当地餐饮市场的经营环境和总量。

（2）当地消费者外出就餐月消费金额。

（3）当地消费者喜欢的菜品种类。

（4）当地消费者喜欢的酒类品牌。

3. 调查方式

随机问卷调查。

（三）调查对象

在街头对行人进行随机调查，总数量在 1500 人左右。

（四）调研步骤

1. 准备阶段（5 天）

设计调查方案、调查问卷（其样本见附件 2），招募、培训调查人员。

2. 调查阶段（5 天）

组织调查人员持问卷开展调查。

3. 数据统计与分析阶段（5 天）

对回收的问卷进行数据统计与分析。

4. 撰写调研报告阶段（10 天）

利用调查数据及分析撰写调研报告，约 5000 字，得出明确结论。

（五）调查人员与分工

1. 小组成员

赵××、钱××、孙××、李××、周××、武××、郑××、王××。

2. 工作分工

（1）项目统筹：赵××、钱××。

（2）问卷设计：钱××、孙××。

（3）调查员招募、培训与管理：李××、王××。

（4）数据统计分析处理：周××、武××、郑××。

（5）撰写调查报告：赵××、钱××、孙××。

（六）经费预算

经测算，本次调查活动所需经费为 3000 元。具体项目及费用请见附件 1——经费预算表。

　　附件：1. 经费预算表（略）

　　　　　2. 调查问卷样本（略）

××调查项目组

2018 年 10 月 12 日

 **必备知识**

一、调查方案的含义

调查方案就是根据调查研究目的和调查对象性质，在进行调查之前对调查工作各方面和各阶段进行总体安排，从而制订出合理工作程序的一种应用文。从本质上说，调查方案是计划的一种类型，是对调查活动以及在此基础上的研究活动的总体设想与细化，是对人力、物力、财力以及时间等各种资源的合理安排。

科学合理的调查方案是进行调研工作的前提，能够保证调查工作有秩序、有步骤地顺利进行，减少调查误差，提高调查质量。

二、调查方案的特点

（一）内容的独特性

调查方案中也涉及一部分调查内容，而且调查方案的拟订也需要从调查内容出发来合理安排。但是，从本质上说，调查方案不同于调查内容。调查方案是对调查活动本身的安排和筹划，因此在调查内容和调查方案的内容二者之间存在明显的差异。

（二）措施的可行性

调查方案是为指导调查活动而拟订的，因此必须能够进行贯彻落实；调查方案中提出的各种调查方法、调查手段、调查工作阶段等措施安排，必须具有可行性，以便调查活动能够按照既定方案开展，从而保障顺利取得结果。

三、调查方案的类型

调查方案的类型取决于调查活动的类型。由于调查活动可以分为普遍调查、抽样调查、问卷调查等多种类型，因此调查方案也可以分为相应的类型，如普遍调查方案、抽样调查方案、问卷调查方案等。

四、调查方案的结构与写作方法

调查方案的结构无固定模式，一般包括标题、前言、主体、附件等几部分。

（一）标题

调查方案的标题通常有以下两种写法：

一是"事由+文种"，如"××品牌啤酒市场定位调查方案"。

二是"调查发起机关+事由+文种"。如果调查方案是由调查发起机关自己所做，则调查发起机关等同于制文机关；如果调查方案是调查发起机关委托其他机关所做，而调查执行又是委托另外机关，则发起机关、制文机关、执行机关是相互独立，制文机关与执行机关都是接受发起机关的委托而为发起机关所关心的事情做调查的，但标题一般要写的是调查发起机关，而不是接受委托的制文机关和执行机关。

（二）前言

调查方案的前言，一般写在标题之后、正文之前。前言一般要交代调查的背景，调查的价值、意义，调查发起的机关，如果调查发起机关委托其他机关制作或执行调查方案，也要在前言中进行交代。

（三）主体

调查方案是计划的一种特殊类型，因此除了需要具备计划这种文体的基本特征与内容之外，还需要体现调查活动的特殊情况。调查方案正文的主要内容包括以下几方面：

1. 调查目的

调查目的在方案中的作用类似于目标在计划中的地位。调查方案首要的问题是确立调查目的，即进行此次调查所要实现的意图，即调查要达到的目标是什么，它是调查的起点和归宿，是每一个调查方案设计的首要问题和必备项目。只有确定了调查目的，才能确定调查的范围、内容和方法。如果调查目的不明确，就可能导致调查项目出现偏差，需要调查的项目没有调查，无关紧要的项目却调查了，这既浪费了人力、物力和财力，又达不到预期的效果，无法满足调查的要求。调查目的可以用一句话进行总体概括，也可以对总目的细化，分别从若干方面表述。

2. 调查对象和调查单位

这两个是调查活动所涉及的两类主体。调查对象就是根据调查目的和任务来确定的调查范围以及所要调查的总体，它是由某些性质上相同的许多调查单位所组成的。调查单位就是总体中的某一个具体的对象，是调查中要调查登记的各个调查项目的承担者。例如，为了研究某市各外贸公司的经营情况及存在的问题，需要对全市外贸公司进行全面调查，那么，该市所有外贸公司就是调查对象，每一个外贸公司就是调查单位。

在确定调查对象和调查单位时，应该注意以下四个问题：

第一，严格规定调查对象的含义，并指出它与其他有关现象的界限，以免造成调查登记时由于界限不清而发生差错。例如，以城市职工为调查对象，就应明确职工的含义，划清城市职工与非城市职工、职工与居民等概念的界限。

第二，调查单位的确定取决于调查目的和对象，调查目的和对象变化了，调查单位也要随之改变。例如，要调查城市职工本人基本情况时，调查单位就不再是每一户城市职工家庭，而是每一个城市职工了。

第三，调查单位与填报单位是有区别的，调查单位是调查项目的承担者，而填报单位是调查中填报调查资料的单位。例如，对某地区工业企业设备进行普查，调查单位为该地区工业企业的每台设备，而填报单位是该地区每个工业企业。但在有的情况下，两者又是一致的。例如，在进行职工基本情况调查时，调查单位和填报单位都是每一个职工。在调查方案设计中，当两者不一致时，应当明确从何处取得资料并防止调查单位填写重复和遗漏。

第四，不同的调查方式会产生不同的调查单位。如果采取普查方式，调查总体内所包括的全部单位都是调查单位；如果采取重点调查方式，只有选定的少数重点单位是调查单位；如果采取典型调查方式，只有选出的有代表性的单位是调查单位；如果采取抽样调查方式，则用各种抽样方法抽出的样本单位是调查单位。

3. 调查项目

调查项目是指对调查对象所要调查的主要内容，确定调查项目就是要明确向被调查者了解些什么问题。调查项目一般就是调查单位的各个标志的名称。调查中的标志分为两种：一是品质标志，它是说明事物质的特征，不能用数量表示，只能用文字表示，如性别、民族、文化程度等；二是数量标志，它是说明事物的数量特征，它可以用数量来表示，如年龄、收入等。标志的具体表现是指在标志名称之后所表明的属性或数值，如上面所说的文化程度可以为高中、大专、本科、硕士研究生、博士研究生等，收入可以为5000元以上、3000~5000元、3000元以下等。

确定调查项目应当既是调查任务所需，又是能够取得答案的。项目的表达必须明确，要使答案具有确定的表示形式，如数字式、是否式或文字式等，否则，会使被调查者产生不同理解而做出不同的答案，造成汇总时的困难。确定调查项目应尽可能做到项目之间相互关联，使取得的资料相互对照，以便了解现象发生变化的原因、条件和后果，便于检查答案的准确性。

4. 调查提纲和调查表

调查提纲，即调查内容大纲，是把调查项目按照一定的划分标准，进行科学分类、排列而构成。

调查表也是由调查项目按照一定的标准构成。调查表一般由表头、表体和表脚三个部分组成。表头包括调查表的名称，调查单位（或填报单位）的名称、性质和隶属关系等。表头上填写的内容一般不作统计分析之用，但它是核实和复查调查单位的依据。表体包括调查项目、栏号和计量单位等，它是调查表的主要部分。表脚包括调查者或填报人的签名和调查日期等，其目的是明确责任，一旦发现问题，便于查寻。调查表分为单一表和一览表两种，单一表是每张调查表只登记一个调查单位的资料，常在调查项目较多时使用。它的优点是便于分组整理，缺点是每张表都注有调查地点、时间及其他共同事项，造成人力、物力和时间的耗费较大。一览表是一张调查表可登记多个单位的调查资料，它的优点是当调查项目不多时，应用一览表能使人一目了然，还可将调查表中各有关单位的资料相互核对；其缺点是对每个调查单位不能登记更多的项目。

调查表拟订后，为便于正确填表、统一规格，还要附填表说明，其内容包括调查表中各个项目的解释、有关计算方法以及填表时应注意的事项等。填表说明应力求准确、简明扼要、通俗易懂。

在具体操作中，调查项目体现为调查提纲和调查表，所以两项一般以一项内容出现，即调查提纲和调查表，或者直接叫调查项目或调查内容。

5. 调查时间和期限

调查时间是指调查资料所属的时间。如果所要调查的是时期现象，就要明确规定资料所反映的是调查对象从何时起到何时止的资料。如果所要调查的是时点现象，就要明确规定统一的标准调查时点。调查期限是规定调查工作的开始时间和结束时间，包括从调查方案设计到提交调查报告的整个工作时间，也包括各个阶段的起始时间，其目的是使调查工作能及时开展、按时完成。为了提高信息资料的时效性，在可能的情况下，调查期限应适当缩短。

6. 调查地点

调查地点是调查活动或调查对象所在的地理位置。调查地点与调查单位通常是一致的，但也有不一致的情况，当不一致时，则有必要规定调查地点。例如，人口普查，规定调查登记常住人口，即人口的常住地点。对于登记时不在常住地点或不在本地常住的流动人口，均须明确规定处理办法，以免调查资料出现遗漏和重复。

7. 调查方式和方法

调查方式主要有普通调查、重点调查、典型调查、抽样调查等。调查方法主要有文案法、访问法、观察法和实验法等。在调查时，采用何种方式、方法不是固定和统一的，而是取决于调查对象和调查任务。

8. 调查资料整理和分析方法

调查获取的原始资料大多是零散的、不系统的，只能反映事物的表象，无法深入研究事物的本质和规律性，这就要求对其进行加工和汇总，使之系统化、条理化。目前这种资料处理工作一般已由计算机进行，这在设计中也应予以考虑，包括采用何种操作程序以保证必要的运算速度、计算精度及特殊目的。

9. 提交报告的方式

提交报告的方式主要包括报告书的形式和份数、基本内容、图表量的大小等。

10. 调查的组织计划

所谓调查的组织计划，是指为确保调查实施的具体工作计划。其主要是指调查的组织领导、调查机构的设置、人员的选择和培训、工作步骤及其善后处理等。必要时候，还必须明确规定调查的组织方式。

11. 经费预算

经费预算是指调查方案执行中存在的各项花费。

根据以上所讲，在实际操作中，一个完整的调查方案主体可以简化为：调查目的、调查内容、调查范围、调查方法、调查组织机构和分工、调查时限和步骤、调查资料分析与质量控制、预算、提交报告。

（四）附件

如果拟订了调查所需要的相关文件，如调查表、经费预算表、调查问卷等，可以作为调查方案的附件，但需在正文之后注明。

（五）落款与成文日期

调查方案的最后需要写明方案编订的单位名称、小组名称以及拟订时间。

 能力训练

一、根据以下材料拟写调查方案，可在内容上做合理增删

汽车工业是××市的支柱产业，位于该市的××汽车股份有限公司是中国位居前三的汽车生产厂家，2016 年该公司生产汽车××百万辆，销售汽车××百万辆，实现销售收入××亿元，上缴利税××亿元。该市同时也是汽车人均拥有量名列前茅的大市，2015 年该市每百人平均拥有汽车××辆，据该市统计局统计，和汽车相关的产业对该市每年的GDP 增长的贡献率高达 60%。经该市市政府研究决定，2017 年在该市举办首届汽车博览会，为了了解市民对该博览会的看法，了解市民对博览会地址、时间的建议以及市民对门票价格的承受能力，为举办首届汽车博览会奠定基础，该市准备对全市市民进行一次调研。

二、根据以下材料拟写文稿，要求内容明确，格式规范，可在内容上做合理增删

××食品厂是一家成立于 1998 年的私营食品公司，经过多年发展，该厂已经发展成为拥有三大类二十多个品牌的大型食品企业集团。该厂最近开发出一种新型果蔬饮品，其口味甘甜，含有多种维生素和氨基酸，能够改善城市人群的亚健康状况。为了了解市场上同类型品牌的竞争状况，消费者对这种类型饮料的接受程度、对价格的接受程度，消费者的口味喜好以及销售渠道等内容，为推出此饮品打下一定的基础，该厂决定对经销商和消费者进行市场调研。

 调查问卷

任务二 ▶

 学习要求

了解调查问卷的含义、特点及类型；掌握调查问卷的结构与写作方法。

📋 引导案例

××市绿道建设调查问卷

尊敬的市民朋友们：

为了了解绿道的开发、利用、建设给市民带来的价值，我们开展了此次的调查活动。希望您在百忙中可以抽出点时间，协助我们完成这次问卷调查。您的意见和建议，将对我们的工作和我们共同的家园××市的绿道建设至关重要！

调查单位：××市园林局　时间：2016年9月

1. 您的性别是什么？（　　）

A. 男　　　　　　　B. 女

2. 您的年龄是多少？（　　）

A. 20周岁以下　　B. 21~30周岁　　C. 31~40周岁　　D. 41~50周岁

E. 51~60周岁　　F. 60周岁以上

3. 您对××市大力发展绿道建设有何感想？（　　）

A. 支持　　　　　　B. 反对　　　　　　C. 无所谓

4. 您对现在××市绿道的设计、利用和维护是否满意？（　　）

A. 非常满意　　B. 满意　　　　C. 一般　　　　D. 不满意

E. 非常不满意

5. 您每月使用绿道及其沿线的景观公共设施的频率是多少？（　　）

A. 4次以下　　B. 5~8次　　　C. 9~12次　　　D. 13次以上

6. 您觉得绿道及其沿线的景观公共设施给您带来便利吗？（　　）

A. 当然有　　　B. 一般　　　　C. 很少

7. 您认为绿道沿线连接人文景点（古建筑、古村落等）对于您游览绿道是否重要？（　　）

A. 十分重要　　B. 一般重要　　　C. 不重要　　　D. 很不重要

8. 您对绿道沿线连接的人文景观（古建筑、古村落等）的实际表现是否满意？（　　）

A. 非常满意　　B. 满意　　　　C. 一般　　　　D. 不满意

E. 非常不满意

9. 您认为绿道沿线垃圾桶的设置对于您游览绿道是否重要？（　　）

A. 十分重要　　B. 一般重要　　　C. 不重要　　　D. 很不重要

10. 您对绿道沿线垃圾桶的设置的实际表现是否满意？（　　）

A. 很满意　　　B. 满意　　　　C. 一般　　　　D. 不满意

E. 很不满意

11. 您到绿道游玩的主要目的是什么？（　　）

A. 休闲　　　　B. 健身　　　　C. 游览观光　　　D. 其他

12. 您觉得绿道沿线还需要增加什么设施？（　　）

A. 餐饮设施　　B. 体育健身设施　　C. 文化娱乐设施　　D. 休闲座椅

E. 其他

13. 您觉得绿道对沿线环境最大的改善是什么? ( )

A. 空气   B. 水源   C. 噪声   D. 其他

14. 您觉得绿道对提升城市的形象有没有作用? ( )

A. 有   B. 没有   C. 不确定

15. 您觉得绿道对××市的旅游有没有作用? ( )

A. 有   B. 有作用, 但不大   C. 没有作用

16. 您觉得××市的绿道建设应该把重点放在哪些项目上? ( )

A. 植物种植   B. 休闲建筑   C. 特色标志   D. 沿途停靠站

E. 其他

17. 您觉得今后××市的绿道建设应该以什么为主? ( )

A. 以自然生态绿化为主   B. 以沿途人文建筑为主

C. 自然与人文两不误

18. 您对××市的绿道建设有何建议?

_____

衷心地感谢您的理解和支持!

"80后" 车主购车调查问卷

一直以来, "80后"都是人们关注的焦点群体, 时尚、前卫、个性……那么这些是否在你们所购的爱车中得以体现呢? 今天我们就通过这一份小小的问卷来测试一下, 看彼此在购车、选车、用车中有何共性和特性, 期待您热情积极地参与。请参与调查的"80后"车主在 2018 年 12 月 30 日前, 将调查问卷填写完毕, 邮寄到××市××路××号××汽车股份有限公司销售部, 张××先生收, 同时有很多小小的惊喜等着您, 我们为您准备了精美的车模玩具、钥匙链等各种小礼品。祝您好运!

调查单位: ××汽车股份有限公司   时间: 2018 年 10 月

1. 您购买的车型是 (如奇瑞QQ) ( ), 排量 ( ), 是 [手动挡、自动挡], 是 [二厢、三厢], 购买时间 ( ) 年 ( ) 月, 购车价格 ( ), 车牌 ( )。

2. 您在选购该车时, 通过以下哪些渠道获得车型信息? (可多选, 限三项) ( )

A. 汽车网站   B. 报纸杂志   C. 电视/电台广告

D. 去 4S 店了解   E. 朋友推荐   F. 户外广告 (如楼宇广告)

G. 车展现场

3. 您最初是通过以上哪种渠道了解的? ( )

4. 请您对以下购车考虑因素排序:

A. 品牌   B. 价格   C. 油耗   D. 性能

E. 品质   F. 造型   G. 服务   H. 配置

I. 内饰   J. 车内空间

第一位是 ( ), 第二位是 ( ), 第三位是 ( ), 第四位是 ( )。

5. 您当初如何想到去买车的？（　　　）

A. 事业发展的需要　　　　　　　　B. 周边朋友、同事的影响

C. 提升生活的品质　　　　　　　　D. 家庭结构变化

E. 扩大交际的范围　　　　　　　　F. 彰显身份的必要

G. 出行的方便

6. 您最关注车辆哪些方面的性能？（多选，限三项）（　　　）

A. 动力性　　　　　B. 加速性　　　　　C. 操控性　　　　　D. 舒适性

E. 安全性　　　　　F. 制动性

7. 您心目中的爱车最应体现的元素是哪些方面？（　　　）

A. 时尚个性的造型　　　　　　　　B. 颜色独特

C. 个性化的配置　　　　　　　　　D. 娱乐系统

E. 多功能方向盘　　　　　　　　　F. 新颖的仪表台

G. 运动座椅

8. 您喜欢下列哪种风格的造型？（　　　）

A. 小而精巧　　　　B. 豪华大气　　　　C. 动感十足　　　　D. 绅士风范

E. 简洁大方　　　　F. 成熟稳重

9. 您喜欢国产车还是进口车？原因是什么？

_____

10. 您心目中的车是什么样子的？请您描述一下。

_____

附录

1. 您的性别是什么？（　　　）

A. 男　　　　　　　B. 女

2. 您是哪年出生的？（　　　）

A. 1980~1983 年　B. 1984 年及以后

3. 您的家庭生活成员状况是怎样的？（　　　）

A. 单身及父母　　B. 单身　　　　　C. 夫妻/情侣　　　　D. 夫妻及小孩

4. 您的教育情况是怎样的？（　　　）

A. 大专以下　　　　B. 大专　　　　　C. 本科　　　　　　D. 硕士及以上

5. 您的个人月收入是多少？（　　　）

A. 3000 元以下　　B. 3001~4000 元　C. 4001~5000 元　D. 5001~8000 元

E. 8001~10000 元 F. 10000 元以上

6. 您的家庭年收入是多少？（　　　）

A. 8 万元以下　　　B. 8 万~12 万元　C. 12 万~15 万元　D. 15 万~20 万元

E. 20 万~25 万元 F. 25 万元以上

7. 您的职业是什么？

_____

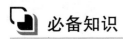 **必备知识**

一、调查问卷的含义

调查问卷是国家机关、企事业单位或个人在调研的具体执行过程中，为了了解公众的想法和意见，所使用到的一种应用文体。使用调查问卷能够在较大范围内获取信息，且便捷高效。由于问卷已经围绕调查目的和主题将问题固定下来，所以得到的信息比较全面，避免了其他信息获取方式带有的随机性的不利影响。

二、调查问卷的类型

调查问卷按照不同的标准可以划分为不同的类型。

（一）按照调查方式划分的类型

1. 自填问卷

这是由被访者自己填答的问卷。自填问卷由于发送的方式不同而又分为发送问卷和邮寄问卷两类。发送问卷是由调查员直接将问卷送到被访问者手中，并由调查员直接回收的调查形式。邮寄问卷是由调查单位直接邮寄给被访者，被访者自己填答后，再邮寄回调查单位的调查形式。

2. 访问问卷

这是访问员通过采访被访者并录音、由访问员填答的问卷。

（二）按照用途划分的类型

按用途来分，可以分为甄别问卷、调查问卷和回访问卷（复核问卷）。甄别问卷是为了保证调查的被访者确实是调查产品的目标消费者而设计的一组问题。调查问卷是问卷调查最基本的方面，也是研究的主体形式。任何调查，可以没有甄别问卷，也可以没有复核问卷，但是必须有调查问卷，它是分析的基础。回访问卷又称复核问卷，是指为了检查调查员是否按照访问要求进行调查而设计的一种监督形式的问卷。它是由卷首语、甄别问卷的所有问题和调查问卷中一些关键性的问题所组成。

（三）按照问题特点划分的类型

1. 封闭式调查问卷

封闭式调查问卷也被称为结构式或闭口式调查问卷，这种问卷以封闭式的问题为主，答案是封闭式的，问题的答案范围早已经在问卷上确定，受访者只需要在给定的答案中做出选择即可。封闭式调查问卷便于分析和统计，但有时不能全面了解受访者的真实态度和想法。

2. 开放式调查问卷

开放式调查问卷也被称为开口式调查问卷，该类调查问卷问题主要是开放式的，不设置固定的答案，受访者可以根据自己的理解自由发挥。这种调查问卷可以全面了解受访者的真实想法，但不利于分析和统计。

3. 半封闭式调查问卷

半封闭式调查问卷也被称为半结构式调查问卷，介于封闭式与开放式之间，其既有确定答案范围、让受访者选择的封闭式问题，又有不配答案选项、供受访者自由发挥的开放式问题。在实际使用中，由于半封闭式调查问卷既方便于分析和统计，又能了解受访者的真实想法，故大多数调查问卷都是以半封闭式调查问卷为主；其次是封闭式调查问卷，方便于统计；由于统计比较难，纯开放式调查问卷使用得较少。

三、调查问卷的结构与写作方法

（一）标题

调查问卷的标题一般可以采用"调查主题+文种"的模式构成，如"消费满意度调查问卷"；也可以由"调查部门+事由+文种"构成。

标题下方左起顶格可以写明称谓，即对被调查者的称呼，如"尊敬的顾客:""尊敬的客户:"等，也可以省略称谓。

（二）前言

调查问卷的前言，也叫作说明，通常包括调查背景、目的、意义、填写要求和注意事项，有时致谢词也可以写在前言中，最后是调查单位与日期。它通常放在标题之后、主体之前，篇幅宜小不宜大。访问式问卷的开头一般非常简短；自填式问卷的开头可以长一些，但一般以不超过两百字为佳。在实际操作中，前言的项目并不是每次都要求全部具备，而是根据一次调查的实际情况而定，如注意事项需写则写，不需写则不写，致谢词如果写在后面，则这里不写，背景可以写也可以不写，这都与一次调查需要达到的目的紧密相关。前言中必不可少的是调查目的；如果后面没有致谢，则在前言中致谢也是必不可少的；最后是调查单位与调查年月。

（三）主体

主体是调查问卷的核心部分，它由问题和答案两部分构成。主体部分的问题要紧扣调查的目的设计，不能偏离目的。问题不能设计得太多，一般以答题者平均十五分钟内能够完成为宜，最多不要超过二十分钟。问题设计应该由表及里，由浅入深，由简单到复杂，层层深入，环环相扣，符合答题者的认知逻辑。

1. 问题设置

调查问卷的问题设置必须紧紧围绕调查目的和主题，根据需要设计封闭问题或开放问题。封闭问题规定了一组可供选择的答案选项和固定的回答格式，答案选项是标准化的，对答案选项进行编码和分析都比较容易作答，有助于受调查者理解题意，有利于提高问卷的回收率，调查问卷中封闭问题占大多数。开放式问题无固定答案，应答者可以根据自身情况用自己的语言自由地发表意见。为了降低答卷难度，调查问卷的开放问题往往较少。

主体中的问题从内容上看，可以分为事实性问题、意见性问题、断定性问题、假设性问题和敏感性问题等。事实性问题主要是求取事实材料，需要被调查者回答一些有关事实的问题，如被调查者的基本情况。意见性问题是在调查中询问被调查者一些有关意见或态度的问题，这类问题主要是调查被调查者态度的，如"你对我市的绿道建设满意吗"。断定性问题即是非问题，是预先断定被调查者已经具备某种态度，让被调查者回答"是"或"否"的问题，它不存在中间项。假设性问题是先假定一种情况，然后询问应答者在该种情况下会采取什么行动，如"假如鸡蛋价格持续上涨，您会不会停止购买"。敏感性问题也叫困窘性问题，是指被调查者不愿在调查员面前作答的某些问题，比如关于私人的问题，或者不为一般社会道德所接纳的行为、态度或属有碍声誉的问题，如"您喜欢打麻将吗？""您抽烟吗？"等问题。一般在调查问卷中不设置敏感性问题，除非这类问题和本次调查的目的紧密联系，在调查这类问题时可以采用间接法，即在题目中将别人的观点抛出，然后问他的看法如何，如想知道一个烟民一天抽多少支烟，问题可以这样设置："有人认为，少量抽烟，如一天抽烟不超过一盒，是有益于身体健康的，您同意他的看法吗？"

在主体问题的设计中，一般要封闭式问题和开放式问题兼备，以封闭式问题为主、开放式问题为辅，封闭式问题在前、开放式问题在后，开放式问题以不超过三个为宜。事实性问题、意见性问题、断定性问题、假设性问题要根据具体情况设计，有时一张调查表中这些问题皆有，有时只有两种，但敏感性问题一般不设置，或者放在后面或间接询问。

2. 备选答案项

封闭问题的备选答案应当全面概括所有可能情况，防止出现遗漏。如果情况十分复杂，难以将全部可能概括完整，则应当将主要情况设计成若干备选项，同时要设计"其他"选项。备选项应当按照一定顺序排列并标注序号。

3. 问题排列与编号

调查问卷的若干问题应当按照一定的逻辑顺序进行排列，常用的顺序有时间顺序、类别顺序、先易后难顺序等；也可以先问基本情况再问主要问题。全部问题采用统一连贯的序号。

（四）附录

调查问卷的附录一般包括被调查者的基本情况，如姓名、性别、年龄、受教育程度、职业、收入等基本情况。并不是说在调查问卷中这些基本情况都需要具备，具体在一个调查问卷中设置哪些基本情况进行调查，要由调查目的决定。附录中一般不对被调查者的工作单位、家庭住址、联系方式、身份证号码进行调查，被调查者一般也不愿意填写这些属于个人隐私的内容，除非调查伴随着抽奖，需要留下身份证号码作为凭证，留下联系方式以便联系。

在具体操作中，附录部分的内容有时可以作为主体内容放在前面，作为需要回答的问题由被调查者进行回答。

（五）致谢词

调查问卷的致谢词是向被调查者的合作表示感谢，它通常写在调查问卷附录的后面，即一份调查问卷末尾的部分。但在实际操作中，如果前言中已经有了致谢词，则不需要再写致谢词。

 能力训练

根据以下材料拟写调查问卷，要求内容明确、格式规范，可合理增删

××研究机构准备对该市"啃老族"进行调查，主要了解该市"啃老族"在年轻人

中所占的比例、形成的主要原因以及由此带来的对养老和家庭结构的影响。

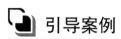
任务三 ▶ 市场调研报告

学习要求

了解市场调研报告文体的含义、特点及类型；掌握市场调研报告的结构与写作方法，能够拟写较为简单的市场调研报告。

引导案例

某市汽车消费情况市场调研报告

（一）概要

随着经济的发展，汽车开始进入寻常百姓家，我们的生活开始离不开它！某市汽车经销商为了给企业决策提供依据，决定通过市场调研了解该市的家用汽车消费情况。我们采取简单随机抽样的方法进行，调查的对象主要是30~50周岁的某市居民，通过调研了解消费者家用汽车使用情况，并了解汽车市场未来的发展趋势。企业应该把握家庭消费购买方向，开发满足消费者需求的产品。

（二）正文

1. 引言

本次调研主要是想了解家庭汽车的消费情况、家庭月收入、家庭结构、消费者职业构成、用户年龄、消费者购车的各种因素等。在分析各种可能造成消费者购车的环境下，企业做出相应的决策。

2. 消费者的情况分析

（1）有车用户家庭月收入。在调查中，家庭收入为2000~3000元的和2000元以下的所占比例最高，分别为33.7%和28.26%。收入低的用户所占比重反而比较高，说明汽车已经进入了普通家庭中，这也是国家经济发展、消费者生活水平提高的一种表现。

（2）有车用户家庭结构。调查结果显示，夫妻或与子女、父母同住的家庭有车的比例达到了80.44%，而单身或其他的比例只有19.56%，说明家庭是购买汽车的一个重要因素，家庭的一种美满的氛围更使得人们努力去提高自身的生活水平。

（3）消费者职业构成。在消费者职业中，企业人员、公务员及自由职业者的比例达到了67%，其他的则为33%，不仅是收入的不同，还有工作的需要，这些工作需要他们出门便利，提高工作效率及质量。

（4）有车用户年龄及驾龄分析。在有车用户的年龄中，30~40周岁和30周岁以下的比重分别为43%和28%，40~50周岁的比重为23%，50周岁以上的比重为6%。结果表明，汽车的主要消费人群是 30~40 周岁，中年人所占比例较重，中年时期是人生智力发展的最佳时期，中年人能进行逻辑思维和做出理智的判断，具备独立解决问题的能力，情绪趋于稳定，应变能力较强。中年时期是驾车最好的年龄段。

（5）影响消费者购车的因素。影响消费者购车的因素有很多种，但不是每种都能成为决定性因素，每种因素又是占有一定比例的。通过调查，油耗经济性占 22% 的比重，是消费者购买汽车的重要因素，性价比合理占到 21%，售后服务占 15%，安全性有保障占 13%，品牌知名度占 13%，其他的因素比例为 16%。调查研究发现，除了汽车物有所值和汽车本身的质量好以外，企业的服务也是影响消费者购车的重要因素。

（6）消费者获得信息的渠道。研究发现，消费者获得信息的渠道中，汽车报纸杂志所占比重最多，为 27%，电视广播、上网查询、广告、亲友介绍及实地调查所占比重分别为 23%、18%、9%、9%、2%。结果表明，企业要想提升营业额，扩大消费人群，必须在汽车杂志上和电视广播中加大宣传力度，同时扩大宣传面。

（7）消费者最信赖的购车场所。在消费者最信赖的购车场所中，品牌专卖店所占比例为 74%，大型汽车市场所占比例为 18%，综合销售点为 7%，其他为 1%。调查结果显示，在消费者心中，品牌专卖店占有举足轻重的地位。因此，企业要做好自身工作，加强品牌意识，把企业的产品和服务做到最强。

（8）消费者满意的支付方式。经过调查发现，最让消费者满意的支付方式是一次付清，其次是分期付款，最后是银行贷款，它们所占比重分别是 60%、33% 和 7%。随着经济的发展，人们的收入水平也在不断地提高，消费者更倾向于一次付清的付款方式。

3. 分析和预测

在经济飞速发展的今天，汽车已经进入了普通的家庭中，但是汽车行业还有很大的发展空间，19.56% 的单身人士、机关工作人员、教师、退休干部、50 周岁以上乃至更多年龄段的人，总体来说是一个较大的消费群体。企业还可提高自身的服务能力，加大产品的宣传力度。2000~3000 元收入的家庭有车的用户比例达到 61.96%，收入 5000 元以上的比例只有 8.69%，高额的现实利润和乐观的预期收益，会吸引大量的预期资金投入这一行业，企业数量显著增加但都偏小，所以在普及率增长的同时会出现一个明显的调整期，增长速度会放慢。

（三）结论及建议

在发展空间较大的今天，企业应该注重自身服务、品牌意识及产品质量等的提高，宣传力度的加大也是重要的一个方面。伴随人民生活水平的提高，我们要更加以服务人民为宗旨。

企业要加强管理，提高管理效益，加强成本控制，降低运营成本，以特色产品满足消费者需求，以差异化的营销策略参与激烈的市场竞争。

2019 年 1 月 1 日

三、四线城市汽车需求情况的市场调研报告

中国经济的快速发展，促进了中国汽车制造业的飞跃，2010 年，中国汽车年产量

已经跃居世界第一位，百人拥有汽车数量也从 2000 年的 12 辆，上升到 2010 年的 26 辆。特别是在城市地区，汽车拥有量快速增加，也给城市交通带来了巨大压力，在一、二线城市，汽车造成的交通拥堵已经变得越来越司空见惯。许多一、二线城市已经开始出台汽车限购政策，这给汽车制造企业带来了新的挑战。

我公司自 2000 年成立以来，发展迅速，2018 年，在全国销售汽车 16 万辆，实现利润 16 亿元，已经成为我国汽车制造行业中一支重要力量。为了应对一、二线城市汽车限购政策对公司汽车销售的影响，了解三、四线城市汽车需求的基本情况，为公司研发汽车、开拓三、四线城市的销售市场打下基础，2019 年 3 月 5~15 日，我公司成立了调研组，奔赴徐州、德州、吉林市、郴州、南充等三、四线城市，通过问卷调查、现场访问等方式对消费者进行调研。

（一）三、四线城市汽车需求的基本情况

1. 总体供求量大

我国大多数城市都是三、四线城市，这些城市也是我国今后进行农村剩余劳动力转移的"主战场"，而大多数进城买房定居的农民，往往也是一个地方相对富裕的人，他们通过发展村镇企业、经商、搞农业经济的方式积累了财富，然后进入城市，对于汽车，他们有了一定的购买能力。三、四线城市的原有市民也有相当一大部分人，通过多年的财富积累，拥有了购买汽车的能力。三、四线城市数量占全国城市总量的 70%，城市人口数量占全国城市人口总量的 80%，如果按照 30% 比例计算，三、四线城市需要汽车数量是 60 万辆，总体供求量远远超过一、二线城市，而现有数量是 40 万辆，缺口是 20 万辆，这是一个巨大的数字，对汽车制造企业来讲，三、四线城市是一个巨大的潜在市场。

2. 地域分布不均衡

三、四线城市汽车需求量地域差别大，华东地区三、四线城市汽车需求量占第一位，占全国三、四线城市需求量的××；华北地区三、四线城市汽车需求量占第二位，占全国三、四线城市需求量的××；华南地区占第三位，占全国三、四线城市需求量的××；东北地区三、四线城市汽车需求量占第四位，占全国三、四线城市需求量的××；华中地区三、四线城市汽车需求量占第五位，占全国三、四线城市需求量的××；西南地区三、四线城市汽车需求量占第六位，占全国三、四线城市需求量的××；西北地区三、四线城市汽车需求量占第七位，占全国三、四线城市需求量的××。地域需求量相差比较悬殊，占需求量地位的华东地区是占第五位华中地区的×倍。

3. 消费者比较关注汽车排量、外观和销售价格

三、四线城市的消费者更多的是关注汽车的排量，他们一般比较喜欢小排量、低耗油的汽车；比较关注汽车的外观，希望外观看起来更加豪华和大气；他们对汽车的销售价格比较敏感，据统计，三、四线城市消费者对价格超过 10 万元汽车的接受比例为 25%，对价格在 7 万~10 万元的汽车的接受比例为 60%，对价格在 7 万元以下的汽车的接受比例为 15%。

4. 单个地区需求量少

相对于一、二线城市而言，三、四线城市特别是四线城市单个地区汽车需求量比较小，很难形成规模销售。据统计，华东地区三、四线城市每个城市年平均汽车需求量是 12

万辆，只占华东地区一、二线城市每个城市年平均汽车需求量的22%，是非常小的比例。

（二）三、四线城市调研分析

1. 需求分析

三、四线城市对汽车需求的总量巨大，但单个点的城市需求量相对较小，这就给汽车的销售与维护带来了新的挑战，需要我们寻找新的销售办法来解决这个问题，且地区需求不均衡，这需要在销售过程中有所侧重。

2. 消费者分析

三、四线城市消费者对汽车排量、外表和价格的关注，要求汽车制造厂家大力研发小排量、外观美、性价比比较高的汽车。

3. 竞争对手分析

对于三、四线城市，大多数汽车生产厂家越来越关注，特别是限购政策出台之后，但大多处于初级阶段，还没有企业对三、四线城市的汽车销售进行深耕，这对我们来说是一个有利时机，谁先占有市场，谁就赢得了先机，但也存在弊端，即我们在三、四线城市汽车销售中没有经验可以借鉴。

（三）结论和建议

1. 加快研发速度，尽快占领市场

我公司应该加快研发的速度，争取在年底推出适合三、四线城市消费者需求的汽车。在研发过程中，要采用小排量、低油耗的发动机，外观要做得华美，并且努力控制研发与生产成本，每台车成本控制在4万元左右，售价控制在7万~10万元。

只要能够尽快占领市场，我公司将在三、四线城市的汽车销售中占有先机，使业务得到巨大的开拓，并在今后的竞争中处于优势地位。

2. 采用灵活的销售方式，适应三、四线城市的特点

三、四线城市由于单个点的销售量比较少，采用传统的汽车销售专营店的方式很难适应三、四线城市汽车销售市场，传统方式在三、四线城市使用，只是增加了销售成本，而售车辆数相对较少，往往出现利润被人力成本抵消，甚至亏本的现象。因此，可以在一个中心地区设立一个配送中心，同时对4~5个三、四线城市进行汽车配送，设立流动汽车销售大篷车，在4~5个三、四线城市进行流动销售，这既降低了成本，同时又具有更强的流动性，适应单点销售量小的特点。

3. 加强重点地区的宣传，提高品牌的知名度

在三、四线城市的重点销售地区加大宣传力度，提高产品的知名度，只有产品的知名度上去了，让品牌深入人心，才能增强我们公司品牌的竞争力和销售量。

鑫龙汽车股份有限公司市场调研工作小组

2019 年 5 月 8 日

 必备知识

一、市场调研报告的含义

市场调研报告，也被称为市场调查报告，是一种专题调查报告，是在对商品的市场

情况进行调查、分析的基础上撰写的整理市场信息、揭示经营规律、提供决策参考的一种调查报告。

市场调研报告是企业为了推出某项服务或某种产品，对市场的需求和竞争展开调查，根据调查资料进行研究而撰写的研究结果的书面材料，它是整个调查工作，包括计划、实施、收集、整理等一系列过程的总结，既是调查研究人员劳动与智慧的结晶，也是客户需要的最重要的书面结果之一。市场调研报告的基础是进行深入扎实的市场调查，全面、准确地反映市场行情，如消费者的消费习惯、产品份额、经营策略等信息。其目的是将调查结果、战略性的建议以及其他结果传递给管理人员或其他担任专门职务的人员，为他们做决策提供依据。

二、市场调研报告的特点

（一）针对性

针对性包括选题上的针对性和阅读对象的明确性两方面。首先，市场调研报告在选题上必须强调针对性，做到目的明确、有的放矢，围绕主题展开论述，这样才能发挥市场调查应有的作用。其次，市场调研报告还必须明确阅读对象。阅读对象不同，他们的要求和所关心的问题的侧重点也不同。比如，阅读者是公司的总经理，那么他主要关心的是调查的结论和建议部分，而不是大量数字的分析等；如果阅读的对象是市场研究人员，他所需要了解的是这些结论是怎么得来的，是否科学、合理，那么，他更关心的就是调查所采用的方式、方法及数据的来源等方面的问题。

（二）新颖性

市场调研报告的新颖性是指应从全新的视角去发现问题，用全新的观点去看待问题。市场调研报告要紧紧抓住市场活动的新动向、新问题等，从而提出新观点。这里的新，更强调的是提出一些新的建议，即以前所没有的见解。

（三）时效性

市场的信息千变万化，经营者的机遇也是稍纵即逝。市场调查滞后，就失去其存在意义。因此，要求调查行动要快，市场调研报告应将从调查中获得的有价值的内容迅速、及时地报告出去，以供经营决策者抓住机会，在竞争中取胜。

（四）科学性

市场调研报告不是单纯报告市场的客观情况，还要通过对事实做分析研究，寻找市场发展变化规律，这就需要写作者掌握科学的分析方法，以得出科学的结论，适用的经验、教训以及解决问题的方法、意见等。

三、市场调研报告的类型

（一）市场需求调研报告

这类报告主要反映市场对产品的需求量，并分析影响需求的主要因素，需要重点围绕购买力、购买动机和潜在需求三个方面展开分析。

（二）竞争对手调研报告

这类报告主要反映的是竞争对手的总体情况、竞争能力及其新产品的发展动向等，为企业制定竞争应对策略提供参考。

（三）经营政策调研报告

这类报告主要反映企业经营策略及其效果，主要包括产品定位、价格、广告、推销策略、销售和技术服务等方面，其目的是分析了解企业的销售行为是否适应消费需求，便于及时发现存在的问题并加以解决。

（四）市场综合调研报告

将以上三种类型的市场调研报告结合在一起，内容丰富，能够发挥多方面的作用。

四、市场调研报告的结构与写作方法

市场调研报告一般由首部、主体、尾部构成。

（一）首部

市场调研报告的首部一般包括标题页、目录、摘要。

1. 标题页

在大型的市场调研报告中，往往有专门的标题页，即封面页，包括标题、客户、调研公司、日期等内容。

市场调研报告的标题分为两种：一是由"事由+文种"构成，如"华北地区啤酒市场调研报告"；二是由"调查部门+事由+文种"构成，如"天华房地产公司关于××市房地产行业的市场调研报告"。

客户，即本调查报告的委托单位或委托人，一般大型市场调研往往委托给专门公司执行，然后由委托公司根据市场调研结果撰写市场调研报告，并报给委托单位或委托人。如果市场调研和市场调研报告是由公司自己所做，则没有客户这一项目内容，客户和调研公司合二为一，直接写调研公司即可。

调研公司，即接受委托单位或委托人的委托进行市场调研的公司，正如上面所说，如果市场调研和市场调研报告是由公司自己所做，没有委托其他公司，则调研公司就是客户。

日期，即市场调研报告的成文日期，年、月、日要齐全。

2. 目录

在大型市场调研报告中目录一般包括章节目录、图表目录、附录目录。

章节目录包括标题号、标题、略号和页码四部分。标题号，即从上到下给标题标注的次序号，即编、章、节等次序号；目录中的标题，即文本中的相应标题；略号用连续的点组成；页码，即标题所在的页码数。

图表目录包括图表号、图表名、略号和页码。图表号，即从上到下给图表标注的次序号；图表名，即正文中出现的图表名称；略号如上；页码，即图表所在的页码数。

附录目录包括附录文件次序号、附录文件名称、略号、页码。附录文件次序号，即在附录中文件从上到下的次序号；附录文件名称，即附录中出现的文件名称；略号如上；页码，即附录文件出现的页码数。

在一些大型市场调研报告中，有的只有章节目录，没有图表目录和附录目录；在简单的市场调研报告中，往往没有目录这一项。

3. 摘要

摘要是市场调查报告中的内容提要，是对市场调研报告的整体概述，让读者可以对整个市场调研报告有整体性认识。它一般由调查目的、调查对象和调查内容、调查研究方法等构成。

调查目的，即为什么要开展调研，为什么企业要在这方面花费时间和金钱，想要通过调研得到些什么，达到什么样的目的。

调查对象和调查内容包括调查时间、地点、对象、范围，调查要点及要解答的问题等。

调查研究的方法包括问卷设计、数据处理由谁完成、有效问卷多少份、抽样的基本情况是什么、研究方法如何选择等内容。

在简单的市场调研报告中，这些内容一般作为主体内容的前言部分写在前言中，而不单独列出摘要这一项。

（二）主体

主体是市场调研报告的主要部分，是调研内容的详细信息和调研的结论与建议，大型的市场调研报告的主体包括前言、论述、结论和建议三个部分。

1. 前言

市场调研报告的前言部分的撰写一般有以下几种形式：

（1）开门见山，揭示主题。文章开始就先交代调查的目的或动机，揭示主题。例如：

我公司受北京电视机厂的委托，对消费者进行一项有关电视机市场需求状况的调查，预测未来消费者对电视机的需求量和需求的种类，使北京市电视机厂能根据市场需求及时调整其产量及种类，从而确定今后的发展方向。

（2）结论先行，逐步论证。先将调查的结论写出来，然后逐步论证。许多大型的调研报告均采用这种形式。特点是观点明确，使人一目了然。例如：

我们通过对天府可乐在北京市的消费情况和购买意向进行调查，认为它在北京不具有市场竞争力，原因主要从以下几方面阐述。

（3）交代情况，逐步分析。先交代背景情况，调查数据，然后逐步分析，得出结论。例如：

本次关于非常可乐的消费情况的调查主要集中在北京、上海、重庆、天津，调查对象集中于中青年。

（4）提出问题，引入正题。用这种方式提出人们所关注的问题，引导读者进入正题。

2. 论述

论述部分必须准确阐明全部有关论据，根据预测所得的结论，建议有关部门采取相应措施，以便解决问题。论述部分主要包括基本情况部分和分析部分。

（1）基本情况部分：对调查数据资料及背景做客观的介绍说明、提出问题、肯定事物的一面。对调查所获取的客观情况、数据、信息的叙述和说明，可利用图、表辅助说明，必要时还应对市场背景资料如地理、气候、政治、经济、文化、社会潮流、政策、法律法规等做出说明。

（2）分析部分：市场调查报告不可仅仅罗列材料和数据，必须有鲜明的观点和结论，切忌观点和材料脱节。作者要在客观材料的基础上提出有见地、有说服力的分析意见。分析部分包括原因分析、利弊分析、预测分析。在调查所获取的客观情况的基础上，对这些信息进行深入分析和探讨，一般采用议论的方式表达从调查中发现的问题、规律、结论。

客观情况信息和论述内容可以交叉来写，边介绍情况边进行分析，能够有效地增强说服力。市场调研的内容涉及的问题较多，在撰写调研报告时，要根据调研意图取舍材料，切忌面面俱到。

市场调研报告篇幅往往较长，正文需要将不同内容分解为若干方面，并分别进行表述，因此一般应当分列多个小标题，这样能够使条理结构更加清晰。

3. 结论和建议

结论和建议是针对上面对调查基本信息的分析所做出的结论和建议。它一般包括以下几方面的内容：

（1）概括全文。经过层层剖析后，综合说明调查报告的主要观点，深化文章的主题。

（2）形成结论。在对真实资料进行深入细致的科学分析的基础上，得出报告的结论。

（3）提出看法和建议。通过分析，形成对事物的看法，在此基础上，提出建议和可行性方案。

（4）展望未来、说明意义。通过调查分析展望未来前景。

简单市场调研报告主体的写法基本和大型市场调研报告的写法相同。

（三）尾部

大型市场调研报告的尾部一般由附录构成，由于标题页上已经有调研单位和日期，在这里一般不再署名和写成文日期。附录包括调研使用的调研问卷、技术性附录（如统计工具、统计方法）、其他必要的附录（如调查地点的地图等）。

一般简单的调查问卷的尾部包括附录、署名与成文日期。附录内容如上，署名写上调研报告撰写的单位或个人的名字，成文日期是调研报告的完成日期，年、月、日要齐全。

 能力训练

根据以下选题，选择其中的一个拟写一份市场调研报告

1. 自己所在的社区周边居住房屋的市场价格走势。
2. 自己所在学校周边餐饮市场情况。
3. 自己所熟悉地区的服装零售市场情况。

任务四 ▶ **市场预测报告**

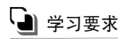 学习要求

了解市场预测报告的文体含义、特点及类型；掌握市场预测报告的结构与写作方法，能够针对比较简单的商业项目拟写市场预测报告。

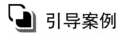 引导案例

2012 年度黄金市场预测报告

（一）黄金市场 2011 年综合评述

1. 2011 年现货黄金价格走势

较 2010 年而言，2011 年的现货黄金波动剧烈，2011 年初至第三季度现货黄金延续 2010 年牛市，一路上冲并于 2011 年 9 月 6 日创下最高点 1920.6，随后涨势遭到逆转，出现大幅下跌，直至年底。

2. 2011 年现货黄金供求分析

截至 2011 年第三季度，黄金总需求量为 1053.9 吨，比去年同期增长 6%，价值总额达 577 亿美元，创下有史以来的最高纪录。这一增长主要受投资需求的推动。同期投资需求同比增长 33%，达到 468.1 吨，价值总额达到 256 亿美元，创历史新高。

（1）黄金珠宝需求：2011 年第三季度为 465.6 吨，同比减少 10%，但价值总额同比增长 24%，为 254.8 亿美元。

（2）黄金工业需求：总量同比并无差别。

（3）黄金投资需求：同比上涨 33%，至 468.1 吨，价值总额 256.17 亿美元，增长 84%，创下历史最高，其中 ETF 及相关机构 2011 年第三季度总持仓量增加 58%。

供给方面，2011 年第三季度黄金总供给量为 1034.1 吨，少于其总需求量 1053.9 吨，因此黄金供需缺口仍然存在，为金价提供支撑。

3. 2011 年影响黄金价格因素分析

（1）供求关系。现货黄金供不应求，按照市场供需原理，2011 年金价上涨势在必行。2011 年，现货黄金投资需求增加迅猛，其中实物投资上涨 29%，总价值为 213.7 亿美元。

（2）欧元及欧洲主权债务危机。2011 年，黄金总体走出震荡上行与欧元及欧债危机存在莫大的关联，其为黄金避险属性提供了强大的支撑。然而，随着黄金逐步走向历史性的高位，其避险天堂的地位受到投资者的怀疑，避险属性于第四季度的几个月中暂时退去，黄金表现出强烈的商品属性，即与欧美股市同涨同跌。欧债危机并非一朝一夕即能解决，目前来看，黄金避险属性有被重新激发的迹象。

（3）美元指数。一般认为，现货黄金与美元指数呈现80%的负相关关系。2011年，美国经济出现复苏迹象，美元指数在2011年5月4日达到年内最低点72.7之后出现大幅上涨，开始打压黄金，其中尤其以9月最为明显，9月美元指数上涨6.24%，与之相反黄金暴跌11.05%。目前，美元指数有再度向下的趋势，上方压力较为明显，刺激黄金避险属性。

（4）通货膨胀。（略）

（5）地缘政治。（略）

（6）石油等相关市场。（略）

4. 2011年黄金价格走势小结

2011年，黄金总体呈现震荡上行状态，全年上涨10.11%，较2010年的29.54%，涨幅出现较大幅度的减少。造成如此状态的主要原因在于欧债危机的阴晴不定以及世界格局的相对动荡。黄金虽曾一路冲高直至1920点的历史新高，但正是如此高位造成投资者对黄金避险天堂的属性产生怀疑，随后黄金由其商品属性为主导。然而，欧债危机及其造成的全球性通货膨胀、相对不稳定的全球格局并非一朝一夕即能解决，这些都会刺激黄金避险属性重占主导，加之原油市场的回暖，黄金将获得一定程度的支撑。

（二）2012年现货黄金市场展望

1. 全球经济市场

（1）全球经济。2012年1月24日，国际货币基金组织大幅下调了今明两年全球经济增长预期，并警告说持续"发酵"的欧债危机给全球经济复苏带来严峻挑战。该组织预测，全球经济将在2012~2013年分别增长3.3%和3.9%，比2011年9月上次报告的预测值分别下调了0.7个和0.6个百分点，全球经济不容乐观。

（2）美国经济。美国证券行业和金融市场协会2012年1月10日报告显示，华尔街银行家下调了对美国经济增长前景的预估，2012年美国经济增速实为2.2%，低于此前预估的增长3.1%。

（3）欧洲经济。根据欧盟统计局2011年10月21日公布的年度数据，在欧盟27国中，财政赤字占GDP比例在3%以上的国家就有19个，几乎占了大半个欧盟。整个欧元区2010年总财政赤字占总GDP的比例为6.2%，整个欧盟则为6.6%。此外，2011年多数欧元区国家国债收益率节节攀升。与此同时，欧元区多个国家主权信用评级遭到标普、穆迪及惠誉三大评级机构的下调。

2. 2011年现货黄金走势讨论

金属咨询机构黄金矿业服务公司发布报告称，金价的10年升势已经接近尾声，预估金价在2012年10月—2013年3月将在每盎司2000美元上方的天价触顶。

其他机构对于金价预测仍比较保守。其中，高盛认为黄金在2012年年底会停留在每盎司1681美元，瑞信认为金价会在2012年年底达到1755美元，德银则认为会升至1825美元。相比之下，摩根士丹利的态度最为乐观，该行认为金价会在2012年年底冲高到1845美元。

（1）供求。根据世界黄金协会数据，2011年黄金珠宝需求量减少10%，工业需求量保持持平，但投资需求量大涨33%，预计2012年珠宝及工业需求会延续2011年的趋势，然而随着黄金逐渐冲向高位，投资需求或出现先升后落的趋势，原因在于其处于高位后避险属性或遭到逐步削弱。

（2）欧元及欧债危机。2011年后半年，欧债危机愈演愈烈，并对全球经济造成深远的负面影响，欧元也一路向下，虽然2011年1月欧元汇率有所上升，但总体向下的大趋势并未改变。单从避险属性来看，欧债阴云将长期对黄金提供支撑。

（3）美元走势。美元指数在2011年年初受到2010年量化宽松的影响，出现较大幅度走低，但年中开始反弹，目前虽然上方存在较强的压力，但结合美元指数月K线来看，其底部已经相对明显，加之欧债危机的影响，美元作为全球目前唯一的避险货币或将出现反弹，对黄金造成一定的压力。

（4）地缘政治。（略）

3. 2012年黄金市场的预测基本结论

2012年，受欧债危机拖累，全球经济复苏前景依旧黯淡，美元或将体现出其避险货币的特性，在2011年的疲软后走出反弹，这些都对黄金形成一定的压制。黄金长期前景并不乐观，2012年，黄金或将走出先扬后抑的状态，1800点及历史性最高点1920都将对黄金上行形成严重的阻力。2012年，黄金价格将在再次冲高后，正式告别2010年以来长达10多年的牛市。

罗××

2012年2月10日

2012年第28周（7月9~13日）全国市场钢材价格走势预测

（一）第27周钢材市场回顾

1. 现货市场继续走低

第27周国内继续弱势运行，各地价格继续走低。据中国钢铁现货网市场监测数据显示，截至7月6日，各类钢材价格走势如下：

建筑钢材：国内十大重点城市φ25mm二级螺纹钢均价为4009元，比上周同期跌41元；φ25mm三级螺纹钢均价为4112元，跌40元；φ6.5mm高线均价为4017元，跌39元。

热轧板卷：5.5mm热轧板卷平均价格为4067元，比上周同期跌33元。

冷轧板卷：1.0mm冷轧板卷平均价格为4848元，比上周同期跌50元。

中厚板：20mm中板价格为4034元，比上周同期跌31元。

型材：国内主要城市25#工字钢平均价为4294元/吨，比上周同期跌16元。

管材：108mm×4.5mm无缝管平均价格4986元/吨，比上周同期跌9元。

2. 期货电子盘震荡下跌后缓慢上行

第27周螺纹钢期货市场经历了一个震荡的格局，但总体还是缓慢上行。周结算价上涨21点，经历了两周的价格下跌后，第27周总算在价格上有所表现。截止到第27周周五，上期所螺纹钢主力合约1210以4095元开盘，开盘后直线下滑，随后震荡运行，收盘时较前一日上涨0.02%。全日最高达4099元，最低4077元，成交量283642

（手），持仓量627244（手）。

3. 高温持续钢市进入淡季更淡行情

目前，钢材市场主流品种价格小幅波动下滑，成本支撑力度继续减弱，粗钢产量仍处高位。7月高温持续，钢铁下游行业也将进入生产、销售和室外施工的阶段性淡季，钢铁行业整体需求将会有所转弱，社会钢材库存的继续上升将对钢价形成压制，钢铁市场或进入淡季更淡行情。

4. 社会库存继续上升（略）

5. 原料市场小幅回落（略）

6. 主导钢厂调价普遍下调（略）

7. 钢材市场宏观形势（略）

（二）本周走势预测

1. 宏观面利空大于利好

国际方面：欧洲央行宣布将基准利率下调25个基点至0.75%，隔夜贷款利率下调25个基点至1.50%，隔夜存款利率下调25个基点至0%；英国央行7月5日宣布保持利率0.5%不变，并将量化宽松（QE）购买债券的规模扩大500亿英镑（1英镑=9.5948元）；国际货币基金组织对美国政府提出警告，称美国经济状况仍然"低迷"，并将美国2012年经济增长预期从先前预计的2.1%下调至2%，2013年经济增长预期从2.4%下调至2.25%。

国内方面：央行四年来首次非对称降息给房地产行业带来利好；7月11日迎来调价窗口，国内油价或每吨降阶400元；据多家机构预测，2013年上半年，我国累计固定资产投资同比增幅可能跌破20%，创下2003年1月起九年半的新低。

2. 库存压力仍然比较大

2012年6月底，国内钢材社会库存由降转升，板材库存已连续三周上升，建材库存首次回升。2012年7月，钢铁需求将进入传统淡季，目前成本对钢铁市场的支撑力度继续减弱，供需矛盾压力依然难减，而钢材社会库存也有进一步回升的可能。

3. 非对称降息对钢市利好有限

央行不对称降息，对于投资项目和货币投放的回暖有一定的刺激作用，同时对房地产销售的景气回升以及市场信心有一定的提振作用。不过有人认为，央行是因为2012年6月以及二季度的经济数据很糟糕才不得不突然降息。2012年6月以及二季度经济数据即将揭晓，数据乐观与否，对市场均有一定的影响。但对于钢铁市场来讲，处于酷暑高温时节，主要供需矛盾未能解决，降息对钢铁市场利好支撑作用有限。

4. 国内市场或继续弱势盘整

2012年7月，高温多雨天气的增多，对于钢铁下游行业来说将是一个生产、销售和室外施工的阶段性淡季，钢铁行业整体需求将会有所转弱，预计国内钢铁市场或继续弱势盘整。

罗××

2012年6月20日

 **必备知识**

一、市场预测报告的含义

市场预测报告是在对市场过去和当前的情况进行调查的基础上，根据客观经济规律，对所获得的信息和相关资料进行科学分析研究，从而推测市场未来发展趋势的一种预见性报告。

市场预测报告能够为经济主管部门提供决策参考，帮助经济实体及企业改善经营管理，帮助企业掌握参与未来市场竞争的主动权。

二、市场预测报告的特点

（一）预见性

市场预测报告的写作意图是对市场在未来某一时期的发展趋势做出预测性的判断，从而帮助企业形成对未来市场需求的确定把握和指导下一阶段的经营与生产。

（二）科学性

市场预测报告要求充分依据翔实的资料，并运用科学的预测理论和预测方法，对真实可靠的数据资料进行分析推测，杜绝主观臆断。

（三）针对性

市场的基本情况包罗万象，预测报告不可能全部纳入其中，因此企业的每次市场调查和预测只能根据自己的客观情况和经营目标选择某一具体的经济活动或某一产品的发展前景，从而要求市场预测报告具备很强的针对性。选定的预测对象越明确，市场预测报告的现实指导意义就越大。

三、市场预测报告与市场调研报告的差异

市场预测报告和市场调研报告都是在市场调查研究基础上撰写而成的报告性文书，但二者有明显的区别。

（一）目的不同

市场预测报告主要是对市场的未来和发展前景做出预测；市场调研报告则侧重对市场的现状进行分析研究，及时掌握市场变化的情况，不失时机地调整生产和经营。

（二）方法和手段不同

市场预测报告的数据和资料既可以是通过市场调查得来的，也可以是他人已经调查总结出来的；市场调研报告一定要进行实际调查，取得大量调查数据及资料，并对其进行系统、科学的分析。

（三）写作内容不同

市场预测报告一定要告诉人们预测结果，并且要根据这些预测提出建议和对策；市场调研报告主要侧重调查对象现状情况的叙述说明，其余可让人们自己去判断。

四、市场预测报告的类型

市场预测报告所针对的情况十分复杂，覆盖的课题也比较丰富，因此分类标准也是多样化的。

（一）根据预测时间划分的类型

1. 长期预测报告

长期预测报告是指预测时间为未来 5 年或更长时间的预测报告。它有助于企业制定长期经营战略。

2. 中期预测报告

中期预测报告是指预测时间为未来 2~4 年的预测报告。

3. 短期预测

短期预测报告是指预测时间为 1 年之内的预测报告，如季度、半年或一段特定时间的市场预测报告。它有助于企业适应迅速变化的市场。

（二）根据预测范围划分的类型

1. 宏观市场预测报告

宏观市场预测报告是对社会经济发展全局的各个有关的总量指标、相对数指标和平均数之间的联系进行预测，对大范围或整体现象的未来所做的综合预测，关系到国民经济乃至世界范围内的各种全局性、整体性的、综合性的经济问题。

2. 微观市场预测报告

微观市场预测报告是对具体的经济单位、部门或经济实体，在特定市场、特定商品供需和新产品开发前景等方面进行分析研究的预测报告。

（三）根据预测方法划分的类型

1. 定量预测报告

定量预测报告包括数字预测法预测报告和经济计量法预测报告。数字预测法预测报告是对某一产品（商品）已有的大量数据进行分析研究，用统计数字表达，从中找出产品（商品）的发展趋势而写成的报告。经济计量法预测报告是根据各种因素的制约关系用数学方法加以预测而写成的报告。

2. 定性预测报告

定性预测报告是对影响需求量的各种因素，如质量、价格、消费者、销售点等进行调查、分析研究，在此基础上预测市场的需求量而写成的报告。

五、市场预测报告的结构与写作方法

市场预测报告所处理的信息往往比较繁杂，而且类型多样，因此写作方法没有固定统一的模式，一般应根据具体的预测意图和内容确定具体写法。市场预测报告由标题、前言、正文、结尾和落款五部分组成。

（一）标题

市场预测报告的标题一般由三种要素构成，即预测主体、预测时间、预测对象，并且往往带有"预测""预测展望"等字样，如"2012 年中国图书市场发展预测"。

标题下方可以注明报告的撰写者名称。

（二）前言

市场预测报告的开头部分即是前言，其内容往往是说明预测的主旨或意图，进行市场调研与预测的意义，介绍预测的主要对象和范围，概述全文的主要内容，也可以将预测结果放在开头前言中。前言一般要求简明扼要。

（三）正文

市场预测报告的正文是市场预测报告的主体部分，一般包括现状、预测、建议三种内容。在实际写作中，根据决策需要的不同，其具体内容构成应有所侧重。

1. 说明市场现状

市场预测就是根据过去和现在市场情况推测未来可能出现的市场趋势，因此市场预测报告必须对过去或当前的市场现状进行总体把握，选择能够揭示本质问题的资料、数据来说明经济活动的历史和现状，为进行预测分析提供依据。

这一部分内容往往需要采用统计图表、几何图形或数学式来辅助表述。为了保证资料的严肃性，应仔细核对数据的准确性，尤其是要对数字、计量单位进行核查，如果有必要应当注明资料的来源出处。

2. 预测未来趋势

对外来市场趋势的预测是全文的重点，通过对调查获得的直接的、间接的资料进行充分的分析，预测经济活动的趋势和规律。这个部分内容应该密切结合调查研究所取得的资料数据，对材料进行认真的分析研究，再经过判断推理，从中找出发展变化的规律。

常用的预测方法有经验预测法、统计分析法、相关分析预测法等。经验预测法是指根据在企业管理和市场竞争中所积累的经验来合理推测未来发展趋势的方法，经验的来源既有管理者的集思广益，也有专家的参考意见；统计分析法是市场预测中广泛采用的一种方法，着重从系统性、连续性、可靠性、定性研究与定量分析相结合的角度来评定和鉴别预测结果，旨在通过分析各种变化因素之间的因果关系，寻求发展变化的趋势，从而对未来的发展前景做出预测；相关分析预测法就是通过分析影响商品流通诸因素的数量关系，对未来市场的发展变化趋势进行预测。

3. 提出对策与建议

适应经济活动未来的发展变化和为领导决策提供有价值的、值得参考的建议，是市场预测报告的目的。因此，在这个部分中，必须根据预测分析的结果，提出切合实际的具体建议。所提出的对策与建议，无论是抽象的策略思路还是具体的对策措施，都必须针对预测的具体问题，说明市场预测的结论或对策意图。

对策与建议的详细程度可以根据写作意图和问题的复杂程度来决定。如果预测报告侧重于说明预测情况，那么对策与建议部分可以比较简略，可以在预测部分顺带而出，甚至不用独立成为一部分；如果所针对的问题比较复杂，要求提出明确的应对措施并进行深入说明，那么对策与建议部分应当独立成为一部分。

市场预测报告要求具备较高的条理性和逻辑性。条理性突出的报告便于读者理解，逻辑性强的报告能够以理服人，增强说服力。

（四）结尾

市场预测报告的结尾是对全文的归纳和总结，或者再次归纳预测结论，重申观点，或者提出对未来的展望。

（五）落款

市场预测报告的落款部分包括署名和日期。如果标题下方没有写明作者，则署名时，应在正文的右下方写明单位名称或作者姓名。年、月、日要齐全，写在署名的下面。

需要说明的是，市场预测报告的写作是一项复杂的活动，必须进行充分的准备，这些准备主要包括以下几方面：确定预测的对象和预测的时间期限；拟订调查项目，搜集相关资料；选择市场调查和市场预测的方法，并开展深入调查。

 能力训练

1. 根据自己的兴趣，选择一种电子产品（如笔记本电脑、平板电脑）作为预测对象，撰写一份相关的市场预测报告。要求数据准确可靠，影响因素分析全面客观，结论明确可信。

2. 假如你在课余时间准备为附近的中小学生提供家教服务，请撰写一份当地家教市场预测报告，分析这一服务市场的未来趋势。

任务五 ▶ 可行性研究报告

 学习要求

了解可行性研究报告的含义、特点及类型；掌握可行性研究报告的结构与写作方法，能够拟写小型商业项目的可行性研究报告。

 引导案例

关于栽桑养蚕项目的可行性研究报告

（一）项目摘要

1. 项目名称

蒲县伟兴林牧综合场栽桑养蚕项目。

2. 项目单位

蒲县伟兴林牧综合场。

3. 项目主管部门

蒲县红道乡政府。

4. 项目依托单位

山西省蚕桑研究所。

5. 项目建设地点

蒲县红道乡添花岭、杨家垣村。

6. 项目建设性质

新建。

7. 项目建设内容

栽植桑园 600 亩（1 亩＝666.67 平方米），辐射周边区域 1500 亩，养蚕 6300 张。

8. 项目投资

项目总投资 111.9 万元。

9. 资金筹措

自筹资金 31.9 万元，申请银行贷款 80 万元。

10. 项目效益

项目建设期为 1 年，项目建成后平均投资收益率、利润率和利税率分别为 68.396%、43.8% 和 63.696%；项目投资回收期三年，三年后项目累计净利润为 43.9 万元；五年后项目累计纯收入达 320 万元，净利润为 210 万元。

（二）项目背景

1. 国家产业政策和行业发展规划

农业是国民经济的基础。国家始终把农业和农村工作放在首要位置。目前，国家农业综合开发工作的指导思想已实现了两个转变：一是把提高农业综合生产能力与保护生态环境结合起来；二是由以增加农产品产量为主，转到积极调整结构，依靠科技进步，发展高产、优质、高效农业上来。栽桑养蚕项目有较高的经济、社会和生态效益，有利于引导农民搞好农业结构调整，提高农业科技含量和土地收益率，实现农业综合开发"两个转变"的目标。开发蚕丝业，对促进我国蚕丝业持续繁荣，促进西北部农村经济发展，有重要的意义和发展前景。

2. 项目的由来和提出的必要性

栽桑养蚕在我国由来已久，属劳动密集型产业，随着人类社会生产生活的发展和提高，绿色产品消费业已成为社会发展的主流，古老而悠久的蚕丝业焕发出新的生机。中国加入 WTO 以后，农村产业结构的调整趋势以增加农民收入为着力点，在本地发展蚕丝业是引导农民进入市场、充分利用农业资源、尽快走上致富之路的有效选择。

（三）产品特性与市场需求预测分析

我国是世界上最早养蚕织绸的国家，早在四五千年以前就发明了养蚕取丝，为人类做出了杰出的贡献。我国精美的丝绸，远在两千多年前就经西安输送到波斯（今伊朗）、罗马等地，引起了当地人的惊奇和喜爱，后来这条道路就被西方的历史学家称为"丝绸之路"，把我国称作"东方丝国"。我国蚕丝所特有的纤细、柔软、强韧、绝缘、通气、吸湿、耐酸、弹性适中和光泽美丽等特性，到 21 世纪的今天，仍为任何人造纤维所不能代替，为世界人民喜爱。蚕丝不仅是纺织工业的重要原料，而且在国防、交电工业等方面有广泛的用途。蚕蛹可提炼蛋白质和多种氨基酸，制造尼龙、塑料等；还可作活性炭，提取叶绿素和维生素，成为医药、化工和日用工业原料。随着我国科学技术的进步，综合利用的广泛开展，蚕茧的经济价值仍在不断提高。

丝绸是我国的传统出口商品，在世界上享有盛誉，现已畅销 150 多个国家和地区，目前我国原料茧和生丝产量占世界 3/4，丝织产量占世界 2/3 以上，成为当今世界上茧丝及丝织品的主要生产国和供应国。随着我国加入世界贸易组织，我国的蚕丝及丝绸出口额将占全国工农业出口总额的重要位置。近几年，我国白丝的价格由原来的 18 万元/吨上涨到 23 万元/吨，而且白丝目前供不应求，市场需求量也在不断增加。因此，我国的蚕丝业在国内外将有更加广阔的市场。

（四）项目建设的有利条件和阻碍因素

1. 有利条件

（1）项目区气候条件。项目区属暖温带半干旱大陆性气候，多年平均降雨量为 450~550mm，集中在 6~9 月，年平均气温 10.1℃，无霜期 171 天，昼夜温差较大，气候适宜栽桑养蚕。

（2）项目区水利条件。项目区位于昕水河北侧，现有 75 万立方米水库一座，垣面提水设施配套齐全，有旱井 60 口，灌溉方便，条件优越。

（3）项目区生产基础条件。项目区位于红道乡西坪垣，垣面土层深厚，土地肥沃，完全适宜桑树生长，当地群众在 20 世纪七八十年代已有栽桑养蚕的传统，很多群众具备养蚕技术。目前我场已定植桑园 150 亩，计划辐射发展 2000 亩。

（4）技术条件。项目建设依托山西省蚕桑研究所，市、县农业局桑果站常年蹲点指导，加之项目区群众 30 年前就有栽桑养蚕的技术，完全能够保证项目的顺利进行。

（5）交通条件。项目区位于县城东 10 千米处，县乡公路与临大公路相连。

2. 主要阻碍因素及解决方案

当前，项目区群众栽桑养蚕积极性很高，但资金不足，我场通过多方努力，可自筹资金 31.9 万元，尚有 80 万元的资金缺口，需向银行借款。

（五）项目建设规模、主要技术方案及实施进度

1. 项目建设规模

项目建设本着结合实际、因地制宜的原则，计划在添花岭和杨家垣连片规模栽植桑园 600 亩，辐射周边五个村 1500 亩，养蚕 6300 张。

2. 项目主要技术方案

（1）园地选择。选择土质良好、交通便利、水源充足、水利设施较为齐全的地块，进行连片种植，集约化经营，规模化管理。

（2）整地。要求土地平整，适宜耕作及灌溉。

（3）栽植桑树。采用宽窄行栽植，宽行距为 1.1m，窄行距为 0.5m，株距为 0.5m，亩栽苗 1700 株。栽植时开挖槽沟，施足底肥，定点栽植。桑园为一年定植，多年采收。

（4）施肥。以农家肥为主，适当增施化肥及微肥。亩施用农家肥 2 吨左右。

（5）苗木选择。应选择生长健壮、无病虫害、根系完整的嫁接苗木，品种为目前全国最优的湖桑 32 号。

（6）蚕种。由山西省蚕桑研究所提供最新优质杂交蚕种。

3. 项目实施进度

目前已定植桑园 150 亩，该年 11 月达到 600 亩，三年内达到 2000 亩以上。

（六）项目的组织管理

1. 项目的技术培训

根据项目的建设要求，项目培训的主要内容有：桑树栽培的基础知识；桑树的管理及修剪；桑树的越冬管理及丰产技术；主要病虫害防治；桑叶的采前及采后管理；采叶及养蚕的技术要点；蚕室及各蚕龄期的杀菌消毒技术。

2. 项目的组织管理

项目建设采取基地加农户的方式进行运作，基地实行公司化管理，基地负责统一的育苗、定植、桑园管理、养蚕等技术培训指导，负责统一收购蚕茧和进一步的加工销售。建立产、加、销各环节利益相联结的经营管理机制。

（七）投资估算及资金筹措

1. 投资估算

估算本项目总投资为 111.9 万元。

（1）项目估算的依据。

1）根据项目规模选定的优质苗木、蚕种现行价格。

2）根据现行财税制度及原辅料供应价格。

3）根据项目正常运营的管理要求。

（2）项目投资估算。

1）苗木：0.8(元/株)×1700(株/亩)×600 亩＝81.6（万元）。

2）蚕种：30(元/张)×1(张/亩)×600 亩＝1.8（万元）。

3）水、肥和药械费 5 万元。

4）栽桑、养蚕用工费 18 万元。

5）管理人员工资 1.5 万元。

6）科技培训推广费 1 万元。

7）项目前期工作费 1 万元。

8）不可预见费 2 万元。

合计 111.9 万元。

2. 项目资金筹措

本项目总需投资 111.9 万元，申请银行借款 80 万元，本场自筹 31.9 万元。

3. 资金使用和管理

在资金使用上坚持开源节流，把有限的有偿资金用在"刀刃"上，即用于购置优质桑苗和蚕种；其余肥料、农药、浇灌和饲养等费用全部由我场自筹。在资金管理上，建立专账、专人专管，做到专款专用，保证本项目按期完成。

（八）经济效益分析

1. 生产成本的估算

根据该项目的特殊性，其苗木的购置为一次性投入，故计入固定资产中，生产所需成本主要由以下几项组成：

(1) 生产过程中所需水、肥、农药款。

(2) 种植中所需整地、栽植的人工费和田间管理费。

(3) 采桑叶（桑条）及养蚕的人工费用。

(4) 购蚕种费。

(5) 销售费用。

(6) 固定资产折旧和小型机具的维修费。

(7) 其他。

根据项目的实际情况，测算年每亩生产成本为845元，年生产成本为50.7万元。

2. 产值估算

栽桑养蚕为一年栽苗，当年后半年9月每亩桑园可饲养晚秋蚕一张，产蚕40公斤（1公斤=1千克），第二年养春秋蚕两张，第三年可养三张，以后每年每亩桑园养三张蚕，每张平均产茧50公斤。目前市场销售每公斤蚕茧20元，往后市场预测蚕茧销售价有上涨趋势。则分年度产值为：

第一年产值：40（公斤）×600（亩）×20（元/公斤）= 48（万元）

第二年产值：100（公斤）×600（亩）×20（元/公斤）= 120（万元）

第三年产值：150（公斤）×600（亩）×20（元/公斤）= 180（万元）

以后每年600亩桑园产蚕茧9万公斤，产值按预测最低价计算为180万元。

3. 财务分析

利润、销售收入及税金：

(1) 根据以上估算，每年600亩桑园生产成本为50.7万元。

(2) 项目总计借用有偿资金80万元，占用费按2.4计算，每年占用费支出为：80（万元）×2.4 = 1.92（万元）。

(3) 蚕茧销售收入按每年产值90%计算。

(4) 农业税收按销售收入的15.6%计算。

栽桑养蚕的利润、销售收入及税金表如下。

栽桑养蚕的具体数据   单位：万元

时段	销售收入	成本	利息	税金	利润	备注
第1年	43.2	111.9		7.2	−75.9	
第2年	108	50.7	1.92	18	37.38	
第3年	162	50.7	1.92	27	82.38	
第4年	162	50.7	1.92	27	82.38	
第5年	162	50.7	0.96	27	83.34	
第6年	162	50.7		27	84.3	

4. 纯收入分析

项目建成后，当年产值50万元，减去当年总投入111.9万元，当年纯收入−61.9万元；第二年产值110万元，纯收入60万元；第三年即正常年份，产值160万元，纯收入 110 万元。正常年份纯收入总额增加 110 万元，人均纯收入增加 3492 元（项目区共有 315 人）。

5. 有偿资金归还措施和归还计划

归还措施：从群众手中收取蚕茧，统一销售，可以在销售收入中按国家要求提取相应的金额。于第四年按期足额归还有偿资金 50%；第五年还清全部有偿资金。

（九）社会和生态效益分析

项目建成后，能够带动当地农村产业结构的调整，使当地 1000 个劳动力进入这一行业，于是它将是当地农民共同致富的龙头产业。这一项目的建设将为改善当地干群关系，加强社会主义两个文明建设做出更大的贡献，并将促进第二、第三产业的发展。随着项目的进一步发展，加工企业的进一步建设，农村经济与市场的接轨步伐将会加快。2000 亩桑园的建设能够大大改善农村的生态环境，创造优美的生活环境。

（十）结论和建议

综上所述，栽桑养蚕项目投资少、见效快、收益高，在我县发展这一产业有着优越的条件，能够收到很好的经济、社会和生态效益。项目的选择完全符合国家农业综合开发多种经营项目的立项条件，项目完全可行，建议上级部门实地考察并开拓市场，挖掘潜力，为增加农民收入、实现农村经济产业化发展，为国家出口创汇做出更大的贡献。

（摘自山西省蒲县政府网）

××广场项目可行性研究报告

（一）项目的基本情况

1. 项目概况

××广场居住区由××××有限公司组织开发。某市城市规划局已批准了该项目的建设用地，同意征用土地 496.266 亩（33.08 公顷），并出了红线图。市国土局发出了该地块的建设用地通知书。有关该项目的征地工作，××××有限公司已着手进行。

××广场项目位于该市东南部，距市中心区 30 多千米，该区的西面和北面为香蕉园和自然村用地，南面隔河为经济技术开发区的东基工业区，东面紧邻 220kVA 开发区变电站。××广场居住区规划总用地为 33.08 公顷，其中居住区用地为 24.77 公顷，地上总建筑面积 399 260m²，建筑密度为 20.76%，容积率为 1.61（详见规划设计要点）。

2. 可行性研究的主要技术经济指标

（1）本项目研究的主要技术经济参数。主要技术经济参数如下：

总建筑面积：399260m²

其中，住宅面积：351476m²　　公建面积：47784m²

总投资：126108 万元（不含贷款利息）

自有资金投入：25222 万元

（2）本项目研究的主要经济指标。经分析研究，本项目主要经济指标为：

多层住宅得房成本：3275 元/平方米　　高层住宅得房成本：3925 元/平方米

税后利润：14747 万元

全部投资净现值：1430 万元　　自有资金净现值：3172 万元

全部投资内部收益率：10.86%　　自有资金内部收益率：17.05%

总投资利润率：25.1%　　自有资金投资利润率：58.5%

（二）项目投资环境与市场研究（略）

（三）项目开发条件及技术设计方案的分析

1. 项目现状概括

（1）自然条件。规划区内土地大部分已被平整，地势平坦，东北角部分土地地势较低洼。整个用地未发生雨季积水现象。本地区常年主导风向为北风及东南风，夏季主导风向为东南风、东风及南风，平均相对湿度83%，为多雨潮湿区。

（2）地物情况。规划区内以东的夏利大道红线宽60米，北接高速公路，是该地区的进出口干道。

占地3.26公顷的变电站是对本区规划影响最大的地物。其目前已基本建成，经过有关各方的协商之后确定所有进出高压线尽量集中设置，这使得占地面积最少，确定的该变电站的进出线有四组。

2. 项目发展条件

（1）优势分析。

1）区位优势。本规划区位于该市东南部，符合该市总体规划确定的城市建设用地向东南、东北两个方向发展为主的发展方向。该市经济技术开发区经过十几年的建设，已形成具有一定规模、较高档次的集居地、工业、港口、仓储为一体的综合区，本规划区与经济技术开发区紧邻，将成为开发区的有机组成部分，开发区内的水、电、污水处理等基础设施为本区的建设提供了保障，并为本区居民提供就业、购物、医疗等公共服务。

2）自然条件优势。本规划区内原有较好的果园现已被平整，但周围仍有不少果园，植被条大，水质较好，便于营造良好优美的滨河居住环境。

（2）劣势及对策分析。

1）变电站和高压线。已建成的220kVA变电站对本规划区的环境和景观造成一定影响，现有及规划的高压线既占去不少用地，又对本规划区的居住环境和景观形成较大影响。为了减少变电站和高压走廊的不良外观对人们心理的影响，在变电站周围设置防护绿化带，而高压走廊穿过的地方更应有宽阔的防护绿地，且建筑物距变电站或高压线的距离都应在18米以上。

2）铁路。规划区东面的铁路专用线对居住环境也有一些影响，但铁路专用线运输量不太大，可在规划中采取一些防护措施，如在靠近铁路处设置隔声墙和防护绿化带，沿过境道路设防护绿化带，这可以使铁路对本区的噪声干扰降到最低限度。

3. 项目规划设计构思方案

（1）规划目标。（略）

（2）规划结构和空间布局。（略）

（3）公共服务设施规划。（略）

（4）道路交通。（略）

（5）主要技术经济指标。（略）

（四）项目开发建设及经营的组织与实施计划

1. 建设方式

建议采用公开招标的方式选择施工单位，并聘请工程监理，有效地控制项目的工期、成本、质量。

2. 开发方案设想与分析（略）

3. 建设进度（略）

（五）项目投资估算、资金筹措计划

1. 开发成本（略）

2. 开发费用（见下表）

开发费用汇总表

序号	项目	计算依据	金额/万元
1	管理费用	开发成本×3%-116509.06×3%	3495.27
2	销售费用	(2.1)+(2.2)+(2.3)	6103.87
2.1	广告及市场推广费	销售收入×0.5%★	872.0
2.2	销售代理	销售收入×2%★	3487.91
2.3	销售手续费	销售收入×%★	1743.96
3	贷款利息	详见"贷款还本付息表"	（另计）
4	合计		9599.14

注：★销售收入来源详见"销售收入预测表"。

3. 投资成本费用估算汇总表（略）

4. 资金筹措与投入计划及贷款利息（略）

（六）项目销售收入及利润的估算

1. 住宅销售单价的确定（略）

2. 销售收入的确定（略）

3. 销售收入分期比例的测算（略）

4. 项目利润估算（略）

（七）项目的不确定性分析

本项目的不确定因素主要来自以下几个方面：建造成本、售价、开发周期、贷款利率、可建面积等。这些因素受当地政治、经济、社会条件的影响，有可能发生变化，影响本项目经济效益目标的实现。

1. 盈亏平衡分析（略）

2. 敏感性分析（略）

（八）项目社会效益评价（略）

（九）项目环境效益评价（略）

（十）结论与建议

1. 评估结论

通过上述对该项目经济、社会和环境效益的分析可知，××广场作为国家仅用的几十个小康住宅示范小区之一，它的社会效益与市场前景还是很好的；项目所在地点、交通市政及配套设施较完善，自然条件也较好，周围果园环抱，同时有河流通过，容易营造良好的居住环境。同时，该项目的经济效益评价指标显示，其具有高出行业基准收益率的内部收益率。虽然评估结果表明，该项目是可行的，但敏感性分析表明，该项目抗风险能力较低，而且项目盈利水平较低，在同类项目经济效益比较中，并不是最理想的。因而，若条件允许，可考虑修订规划设计和项目开发经营方案，在提高经济效益上做文章。

2. 有关说明与建议

本报告是该项目的初步可行性研究报告，由于建筑设计、经营方式、施工方案、税费优惠减免等一系列问题均未确定，以及市场调研深度不足，各种费用估算及效益评价均是初步的。

本报告是在未具体确定合作方式与合作条件的前提下进行的投资测算，仅反映项目本身的投资效益情况，待确定合作方式与条件后，才能测算出合作各方的实际投资及效益情况。

本报告的投资数额是按照该市目前同类型项目的投资水平及初步考察当地基础设施条件后估算的。由于建设方案尚有待修改，工程施工条件和方法还需进一步研究确定，有关税费与地价的减免情况还有待落实，因此实际的投资成本将根据上述问题的深入做进一步的调整。

鉴于该市目前及今后相当长一段时间内市场的变化，售价将是最敏感的因素之一，同时，物业的质量与开发管理水平对在激烈的市场竞争中能保持较好的售价水平至关重要，除开发商应密切地注意市场、选择合适的市场策略外，还要求合营公司组织一支高素质、高水平的开发管理队伍，从设计、施工、营销到物业管理均能达到较高水平，以抓住机会，减少风险，达到项目的盈利目标，并取得良好的社会效益与环境效益。

建筑工程中不可预见的因素很多，工期、质量、成本、原材料供应等都会影响到项目总体目标的实现，因此在工程实施进程中，要加强施工管理，实行工程监理制；还应推行竞投招标、工料包干等一系列措施，落实资金供应计划，以确保项目经营目标的顺利实现。

本项目总投资126108.2万元，庞大的资金需求将成为项目是否能如期进行的关键。在此情况下，可考虑将土地转让一部分筹集资金，或以土地作价入股合作开发，招商引资，以缓解资金需求的压力。

 **必备知识**

一、可行性研究报告的含义

可行性研究报告又被称为可行性论证报告、可行性分析报告，或者简称可行性报告，是有关企业、部门或专家组对拟出台的新法规、拟上马的项目，经过全面调查、分析、论证之后写出的实施该决策或项目的可行性、有效性应用文书。

可行性研究报告是在做出决定前，从经济、技术、资金、风险、销售等方面对决策或项目进行综合分析判断，并就法律、政策、环保以及对整个社会的影响，做出科学的认证与评价的局面表达形式。可行性研究通过全面、系统的分析方法而进行，所形成的文字材料具有一定的预见性与前瞻性，直接为可行性论证提供事实与理论依据。

对于投资主体而言，可行性研究报告能够提供投资决策的依据，减少投资决策的盲目性，降低经营风险，也可作为筹集资金和向银行申请贷款的依据，同时还可作为与项目协作单位签订经济合同的依据；对于政府主管部门而言，可行性研究报告是审批项目的基本依据；对于环保部门而言，可行性研究报告是审查项目对环境影响的依据；对于施工方而言，可行性研究报告是编制设计任务书、安排项目计划和实施方案的依据；对于监督机构而言，可行性研究报告可以作为该项目完成后对其进行评价的依据。

二、可行性研究报告的特点

（一）科学性

可行性研究报告的数据来源于科学严谨的调查研究，所依据的理论是已经得到实践验证的科学原理，所使用的研究方法也是科学的。

（二）综合性

可行性研究报告的内容包括项目的多个方面，如经济效益、技术可行性、法律法规与政策环境等。

（三）系统性

可行性研究报告要围绕项目的各种因素进行系统的分析与论证，既有定性的，又有定量的，既有宏观的，又有微观的，既有正面的，又有负面的，既有近期的，又有远期的，力求能够从全局出发，找出最佳方案。

三、可行性研究报告的类型

（一）根据内容划分的类型

根据内容可划分为政策、改革方案可行性研究报告，建设项目可行性研究报告，引进或开发性项目可行性报告，中外合资经营可行性研究报告等。

（二）根据性质划分的类型

根据性质可划分为肯定性可行性研究报告、否定性可行性研究报告、选择性可行性研究报告。

大多数可行性研究报告属于肯定性可行性研究报告，即肯定、认可项目实施的必要和可行性；否定性可行性研究报告，即通过分析论证，发现拟议中的项目不具备实施的条件，从而予以部分否定或彻底推翻的报告；选择性可行性研究报告，即原拟议项目可能提出两个以上实施方案，通过分析后，肯定其中一个方案可行，否定其他方案，或者在肯定原项目的前提下否定其具体实施方案，再提供两个以上的可行方案供决策者选用。

四、可行性研究报告的结构与写作方法

可行性研究报告通常内容丰富、篇幅较长，因此需要单独装订成册。它一般由以下几部分组成：封面、摘要、目录、图表目录、术语表、前言、正文、结论和建议、参考文献及附件。小型项目的可行性研究报告可以根据需要灵活地决定这些结构部分。

（一）封面

封面一般包括标题、委托单位、被委托单位、日期。

标题的写法有两种：一是"事由+文种"；二是"委托单位+事由+文种"，如"××股份有限公司风电项目可行性研究报告"。

委托单位是项目的投资方和执行方。

被委托单位是撰写可行性研究报告的专业机构。

日期是可行性研究报告的完成日期，年、月、日要齐全。

如果可行性研究报告是由项目投资方或执行方自己完成，则委托单位与被委托单位合二为一，只要写项目投资方或执行方的名字即可。在简单的可行性研究报告中，项目投资方或执行方与成文日期可以作为尾部内容写在可行性研究报告的右下角。

（二）前言

前言部分一般需包括项目的背景、来由、目的、范围，本项目的承担者和报告人，可行性研究的简况等。如果是中外合作投资项目，则主要包括以下内容：合资经营企业名称、法定地址、宗旨、经营范围和规模；合营各方名称、注册国家、法定地址和法定代表人姓名、职务、国籍；企业总投资、注册资本股本额（自有资金额、合营各方出资比例、出资方式、股本交纳期限）；合营期限、合营方利润分配及亏损分担比例。

可行性论证的结论等内容也可以放在前言中事先说明。

（三）正文

可行性研究报告的正文是整个报告的主体，也是最后结论和建议产生的基础，要求采用系统分析的方法，围绕经济效益，分析影响项目的各种因素，运用大量的数据资料来论证拟建项目是否可靠，或对各种预选项目的方案进行分析、比较、认证和预测，以得出拟立项目的必要性、可行性。不同项目可行性研究报告的内容也各有所侧重。

1. 普通项目可行性报告正文的主要内容

（1）投资必要性。根据市场调查和市场预测，结合国家相关政策，论证项目投资建设的必要性。要求重点说明国内外市场的需求情况和市场预测，对已有的和在建的同类项目进行评估，从而确定项目的市场前景。

（2）项目地址选择及其依据。说明项目所处的具体地址、选择的理由，主要包括交通、位置、自然气候、地理特征等方面，也可以说明项目所处地域的人口、消费环境等方面的情况。如果项目存在环境污染的可能性，则还应当说明对污染的治理、劳动安全的保护、卫生设施的维护等方面的情况。

（3）技术前提与背景。其主要指项目生产过程中所应用的技术与工艺情况，包括技术装备和工艺过程的选择及其依据（包括国内外设备分批交货的安排）。其也可指实

施项目时所需要的技术条件，包括合理的设计技术方案。

（4）经济效益与财务设计。其主要从项目及投资者的角度出发，设计合理的财务方案，从企业理财的角度进行资本预算，评价项目的财务盈利能力。如果是股份制企业，则还应当从融资主体（企业）的角度评价股东投资收益、现金流量计划及债务清偿能力。财务分析部分还需要说明项目实施所需资金的筹措渠道及比例分配等情况。

（5）实施安排与人员组织。这部分内容主要说明实施该项目的组织安排（包括职工总数、构成、来源和经营管理）、建设方式、建设进度、物料供应安排（包括能源和交通运输）等信息。换言之，也就是要制订合理的项目实施进度计划、设计合理的组织机构、选择经验丰富的管理人员、制订合适的培训计划，从而保证项目顺利执行。

（6）风险因素及其对策。对项目实施过程以及项目完成后所存在的各种风险因素进行评估，并提出预防、控制的对策建议，为项目全过程的风险管理提供依据。项目所面临的风险主要有市场风险、技术风险、财务风险、组织风险、法律风险、经济及社会风险等。

2. 建设工程项目可行性报告正文的主要内容

建设工程项目的可行性研究报告的正文内容和普通项目没有本质区别，不同的是体现了更多的工程项目的特点，主要包括以下几个方面：①项目的总体规模；②项目所使用的资源、原材料、燃料及公用设施情况；③项目的选址与环境；④项目的整体设计方案；⑤环境保护、劳动保护与安全防护；⑥项目的组织、定员和人员培训；⑦项目实施的总体时间进度；⑧投资估算和资金筹措；⑨经济效益与社会效益。

（四）结论与建议

对项目的所有方面进行分析之后，应对整个项目做出综合性的评价和结论，明确项目是否具有可行性，指出项目的优点、缺点以及难点，并提出建议。

（五）附件

为了便于了解项目的详细情况，增强说明力度，可行性研究报告一般需要附有多种附件，常见的附件有：试验数据、论证文件、计算图表、附图、营业执照副本、法定代表人证明书、合营各方的资产与经营情况说明、上级主管部门意见等。

能力训练

某大学应届毕业生准备自主创业，计划选择以下创业项目。请你根据自己的兴趣和所掌握的资料，选择一个项目撰写可行性论证报告。

（1）以经营轮滑运动装备为主的商店。

（2）可承揽打字、复印、排版、设计、装订业务的文印社。

（3）休闲饰品店或服装店。

（4）小型商店或超市。

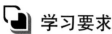

任务六 ▶ **经济活动分析报告**

学习要求

了解经济活动分析报告的含义、特点及其类型；掌握经济活动分析报告的结构与写作方法。

引导案例

利民菜市场2016年上半年财务分析报告

（一）主要财务指标完成情况

商品销售额增加。本期商品销售额为385万元，比计划额增长14.34%，比上年同期增长26.5%。

费用水平下降。本期费用水平为4.01，比上年同期下降差度为10.09%，相对节约费用额1.73万元。

全部流动资金周转加快。本期全部流动资金周转天数为10.4天，比去年同期加快0.7天，相对平均多占用商品资金3200元。

利润额增多。本期纯利润额为16.64万元，比上年同期增长47%，每年平均销售额利润4.27万元，比上年同期上升16.99%。

（二）采取主要措施

扩大进货渠道和销售门路。除在市内努力寻找货源，购进紧缺商品外，还要在市外积极组织进货，并根据货源情况和季节变化积极开展销货业务。对数量充裕的商品，通过增设销货摊棚、增长营业时间以及打破班组商品经营范围等办法，大力进行推销，从而增加了商品的销量，扩大了销售额。各主要品种的增长幅度为牛肉上升22%，羊肉上升20%，鸡上升23%，糖果上升42%，糕点上升32%，水果上升9%。

把财务指标与班组评比奖励挂钩。在"百分赛"的评比办法中，把商品销售额、销售利润、费用率、商品资金周转率、商品损耗率等财务指标的实际完成情况作为班组每月评比奖励的主要依据，按劳付奖、多劳多得，调动了职工的积极性。

（三）存在的问题

有的班组商品资金占用不合理，导致商场商品资金周转减慢。虽然部分副食商品价格浮动，直接导致占用资金加大，这是不可避免的客观因素，但是有的班组商品资金占用的增长率比销售额的上升率高，说明商品资金占用不够合理。例如，服务部销售额只增长了15.79%，而商品资金占用额增长了76.98%。

商品损耗率普遍提高。本期计耗的七个班组和损耗率为0.006%，比上年同期的

0.005%上升20%。

费用开支存在浪费现象。本期修理费开支比上年同期增加44.32%，其原因主要有两方面：一是不善于保养机器设备，故障多，修理频繁；二是对修理工程设计不周密，盖了又拆，增加了拆改费用。

财产损失加大。本期财产损失比上年同期增加3倍，其中大部分是由于当事人失职而造成的损失，如放入冷库的对虾50斤（1斤=500克），由于保管人员粗心大意，忘记了出售，所以时间长了，质量随着降低，便削价处理，于是损失125元。

（四）今后改进措施

继续完善各种必要的规章制度，尤其是商品采购工作责任制，把好进货关。

进一步严格落实岗位责任制。商品资金占用不合理，商品损耗率增高及费用开支的浪费问题，虽然也与班组定期评比奖励挂钩，已经引起各组的注意，但是为了保证此类问题不再发生，还应当进一步采取具体措施，加强管理，严格岗位责任制度，做到人人有专责、事事有人管，将管理工作落实到每个人身上。

利民菜市场财务部

2016年7月16日

××化肥厂2016年生产经营计划执行情况分析

在上级主管部门的正确领导下，在财政、税务、银行等部门的支持下，我厂认真贯彻执行深化改革的方针、政策，积极开展"双增节约"运动，狠抓企业管理，促进了经济效益大幅度提高。2016年全年合成氨计划产量1.1万吨，实际生产1.3827万吨，超产0.3827万吨，比去年增长8.5%；产值计划890万元，实际完成890.2万元，较好地完成了年初制订的经营计划。现将2016年经营活动情况分析如下：

（一）实际利润分析

利润计划总额194万元，实现利润194.6万元，比去年增加94.6万元。利润增加的主要原因：一是销售数量增加，使利润增加7.5万元；二是化肥价格调整，使利润增加36.4万元。也有一些客观原因使利润减少：一是销售成本增加，减少利润3万元；二是营业外收入减少，减少利润0.2万元。

（二）产品成本分析

可比产品总成本比去年上升259.2万元，上升幅度为23%，主要原因：一是原料、燃料、动力价格调高，增加成本232.6万元；二是费用的增加导致成本增加104.3万元。也有一些项目的可比产品成本降低，如煤、焦、电消耗减少，使成本下降55.4万元。

（三）流动资金分析

在生产能力提高、原辅材料价格上涨的情况下，抓住了流动资金管理，调整各部门流动资金使用指标，促进了资金管理水平的提高。2012年定额流动资金平均余额为97.1万元，比2011年下降0.7万元。

流动资金平均余额为189万元，百元销售收入占用流动资金11.82元，与银行核定的12.98元相比，下降1.16元，节约资金18万元，达到全国同行业先进水平。

　　百元产值占用定额流动资金 10.91 元，比 2011 年的 11.52 元下降 0.61 元。定额流动资金周转天数为 22 天，比 2011 年的 31 天加快了 9 天，节约定额资金 40 万元。全年未向银行贷款。

（四）专用资金分析

　　今年提取折旧基金 63.9 万元，大修理基金 43.6 万元，职工福利基金 4.1 万元。企业留利 108.5 万元，按 6∶2∶2 的比例分成，其中，生产发展基金 65.1 万元，职工奖励基金 21.7 万元，职工福利基金 21.7 万元。2012 年年末各项基金总额计 183.3 万元，为企业扩大再生产打下了良好的基础。

（五）需要进一步采取的措施

　　为了进一步优化经营，提高经济效益，在未来企业经营管理中，需要着重在以下几方面采取有效措施：

　　挖掘企业潜力，降低成本。降低物资消耗，尤其是原料和燃料的消耗，努力提高工艺技术水平，降低材料单耗。

　　继续抓紧、抓好资金管理工作，完善三级承包责任制。年终对资金使用有节余的车间和部门根据资金管理条例给予结算兑现。

　　加强煤场的管理工作，提高原材料的成品率，减少煤耗和减少煤场费用开支。

××化肥厂财务处

2017 年 1 月 11 日

 必备知识

一、经济活动分析报告的含义

　　经济活动分析报告是根据各种会计报表、统计资料等数据材料，对经济、金融业务领域或经营单位的经济活动状况进行分析和考察，对财务状况、理财过程和经营成果做出正确的评价，为决策者提供决策依据的一种经济管理应用文。

　　经济活动分析报告往往由政府经济管理部门、经济学术研究机构或企业来撰写，能够对某种经济领域发展状况或企业内部的生产经营活动进行分析研究，并反映研究、判断或预测的结果。

　　经济活动分析报告根据以往的经济数据来撰写，所进行的分析是基于过去的客观情况，因此也是对以往业绩的分析和评价。在经济活动分析报告中，运用会计报表分析，揭示各项数据的经济含义，可以准确判断目前的营运绩效、获利能力，为管理层、投资者或债权人提供评判的依据。此外，经济活动分析报告对预测未来发展趋势和前景具有重要参考意义，它能够提供翔实的数据和深入的分析说明，在可控的常态环境中根据已经掌握的规律获得对未来的预期。

二、经济活动分析报告的特点

（一）以分析为重点

经济活动分析报告不仅要反映各种数据，更重要的是对这些数据进行定量、定性、定时的分析，以便找出数据所包含的更深层的意义和规律，还要从不同的角度对宏观和微观的、全面和局部的、有利和不利的因素进行深入的剖析和比较。因此，分析性是经济活动分析报告的最为突出的特点。

（二）以说明为基础

经济活动分析报告中必须对所涉及的经济现象、特征、指标、数据等进行详细而准确的说明，这是进行分析所依据的前提和基础。

（三）以总结为目的

经济活动分析报告是对企业或一定区域某一特定时间内的经济活动所做出的分析评价性的书面报告，因此具有总结性的特点，可为经营决策者提供具有参考价值的经验和教训，以便于企业在经营中提高经济效益，步入良性发展的轨道。

三、经济活动分析报告的类型

经济活动分析报告类型较为多样，分类标准也不尽统一，可从不同的角度划分成不同的种类。

（一）按分析时间划分的类型

1. 事前分析报告

事前分析报告也叫预测分析报告。在制订经营计划时，需要充分考虑各种因素，尤其是需要对以往的经济情况和经营情况进行分析，从而对未来一段时间的工作进行准确判断。事前分析报告需要侧重对有利因素和不利因素进行分析判断，从而提出有针对性的措施。

2. 事中分析报告

事中分析报告就是在经营过程中对各项经济指标的完成情况进行动态跟踪的分析研究，及时掌握经济活动变化和进展情况，从而保证经济活动的顺利发展。

3. 事后分析报告

事后分析报告是在工作年度或计划周期结束后，对过去一段时间内各项经济指标完成情况的总结和回顾，以明确所取得的成绩并发现其中所存在的不足。

（二）按业务性质划分的类型

1. 经济、金融形势的分析报告

经济、金融形势的分析报告一般是由政府主管部门、研究机构撰写的，侧重于对某一地区在某一时期内的经济、金融形势进行评析，反映特定行业的情况、市场动态、消费变化等信息，着重从统计数据中说明经济领域出现的变化趋势，并为宏观经济政策的制定提供参考。

2. 工商企业的经济活动分析报告

工商企业的经济活动分析报告就是对各种经济经营实体的生产经营、商业流通以及

経済応用文 写作

资金活动情况进行分析后写成的报告。这类报告的内容主要是对企业各项重要经济指标完成的情况以及经营管理的全面情况进行综合分析，也可以对企业生产、经营管理中的突出问题进行重点分析，如对企业资金运用情况的分析、对企业业绩状况的分析、对企业产成品资金的分析等。

（三）按经济活动分析进行的时间划分的类型

按经济活动分析进行的时间划分，可分为定期分析报告和不定期分析报告。定期分析报告一般以年、季、月为单位来撰写，经常用于综合分析，数据比较全面。不定期分析报告根据突然出现的情况或问题进行分析，经常用于专题分析，针对性比较强，分析较为深入、透彻。

四、经济活动分析报告的结构与写作方法

（一）标题

经济活动分析报告的标题一般由三部分内容构成，即由分析的对象（被分析的单位或地区）、分析的时限、分析的业务（被分析的问题）组成，如"全国汽车行业2012年发展分析报告""××市糖业烟酒公司2012年财务分析报告"。标题下方可以注明报告的撰写单位或作者名称。

（二）前言

经济活动分析报告的开头部分是前言，其内容一般是介绍分析对象的基本情况，说明分析的意图。介绍分析对象的基本情况可以采用以下两种方法：一是概括介绍社会背景和客观条件；二是概括叙述企业经济活动所开展的主要业务情况、企业所采取经营措施以及存在的主要问题，列举所要分析的主要经济指标数据。

前言要求既概况全面，又重点突出，特别是应对主要成绩或问题进行明确说明。

（三）主体

经济活动分析报告的主体是全文的重心所在，对前言中提出的问题或经济指标完成情况进行更加细致深入的分析和评判，需要使用较多的数据资料。

经济活动分析报告的主体一般要将当期的各项经济指标和上一期的数据进行对比，以揭示其间存在的差异，并且在此基础上说明产生差异的原因。

主体部分的表现方式可以采用列举数据并对其进行文字分析的写法，即交融式写法，也可以采用将数据、文字相互独立出来的分列式写法。交融式写法可以在文字之中叙述和分析紧密结合，说理自然顺畅。分列式写法将数据集中罗列，然后集中分析，这种方式可使数据对比醒目，分析集中透彻，便于人们清晰地把握和了解。

（四）结尾

经济活动分析报告的结尾一般是针对主体部分所分析查找出的问题提出的改进意见和措施，有的还可指出目前仍存在的问题和不足。结尾所提出的改进意见或措施一定要注意实事求是，有的放矢，切实可行。如果在主体部分有关问题已完全说明，则可采用自然收束的方式，不必写结尾。

（五）落款

如果标题下方没有写明撰写机构或作者名称，则应当在全文结束后，于右下侧注明作者名称。经济活动分析报告的撰写往往是多个人合作完成的，应当根据需要注明写作组的所有成员，并注明执笔者。如果以机构名义完成报告，则可以注明该机构的名称。在作者名称下方需要注明完成的时间，一般要求年、月、日齐全。

 能力训练

1. 请实地考察一下自己学校周围的饭店或书店等经营实体，根据其营业情况，撰写一份经济活动分析报告。

2. 请通过网络搜集当地房地产市场的经营数据，撰写一份相关的经济活动分析报告。

项目二　招投标文书

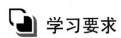

任务一 ▶ **招标公告**

学习要求

了解招标公告的含义与特点；掌握招标公告的结构与写作方法。

引导案例

易方网络科技公司办公楼装修工程招标公告

易方网络科技公司拟对位于××街×号的天河大厦六层的办公楼进行装修，现对该装修工程进行招标，欢迎合格的投标人参加投标。

（一）工程概况

1. 工程名称：易方网络科技公司办公楼装修工程

2. 建设地点：××市××街×号天河大厦六层

3. 建筑面积：754.61平方米

4. 工期：50天

5. 工程内容：室内外装修装饰、消防系统、强弱电、空调系统、综合布线、广告牌制作等

6. 发包范围：见施工图

7. 资金来源及落实情况：自筹，已落实

8. 质量等级：优良

（二）投标报名条件

投标申请人须是具备建设行政主管部门核发的建筑装修装饰工程专业承包二级（含）以上资质的法人单位或其他组织。

凡具备承担招标项目的能力并符合上述规定资格条件的施工企业，均可参加投标。

（三）投标报名方式、时间和地点

1. 报名提交文件

申请人必须提交以下证件方可报名：

（1）安全证原件（留复印件）。

（2）营业执照、资质证书、企业简介。

（3）无拖欠工人工资证明信原件（可到××市建设局开具）。

（4）法人委托书原件。

（5）被委托人身份证原件（留复印件）。

（6）外地投标申请人应出示资质证书和营业执照。

（7）以往施工经验介绍（含相关证明材料）。

2. 报名地点：××市××大厦××××室

3. 报名时间：2016 年 7 月 20 日上午 9：00—12：00

4. 领取招标文件时间：2016 年 7 月 22 日上午 9：00

5. 现场勘察时间：2016 年 7 月 22 日上午 10：00

6. 开标时间：2016 年 7 月 31 日上午 9：00

7. 开标地点：××大厦 6 楼会议室

参加报名的投标申请人应按照招标文件要求的时间和地点送达标书并按时参加开标会，并按照招标文件要求如数交纳投标保证金（3 万元），否则丧失投标资格。

（四）联系方式

联系人：××　　联系电话（传真）：12345678

地址：×××路××号

招标人：××公司

2016 年 7 月 10 日

陕西铁路工程职业技术学院临渭区校园网改造项目招标公告

招标编号：××20160311

（一）招标主题

陕西铁路工程职业技术学院临渭区的校园网改造项目已由学院领导批准建设。现决定对该项目的工程施工进行公开招标，择优选定承包人。

（二）本次招标工作项目概况

校园网综合布线、网络系统、多媒体电子阅览室等项目的改造。

工程建设地点为陕西省渭南市临渭区北街东段一号（陕西铁路工程职业技术学院）。

计划开工日期为 2016 年 7 月 1 日，竣工日期为 2016 年 8 月 31 日，工期为 60 天。

工程质量要求达到国家施工验收规范通信线路验收规范标准。

（三）资格要求

凡本次参加投标的投标申请人必须是具备建设行政主管部门核发的通信工程施工总承包企业三级资质标准以上的证书、具备足够资产及能力来有效地履行合同的施工企业或自愿组成的联合体（联合体各方应具备规定的相应资格条件）。可对上述一个或多个招标工程项目进行投标。

（四）获取招标文件

投标人可按照本公告所附招标人或招标代理机构地址从招标人或招标代理机构处获取招标文件，时间为 2016 年 3 月 11—15 日，每天上午 8：30—12：10，下午 2：30—5：20（公休日、节假日除外）。

（五）其他事宜

有关本项目招标的其他事宜，请与招标人或招标代理机构联系。

（六）联系方式

招标单位：陕西铁路工程职业技术学院 　　　　　（盖章）

地址：陕西省渭南市临渭区北街东段一号

邮政编码：71××××

联系电话：188×××××××

传真：07××-22334455

联系人：陈亚娟

电子邮箱：1234567@ qq. com

2016 年 3 月 12 日

 必备知识

一、招标（投标）的基本知识

（一）招标（投标）的含义

招标（投标）是在市场经济条件下进行大宗货物的买卖、工程建设项目发包与承包以及服务项目的采购与供应时所采用的一种交易方式。

招标（投标）活动主要有两方面的主体参与其中，分别是招标人和投标人。招标人是依照法律规定提出招标项目、进行招标的法人或其他组织。投标人是响应招标、参加投标竞争的法人或其他组织。招标和投标在本质上是同一活动，因此也被称为招投标。

（二）招标（投标）的工程建设项目

按照我国相关法律规定，下列工程建设项目包括项目的勘察、设计、施工、监理以及与工程建设有关的重要设备、材料等的采购，必须进行招标的有：大型基础设施、公用事业等关系社会公共利益、公众安全的项目；全部或部分使用国有资金投资或国家融资的项目；使用国际组织或外国政府贷款、援助资金的项目。

这里的"工程建设项目"是指工程以及与工程建设有关的货物、服务。其中的"工程"是指建设工程，包括建筑物和构筑物的新建、改建、扩建及其相关的装修、拆除、修缮等；与工程建设有关的货物，是指构成工程不可分割的组成部分，且为实现工程基本功能所必需的设备、材料等；与工程建设有关的服务，是指为完成工程所需的勘察、设计、监理等服务。

（三）招标（投标）产生的条件

招标（投标）这种交易方式并不是自古产生的，其出现和发展需要一定的社会条件。首先，市场经济体制应当发展得比较充分，各种资源能够通过市场得到合理配置，招标人和投标人都能够通过市场机制自主决定交易活动；其次，与市场发育相配套的法律法规应当比较健全，尤其是要形成和招投标活动相关的法规体系；最后，市场进入买方市场后，招标方能够有充足的选择范围。

（四）招标（投标）的特点与优点

招标与一般的交易方式相比，主要有以下三个特点：首先，招标是由参加投标的企业按照招标人所提出的条件，一次性递价成交的贸易方式，双方无须进行反复磋商；其次，招标是一种竞卖的贸易方式；最后，招标在指定的时间和指定的地点进行，投标必须根据事先规定的条件进行，如不符合其条件，则难以中标。

招标、投标这种交易方式具有明显的优点：第一，招标方通过各投标竞争者的报价和其他条件进行综合比较，从中选择报价低、技术力量强、质量保障体系可靠、具有良好信誉的供应商、承包商作为中标者，与其签订采购合同，有利于节省和合理使用采购资金，保证采购项目的质量；第二，招标、投标活动要求依照法定程序公开进行，有利于避免腐败和不正当竞争行为；第三，招标、投标的交易方式对于供应商、承包商来说，只能通过在质量、价格、售后服务等方面展开竞争，以尽可能充分满足招标方的要求，取得商业机会，体现了在商机面前人人平等的原则。

（五）招标（投标）的基本过程与环节

招投标的工作主要包括招标、投标、开标、评标与定标等环节程序。一次完整的招标与投标的基本过程如下：由招标人发出招标公告或通知，向社会和潜在投标企业告知相关信息，邀请潜在的投标商进行投标；投标人应当按照招标文件的规定编制投标文件，进行投标；招标单位按照招标文件规定的时间、地点和程序进行开标、唱标，对各投标人所提出的价格、质量、交货期限和该投标人的技术水平、财务状况等因素进行综合比较，确定其中最佳的投标人为中标人，最终与之签订合同。

招标与投标工作过程比较复杂，在每一环节都会使用到应用文，主要有招标公告、投标邀请函、招标书、投标函、投标书、中标通知书、合同等。

（六）招标工作的分类

招标主要分为公开招标和邀请招标两种类型。

1. 公开招标

公开招标又称为竞争性招标，是指招标人以招标公告的方式邀请不特定的法人或其他组织投标，由招标人在报刊、电子网络或其他媒体上刊登招标公告，吸引众多企业单位参加投标竞争，招标人从中择优选择中标单位的招标方式。按照竞争程度，公开招标可分为国际竞争性招标和国内竞争性招标。

2. 邀请招标

邀请招标也称为有限竞争性招标或选择性招标，是指招标人以投标邀请书的方式邀请特定的法人或者其他组织投标。在邀请招标过程中，由招标单位选择一定数目的企业，向其发出投标邀请书，邀请他们参加招标竞争。一般选择 3~10 个参加者较为适宜，要视具体招标项目的规模大小而定。由于被邀请参加的投标竞争者有限，不仅可以节约招标费用，而且提高了每个投标者的中标机会。由于邀请招标限制了充分的竞争，因此招标投标法规一般都规定，招标人应尽量采用公开招标的方式。

二、招标公告的含义

招标公告是招标单位为了将招标信息发布出去以供投标方获取基本信息而采用的一种告知性文体，一般通过报刊或其他媒介公开发布。

依法必须进行招标的项目的招标公告，应当通过国家指定的报刊、信息网络或其他媒介发布。

三、招标公告的特点

（一）公开性

这是由招标的性质决定的。因为招标本身就是横向联系的经济活动，凡是招标者需要知道的内容，诸如招标时间、招标要求、注意事项等，都应在招标公告中予以公开说明。

（二）紧迫性

因为招标单位和招标者只有在遇到难以完成的任务和解决的问题时，才需要外界协助解决，而且要在短期内尽快解决，如果拖延，势必影响工作任务的完成，这就决定了招标公告是具有紧迫性特点的。

四、招标公告的类型

招标公告的类型主要取决于招标工作的性质。按照招标内容来划分，可以分为建筑工程招标公告、劳务招标公告、大宗商品交易公告、设计招标公告、企业承包招标公告、企业租赁招标公告等。按照招标的范围来划分，可以分为国际招标公告、国内招标公告、系统内部招标公告和单位内部招标公告等。

五、招标公告的结构与写作方法

（一）标题

招标公告的标题一般由招标单位名称、项目名称和文体名称（招标公告）构成，如果有必要也可以写明年份，如"××房地产开发公司××项目电梯采购招标公告"。

招标单位，尤其是招标代理公司，如果发布的招标公告数量较多，为了便于管理，就需要为每份招标公告编制序号，一般由招标单位名称缩写、年度和顺序号构成。编号可以在标题下一行居中或右侧位置注明。

（二）前言

招标公告一般在最前面有简短的前言，主要内容为招标依据、时间，并表明欢迎投标的诚意。

（三）主体

招标公告主体是所发布的招标信息的关键部分。根据《中华人民共和国招投标法》的规定，招标公告应当载明招标人的名称和地址，招标项目的性质、数量、实施地点和时间以及获取招标文件的办法等事项。具体而言包括以下内容：①招标项目的基本信息，如项目名称、性质、数量、日期、地点等；②对投标人资格条件的要求；③获取招标文件的办法、地点、时间和费用；④招标人的名称、地址和联系方法；⑤需要公告的其他事项。这些内容应当尽量简洁，能够写入招标文件的内容应当在招标文件中另行载明，投标人可以在获取招标文件后进行详细的了解。

(四) 落款

在落款中注明招标单位（加盖公章），以及发布时间，年、月、日要齐全。

能力训练

1. 某大学准备采购一套教务信息综合管理系统，请查阅相关资料，了解这类产品的相关知识，并根据所了解的情况撰写一份招标公告。

2. 某写字楼业主单位计划将该栋大楼的全年保洁工作外包给保洁公司，请查阅相关资料，根据所了解的情况撰写一份招标公告。

任务二 ▶ 招标书

学习要求

了解招标书的含义、特点及其类型；掌握招标书的结构与写作方法。

引导案例

易方网络科技公司办公楼装修工程招标书

封面（略）

本工程设计单位为××设计公司，现已完成施工图设计，具备招标条件，现公开招标，欢迎符合资质要求的企业参与投标。

(一) 工程说明

1. 工程名称：易太商贸公司装修工程
2. 建设地点：××市××路×号天河大厦二楼
3. 建筑面积：290 平方米
4. 承包方式：包工包料
5. 保修要求：1 年内保修
6. 质量要求：优良

7. 要求工期：40 天

（二）投标企业资质要求

参加投标的施工单位必须办理工商注册，并为持有工商营业执照的独立法人，持有建设行政管理部门颁发的工程二级以上施工企业的证书，投标的施工单位委派的项目经理资质要求三级及以上，项目经理备案后无特殊原因不允许更换。如投标单位代表不是法人代表，须持有相应的《法人代表授权书》（统一格式）。

投标企业所提交的投标文件中应包括下列资料：有关确立投标单位法律地位的原始文件的副本，包括营业执照、资质等级证书（以建设部颁发的新资质为准）和项目经理资质证书、身份证、法定代表人资格证明书（或授权委托书）。

（三）投标报价说明

投标报价应按报价表中所列项目详细列出。

投标单位根据自己的实际情况，在保证质量、工期及不违背国家有关政策的前提下，按招标文件提供设计图纸、报出自己的投标报价。

投标报价应与投标须知、合同条件、合同协议条款、投标时有关承诺、技术规范和图纸一起考虑。

主材料价格参照相关信息及市场价。

投标报价为固定价格。投标单位所填写的单价和总价在合同实施期间不因市场变化因素而变动，投标单位在计算报价时可考虑一定的风险系数。

投标单位在投标文件所附的投标报价表中的投标报价应包括施工设备、劳务、管理、材料、安装、维护、保险、政策性文件规定及合同包含的所有风险、责任等各项费用。

（四）投标文件的编制

投标单位的投标文件应包括下列内容：分商务标和技术标。技术标、商务标分开制作。

商务标部分（一式四份，其中正本一份，副本三份）包含以下内容：投标书报价表、法定代表人资格证明书、授权委托书、工程预算书及工程量清单、主要材料和设备清单、资质及相关资料。

技术标部分（一式三份，不分正副本）。

（五）工程技术要求

本工程设计单位为××设计院，现已完成施工图设计。主要技术要求详见附件的相关设计图纸。

技术要求：严格按国家现行的设计、施工、安装标准及技术规范施工。

材料要求：所有材料必须有出厂合格证及试验报告，并达到国家和行业相关标准。主要建筑材料必须为省、部优产品。工程所需主要材料需招标人认可档次和价格。

（六）投标保证金

投标单位应交投标保证金 2 万元（发出中标和落标通知书后一周内退还）。如投标单位有下列情况的，投标保证金将不予退还：投标单位在投标有效期内撤回其投标文件；投标单位在投标过程中以任何方式进行串标，导致招标无法顺利进行；违反相关的投标合同规定等。

（七）招标答疑会与勘查现场

投标单位派代表于 2016 年 7 月 15 日上午 9：30 到××××参加投标答疑会。投标答疑会的目的是澄清、解答投标单位提出的问题。投标单位将被邀请到工程施工现场和周围环境进行勘察，以获取投标单位自己负责的有关编制投标文件和签署合同所需的所有资料。勘查现场所发生的费用由投标单位自己承担。

（八）投标文件的递交

投标人只能在投标文件封底规定之处（密封线内）填写招标人及项目名称，投标人名称，并加盖公章，法定代表人签名（或盖章），按密封线将其密封。不得在投标文件内出现投标人名称，不得在投标文件上出现任何有助于判断出投标人的内容。

（九）评标时间、原则和评标办法

开标时间：2016 年 7 月 31 日上午 9：00；地址：××路天河大厦第三会议室。

评标工作应遵循公平、公正、科学、择优的原则，按照××文件中的综合评估法的规定，在胜任程度及信誉评分表中设置加分项目，综合评出投标单位的得分排序，按得分高低推荐出有排序的中标候选人。

（十）联系方式

地址：××市××路×号

联系人：×××　　联系电话：××××××

招标人：易方网络科技公司（公章）

2016 年 7 月 10 日

附件：（略）

 **必备知识**

一、招标书的含义

招标书也被称为招标文件，是招标人向潜在投标人发出的要约邀请文件，告知投标人招标项目内容、范围、数量与招标要求、投标资格要求、招标投标程序规则、投标文件编制与递交要求、评标标准与方法、合同条款与技术标准等招标、投标活动主体必须掌握的信息和遵守的依据，对招标、投标各方均具有法律约束力。

招标文件有些内容只是为了说明招标、投标的程序要求，将来并不构成合同文件，如投标人须知；有些内容则构成合同文件，如合同条款、设计图纸、技术标准与要求等。

招标书的内容比较复杂，某些情况下附件比较多，因此往往需要单独装订成册，向投标方出售。

二、招标书的特点

（一）公开性

招标、投标活动应当遵循公开、公平、公正和诚实信用的原则，这就决定了招标书的基本特点是公开性。首先，招标书应当公开地散发或发售给具有资格的投标人，不能人为地设置限制范围；其次，招标书所登载的信息应当做到公开透明，不得对相关信息进行隐瞒，不得误导投标人。

（二）严谨性

招标书中登载的信息一方面反映了工程项目、货物或服务的实际情况及技术标准要求，另一方面也是投标人编制投标书的依据，因此对于信息准确性的要求非常高。在编制招标书的过程中，必须反复确认关键信息，确保万无一失。如果需要对招标书进行修改，则应当及时以适当方式告知投标人。

三、招标书的类型

根据招标项目的差异，招标书可以分为以下类型：

（一）工程建设项目招标书

工程建设项目是指通过工程建设的实施，以形成固定资产为目标的特殊项目，通常在一个总体策划或工程设计的约束范围内，由一个或若干个有内在联系，包含了建筑物、构造物、建筑设备、生产与工艺设备等的单项工程所组成。工程建设项目招标书，即为了实施特定的建设项目或就项目的某一部分而针对项目需求编制的招标书，这种招标书内容比较复杂，甚至会根据需要形成多册标书。

（二）货物采购招标书

货物是为了满足需要的有形商品，以招标方式获得的货物往往为大宗货物，或者资金源于政府财政，根据相关法律规定应当进行招标。货物采购招标书即为了购买某种实物商品而编制的招标书，其内容往往侧重于关于货物的具体标准要求。

（三）服务项目招标书

服务项目是服务方根据客户的某种特定需求，将自己所具有的知识、经验、专有技术、知识产权等提供给客户，使客户获得一次性的信息和帮助的过程。服务项目可以分为两种：一是无形的服务，而不是有形的产品；二是一种高知识含量的定制性服务。服务项目招标书即招标人为了获取某一特定服务而编制的招标书，侧重于服务范围、服务方式、服务要求等内容。

四、招标书的结构与写作方法

招标项目所涉及的因素往往非常复杂，为了保证招投标活动的严肃性，招标书的结构与内容也会比较复杂。

（一）封面

招标书篇幅较长，需要单独封面。封面的内容主要包括项目名称、标段名称（如有）、"招标文件"四字、招标人名称和单位印章、时间。

（二）招标书的基本构成

由于招标项目的类型比较多样化，相应的招标书内容也存在一定的差异。无论何种项目的招标书，按照有关招标投标法律法规与规章的规定，一般由以下 7 项基本内容构成：

1. 招标公告或投标邀请书

投标书的前半部分一般需附上招标项目的招标公告，如果是邀请招标，则可附上投标邀请书。

2. 投标人须知

投标人须知是指招标投标活动应遵循的程序规则和对编制、递交投标文件等投标活动的要求。主要内容包括以下几个方面：

（1）项目概况。应说明项目已具备招标条件、项目招标人、招标代理机构、项目名称、建设地点等。

（2）资金来源和落实情况。应说明项目的资金来源、出资比例、资金落实情况等。这是投标人借以了解招标项目合法性及其资信等情况的重要信息。招标人资金落实到位，既是招标必备的条件，也是调动投标人积极性的一个重要因素，同时有利于投标人对合同履行风险进行判断。

（3）招标范围、计划工期和质量要求。招标范围、计划工期和质量要求的内容是投标人需要响应的实质性内容，也是合同的主要内容。

（4）投标人资格要求。

（5）保密。要求参加招标投标活动的各方不应泄露招标文件和投标文件中的商业和技术秘密。

（6）语言文字。可要求除专用术语外，均使用中文。

（7）计量单位。所有计量均采用中华人民共和国法定计量单位。

（8）踏勘现场。投标人踏勘项目现场可以直接了解施工现场的地形、地貌、周边环境等自然条件，取得编制投标文件和签署合同所需要的第一手资料，有利于投标人有针对性地编制施工组织设计、核算投标报价等投标文件内容。招标书中可写明踏勘现场的具体时间、地点、方式等内容。

3. 评标标准和评标方法

招标书应当明确规定评标标准、评标方法和除价格以外的所有评标因素，以及如何将这些因素量化或据以进行评估。在评标过程中，不得改变招标书中规定的评标标准、方法和中标条件。评标标准和评标方法不仅要作为实质性条款列入招标书，还要强调在评标过程中不得改变。

4. 技术条款

招标人根据招标项目的特点和需要编制招标书时，应载明招标项目每个标段或标包的各项使用要求、技术标准、技术参数等要求。招标书规定的各项技术规格应当符合国家技术法规的规定，不得要求或标明某一特定的专利技术、商标、名称、设计、原产地或供应者等，不得含有倾向或排斥潜在投标人的其他内容。如果必须引用某一供应者的技术规格才能准确或清楚地说明拟招标货物的技术规格时，则应当在参照后面加上"或相当于"的字样。

5. 投标文件格式

招标书可以提出对投标人提交的投标文件的具体要求，如文件构成、格式、样式等，以便在评标时进行对比评价。

6. 拟签订合同主要条款和合同格式

招标人与将来的中标者将签订合同的主要条款及格式在招标书中载明，使投标人进一步明确中标后自己的权利与义务。

7. 附件和与其他要求投标人提供的材料

招标所需要的各种图纸、图表、证明资格、模板文件等资料，可以附于招标书的最后以供参照使用。

（三）不同类型招标项目招标书的构成

各类招标书一般包括以上 7 项基本内容。另外，国务院有关部委结合行业特点，对不同类型招标项目的招标文件的内容构成进行了一些具体规定。

1. 工程建设项目招标书的构成

工程建设项目施工招标文件的构成应当包括：招标公告（或投标邀请书）；投标人须知；评标办法；合同条款与格式；采用工程量清单招标的，应当提供工程量清单；图纸；技术标准和要求；投标文件格式；投标人须知附表规定的其他材料。

2. 机电产品国际招标项目招标书的构成

机电产品国际招标书的构成应当包括：投标人须知；合同通用条款；合同格式；投标文件格式；投标邀请；投标资料表；合同专用条款；货物需求一览表及技术规格。

3. 政府采购项目招标书的构成

政府采购项目招标书的构成应当包括：投标邀请；投标人须知（包括密封、签署、盖章要求等）；投标人应当提交的资格、资信证明文件；投标报价要求、投标文件编制要求和投标保证金交纳方式；招标项目的技术规格、要求和数量，包括附件、图纸等；合同主要条款及合同签订方式；交货和提供服务的时间；评标方法、评标标准和废标条款；投标截止时间、开标时间及地点；省级以上财政部门规定的其他事项。

能力训练

1. 假如你所在的学校准备以招标形式采购一批多媒体教室的设备器材（如计算机、音响系统、投影仪、控制台等），请查阅相关资料，拟订这一招标项目的招标书。

2. 假如你所在的学校准备将所有办公区、教学区、住宿区的保洁工作外包给保洁公司，拟采用招标形式寻求能够承接这一服务的保洁公司，请查阅相关资料，拟订这一招标项目的招标书。

任务三 ▶ 投标函

学习要求

了解投标函的文体含义、特点及其类型；掌握投标函的结构与写作方法，能够拟写货物或服务招标项目的投标函。

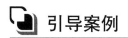 **引导案例**

投标函（一）

易方网络科技公司：

根据已收到的贵方的招标书，遵照《中华人民共和国工程建设施工招标投标管理办法》的规定，我单位经考察现场和研究上述工程招标文件的投标须知、合同条件、技术规范、图纸、工程量清单和其他有关文件后，愿参加贵方的招标活动。

我方如果中标，将按照合同条款及招投标书承诺承担相应法律责任，保证40天内竣工并移交整个工程，质量达到优良工程的承诺。保修期1年。

我方愿意将20000元的投标保证金与本投标书同时递交。对于投标书中载明的项目经理、技术负责人、施工员、质安员，我方承诺在施工过程中不进行人员更换，必须在现场工作；特殊情况下，经建设单位批准，方可更换和离开现场。如建设单位在施工时发现我单位有挂靠、转包行为可停止合同，并没收履约保证金。

投标单位：云逸装饰装潢有限公司（公章）

法定代表人：××（签字、盖章）

（一）投标企业简介（略）

（二）报价表（略）

（三）工程预算书及工程量清单（略）

（四）主要材料、设备清单（略）

（五）近三年来所承建工程情况一览表（略）

（六）目前正在承建工程情况一览表（略）

（七）施工组织设计（略）

（八）施工进度计划及保证措施（略）

（九）质量保证措施（略）

（十）各类证书复印件（略）

1. 投标单位资质证书

2. 营业执照

3. 项目经理证书

4. 主要技术负责人、施工员、质量员、安全员、材料员上岗证件

5. 法定代表人资格证明书

6. 授权委托书

投标函（二）

××××（招标人名称）：

根据贵方设计方案招标项目的招标公告（招标编号为_____），我方针对该项目的投标报价为（大写）_____元人民币，并正式授权下述签字人_____（姓名和职务）代表投标人_____（投标人姓名）提交招标文件要求的全套投标文件。文件包括：

（1）投标商务文件、投标经济文件及投标技术文件（投标设计文件）。

（2）投标保证金金额为（大写）_____元。

（3）其他资料。

据此函，签字人兹宣布同意如下：

（1）经视察项目现场，我方已详细审核并确认全部招标文件，包括修改文件（如有时）及有关附件。

（2）一旦我方中标，我方将组建项目设计组，保证在合同协议书中规定的设计周期日内完成设计并提供相应的设计服务。

（3）如果招标文件中要求提供设计保险，我方将在签订合同后按照相关规定提交上述总价_____%的设计保险作为我方的设计担保，如我方的设计出现其规定不应出现的缺陷，招标人可以据此要求投标方进行赔偿。

（4）我方同意所提交的投标文件，包括本投标函，在_____日内有效，在此期间内如果中标，我方将受此约束。

（5）除非另外达成协议并生效，你方的中标通知书和本投标文件将成为约束双方的合同文件的组成部分。

（6）我方声明：本投标人和本方案的设计师是本投标方案的真正作者。

（7）我们在此保证，本投标文件的所有内容均属独立完成，未与其他投标人以限制本项目的竞争为目的进行协商。

（8）我方理解，贵方并无义务接受价格最低的投标报价，同时对中标结果不需要做出任何解释。

（9）其他补充说明。

本投标有关的一切正式往来通信请寄：

地址：_____ 邮编：_____

电话：_____ 传真：_____

法定代表人：_____

授权代表：_____

日期：_____年_____月_____日

 **必备知识**

一、投标函的含义

投标函及其附录是指投标人按照招标书的条件和要求，向招标人提交的有关投标报价、工期、质量及目标等要约主要内容的函件，是投标人为响应招标文件相关要求所做的概括性核心函件，一般位于投标文件的首要部分，其内容、格式必须符合招标文件的规定。

投标人提交的投标函内容、格式需严格按照招标文件提供的统一格式编写，不得随意增减内容。

二、投标函的特点

（一）概括性

投标函是一份函件，篇幅简短，其内容涉及投标人所提交投标书的核心信息（尤其是报价），但是不能面面俱到地罗列投标书的相关内容，而是简要概括地表达投标人所提出的主要条件。

（二）声明性

投标函带有声明的性质，声明的对象为招标人，声明的内容是投标人对招标项目的基本理解，尤其是对投标过程中投标人行为依据的明确说明，便于招标人清楚、准确地理解投标书中的信息，也可以规避一些潜在的法律风险。

三、投标函的类型

（一）工程投标函

工程投标函是投标人根据工程招标项目而拟制的投标函。工程投标函主要包括投标人告知招标人投标项目具体名称和具体标段以及投标报价、工期和达到的质量目标等。

（二）货物投标函

货物投标函是投标人根据货物采购招标项目拟制的投标函。货物投标函内容与工程投标函内容基本相同，包括投标项目名称、标包号和名称、投标文件主要构成内容、投标总价等。

（三）服务投标函

服务投标函是投标人根据服务招标项目拟制的投标函。服务投标函内容一般包括投标人告知招标人本次所投项目的具体名称和具体标段、投标报价、投标有效期、承诺的服务期限和达到的质量目标、投标函签署等，这些内容与工程及货物投标函相关内容基本一致。服务投标函还包括投标人对其权利、义务的声明。

四、投标函的结构与写作方法

(一)标题
投标函的标题一般采用"投标函"三个字,也可以在其前面加上招标项目名称。

(二)送达机构
投标函的送达机构即招标人,为招标人的全称或简称,左起顶格书写,后加冒号。

(三)正文
投标函的正文内容根据招标项目的类型而有所不同,其中都应当包括以下基本内容:

1. 投标基本信息

投标基本信息主要包括投标人明确表达此次投标的项目名称(如划分标段则应写明标段名称)、报价等。

2. 投标有效期

投标函中,投标人应当填报投标有效期限和在有效期内相关的承诺,如:

我方同意在自规定的开标之日起 120 天的投标有效期内严格遵守本投标文件的各项承诺。在此期限届满之前,本投标文件始终对我方具有约束力,并随时接受中标。我方承诺在投标有效期内不修改和不撤销投标文件。

3. 投标保证金

投标函中,投标人应该提交为本次投标所承诺的投标保证金金额,如:

随同本投标函提交投标保证金一份,金额为贰拾万元(20 万元)。

4. 中标后的承诺

投标人对中标后的一些责任和义务做出承诺和保证。

(四)尾部
投标函的尾部一般为投标人和代表人的签署。应按招标书的要求由投标人签字或盖法人印章,明确投标人的联系方式(包括地址、网址、电话、传真、邮政编码等),作为对投标函内容的确认。

 能力训练

东方职业技术学院为满足需要计划采购一批办公用计算机、打印机和传真机。领导准备采用公开招标的形式选择供应商。蓝天数码办公设备销售服务公司获知这一信息后,拟参加投标,请代其撰写一份投标函,相关信息自行补充。

任务四 ▶ 投标书

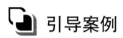

学习要求

了解投标书的文体含义、特点及其类型；掌握投标书的结构与写作方法，能够拟写货物或服务招标项目的投标书。

引导案例

易方网络科技公司办公楼装修项目投标书

封面（略）
目录（略）

（一）公司概况

×××公司是工程建设为主业国家工程施工总承包一级资质等级的企业，积二十余年的施工总承包资历，集建筑设计、建筑施工、建筑装饰设计、建筑装饰施工、构配件生产、材料设备供应为一体，且于1998年通过了GB/T 19002质量体系认证。×××公司拥有高级专业人才近100人，一贯本着"以一流技术、一流管理为业主建设一流工程、一流服务"为目标，最近三年中，公司的年工程优良率均超过95%。

（二）工程概况

××项目工程位于××路××号，总装饰工程面积约××平方米。按照贵公司提供的招标文件的相关规定，施工项目包括水、电、暖通安装及装修施工。

（三）承包方式

××装修工程将采用包造价、包质量、包工期、包安全施工、包文明管理的全面承包方式。

（四）施工组织设计

1. 工程施工现场平面布置图（略）
2. 施工总进度计划（略）
3. 主要施工机械设备表（略）
4. 机械、人员数量及调配表（略）
5. 工程质保体系、措施及质量检测方法（略）

（五）工程管理体系（略）

（六）工程管理的任务及目标（略）

（七）各分项工程施工工艺及技术要求

1. 石材地坪工程（略）

2. 地砖地坪工程（略）

3. 地毯地坪工程（略）

4. 金属挂板平顶工程（略）

5. 墙面、柱面饰面工程（略）

6. 墙、柱面墙纸工程（略）

7. 楼梯工程（花岗石踏步）（略）

8. 楼梯工程（玻璃隔断、不锈钢扶手）（略）

9. 卫生间墙面工程（釉面砖铺贴）（略）

（八）安全施工和文明管理措施（略）

（九）成品保护措施（略）

（十）工程报价书（略）

（十一）项目管理人员资历证书复印件（略）

（十二）公司业绩、信誉、荣誉等证书的复印件（略）

××市太阳城物业管理服务投标书

封面（略）

目录（略）

投标函（略）

（一）××物业管理有限公司简介

××物业管理有限公司成立于 2001 年 8 月，注册资金为 300 万元，管理面积逾百万平方米，现为国家二级资质物业管理企业，××市物业管理协会理事单位，中国物业管理协会会员单位。（后略）

（二）太阳城概况及物业管理特点分析

太阳城位于××市××路与××大道交叉口，毗邻××游乐园、××广场，多路公交车直通全市，新东南板块龙头地位；经济繁华，交通便利，地理位置极其优越。（后略）

（三）太阳城物业管理服务思路（略）

（四）物业管理服务标准承诺

××物业管理公司郑重承诺，在太阳城基础硬件完备的情况下，接管太阳城两年内使其成为××省多层住宅小区物业管理的典范：一年内客户满意率达到98%以上；一年内达到市级物业管理示范小区标准；两年内达到省级的物业管理示范小区标准。

具体标准如下表所示：

序号	指标名称	承诺指标/%	完成承诺指标的措施
1	房屋及配套设施完好率	99以上	采用分工负责制、责任到人。建立完善的巡查制定，健全档案记录，每半年进行一次房屋完好率的检查
2	房屋零修、急修及时率	99以上	维修人员24小时待命，接到维修通知立即组织维修，15分钟内到达现场。零修工程及时完成，急修工程不过夜，并建立回访制度和回访记录
3	绿化完好率	99	专人负责绿化养护、保洁工作
4	保洁率	100	保洁员12小时保洁工作、按保洁标准进行操作，保洁工作落实到人、监督检查得力，严格考核
5	维修工程质量合格率	100	维修全程控制、监督检查，并按规定及时回访

（后略）

（五）物资装备计划预算

1. 管理用房与护管员宿舍

管理用房共计75m²，包括：办公室45m²（其中包括主任室：15m²，客户服务部：30m²）；维修部30m²（作为机电维修操作间）。护管员宿舍和管理处食堂与开发商另行协商解决。

2. 器械、工具、装备以及办公用品计划（后略）

（六）物业管理服务费测算

1. 物业管理服务费用

物业管理服务费用（佣金制）为42834元/月。

2. 其他费用（见下表）

序号	项目	测算依据	月支出/元
1	办公费		3150
	通信费	（1）市内电话：200×2+150×1＝350	550
2	低值易耗品	（2）…	300
3	办公水电	（3）…	500
4	业务费	（4）…	300
⋮	⋮	⋮	⋮
合计		7334（元）	

3. 物业管理服务收支测算

（1）每月支出费用。每月支出费用为：42834+7334＝50168（元/月）。

（2）每月收取费用。太阳城教坊24栋，多层住宅建筑面积为110445m²，小高层住宅面积为46278m²，××物业拟按照市一级物业管理收费标准收费，即高层住宅部分1.1元/月·平方米，多层住宅面积0.38元/月·平方米，其他费用则严格按照国家及省市相关规定收取。物业管理费为：$1.1×46278+0.38×110445=92874$（元/月）。

（七）富田太阳城物业管理服务方案

1. 内部管理运行机制

（1）内部管理架构。（略）

（2）管理服务人员配备方案。（略）

（3）管理人员岗位职责。（略）

（4）管理运行机制。（略）

（5）工作流程。（略）

（6）信息反馈（投诉处理）渠道及时间。（略）

（7）物业资料管理。（略）

2. 设备设施管理服务方案

本小区设施设备管理主要由管理处维修部承担，公司提供人员、技术支持，还不定期派有关专家前来指导，并选派5名技术骨干负责维修部的工作，严格控制好维修技术人员的选聘，加强培训，造就一支业务水平全面、责任心强、爱岗敬业的技术队伍。

（1）供配电设备。

1）工作内容：维护供配电设备的良好工作状态，确保小区电源供应正常，为营业以及居民用电提供可靠的电力保证。

2）工作要点：根据"供用电协议"和用电负荷的季节性特点，合理调整变压器的运行方式，最大限度地发挥变压器的利用率，保持电容补偿柜良好的工作状态，确保功率因数符合规定要求。配备专业人员管理供配电设备，操作人员实行持证上岗，按规程操作。严格控制停送电操作，设备的检修应避开办公和营业时间。值班人员每班对配电室巡检，加强预防性维修和年度保养，认真填写巡检和保养记录。

（2）公共照明、广场照明、泛光照明。（略）

（3）给排水系统。（略）

（4）消防系统。（略）

（5）房屋及附属设施的维护、修缮。（略）

3. 公共秩序管理服务方案（略）

4. 保洁服务方案（略）

5. 绿化服务方案（略）

（八）物业管理服务工作标准

1. 保洁工作标准

（1）地面（室内所有公共区域的大理石、地砖）。目视地面（50厘米长），无明显灰尘、污渍及杂物。

（2）墙面（室内所有公共区域的墙面）。用卫生纸擦拭（80厘米长），检查卫生纸有无明显污渍。

（3）楼梯（室内所有楼梯）。抽查2~3层，无痰渍、烟头、口香糖、纸屑、垃圾及蜘蛛网。

（4）玻璃及镜面（室内所有玻璃门、窗、墙、镜）。抽查不同位置3~5处，每处抽查 1 平方米，质量达到无水渍、污渍、手印，洁净、明亮。

（5）卫生间。墙面无水渍、污渍；地面无积水、烟头、纸屑、口香糖等；洗手盆无水渍、洁净；小便池无锈渍、烟头等；大便池无锈渍、烟头等，无明显臭味。

2. 公共秩序维护工作标准

（1）绿化工作标准。（略）

（2）交通车辆管理工作标准。（略）

（3）设备设施维修保养工作标准。（略）

（4）房屋设施维修保养工作标准。（略）

（九）附录（略）

必备知识

一、投标书的含义

投标文件是投标人根据招标文件的要求所编制的，向招标人发出的要约文件。投标书是投标人按照招标人在招标书中提出的标准和要求，对自身的主观条件进行自我审核后，向招标人递交的提出自己投标意向和实施方案的书面材料。

二、投标书的特点

（一）竞争性

招标采购是一种市场经济条件下规范的采购模式，自由竞争是市场经济的本质，这决定了投标的竞争性。对投标人来讲，他们均以竞标成功作为自己最终的目的，而招标单位只能选择其一，这就要求强化竞争意识，充分展示自己的实力和优势，进而在竞争中脱颖而出。

（二）针对性

投标者为达到自己承包或承购的目的、一定要以招标单位所提出的各项要求为依据，展示自己的实力优势。同时，应严格按照招标书中的内容条款，有针对性地安排投标的内容。

（三）法律约束性

投标书和招标书一样，均为日后签订承包合同提供了原始依据，它本身必须是在法律许可范围之内的。它的条款一经写入投标书，就具备了严格意义上的法律约束力，投标人应完全按照其拟订的各项经济指标进行工作。

三、投标书的类型

和招标书、投标函类似，投标书的类型主要取决于招标项目的类型，主要分为工程项目投标书、货物采购投标书和服务项目投标书，此处不再一一赘述。

四、投标书的结构与写作方法

投标书内容较多，一般独立成册，具有封面和封底。投标书的内容与制作要求如下：

（一）封面

投标书的封面需注明投标书的标题名称、投标单位名称以及制作时间，必要时可在投标单位名称上加盖公章。投标书的标题一般采用两种方式，"投标单位名称+投标书"，或者"项目名称+投标书"。

（二）前置部分

投标书的前置部分主要有四方面内容：

1. 目录

目录是指投标书全部文件材料的详细目录，便于评标人阅读查阅。

2. 投标函

投标函是投标单位给招标单位的礼仪性信函。

3. 投标单位简介

投标单位的自我介绍主要包括名称、成立时间、企业性质、经营范围、技术水平、经营业绩、行业资质等信息。

4. 法定代表人身份证明和授权委托书

（1）法定代表人身份证明。在招标投标活动中，法定代表人代表法人的利益行使职权，全权处理一切民事活动，因此，法定代表人身份证明十分重要，用以证明投标文件签字的有效性和真实性。

投标文件中的法定代表人身份证明一般包括投标人名称、单位性质、地址、成立时间、经营期限等投标人的一般资料，除此之外还应有法定代表人的姓名、性别、年龄、职务等有关法定代表人的相关信息和资料。法定代表人身份证明应加盖投标人的法人印章。

（2）授权委托书。若投标人的法定代表人不能亲自签署投标文件进行投标时，则法定代表人需授权代理人全权代表其在投标过程和签订合同中执行一切与此有关的事项。

授权委托书中应写明投标人名称、法定代表人姓名、代理人姓名、授权权限和期限等，授权委托书一般规定代理人不能再次委托，即代理人无转移委托权。法定代表人应在授权委托书上亲笔签名。根据招标项目的特点和需要，也可以要求投标人对授权委托书进行公证。

（三）主体部分

各种类型的投标书尽管面对的招标项目有所不同，具体要求也不尽相同，但是主体部分具有较大的相似性，一般由下列内容组成。

1. 投标保证金

招标人为了防止因投标人撤销或反悔投标的不当行为而使其遭受损失，因此可以要求投标人按规定形式和金额提交投标保证金，并作为投标文件的组成部分。投标人在编制投标文件时，应注意不按招标文件要求提交投标保证金的后果。以银行保函形式提交投标保证金时，银行保函应符合招标文件规定的格式。

2. 投标报价文件

投标人应该按照招标文件中提供工程量清单或货物、服务清单及其投标报价表格式要求编制投标报价文件。

投标人根据招标文件及相关信息，计算出投标报价，并在此基础上研究投标策略，提出反映自身竞争能力的报价。可以说，投标报价对投标人竞标的成败和将来实施项目的盈亏具有决定性作用。

按招标文件规定格式编制、填写投标报价表及相关内容和说明等报价文件是投标文件的核心内容，招标文件往往要求投标人的法定代表人或其委托代理人对报价文件内容逐页亲笔签署姓名，并不得进行涂改或删减。

（1）工程量清单报价。工程招标的"工程量清单"是根据招标项目具体特点和实际需要编制，并与"投标人须知""通用合同条款""专用合同条款""技术标准与要求""图纸"等内容相衔接。工程量清单中的计量、计价规则依据招标文件规定，并符合有关国家和行业标准的规定。

投标人根据招标文件中工程量清单以及计价要求，结合施工现场实际情况及施工组织设计，按照企业工程施工定额或参照政府工程造价管理机构发布的工程定额，结合市场人工、材料、机械等要素价格信息进行投标报价。

（2）货物投标报价表。货物投标应按照招标文件的货物需求一览表和统一的报价表格式要求进行投标报价。

投标人应认真阅读招标文件中的报价说明，全面、正确和详尽地理解招标文件报价要求，避免与招标文件的实质性要求发生偏离。

投标人应根据招标文件规定的报价要求、价格构成和市场行情，考虑设备、附件、备品备件、专用工具生产成本，以及合同条款中规定的交货条件、付款条件、质量保证、运输保险及其他伴随服务等因素报出投标价格。投标报价一般包含所需货物及包装费、保险费、各种税费、运输费等招标人指定地点交货的全部费用和技术服务等费用。

货物投标报价除填写投标一览表外，还应填写分项报价表。分项报价表中要对主设备及附件、备品备件、专用工具、安装、调试、检验、培训、技术服务等项目逐项填写并报价。简易小型的货物，一般不需要安装、培训等项目；复杂、大型的成套设备，除提交设计、安装、培训、调试、检验等的报价外，还应该提交培训计划、备品备件、专用工具清单等。根据招标文件要求，还可能提交推荐的备品备件清单及报价。

填写报价表时，应逐一填写并特别注意分项报价的准确性及与分项合价的对应性。正确填写报价表后，应按照招标文件要求签字、盖章。

（3）服务投标报价文件。服务招投标中，投融资与特许经营、勘察、设计、监理、项目管理、科研与咨询服务等招标，投标人应根据招标文件规定的服务期、服务量、拟投入服务人员的数量以及服务方案，结合企业经营管理水平、财务状况、服务业务能力、履约情况、类似项目服务经验、企业资源优势等编制投标报价文件。投标报价文件包括：服务费用说明；服务费用估算汇总表；服务费用估算分项明细表等。其中，投融资与特许经营的投标文件还应按照招标文件要求提供完整的项目融资方案、财务分析、服务费价格方案及分析报告。

3. 技术、服务和管理方案

工程施工组织设计、供货组织方案及服务技术建议书等统称为技术、服务和管理方案，既是投标文件的重要技术文件，又是编制投标报价的基础，更是反映投标企业技术和管理水平的重要标志。

（1）工程施工组织设计。投标人编制施工组织设计时，应采用文字并结合图表形式说明施工方法、拟投入本标段的主要施工设备情况、拟配备本标段的试验和检测仪器设备情况、劳动力计划等；结合工程特点提出切实可行的工程质量、安全生产、文明施工、工程进度、技术组织措施，同时应对关键工序、复杂环节重点提出相应技术措施，如地下管线及其他地上、地下设施的保护加固措施等。

施工组织设计除采用文字表述外，还应按照招标文件规定的格式编写拟投入本标段的主要施工设备表、拟配备本标段的试验和检测仪器设备表、劳动力计划表、计划开竣工日期和施工进度网络图、施工总平面图、临时用地表等。

（2）货物技术性能参数及供应组织方案。按照招标文件技术要求提供投标货物的详细技术说明及证明资料，证明投标货物的质量合格并在技术性能上能够满足招标文件技术规格要求。货物技术规格的详细说明文件应依据招标文件技术规格的要求做出应答。对于技术指标和参数的应答，不能简单地以"满足"来答复，应按投标产品的实际名称、型号填写真实技术参数值。为了证明所提供货物性能及技术指标的真实性，投标人应该提供包括产品样本、图纸、试验报告、鉴定证书等文件作为技术证明。如果招标文件要求，则投标人还应提供经相关用户签字的使用证明与投标设备相同的设备成功投运的资料，以证明投标人及其所生产设备的实际性业绩。编制投标文件时，不允许简单地复印招标文件的技术规格作为投标应答，或提供虚假技术参数，如在评标时发现这种情况将被作废标处理。招标文件要求提供设备的备品备件、专用工具、消耗品及选配件等清单，投标人应根据招标文件要求的格式分别编制相应的附件作为投标文件组成部分。招标文件对安装、调试、检验、验收及培训等技术服务有要求时，应按照招标文件要求做出详细的服务方案，包括工作计划、工作制度、工作内容、服务人员、计费标准等。大型、复杂的成套设备还需要根据招标文件要求制订详细的大件运输方案，在货物分批发运时，应对货物清单一览表进行详细检查，防止遗漏。交货期的安排应满足招标文件要求。

（3）服务技术建议书。服务招标项目的技术、服务和管理方案一般统称为技术建议书。其内容包括对项目的理解，项目概况与特征，工作范围，工作标准与技术要求，工作的重点与难点分析，完成任务的方法、途径和步骤等。工作方案包括进度计划、现场服务机构设置与人员安排、相关设备的配备、质量保证体系与措施、进度保证措施、其他应说明的事项等。投融资与特许经营招标项目应按招标文件要求提供建设方案、融资方案、运营维护方案、保险方案、移交方案、法律方案等相关内容。

（4）项目管理机构。工程招标项目还要求提供项目管理机构情况，其内容包括投标企业为本项目设立的专门机构的形式、人员组成、职责分工，项目经理、项目负责人、技术负责人等主要人员的职务、职称、养老保险关系，以上人员所持职业（执业）资格证书名称、级别、专业、证号等，投标人还应将主要人员的简历按照格式填写清楚，一并提供。

（5）拟分包项目情况。如有分包工程，工程招标项目还要求提供分包项目情况。投标人应说明分包工程的内容、分包人的资质以及类似工程业绩。

4. 资格后审证明文件或资格预审更新资料

如果招标采用资格预审，投标时一般不需要提供资格审查资料；如果投标人的资格情况发生变化，则需要提供资格变化的证明材料或评标需要的有关证明材料。如果招标采用资格后审，投标时需要提供完整的资格审查资料。资格审查资料包括投标人资质、财务情况、业绩情况、涉及的诉讼情况等。

 能力训练

蓝天数码办公设备销售服务公司准备投标东方职业技术学院办公设备采购招标项目，此次招标的设备主要是办公用计算机、一体机、考勤机等。请收集相关信息，撰写一份投标书。

项目三 经济协约文书

 学习要求

　　了解商务信函的文体含义、作用；掌握商务信函的类型及写作格式；能够拟写不同类型的商务信函。

 引导案例

询价函

××先生：

　　我公司对贵公司生产的茶叶颇感兴趣，欲订购祁门红茶。品质：一级。规格：每包200克。望贵厂能就下列条件报价：

　　（1）单价。

　　（2）交货日期。

　　（3）结算方式。

　　如果贵方报价合理，且能给予最优惠折扣，我公司将考虑大批量订货。

　　希速见复。

回味副食品公司（章）

2016 年 7 月 15 日

索赔函

正桥茶具厂：

　　随函寄上××市××检验所的检验报告〔2016〕26 号。报告证明在贵厂售出的玻璃茶具中，有一部分的质量明显与贵方所提供的样品不符。因此，特向贵厂提出不符合质量标准的货物按降低原成交价 30% 的扣价处理的请求。

　　特此函达，希速复为盼。

附件：××市××检验所检验报告（一份）

基数百货有限公司（章）

2016 年 6 月 15 日

订购函

××先生：

贵厂 5 月 16 日的报价单获悉，贵方报价较合理，特订购下列货物：

EPSON LQ—100 打印机，10 台，单价 1500 元，总计 15000 元。

STAR AR—2463 打印机，10 台，单价 900 元，总计 9000 元。

CICIAEN CKP—5240 打印机，10 台，单价 1500 元，总计 15000 元。

交货日期：2016 年 6 月 30 日之前。

交货地点：××市××仓储部。

结算方式：转账支票。

烦请准时运达货物，以利我地市场需要。

我方接贵方装运函，将立即开具转账支票。

专此函达，希速洽办。

腾飞文化用品公司（章）

2016 年 5 月 18 日

 必备知识

一、商务信函的含义

商务信函是指在日常的商务往来中用以传递信息、处理商务事宜以及联络和沟通关系的信函、电讯文书，可作为签订协议书或合同书的依据，是解决争议、进行索赔的重要凭证。

二、商务信函的特点

（一）准确

商务信函的内容多与双方的利益有着直接的利害关系，因而要完整、精确地表达意思，用语乃至标点符号都要做到准确无误，以免造成不必要的麻烦。

（二）简洁

在做到准确、周到的前提下，应用最少的文字表达真实的意思，不能拖沓冗长。

（三）具体

信函所要交代的事项必须具体明确，尤其要注意需要对方答复或会对双方关系产生影响的内容，绝不能语焉不详。

（四）礼貌

在书写过程中要掌握礼貌、得体的文字表达方式，以有利于双方保持良好的关系。

（五）体谅

在商务信函的写作过程中要学会换位思考，能够站在对方的立场上思考问题。这样容易获得对方的认同，有利于双方达成有效的沟通。

三、商务信函的类型

商务信函的分类有多种标准，既可以按使用的国家地域分为内贸商函和外贸商函，也可以根据发函目的和内容分为交易磋商函和争议索赔函。下面简单介绍交易磋商函和争议索赔函。

（一）交易磋商函

这类商务信函的主要内容包括建立合作关系的意愿、介绍交易条款、推销产品、商洽价格、商洽合同修改、寄送购货合同、催货与催提货等。

（二）争议索赔函

在交易双方的合作过程中，难免发生交易纠纷和争议。争议发生后，受损方会向违约方提出索赔要求，而违约方则需要就受损方的索赔要求做出答复或满足其索赔要求。在这一过程中使用的函就是争议索赔函。争议索赔函主要包括交涉货品、要求支付货款、拒付、索赔、拒绝赔偿、理赔等内容。

四、商务信函的结构与写作方法

（一）标题

标题包括发文单位、事由及文种，其中事由应该是对正文主要内容标准而精练的概括，如××图书有限公司报价函。

（二）行文对象

行文对象指的是商务信函的受文者，在标题下面另起一行顶格写，如"××市外贸公司："。写给企业主或企业负责人，在姓名后加职务名称，或加"先生""小姐""女士"。外贸信函还常使用雅语敬辞，如"台鉴""惠鉴"等。

（三）开头

开头是引据部分，简述去函缘由。要求简明扼要，切忌啰唆冗长。

若某公司主动向客商发函报价、联系业务，可这样开头：

兹从×××处获悉，贵公司为发展出口贸易，拟订购我梅林牌午餐肉48×397克罐头，直接销往菲律宾。为了配合你方开展这一业务，我们乐意给予支持。

若为对客商的复函，开头部分除写上收到对方来函外，还需摘录对方来信的主要内容，如：

×月×日函及所附×××订单一份收到，对于你方积极推销我××玩具我们表示高兴。

贵公司×月×日函收到，获悉贵公司欲订购××货××箱。对此，我们表示欢迎。现报价如下……

×月×日函悉。承告由××轮装运的××号订单项下之货短缺××箱，经过我们核实，答复如下……

（四）正文

正文是商务信函的主要部分，叙述商业业务往来联系的实质问题，通常包括以下几个方面：①向收信人问候；②写明写信的事由，如何时收到对方的来信，表示谢意，对于来信中提到的问题答复等；③写明该信要进行的业务联系，如询问有关事宜、回答对方提出的问题、阐明自己的想法或看法、向对方提出要求等，如果既要向对方询问，又要回答对方的询问，则先答后问，以示尊重；④提出进一步联系的希望、方式和要求。

关于对商务信函写作主体的要求，请务必清楚地写明以下主要内容：

询价函可以向卖主索要主要商品目录本、价目单、商品样品、样本、交货日期、结算方式等，也可以用发询价函或订单的方式询问某件商品的具体情况。

报价函正文主体内容要写明品名、价格、数量、结算方式、发货期、产品规模、产品包装、运输方式等。可使用表格，以使信息更加一目了然。

订购函正文一般应包含商品名称、牌号、规格、数量、价格、结算方式、包装、交货日期、交货地点、运输方式、运输保险等内容。

索赔函正文主要包括五项内容：简述事由、陈述违约事实、说明索赔理由、陈述对方违约给自己带来的损失和提出具体的索赔要求。

（五）结尾

如果要求对方答复，结尾常用"候复""盼复""希速复为盼""请函复"等词语。

如仅阐明我方意见，并不要求对方答复的，常用"专此函达""特此函达，希洽办"等词语。

也可有礼貌地提出希望或要求，如"该货需求殷切，订单踊跃，考虑到这一品种价格实惠，适合你地市场的需要，订购尚希从速""该货不仅质量优异，而且价格具有更大的竞争性，相信不久即可获得你方的订单""相信在双方的共同努力下，我们之间的首笔交易将会顺利达成"等。

（六）附件

附件在正文之后，随函附发。其内容包括销售合同、协议、报价单、发票、单据等。附件的名称、号码、件数必须写清楚，不得错漏。

（七）落款

落款包括签名与日期。正文末尾写上发文单位名称，加盖发文单位印章，以示严肃负责。在发文单位下一行写上发函的日期，年、月、日要齐全。

 能力训练

根据以下材料拟写商品订购函，要求内容明确，格式规范，可在内容上作合理增删

为满足生产的需要，基米公司急需购置××型号规格的静电喷漆设备。当得知北京市××厂有现货供应时，该公司采购部就马上发去一份订购函。

任务二 ▶ **商务谈判方案**

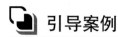 **学习要求**

了解商务谈判方案的含义及特点；认识商务谈判的基本过程；掌握商务谈判方案的结构和写法；能够拟写商务谈判方案。

引导案例

关于控股三秋公司的谈判方案

（一）谈判主题

控股大连三秋公司，建立双方长期合作关系。

（二）谈判双方背景

1. 甲方（弧光公司）分析（略）

2. 乙方（三秋公司）分析

三秋公司是一家拥有 30 万吨产能的中外合资企业，现在年销售量为 5 万吨左右，在××地区的市场份额达到 20%。多年来由于销售形势不好，经济效益较差，后续资金不足。

（三）谈判团队人员组成

甲方：

主谈：王玲珑经理。

副谈：安庆律师。

乙方：

主谈：朱批经理，大连三秋公司谈判全权代表。

副谈 1：李内宾代理。

副谈 2：吴夏管律师。

（四）谈判内容

谈判地点：××大酒店。

谈判时间：2016 年 7 月 8 日。

谈判方式：正式小组谈判。

（五）双方利益及优劣势分析

1. 甲方核心利益

（1）用尽量低的价格收购三秋公司。

（2）建立双方长期合作关系。

2. 乙方核心利益

用最高的价格被收购。

3. 甲方优势

(1) 三秋公司有被收购的意向。

(2) 弧光公司处于主动地位, 公司在××地区的市场份额达到70%。

4. 甲方劣势

(1) 需要投资巨额资金。

(2) 三秋公司的主要管理层对弧光公司的敌意较大。

(3) 三秋公司虽有一定的意向, 但可能动力不足。

(4) 竞争对手特别是国内几家大型公司在××地区内的销售投入量越来越大。

5. 乙方优势

(1) 三秋公司是一家有30万吨产能的中外合资企业, 占据××地区20%的市场份额。

(2) 某大公司的介入, 使三秋公司的立场趋于强硬。

6. 乙方劣势

(1) 销售形势不好, 经济效益较差, 后续资金不足。

(2) 公司前景未明。

(六) 谈判目标

1. 甲方战略目标

和平谈判, 按甲方的收购条件达成收购协议。

(1) 报价: X万元。

(2) 交接日期: 2017年1月8日。

(3) 优惠待遇: 在同等条件下优先给予收购权。

(4) 价格目标: ① 以甲方底线报价Y万元; ② 尽快完成收购后的运作; ③ 对方与我方长期合作。

2. 乙方战略目标

和平谈判, 按乙方的出购条件达成收购协议。

(1) 报价: M万元。

(2) 要求交接日期: 2017年2月2日。

(3) 优惠待遇: 安排一些原职工的工作。

(4) 价格目标: ① 在控股比例上要求弧光公司至少收购50%的股权, 在债务上要求全额承担所有债务; ② 尽量推迟交接时间; ③ 对方与我方长期合作。

(七) 双方谈判的主要争议点

本次谈判中, 双方最主要的几项谈判争议点会出现在: 购并的方式是全资收购还是控股收购 (控股的比例); 对公司原有债权债务的处理; 对三秋公司现有管理层的变更与安置; 收购价格; 收购款的支付方式; 收购以后的交接事宜等。在谈判前期还可能在收购评估公司、收购评估费用、收购谈判议程等方面出现争议。

（八）程序及具体策略

1. 开局阶段

感情交流式开局策略：通过谈及双方合作情况形成感情上的共鸣，把对方引入较融洽的谈判气氛中，创造互利共赢的模式。

2. 报价阶段

（1）甲方先报价：X 万元。

（2）甲方采用"红脸、白脸"策略。一个副谈充当"红脸"，另一个副谈充当"白脸"，有技巧地提出甲方预期利益，先易后难，步步为营地争取利益。

（3）乙方把握让步原则。明确乙方核心利益所在，实行以退为进策略，退一步进两步，做到迂回补偿，充分利用手中筹码，同时软硬兼施，暗示甲方若与乙方协议失败，乙方将立即与其他的投资商谈判。

（4）甲方突出优势。以资料做支撑，以理服人，强调与甲方协议成功给对方带来的利益。

3. 休局阶段

如有必要，根据实际情况对原有方案进行适当的调整。

4. 磋商阶段

（1）把握底线。双方适时运用折中调和策略，严格把握最后让步的幅度，在适宜的时机提出最终报价，使用最后通牒策略。

（2）埋下契机。在谈判中形成一体化谈判，以期建立长期的合作关系。

（3）达成协议。明确最终谈判结果，出示会议记录和合同范本，请对方确认，并确定正式签订合同时间。

（九）制订预案

双方是第一次进行商务谈判，彼此不太了解。为了使谈判顺利进行，有必要制订预案。

1. 乙方对甲方报价×万元有异议

乙方应对方案：就对方报价金额进行谈判，运用妥协策略，换取在交接期、技术支持、优惠待遇等利益。

2. 甲方声称金额的限制，拒绝乙方权限策略的提议

甲方应对方案："白脸"据理力争，适当运用制造僵局策略，"红脸"再以暗示我方的权限策略，并运用迂回补偿的技巧，来突破僵局。

（十）准备谈判资料

为了进行有效的谈判，公司派出了经营管理状况评估、财务评估、法律评估 3 个专家小组到三秋公司进行了正式谈判前的前期接触，并收集了大量的信息资料，如相关的法律资料：《中华人民共和国合同法》《国际合同法》《国际货物买卖合同公约》。

2016 年 6 月 8 日

 **必备知识**

一、商务谈判方案的含义

商务谈判方案又被称为商务谈判计划，是在谈判之前根据谈判目的和要求预先拟订的有关谈判目标、谈判议程、谈判策略等内容的书面材料。谈判方案是指导谈判人员行动的纲领。

二、商务谈判方案的特点

（一）预见性和指导性

谈判方案以分析设想谈判对手的意图为起点，预测我方可能达到的目标以及如何争取达到最高利益点。当然，商务谈判最终是以双赢为目的的，应具备谈什么、怎么谈、什么时间谈、谁来谈、根据什么谈五个基本要素。

（二）灵活性

谈判过程中各种情况都有可能突然发生变化，要使谈判人员在复杂多变的形势中取得比较理想的结果，就必须使谈判方案具有一定的弹性。谈判人员在不违背根本原则的情况下，根据情况的变化，在权限允许的范围内灵活处理有关问题，取得较为有利的谈判结果。谈判方案的弹性表现在谈判目标有几个可供选择，指标有上下浮动的余地，还要把可能发生的情况考虑在计划中。

三、商务谈判的基本步骤

商务谈判的步骤应该为申明价值、创造价值和克服障碍三个进程。

（一）申明价值

此阶段为谈判的初级阶段，谈判双方彼此应充分沟通各自的利益需要，申明能够满足对方需要的方法与优势所在。此阶段的关键步骤是弄清对方的真正需求，因此其主要的技巧就是多向对方提出问题，探询对方的实际需要，与此同时也要根据情况申明我方的利益所在。

（二）创造价值

此阶段为谈判的中级阶段，双方彼此沟通申明了各自的利益所在，但是以此达成的协议并不一定对双方都是利益最大化。谈判中双方需要想方设法地去寻求更佳的方案，为谈判各方找到最大的利益，这一步骤就是创造价值。

（三）克服障碍

此阶段往往是谈判的攻坚阶段。谈判的障碍一般来自两个方面：一是谈判双方彼此利益存在冲突；二是谈判者自身在决策程序上存在障碍。前一种障碍是需要双方按照公平合理的客观原则来协调利益；后者就需要谈判无障碍的一方主动去帮助另一方顺利决策。

四、商务谈判方案的结构与写作方法

（一）标题

谈判方案的标题既可以采用"事由+文种"的模式，如"关于进口铁矿石的谈判方案"，也可以采用"谈判对手名称+事由+文种"，如"与日本××商社洽谈购买多媒体播放器的方案"，或者只采用"谈判方案"四字作为标题。

（二）正文

1. 前言

前言应写明谈判的总体构想、原则，说明谈判内容或谈判对象的情况。

2. 主体

主体是与谈判有关的具体计划，是商务谈判方案的核心环节。

（1）谈判主题和议题，即谈判的基本目的和宗旨。根据谈判主题确定谈判议题（双方提出和讨论的各种问题），须明确己方要提出哪些问题，要讨论哪些问题。要把所有问题全盘进行比较和分析。

（2）谈判目标，即谈判的方向和要达到的目的，也就是将要签订协议的主要条款，如明确技术、交易条件、价格等方面所要达到的目标。例如：

和平谈判，切实解决日本进口到中国的5840辆日产FP-148货车质量缺陷所造成的直接与间接损失，要求日方派遣专业技术和维修人员处理。维护存在质量问题的货车，如果有可能并在中国培训一批具有该水平的技师。

（3）谈判焦点或者难点，即与谈判目标直接相关的难点，也是双方利益冲突的主要焦点。谈判方案中应当对难点进行充分的预估，明确产生的原因，并拟订有针对性的解决策略。

（4）谈判策略。制订商务谈判的策略，就是要选择能够达到和实现己方谈判目标的基本途径和方法，如报价策略、还价策略、让步或迫使对方让步的策略、打破僵局策略等。

（5）细则议程，即己方参加谈判策略的具体安排，只供己方人员使用，具有保密性。其内容一般包括以下几个方面：谈判中统一口径，对谈判过程中可能出现的各种情况的对策安排，己方发言的策略，谈判人员更换的预先安排和己方谈判时间的策略安排。

（6）谈判程序，即先谈什么、后谈什么、何时休息。

（7）谈判组织，即谈判人数、主谈人、助手、有关专业技术人员、翻译等。

3. 落款

在全文右下方写明执行方案的单位或主管部门的名称，名称下方写年、月、日。另外，凡对方案内容有补充说明意义的材料，应作为附件随谈判一并标出。

 能力训练

根据以下材料拟写谈判方案

雨欣服饰试图进入×市市场，需要在当地媒体进行广告宣传。经了解，《××晚报》

在当地有较广大读者群，雨欣服饰索要广告报价表后，向该报广告部发函提出报价较高，希望能在原价格基础上降低30%，并表示愿意长期合作。《××晚报》广告部同意谈判进一步磋商价格。广告部的谈判目标是将广告报价维持在原价的8.5折以上，并希望长期留住这个客户，能接受的底线是8折且签2年合约。请代广告部拟订谈判方案。

 任务三 ▶ ## 意向书

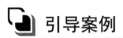 ## 学习要求

了解意向书的文体含义、特点及其类型；掌握意向书的结构和写法，能够拟写不同类型的意向书。

引导案例

开展技术经济合作意向书

瓦房店对外经济发展办公室（甲方）与大连星云有限公司（乙方）协商，经双方同意，确定如下技术经济合作关系：

（一）合作范围

（1）高科技产品研发。

（2）电子产品深加工与综合利用。

（3）外贸出口。

（4）技术咨询。

（二）双方义务

（1）甲方负责提供其资源、项目及资料和项目的落实。

（2）乙方负责提供合作开发项目的技术资料，组织有关技术力量以及协调开发项目的有关关系。协助或代理甲方的产品出口，合作项目产品的出口，甲方所需或双方合作项目所需的设备、技术的引进。

（3）双方确定具体的联络人员，进行经常性的联络工作。

（三）合作程序

由双方商定在适当时间相互考察，根据考察结果，共同商拟双方的合作项目、方式、内容和步骤。

（四）合作方式

双方本着互惠互利、利益共享、风险共担的原则，根据不同的项目采用相应的合作方式。具体合作项目由双方另行签订合同。

（五）本意向书一式四份，甲乙双方各执两份

甲方：瓦房店对外经济发展办公室	乙方：大连星云有限公司
代表：张××	代表：孙××
联系地址：瓦房店市××路	联系地址：大连市××路××大厦 206 室
电话：12345678	电话：87654321
2016 年 5 月 12 日	2016 年 5 月 12 日

学生实习合作意向书

甲方：远洲大酒店

地址：××市工业园区星海街 156 号　　联系电话：12345678

乙方：××职业技术学院

地址：××市东长春路 2 段 12 号　　联系电话：87654321

甲乙双方经友好协商，就乙方学生实习安排事宜，本着精诚合作、互惠互利的原则，特订立合作意向书如下：

（一）乙方在制订学生实习计划时，提前向甲方通告学生的资源情况。甲方也预先向乙方提供远洲大酒店（客户公司）招聘实习生的需求信息、客户公司的相关信息（如薪资待遇、工作时间、住宿条件、交通情况等）。如甲乙双方均有合作意向，则乙方优先考虑按甲方的要求，提供优秀的、数量充足的实习生。

（二）甲方负责对乙方的学生进行考核筛选，并将合格者安排到客户公司实习。

（三）甲乙双方共同负责对学生的实习管理，稳定实习生队伍，确保客户公司的满意度。

（四）本协议一式两份，甲乙双方各执一份，由双方代表签名，盖章后生效。

甲方：远洲大酒店　　　　　　乙方：××职业技术学院

代表签字：郝××　　　　　　代表签字：刘××

日期：2016 年 4 月 2 日　　　日期：2016 年 4 月 2 日

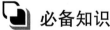 **必备知识**

一、意向书的含义

所谓意向书，是指双方或多方就合作项目在进入实质性谈判之前，根据初步接触所形成的带有原则性、意愿性和趋向性意见的文书。在对对方的资信能力、技术、经营作风充分了解前，对合作项目先签订一个意向书是较为合适的。意向书是双方进行实质性谈判的依据，是签订协议（合同）的前奏，是"协议书"或"合同"的先导，多用于经济技术的合作领域。

意向书是一项源自英美的制度，作为复杂交易，尤其是大型企业并购交易中常用的协商工具，在商事交易中被广泛使用。随着英美企业的对外扩张，加上英美投资银行在世界市场中的绝对优势地位，这项制度也逐渐成为商事交易中的标准化制度，被我国商务界广泛使用。不过因其处于开始协商和达成最终协议两极之间，既不是毫无意义的事实文件，又欠缺正式合同的确定性和约束力。

意向书可以向政府主管部门上报备案，作为立项的根据，同时也可作为合作各方进行实质性谈判的基础和原则性依据。

二、意向书的特点

（一）目标的导向性

意向书是双方为了表示某项合作意愿而签订的文书，可为下一步磋商奠定良好的基础。因此，它只是一种导向性文书，合作目标只求总体轮廓清楚，不求描述具体；合作意向只求大体方向一致，不求进程具体和步骤明确。

（二）条款的原则性

意向书的各项条款必须是就一些重大问题做出原则性的确定，不求一些具体问题分项列款表述，更不涉及具体细则，这样才可能求同存异，取得较为满意的结果，为下一步研讨留有余地。

（三）行文的灵活性

意向书的行文措辞一般比较灵活、原则，以便在条款文字中洋溢一种友好的气氛，同时不至于太拘泥死板。

（四）不具法律效力

意向书不像协议书、合同那样具有法律效力，只起备忘录作用，督促当事人履行自己的承诺。合作意向书签订后，如果某一方不履行自己的承诺，使双方合作搁浅，只是在道义上失信，一般难以追究法律责任。不可把合作意向书等同于合同。

三、意向书的类型

从不同的角度可以把合作意向书分为不同的类别。根据合作双方的地域范围，意向书可以分为国际事务合作意向书、国内省市之间的事务合作意向书，地区之间、部门或单位之间、企业与企业之间都可签订某方面的合作意向书。根据合作内容，意向书可以分为科学文化交流合作意向书、经济技术协作合作意向书、技术设备引进合作意向书、新产品开发合作意向书、工程基建合作意向书、产品购销合作意向书、企业联合合作意向书等。

四、意向书的结构与写作方法

（一）标题

常用标题有三种形式：一是文种式标题，即写明"意向书"三字，这种写法较少；二是简明式标题，由事由和文种两项组成，如"关于合作办学的意向书"；三是完全式标题，一般由合作双方名称、合作项目和文种三项组成，如"×××和×××合作经营××度假村意向书"。

（二）正文

正文由前言（导言）、主体和落款三部分构成。

1. 前言（导言）

前言要写明合作各方当事人单位的全称，写明订立意向书的依据或指导思想，写明商谈时间、地点、合作事项等，继而用"双方就有关事宜，达成如下意向"一类承上启下的惯用语导出主体部分。

2. 主体

主体是意向书所要实现的总体目标的具体化，一般都以分项排列条款的形式来表述，各项条款之间的界限要清楚，内容要相对完整，既不要交叉叠叙，也不要过于琐碎，更不能有所疏漏。最后一般应写明"未尽事宜，在签订正式合同或协议书时再予以补充"一语，以便留有余地。

3. 落款

落款要写明意向书签订各方单位的名称、谈判代表人姓名（并加盖公章或私章）、通信地址、电子邮箱、电话号码及日期。

 能力训练

根据以下材料拟写校企合作意向书，要求内容明确，格式规范

大连海洋大学职业技术学院（甲方）与大连智丰物流公司（乙方）经过友好协商，达成意向：甲方在乙方处建立挂牌基地，乙方也在甲方处建立挂牌基地，通过基地载体为甲方培养学生和为乙方培训员工，实现校企双赢。甲方在乙方挂牌名称为"大连海洋大学职业技术学院大学生技能实训基地"；乙方在甲方挂牌名称为"大连智丰物流公司（厂）员工培训基地"。甲方安排学生到乙方参加实践、实习、实训，教育学生遵守乙方的有关规章制度；乙方为甲方学生实践、实习、实训提供必要条件，并指派相关人员进行技能实践指导的同时，对学生实习、实训情况提出考核评价意见。乙方安排员工到甲方参加专业培训，甲方安排为乙方员工培训提供包括专业教师授课在内的必要条件。

任务四 ▶ 协议书

 学习要求

了解协议书的文体含义、特点及类型；能够拟写不同类型的协议书。

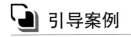 引导案例

协议书

甲方：×××　　乙方：×××

双方于 2016 年 7 月 5 日友好协商，在平等互利的原则下，就合作投资创办×××事宜，达成如下协议：

（一）合营企业定名为×××公司。经营×××。

（二）合营企业为有限公司。双方投资比例为×：×，即甲方占×%，乙方占×%。总投资×××万元，其中，甲方×××万元，乙方×××万元。合作期限定为××年。

（三）公司设董事会，人数为×人，甲方×人，乙方×人。董事长×人，由×方担任，副董事长×人，由×方担任。正、副总经理由甲、乙双方分别担任。

（四）合营企业所得毛利润，按国家税法照章纳税，并扣除各项基金和职工福利等，净利润根据双方投资比例进行分配。

（五）乙方所得纯利润可以人民币计收。合作期内，乙方纯利润所得达到乙方投资额（包括本金）后，企业资产即归甲方所有。

（六）双方共同遵守我国政府制定的外汇、税收、合资经营以及劳动等法规。

双方商定在适当的时间，就有关事项进一步洽商，提出具体实施方案。

甲方代表：×××（盖章）

乙方代表：×××（盖章）

2016 年 7 月 6 日

技术合作协议书

××建筑工程公司（甲方）

××装修设计公司（乙方）

为发挥双方的优势，共谋发展，并为今后逐步向组成集团公司过渡，双方经过充分友好的协商，特订立本协议。

（一）建立密切的技术合作关系，今后凡甲方承接的工程，装修设计任务均交给乙方承担。

（二）乙方保证，在接到任务后，将立即组织以高级工程师为领导的精干设计队伍，在 10 日提出设计方案，并在方案认可后一个月内完成全部设计图纸。

（三）为保证设计的质量，甲方将毫无保留地向乙方提供所需的一切建筑技术资料。

（四）装修施工队伍由甲方组织，装修工程的施工由甲方组织实施。施工期间，乙方派出高级工程师监督施工，以保证工程的质量。

（五）甲方按装修工程总费用的千分之×向乙方支付设计费。

（六）本协议自签订之日起生效。

（七）本协议书一式两份，双方各执一份。

附件：《××建筑装修工程集团公司组建意向书》一份。

甲方：××建筑工程公司（盖章）　　　乙方：××装修设计公司（盖章）

法人代表：××（签字）　　法人代表：××（签字）

2016 年 4 月 8 日

甲方地址：××××××　　乙方地址：××××××

邮政编码：××××××　　邮政编码：××××××

电话兼传真：××××××　　电话兼传真：××××××

银行账号：××××　　银行账号：××××

联系人：×××　　联系人：×××

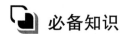 **必备知识**

一、协议书的含义

协议书是社会生活中，协作的双方或数方，为保障各自的合法权益，经双方或数方共同协商达成一致意见后签订的书面材料。协议书是契约文书的一种。是当事人双方（或多方）为了解决或预防纠纷，或确立某种法律关系，实现一定的共同利益、愿望，经过协商而达成一致后，签署的具有同等法律效力的记录性应用文。

二、协议书的特点

（一）合法性

合法性是指协议书的内容、形式和程序都要遵守国家的法律，符合国家政策的要求，才能得到国家的承认和保护。凡是违反国家政策、法令和危害国家、公共或其他人利益的协议都是无效的，当事人是要承担由此而产生的法律责任。

（二）平等互利、协商一致

平等互利、协商一致是签订协议的前提和基础，不同的企事业单位尽管在职能、规模和经营能力等方面有不同的范围，但在订立协议时，彼此的地位是完全平等的，应充分协商、互相尊重。双方取得的权利和承担的义务也应当是对等的。任何一方不得以自己的意志强加于对方，任何其他单位和个人也不得非法干预。

（三）约束性

双方要切实履行规定的义务，信守协议书的约束，协议一经签订，即具有法律约束力。由于故意或自己的过失造成的违约，违约人必须承担赔偿损失的责任。

三、意向书和协议书的区别

（一）性质作用不同

协议书具有约束力，具有法律效力，属契约性文书。意向书没有法律效力，属草约性质。

（二）内容要求不同

协议书的内容较意向书而言要具体，并且有违约责任一项。意向书内容较原则粗略，具体意见和细节尚未考虑好。

四、协议书的类型

（一）经销协议书

经销协议书是一个企业为另一个企业销售产品而订立的且明确相互权利义务关系的书面协议，如某大型超市为某企业销售产品是约定的协议。

（二）委托协议书

委托协议书是委托人和受委托人约定，由受托人为委托人处理事务的书面协议书。其主要特征是受托人以委托人的名义，为委托人处理事务，由委托人承担法律后果，当然受托人不能超越委托人授予的权限。

（三）代理协议书

代理协议书是企事业单位与代理商之间就双方共同目标、双方权利义务关系、业务关系等进行协商后达成的书面协议。

除以上提及的协议书外，还有许多协议书，如补充协议书、调解协议书、税收协议书、租赁协议书、变更或解除合同协议书等。

五、协议书的基本格式

（一）标题

标题要写明协议书的性质，如"赔偿协议书""代理协议书""委托协议书"等，也可以只写"协议书"三字。

（二）当事人

在标题下，正文之前，写明拟签订协议各方当事人单位或个人的名称，并在立约各方当事人名称之后注明一方是甲方，一方是乙方，便于在正文中称呼。

（三）正文

协议书的正文包括签订协议书的原因、目的和双方商定的具体内容。签订协议书的原因、目的是正文的开头部分，即导言（前言）；导言在交代完签订协议的目的、原因、依据之后，紧接着可用程式化语言，如"现对有关事项达成协议如下"，转入双方商定的具体内容，这是协议书的主体部分。主体要求就协议有关事宜做出明确的、全面的说明，尤其要着力写好协议双方的权利和义务。

主体部分大多用条款罗列，不同类型、不同性质的协议书所包括的条款也不一样，都由双方协商的结果而定。接着是结尾，如"本协议的书面形式是手抄件或打印件、份数、有效期、保存人或单位等"。

（四）落款

落款是指签名和日期，协议书最后必须写明签订协议双方单位和负责人的名称，并加盖公章。若有中间人的，中间人也要签字盖章；内容重要的协议书，邀请公证处公证，并签署公正意见、公证人姓名、公正日期，加盖公证机关印章。最后写上签订协议的日期。

 能力训练

根据以下材料拟写合作协议书，可在内容上作合理增删

启航文化传播有限公司为宇飞贸易公司在《大连日报》、大连百姓网、《大连晚报》上刊登广告提供制作和发布广告的服务。宇飞贸易公司在广告发布截稿日前，通过电汇或邮寄方式将款项汇至启航文化传播有限公司账户。宇飞贸易公司负责提供广告资料及素材，乙方按宇飞贸易公司要求负责制作。

任务五 ▶ 经济合同

 学习要求

通过学习经济合同，了解经济合同订立的原则，认识合同的主要条款，掌握订立合同的写作要求，能够订立权利与义务对等的规范合同。

引导案例

工业品买卖合同

出卖人：广州市××电子科技有限公司　　（简称卖方）
买受人：广东省××技术职业学院　　（简称买方）
合同编号：A060438
签订地点：广州市海珠区江南西路×××号广东省××技术职业学院
签订时间：2016 年 5 月 12 日上午 10：20
第一条　标的、数量、价款及交（提）货时间（见下表）。

标的名称	牌号商标	规格型号	生产厂家	计量单位	数量	单价	金额	交（提）货时间及数量	
								合计	时间
多媒体液晶投影仪	Epson	EMP-1710	爱普生（中国）有限公司	台	8	RMB 17900	RMB 143200	8 台 RMB 143200	2016 年 5 月 20 日
合计人民币金额（大写）：壹拾肆万叁仟贰佰元整									

第二条 质量标准：亮度：2700 ANSI 流明/2100 ANSI 流明 标准模式/环保模式 对比度：800：1 符合 ISO 21118 标准。

第三条 出卖人对质量负责的条件及期限：整机二年保修。

第四条 包装标准、包装物的供应回收：以出厂产品的包装为标准。

第五条 随机的必备品、配件、工具数量及供应办法：以产品说明书的规定为准。

第六条 合理损耗标准及计算方法：无。

第七条 标的物的所有权自 5 月 20 日时起转移，但买受人未履行支付价款义务的，标的物为出卖人所有。

第八条 交（提）货方式及地点：卖方负责把买方所购投影仪送到广州市××技术职业学院电教室。

第九条 运输方式及到达站（港）和费用负担：送货费用由卖方负担。

第十条 检验标准、方法、地点及期限：以产品能够正常运行为验收标准。

第十一条 成套设备的安装与调试：卖方负责为买方调试产品。

第十二条 结算方式、时间及地点：以银行支票结算，在产品验收合格、调试正常后付清。

第十三条 担保方式（也可另立担保合同）：无。

第十四条 本合同解除的条件：如在规定时限内无法正常供货，卖方应提前三天告知，合同解除。

第十五条 违约责任：卖方不能正常供货，每拖欠一天，按货款总额5%赔偿买方；买方在没有卖方认可的情况下，不能及时付款，每天按货款总额5%赔偿卖方。

第十六条 合同争议的解决方式：本合同在履行过程中发生的争议，由双方当事人协商解决；也可由当地工商行政管理部门调解；协商或调解不成的，按下列第二种方式解决：（一）提交_____仲裁委员会仲裁；（二）依法向人民法院起诉。

第十七条 本合同自双方正式签订之日生效。

第十八条 其他约定事项：如产品出现故障，由买方负责送到卖方处，按照第三条款保修。

出卖人	买卖人	鉴（公）证意见：
自卖人（章）：广州市××电子科技有限公司（印章）	买受人（章）：广东省××技术职业学院（印章）	
住所：广州市天河区石牌百脑汇数码城三楼×区 3××号	住所：广州市海珠区江南西路×××号	
法定代表人：李×生	法定代表人：王×凤	
委托代理人：陈×芳	委托代理人：刘××	
电话：02-85××2345	电话：020-814××698	
传真：020-85××2346	传真：020-814××699	经办人：
开户银行：工商银行广州分行石牌支行	开户银行：工商银行广州分行芳村支行	鉴（公）证机关（章）
账号：567089012034	账号：120463409842	
邮政编码：510560	邮政编码：520856	年 月 日

监制部门：广东省工商行政管理局　　　　　　　　　　　　印制单位：××××××

 **必备知识**

一、合同的含义

什么是合同？《中华人民共和国合同法》（以下简称《合同法》）第二条规定："本法所称合同是平等主体的自然人、法人、其他组织之间设立、变更、终止民事权利义务关系的协议。"民事权利义务关系按照我国《民法通则》的规定，大致可分为两类：一是财产关系类；二是人身关系类。《合同法》调整的是当事人之间的财产关系，而涉及婚姻、收养、监护等人身关系，适用于其他的法律规定。

二、合同的特点

1. 合同是一种民事法律行为

民事法律行为是民事主体实施的能够引起一定民事权利、义务变动的合法行为。合同是民事法律行为，因此合同当事人做出的意思表示应当是合法的，合同的订立过程也应当是合法的。只有具备了合法性，合同当事人的权利义务才能得到法律的保护。

2. 合同是一种协议

合同的本质是一种协议，是一种合意的结果。因此，合同的构成必须具备以下三个条件：①合同必须是两个或两个以上的当事人所达成的；②当事人做出设立、变更、终止其民事权利义务的意思表示；③当事人的意思表示达成一致。只有三者具备，合同才能成立。

3. 合同的目的是设立、变更、终止民事权利义务关系

所谓设立民事权利义务关系，是指当事人通过订立合同设定某种民事权利义务关系。所谓变更民事权利义务关系，是指当事人通过订立合同，使原有的合同关系在内容、当事人上发生变化。所谓终止民事权利义务，是指当事人通过订立合同解除原本存在的民事关系。

三、订立、履行合同应当遵循的原则

（一）平等原则

《合同法》第三条规定："合同当事人的法律地位平等，一方不得将自己的意思强加给另一方。"平等原则规定各当事人享受一种起点上的平等，主要表现为三个方面：主体的权利能力平等；当事人的法律地位平等；主体受法律保护的平等。

（二）自愿原则

《合同法》第四条规定："当事人依法享有自愿订立合同的权利，任何单位和个人不得非法干预。"自愿原则就是合同的自由原则，主要包括以下内容：缔结合同的自由；选择合同相对人的自由；决定合同内容的自由；变更和解除合同的自由；决定合同方式的自由。

合同的自由不是绝对的自由，而是在法律、法规、社会公德约束下的自由。

（三）公平原则

《合同法》规定："当事人应当遵循公平原则确定各方的权利和义务。"公平原则是道德规范的法律化，以此实现对当事人行为进行道德和法律的双重调整。公平原则对当事人享有的自由做了限制，要求以利益的均衡性来调整当事人之间的利益关系，通常是用等价有偿原则来衡量合同是否公平，只要一方当事人得到另一方的商品或服务，向其支付了相应的代价，达成利益的相对均衡，便可认为符合公平原则。

（四）诚实信用原则

《合同法》第六条规定："当事人行使权利、履行义务，应当遵循诚实信用原则。"该原则将道德规范和法律规范合为一体，兼有法律调整和道德调节的双重职能。诚实信用原则是强制性原则，不允许当事人以约定加以排除。在市场活动中，人们要讲信用、诚实不欺，在不损害他人利益和社会利益的前提下追求和实现自己的利益。

（五）遵守法律、尊重社会公德和公共利益原则

《合同法》第七条规定："当事人订立、履行合同，应当遵守法律、行政法规，尊重社会公德，不得扰乱社会经济秩序，损害社会公共利益。"该规定要求当事人在订立、履行合同时，要尊重社会公德，不得违反法律、行政法规，损害社会公共利益。违反这一原则的合同为无效合同。

（六）强制力原则

《合同法》第八条规定："依法成立的合同，对当事人具有法律约束力。当事人应当按照约定履行自己的义务，不得擅自变更或者解除合同。依法成立的合同，受法律保护。"合同一旦达成，其约束力自合同生效时起就发生，当事人应当依法遵守合同。违反这一原则，将要承担因此而导致的赔偿、处罚等法律后果。

四、合同的类型

合同的种类较多，按合同内容分，有买卖合同，供用电、水、气、热力合同，赠与合同，借款合同，租赁合同，融资租赁合同，承揽合同，建筑工程合同，运输合同，技术合同，保管合同，仓储合同，委托合同，行纪合同，居间合同等；按合同的形式分，有书面形式和口头形式；按合同是否具有法定名称分，有无名合同和有名合同（无名合同是指未列入《合同法》分则所规定的合同，但依然受《合同法》总则的调整；有名合同是指《合同法》分则所规定的合同）。

五、合同的结构与写作方法

写作合同是一项经济活动的重要环节，它是当事人在经济活动中权利义务的具体表现，只有在合同中准确表达各方当事人的意愿，才能真正实现当事人的权利义务，保证经济活动的顺利进行。因此，能否掌握合同的内容和结构，是在写作中能否准确表达当事人意愿的关键。

（一）合同内容

《合同法》第十二条规定："合同内容由当事人约定，一般包括的条款有：当事人

的名称或者姓名和住所；标的；数量；质量；价款或者报酬；履行期限、地点和方式；违约责任；解决争议的方法。"现将条款内容分述如下：

1. 当事人的名称或者姓名和住所

法人、其他组织在订立合同时，要写明法人、其他组织的名称、经营场所或住所，法定代表人或负责人姓名。自然人在订立合同时，要写明姓名、住址，外国人在订立合同时，要写明所属国的国籍、姓名、住所。个体工商户、农村承包经营户在订立合同时，应写明个体工商户业主和农村经营承包户户主的姓名、住址。当事人的名称或者姓名应以依法注册、登记的为准。法人住所是法律确认的主要办事机构所在地，公民的住所是经法律确认的、固定的常住地。

2. 标的

标的是指合同双方当事人权利义务共同指向的对象。标的随合同种类的不同而不同，可以是货物、货币、工程项目、劳务等。标的是合同成立的必要条件，没有标的的合同是不能成立的。

3. 数量

数量是标的的计量，是衡量标的大小、多少、轻重的尺度。标的的数量必须以法定计量单位和计量方法来确定，无法按照法定计量单位和计量方法确定的，则由双方商定。

4. 质量

标的的质量是指标的的内在品质和外观形象的状况，合同必须详细列明标的的名称、品种、规格、型号、等级、质地等具体内容。标的质量的确定，有国家或行业标准的，应按国家或行业标准；没有标准的，则由双方商定。

5. 价款或者报酬

价款或者报酬是指当事人一方向交付标的的另一方支付的以货币为表现形式的代价。在以物为标的的合同中，这种代价被称为价款；在以智力成果、劳务为标的的合同中，这种代价被称为报酬或酬金。

6. 履行期限、地点和方式

合同的履行期限是指当事人履行合同的时间限度。它直接关系到合同义务的完成时间，是确定违约与否的因素之一。

履行地点是指交付或提取标的的地方。它是确定验收地点的依据，是确定运输费用由谁负担、风险由谁承担的依据。

履行方式是指当事人采用什么方式履行合同义务，包括标的的交付方式和价款的结算方式。

履行期限、地点和方式，对明确当事人的权利、义务和责任有重要意义，因此应当在合同中明确规定。

7. 违约责任

违约责任是指违反合同义务的当事人应承担的法律责任。违约责任由当事人在法律规定的范围内约定，如违约致损的计算方法、赔偿范围等，通过约定违约责任，有利于双方认真履行合同。

8. 解决争议的方法

解决争议的方法是指双方因合同的订立、履行等发生争议时的解决方法。具有法律效力的解决方法有两种：一是仲裁，当事人之间的争议由仲裁机构居中审理并裁决；二是诉讼，当事人之间的争议由法院居中审理并裁决。

9. 特定条款

特定条款是指根据合同性质而必须具备的条款，或者是当事人要求规定的条款。特定条款与《合同法》所列明的主要条款具有同等的重要作用，如买卖合同中的货物包装条款、验收条款、合同使用的文字及其效力的条款等，应当明确规定。当事人要求的条款，必须双方协商一致，才能成为合同的条款。

（二）合同结构

国家工商部门按照合同类别，制定了统一的合同参照范本，一般来说，合同结构有标题、开头、正文、结尾、落款五个部分。

1. 标题

标题写在合同的首行正中位置，其结构是"标的种类+合同种类+文种（合同）"。例如"工业品买卖合同"，标的种类是工业品，合同种类是买卖类，文种是合同。再如"物业管理委托合同"，物业管理是标的种类，委托是合同种类，文种是合同。

2. 开头

开头部分要写明立合同人、合同编号、签订地点、签订时间等项。立合同人必须用全称标示双方的法定名称，自然人则标示经注册登记的姓名。买卖合同的双方身份被称为出卖人（可以简称为卖方）和买受人（可以简称为买方）。不同的合同类别，双方身份的称谓不同，如建筑合同多用"发包方（甲方）"和"承包方（乙方）"来表示；借贷款合同，不仅有贷款方（甲方）、借款方（乙方），还可以有保证方（丙方）。合同编号通常是发出要约一方按管理需求所编制的序列号。签订地点是合同成立地点，是双方共同签字盖章的地点，如双方签字盖章不在同一地点，则以最后一方签字盖章的地点为合同成立地点。签订时间是双方签字盖章的时间，应当与签订地点保持时空一致，不能提前或推后。

3. 正文

正文内容一般包括前言和主体两部分。前言通常以一句或一段话语说明立合同的依据、目的、过程和结果，如"按照《中华人民共和国合同法》的有关规定，结合本工程的具体情况，双方达成以下协议""本合同由买方和卖方商定，双方同意按下列条款买卖下述商品"。合同条款为章条式排列的，一般不用前言，而是在第一章总则中说明。合同为表格与条款相结合的格式，前言往往省略（参见例文）。

正文是合同书的主体，要按照《合同法》的基本规定，根据双方的权利和义务，结合实际情况，准确、具体地列明各项条款。条款式合同要将双方协商一致的内容逐条列出；表格式的合同要逐项填写达成的内容。

4. 结尾

结尾部分主要写明合同的生效日期、有效期限、补充协议的规定、份数、保管者、附件等。

5. 落款

合同的落款要按照《合同法》的规定，列明双方当事人的法定名称和地址、法定代表人、委托代理人、电话、传真、开户银行和账号、邮政编码等。双方商定需要公证的，则要列明公证机关意见、经办人姓名、公证机关印章和公证日期。

六、写作合同的注意事项

合同撰写是一项细致深入的工作，只有经过双方当事人反复推敲、商定，才能使合同成立，实现依法履行合同、维护双方权益、促进经济发展的目的。为此，应当注意以下要求：

（一）做好资信调查

在签订合同前，当事人双方都应当做好有关方面的资信调查，注意当事人是否具有法定资格和条件，其在银行的资信状况等。委托代理人签订合同时，应注意其代理行为是否有效。

（二）依法商定、审核

双方当事人在商定、审核合同条款时，应当依据《合同法》和有关法律法规来进行，切实遵守《合同法》规定的基本原则，明确双方的权利和义务，依法签订合同，这样才能最大限度地保证权益，依法完成商务活动。

（三）内容明确、具体

合同一经签订，就具有了法律效力，当事人必须按照合同履行双方的权利义务，所以合同条款必须明确、具体地做出规定，才能真正实现合同的目的。例如，标的是工矿产品，产品应当注明名称、牌号、商标、生产厂家、等级、规格、型号和花色品种等。

（四）文字严谨、准确

签订合同前，必须以谨慎的态度来研究合同，对合同的字词、标点认真推敲，力求条款规定完备，意思表达准确。在参照国家推荐的合同范本时，依然要认真推敲字词，不可掉以轻心。例如，"订金"与"定金"同音，但形、义不同。定金是指合同双方当事人约定的，为保证合同履行，由一方预先向对方给付的一定数量的货币或其他替代物。其作用是违约担保，给付方如果不履行合同，无权要求返还定金；收受方如果不履行合同，应当双倍返还定金。"订金"就没有这种违约担保的规定，只能作为预付款对待。

 能力训练

一、什么是合同？
二、订立、履行合同应当遵循哪些原则？
三、合同的主要条款有哪些内容？
四、合同例文中哪些是工业品买卖合同的特定条款？
五、根据材料撰写一份合同

××学院因教学培训需要，计划购买 60 台电脑，经过投标竞价，最终选定了长城电脑集团生产的长城嘉翔系列台式电脑，由广州市太平洋电脑城三楼 B 区××号的长城品牌代理商宇××科技贸易公司供货。经过协商谈判，最终商定每台价格 4000 元，基本配置如下：

型号：嘉翔 A−A306T　　处理器：Intel Pentium 4 5062.66G　　内存：DDR256M

硬盘：80 G/7200 转　　光驱：16X DVD−ROM　　显示器：17 寸 LCD

显示卡：集成高性能显卡　声卡：集成 AC97 声卡　　网卡：10~100 M 网卡

机箱：立式　　　　　　键盘/鼠标：手感键盘/光电鼠标

　　请按照签订合同的要求，根据所提供的材料，订立合同条款，保证和维护买卖双方权益。

项目四　经济信息传播类文书

任务一 ▶ 启事

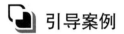

学习要求

通过学习，了解启事的特点、种类，掌握各类启事的写作。

引导案例

寻物启事

本人不慎于元月二十五日乘七路公共汽车时，将工作证、驾驶证、部队复员证、复员介绍信遗失。有拾到者请与××机械厂机修车间×××联系，必有重谢。电话：×××××××××××。

启事人：×××

××××年×月×日

评析： 该启事语句通畅、要件齐全、样式规范，但也有不少欠缺的地方：一是遗失地点最好写详细一些，是在哪个站台或从哪到哪的一段公交路程上遗失的；二是那些证件应该装在一个包里，要把包的特征写清楚；三是"机械厂机修车间"等的描述可能多余，因为工作证上应该会写明。

寻人启事

吴小雪，女，18 周岁，身高 1.6 米，瓜子脸，肤白，大眼睛，气质高雅，身穿浅红色连衣裙，白色皮凉鞋。于 7 月 14 日离家，至今未归，家中人十分想念她。本人若见到此启事，请尽快同家人联系，一切回家后好说。若有知其下落者，请与×××大学××系其父吴家俊联系，联系电话：×××；或请与××市×××路派出所联系，联系人：赵小刚，电话：×××。一定重谢。

××××年×月×日

评析： 该寻人启事把走失人的特征和联系方式写得很详细、很清楚，略去走失原因不写，注意到了对两种受文对象的诉说，这些都是写得比较好的地方。但有个地方似乎欠考虑，那就是走失人的姓名和写启事人姓名，如果不是万般无奈，没必要把姓名写得那么真实、完整，初次发寻人启事，只写某女就可以了，后面也只要留电话联系方式就行了。

××中学校庆启事

××省××县××中学定于二〇一六年×月×日隆重举行建校 60 周年庆典，敬请海内外历届学子及曾在本校工作过的教职工互相转告。

为编写校友录和便于联系，希各位校友见此启事后，尽快向学校寄信，写明姓名、性别、毕业时间（高中、初中、班名）、现工作单位、职务（称）、成就、通信地址、电话等情况。

学校热忱欢迎各位校友届时返校同庆。

联系人：赵×× 李×

邮编：×××××

电话：××××-2222333

评析： 该校庆启事语句简洁，内容完整，讲清了庆典事件，讲清了校友的概念，也讲清了需要校友做的事情。启事达到了四个诉求目的：一是向公众（校友）宣布庆典；二是希望校友相互转告；三是希望校友届时光临；四是要求校友写信给学校。文中的不足之处："学校热忱欢迎各位校友届时返校同庆"这句话应接在"互相转告。"后面；最后应写几句鼓动性的话语。

××市人民医院院徽征集活动鸣谢启事

我院的院徽征集活动日前已经圆满结束，现向参加征集活动的设计者、社会监督员、职代会代表，以及在征集活动中给予关心支持的社会各界人士、激情参与的全院职工表示衷心感谢！

特此鸣谢！

××市人民医院

2016 年 8 月 15 日

评析： 该启事就三句话，把鸣谢的缘由、对象和心意都表达了出来。但是，由于句子太简洁了，似乎鸣谢的因由和情意都不够充分，应该将征集院徽活动的成效和意义阐述一下，这样就能让大家看到医院的得益和对象的贡献，从而也就能真诚表现出医院的谢意。

国庆征文启事

为了欢度国庆，推动职工业余文艺创作，我们决定在国庆节前夕出一期《国庆专刊》。内容要求歌颂祖国、歌颂中国共产党，反映我们厂改革开放以来的巨大成就和职工新的精神风貌。稿件力求短小精悍、形式不拘，诗歌、散文、报告文学、小说等均可。希望同志们积极支持，踊跃投稿。稿件请于本月25日之前投入稿箱或交给各部门学习组长。

先锋冶炼厂宣传部

2016 年 9 月 20 日

评析：该启事内容比较完整，把征文的缘由、要求、方法都交代清楚了。比较好的地方还有：缘由不只写出《国庆专刊》，还写了出专刊的意义；征文要求分内容和形式两点写，较为全面。不足之处是没有写清稿件被采用后的一些奖励办法，如稿酬、评奖等，如果有的话是有必要写的，可以提高征文效果。

招聘启事

××机电有限公司成立于 1999 年，主营变频器、减速机、各类电机及 PLC 触摸屏等传动产品，现因公司发展需要诚招业务代表。欢迎您的加入，愿您的加入给公司带来新活力，我们也将为您提供广阔的发展空间。

招聘要求：高中以上学历，有较强的沟通能力和应变能力，具有团队意识和较高的情商及逆商，有相关工作经验和知识者优。

工资待遇：试用期（1～2 个月）2800 元/月，试用合格后底薪 3000 元/月+提成（销售额 1%）。

报名办法：发邮件至 112233cm@163.com，或致电 0760-33332222 邵小姐。

××机电有限公司

2016 年 10 月 10 日

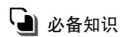 必备知识

一、启事的含义及特点

启事是个人或机关、企事业单位、团体需要向公众或公众中的特定对象说明某事或请求协助办理某事时使用的一种事务文书。

启事是以公开方式广泛传播信息的文字材料，是人们日常生活、工作中使用较为普遍的应用文种。"启"是叙说、陈述的意思，"启事"即告知事情的意思，所以"启事"不能写为"启示"。

写作启事的主体主要是个人，少部分是单位。在个人使用时，它的应用范围十分宽泛，凡需公之于众的事项，都适用于"启事"；在单位使用时，启事的使用范围要狭小得多，公务性、管理性较强的事务要告知公众时，另有专门对应的文种，如通告、公告、布告、广告、通知等。

启事具有以下特点：一是公开性。启事通过传媒向社会广泛发布，无秘密可言。二是事项单一性。启事的事项要求单一，不掺杂无关的内容。三是期望性。启事不是行政公文，没有行政约束力，它只期望得到人们的了解、支持和协助，而不强制读者承担责任和义务。

二、启事的作用

启事的主要作用，表现在它能在多种情况下实现信息交流。

（一）向众多对象陈述信息

当某个信息涉及众多的相关人员时，为图简便、省事，就用启事这种集约方式告知。这类启事的告知对象是明确的，但由于数量众多，或通信不便，一一告知有相当的困难，在媒体上用启事告知，其信息可以迅速、广泛地传扬。例如，某学校要校庆，要让遍布各地的校友得知消息，就得到报纸上刊载启事。企事业单位遇到告知对象众多这类情况时，如果事情重大，会用通告；如果事情细小，或者想低调处理，则用启事。

（二）向隐没对象陈述信息

当某个告知对象不知踪迹，隐没在茫茫人海中时，启事就可以大海捞针。寻访对象有可能是作者本来认识，现在处于音讯杳然阶段，如某些寻人启事中的对象；也有可能是作者本来并不认识该对象，而现在要依据某个特征去寻找，如招领启事中的寻访。由于启事张贴在街头巷尾，或由广播、电视或报纸等媒体广泛传播，所散发的信息就会捕捉到所要告知的对象。这类启事也许真正的告知对象只有一两个人（有时就单以这一两个人为诉说对象），但具有众多的表面告知对象（知情者），这些表面对象会主动传递信息，增强启事的传扬效果。

（三）向潜在对象陈述信息

如招聘启事、招生启事、征文启事、征婚启事等具有征召性质的启事，所告知的对象是不确定的，发布者根本就不知道他们姓甚名谁、身处何方，只要符合某些特征或条件，他们就属于征召对象或寻访对象。启事中所列写的特征和条件是比较宽泛的，也许有一大批人具备征召特征和条件。这在征婚启事中表现得最为明显，该类启事诉求的对象很多，但真正要选取的只有一个。

（四）表示郑重声明

有些报上刊载的启事，并没有真正的诉说对象，它的对象只是一个抽象的概念——公众。声明类启事大多如此。之所以要将某个信息公之于众，是因为这个事实非常重要，启事撰写者觉得须得到社会的鉴证、验证和认可，有见证于社会、取信于社会、立誓于社会的意思。例如，断绝关系的声明，是为见证于社会；关于正宗品牌的声明，是为取信于社会；宣布缔结关系的声明，是为表述一个强烈的誓愿。

（五）表示深挚情意

有些启事，如鸣谢启事、致歉启事、恭贺启事、志哀启事等，它们不是表述一件事情，而是表达一种情感。这类启事大多有明确的写作对象，而且有当面致意、一一致意的可能。撰写者之所以要以启事的方式公开、广泛地倾诉，目的是达到加强致意的效果，让人觉得其所传达的情感更为真诚、深切、强烈。写作这类启事多出于社会交往的礼仪需要，所以文中用词典雅，多传统的套话。例如，恭贺新婚的启事，就这样写："恭贺××先生、××小姐结秦晋之缘，共百年之好。"这类启事多刊载在比较正规的媒体上。

三、启事的种类

按写作启事的目的分，启事有十多种，重要的如下：

（一）寻找类

写寻找类启事的目的是寻找遗失的物品或走失的亲人，如寻物启事、寻人启事等。寻物启事一般张贴在物品（可能）丢失的地点，或捡拾者可能出现的住处和路口。寻人启事的受文对象可能是被寻人自己，也可以是其他知情人。

（二）招领类

招领类启事是因发现他人遗失的物品或发现他人走失的亲人而写的启事。写启事的目的是希望物归原主或走失人回到亲人身边。

（三）征求类

写征求类启事的目的是征收到某种物品或征求到某种人员，如征稿启事、征物启事、招聘启事、征婚启事等。

（四）聚会类

写聚会类启事的目的是邀集亲友、校友、会友、社会同仁集会到一起共同举行某种活动，如校庆启事、厂庆启事、婚礼启事、祝寿启事等。

（五）通知类

厂家、店铺、机关团体的办公地址或个人住址等更换时，如认为有必要向社会公开告白，也常采用发表启事的方式；对已公布出的事项作某些文字或表述上的更正，也可使用启事。

（六）声明类

声明类启事用于寻找遗失证件、支票，更换厂名、印章，社团成立、新店开张，等等。发启事告白社会有关方面，以作为作废声明或变更声明。

（七）陈情类

有些启事是陈情的，如道歉启事、鸣谢启事、祝贺启事等。用启事公开道歉更为郑重其事，用启事公开道谢更为情深意切，用启事祝贺更为热烈隆重，后两者也兼有表彰、宣传之意。

（八）海报类

海报也是一种启事，多用于宣传娱乐性活动，如说书、电影、电视、讨论、演讲、球赛、联欢会、舞会等。它的特点是娱乐性、自愿性、集体性、艺术性，一般都以张贴的形式发布。

以上八类，可以分作两个类型：前四类为请求协作型，写启事的目的是希望得到别人的帮助和配合，这类启事的事务性、实用性很强；后四类为声明知照型，写启事的目的仅是让别人知晓某件事或某种心意，不需要别人采取相应的行为，这类启事多带有公关宣传性质。

四、启事的写法

(一) 格式

1. 标题

启事版式中间写"××启事",如"寻物启事"。去掉"启事"二字,单写目的亦可,如"寻公文包",但单写"启事"不是很妥当,因为别人从题目中得到的信息太少,不太会引起注意。

2. 正文

直接写正文,不必像写信一样写出受文对象,因为启事属周知性告示,没有明确的受文对象。正文一般不分段落。

3. 结束语

启事后面不写祝颂语,可写"谨此启事"四字。如果是鸣谢启事,则写"谨此启事以感谢";如果是道歉启事,则写"谨此启事以致歉"。

4. 落款

个人写"启事人:×××",单位直接写单位名称;再加上写作时间。

(二) 内容

启事正文的内容如下:

1. 请求协作型启事的内容

(1) 写明自己发生什么事。这部分要写好事件的时间、地点、相关物品的特点等,原因不要过多写。例如:"因本人不慎,今天上午在学校食堂遗失手提包一只,内装钱包一个、手机一部以及若干考研资料。"

(2) 写明要求别人怎么做。重点写要求、做法以及做后的回报条件等。例如:"望拾到者尽快归还本人,请打电话 2642110 联系,本人将赠送 100 元手机充值卡以示酬谢!"

2. 声明知照型启事的内容

(1) 写明事件的背景缘由。例如,迁移启事中写道"因为要满足市政工程需要"等。

(2) 写明知照事项。写明需要别人知道的事情,如迁移、更名、感谢、道歉等。

(3) 写明关联事项。写明与知照事项相关的次要事项,如"更改商标启事"中的"务请认准××图案的商标,谨防上当受骗"这些话就属于关联事项;再如"开业启事"中的"新开张,部分商品优惠供应三天"这些话也属于关联事项。

五、启事写作的注意事项

寻物启事、寻人启事要把相关人或物的特征写明,便于别人鉴别和验证,防止领取时出错。要着重写外在的、大家很容易注意到的特征,如写什么颜色的包比写什么皮质的包更管用。

招领启事写物品特征要有所保留。招领启事中写物品特征既不能太笼统,也不能太详细。太笼统了,丢失物品的人就难以判断;太详细了,容易被人冒领。但是,如果物品中有足以鉴别的物品,如证件,则可详细写招领物品的特征。

征招类启事要注意宣传鼓动。这类启事不能满足于说清事情，还要通过述说事件的意义等追求一种劝说效果。

海报要注意艺术性。海报本来就是多用于艺术活动的，所以海报在语言上也应体现艺术性，多用修辞手法，追求生动、形象、典雅的效果。

请求类启事要注意礼节。既然要请求别人协作，那就必须礼貌待人，否则就达不到写启事的目的。

 能力训练

一、修改下列二则启事

好消息——家教

贵家长：

工作繁忙之余，您关心您的孩子吗？您孩子的学习成绩如何？××学院家教中心的学子们，秉承着奉献精神，竭诚愿意为您的孩子服务，为您孩子的学习成绩添砖加瓦，锦上添花。

××学院家教中心

招领启事

我们在月台上捡到一个小孩，小孩脚穿一双红袜子，请失主速来车站办公室领取。

车站办公室

二、写作训练

1. 粤北冶金机械厂驻沪办事处原在中山东一路 3187 号，因离市中心较远，于 5 月 8 日起搬至衡山路 815 号，电话号码为 679328。请代该办事处写一则启事，贴在办事处原址门口。

2. "东风炼铁厂""星火炼钢厂"和"大逐轧钢厂"三个单位，经上级公司研究决定加以合并，合并后厂名改为"建华钢铁厂"，并从 2006 年 5 月 28 日起启用建华钢铁厂新公章。开户银行改为工商银行大名路办事处，账号是 7489625。请代建华钢铁厂拟写一份准备登报的启事稿。

任务二 ▶ 简报

 学习要求

了解简报的文体含义、特点及类型；掌握简报的结构与写法。

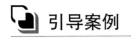 引导案例

工作简报

第 24 期

××省证券期货业协会秘书处

2016 年 7 月 20 日

××省证券期货协会举办 2016 年辖区证券营销管理人员培训班

为提高辖区证券营销人员对法律法规、规章制度的认识，强化规范执业、诚信展业的合规意识，进一步提升业务素质和服务水平，××省证券期货协会于 2016 年 7 月 17~18 日在××宾馆国际会议厅举办了辖区营销管理人员培训班，辖区内证券营销管理人员共计 208 人参加了培训。

××省证券期货业协会郑××会长到会并发表了讲话。郑会长指出，协会按照证监局提出的工作思路，从加强监督检查、落实诚信信息记录、开展培训以及行业文化建设等各个方面入手，持续深入地开展自律管理工作，引导会员机构从价格营销向服务营销的转变，取得了一定的成绩。同时也存在一些问题，主要有：（略）。最后，郑会长希望大家都珍惜自己的职业生涯，对以上问题有则改之、无则加勉，在利益面前始终保持清醒的头脑，把握好自己的业务方向，以规范促发展，以诚信创品牌，为老百姓的财富增长、为证券市场的健康发展贡献我们的力量。

本次培训得到了省证监局的大力支持，机构处袁××为大家讲授了"证券营销人员职业合规要求"课程，并解读了《关于加强证券经纪业务管理的规定》和《操纵证券市场和内幕交易的立案追述标准（修改）》的要点。袁处长在讲解中结合真实案例进行分析，从根本上提高了大家合规经营的意识。

此外还特别邀请到了资深讲师邬××先生讲授"证券公司营销策划"课程。

培训的最后就本次培训内容进行了考试，208 名参训人员全部合格。

培训结束之后，通过《培训反馈表》了解到，学员对本次培训的组织满意度达99%，对培训内容整体满意度超过93%。希望协会以后再针对类似学员组织提高班，就"管理技能""沟通技巧""创新思维"这三类课题进行培训。

抄报：××省证监局，中国证券业协会。

抄送：各会员单位，辖区内法人公司。

2016 年 7 月 20 日印制

水利设施管护简报

第 12 期

浙江金华市水利局办公室

2016 年 5 月 16 日

金华建立农民水务员队伍成功破解村级水利设施管护难题

为解决农村基层水管人员缺失、村级水利设施无人管的难题，近年来，浙江省金华市采取财政补贴，在所辖婺城、金东区和市经济开发区 1126 个行政村通过设置村级农民水务员，落实了村级涉水事务的管理主体和责任，为村级水利设施良性运行奠定了坚实的基础。其主要做法如下：

一是从严选聘农民水务员。农民水务员以行政村为单元，每个行政村配置一名农民水务员。农民水务员自愿报名，村"两委"择优推荐具有初中以上文化，且常年在家务农，热爱水务工作，有责任心，能够承担水务各项任务的村民，并在村内张榜公示，送乡镇（街道）审批，报区水务局审核并备案。

二是财政按月发放补贴。市、区两级财政各按每人每月 100 元的标准补贴村级农民水务员，年终考核为"优秀"的，年终还将给予奖励。同时，还统一为村级农民水务员配备了必要的工作用具，办理了意外伤害险。

三是持证上岗。选聘的农民水务员必须经过防汛抗旱基本知识、水利工程日常维护、农村饮用水管网巡查、水行政执法等知识和技能培训，培训合格后持证上岗。

四是明确职责。市水利局、财政局负责制订农民水务员队伍建设实施意见；区水务局、财政局负责农民水务员的上岗培训；区水务局、乡镇（街道）水管员负责农民水务员技术指导；农民水务员负责村级公共水利设施（村级渠道、山塘、泵站、堰坝、河道和饮用水管网）的日常巡查、管理和维护，农村节水工作和水资源保护，农村水利突发事件应急处置和上报等工作；村"两委"负责农民水务员的管理和考核，并与农民水务员签订管护责任书。

实践证明，农民水务员队伍的组建，从机制上解决了农村水利设施主体不明、责任不清、效益不高的问题，发挥了"五员"的作用。

一是"宣传员"。农民水务员身在农村，能以农民最容易接受的方式，及时将水利法规知识、水雨风旱险情、村社水事动态等信息宣传到各家各户，提高了农民群众的水患意识。

二是"监管员"。农民水务员负责编报本村水利建设计划，监督管理水利工程的建设，及时掌握水利工程建设的进度和质量，促进了农村水利建设的顺利开展。

三是"巡查员"。农民水务员按要求履行日常巡查和维护管理职责，时刻关注着村内水利设施的运行状况，及时将各类工程隐患消灭在萌芽状态，保障了水利设施效益的发挥。

四是"协调员"。农民水务员对村内及邻村水利设施和农民对水的需求较为了解，能有效化解灌溉用水矛盾，保证了农业用水的合理分配和高效利用。

五是"疏导员"。农民水务员熟悉本村地形地貌和村民情况，能有效处理各类突发性自然灾害，疏导群众转移，协助村"两委"及时组织群众开展抢险自救，减少了人员伤亡和财产损失。

送：市水利局下属各成员单位，有关新闻单位

共印 65 份

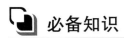 **必备知识**

一、简报的含义

简报，从字义上说，就是情况的简明报道。它是党政机关、企事业单位、社会团体为及时反映情况、汇报工作、交流经验、揭示问题而编发的一种内部文件。

简报是一种比较古老的文体，它的起源可以追溯到汉代。汉武帝初年，就出现了名为"邸报"的手抄报，简明扼要地反映情况、交流信息。到了唐代，已经出现了印刷的邸报。邸报发展到现代，形成了公开出版的报纸和内部传阅的简报两种形式。

简报有很多种名称，既可以叫"××简报"，也可以叫"××动态""××简讯""情况反映""××交流""××工作""内部参考"等。

二、简报的特点

（一）时效性

简报以讲究时效著称。一则会议简报，如果今天不编发出去，明天会议就可能结束了，就失去了应有的意义。

（二）简明性

简明扼要是简报的显著标志。"简"，不仅是指文字少、篇幅短，更主要的是它追求用最少量的文字概括出事实的精髓和意义，简短而不疏漏。简报的主要阅读者是各级领导同志，他们工作忙，如果简报篇幅太长，领导分身无术，必然影响对情况的掌握。

（三）交流范围的限制性

简报不是公文，也不同于报纸、刊物，有些内容可给新闻单位提供新闻线索，但在多数情况下，简报只在内部传阅。有的简报，还是专门给某些领导人看的，保密要求高，不能任意扩大阅读范围。

（四）语言文字简练

简报语言简练，篇幅简短。简报将最新的信息快速地报道出去，要求言简意明。

三、简报的作用

简报的作用主要体现在以下几个方面：

（一）向上级汇报工作、反映情况

简报可以上行，迅速及时地向上级反映本单位本系统的日常工作、业务活动、思想

状况等，便于上级及时了解情况、分析问题、作出决策、有效地指导工作。

（二）平级机关之间交流经验、沟通情况

简报也可以平行，用于平级单位、部门之间交流经验、沟通情况，以便于相互学习借鉴、促进工作。

（三）向下级通报情况，传达上级意图

简报还可以下行，用来向下级通报有关情况，推广先进经验，传达上级机关意图。

四、简报的类型

（一）按内容范围划分

1. 综合性简报

综合性简报是综合反映一个单位或一个系统在一段时间内各方面工作情况和问题的文书，如"××医院工作简报"。

2. 专题性简报

专题性简报是反映一个单位、一个系统或一个部门在一段时间内所做的某一项工作的进展、过程、经验、问题的文书，如"治安工作简报""防控'非典'工作简报""学生工作简报"等。

（二）按内容划分

1. 动态简报

动态简报所反映的是本单位的动态，又可分为思想动态简报和业务动态简报。思想动态简报反映员工对工资、福利等问题的认识与看法等。业务动态简报则主要反映与本部门、本企事业有关的业务动向、人事变动，如"部分机电产品市场行情"等。

2. 工作简报

工作简报是一种经常性的、不定期编发的长期性简报。在所有简报中，工作简报的时效性相对较差。工作简报反映的内容，既可以是对党的方针、政策，上级的指示、决定、通知等的贯彻执行情况，也可以是工作中的经验、教训和问题，还可以反映本单位的好人好事、好风尚或不良倾向。

3. 会议简报

会议简报主要反映会议的概况、议程、进程、中心议题、讨论情况及与会人员的意见和建议等。

（三）按时间划分

按时间划分，简报可分为常规简报和阶段性简报（详略）。

（四）按版期和性质划分

按版期划分，有定期简报和不定期简报；从性质上划分，有一事一报的专题简报和综合反映情况的综合简报。

五、简报的结构与写作方法

一般的简报由报头、报核和报尾构成。

（一）报头

报头在首页的上方，约占首页的 1/3 版面，由简报名称、期号、编发单位、编发日期四项组成。

1. 简报名称

简报名称在居中位置书写，套红粗体大字排印，如"××简报""××动态""情况反映""情况简报"等。

2. 期号

期号标在简报名称的正下方，先标"第×期"，再标"总×期"。

3. 编发单位

在期号的左下方顶格标写编发单位的全称，如"××局办公室"。

4. 编发日期

在编发单位名称的右侧顶格标写印发的年、月、日，如"2012 年 7 月 4 日"。

在编发单位和编发日期之下用通栏红色间隔线将报头与报核隔开。

（二）报核

报核是简报的主要部分，有按语、目录、标题、正文四项内容。

1. 按语

按语是编辑者对简报内容的说明或批注，特别是转发性的简报，加按语来说明转发的目的。有些简报可不必写按语。按语的位置在通栏红色间隔线的下方，"目录"的上方。按语的写法有以下三种：

（1）评议性按语。对简报的内容作必要的评价或议论，以表明编者对简报的倾向性态度。

（2）说明性按语。介绍简报编发的目的、现实意义及背景。

（3）摘要性按语。将篇幅较长的简报的要点进行介绍，以使读者抓住中心，更好地领会简报的精神。

按语的语言要简明，文字在一二百字为宜。

2. 目录

目录是简报各篇文章标题的分类排列。如简报只有一篇文章，则不用标注目录。目录的位置在"按语"下方、简报文章的上方，居中标注"目录"两字。

3. 标题

标题用简明、准确、醒目、生动的语言概括出简报文章的内容，其形式比较灵活，常见的有以下两种：

（1）单行标题。用一句精练的语言概括简报文章的内容或揭示文章的主旨。

（2）双行标题。正题前面加引题或正题后面配副题。正题概括文章的主旨；引题交代文章的背景、作用、意义；副题补充报道的事实。如：

改革促联合　联合出效益

——我市县办工业横向联系方兴未艾

4. 正文

简报的正文由导语、主体、结尾三部分组成。

（1）导语。导语是简报文章的开头，简明扼要地概括出全文的中心内容或主要事实，以引起读者的注意。导语主要有以下四种写法：一是叙述式导语，概述简报文章的主要内容或主要事实或中心思想；二是描写式导语，描写简报文章的主要事实或某个特定的场面；三是提问式导语，提出简报文章反映的主要问题；四是结论式导语，开头报道事实的结论，主体部分再交代原因和过程。

（2）主体。主体是简报的主要部分，紧扣主题，紧接导语，用典型的、有说服力的材料，对报道的事实做具体、全面的叙述和进一步的说明。

主体部分的层次安排有两种方法：一是时间顺序。按照事实发生、发展的先后顺序来安排材料，又被称为"纵式结构"。二是逻辑顺序。按照事物的主次、递进、并列、因果等内在关系来安排材料，又被称为"横式结构"。

（3）结尾：简报的结尾既可以自然收束，也可以总结全文，还可以提出希望，指出发展态势。内容单一、篇幅短小的简报，可以不写结尾。

（三）报尾

报尾有简报报送范围和印发份数两项内容。报尾的位置在简报最后一页的末端，用通栏平行黑线与报核隔开。

 能力训练

一、制作简报

2016 年 7 月 9 日，全国空调质量评比活动在××市举行。会议由工信部家用电器管理处××处长主持，全国家用电器协会领导，××集团承办。22 个省、市、自治区推出 32 个产品参加评比。在评比会上，全国 30 多名空调制造行业的专家，对参加评比的 32 种产品的各项质量指标进行了认真的评比，其中对空调压缩机质量指标的检测正在进行中。虽然评比结果尚未揭晓，但从总的情况看来，各厂产品之间的差距越来越小，有些部优产品的优势几乎不复存在，××集团的金牌优势也趋于缩小。这说明各厂都在狠抓产品的质量，以质量求生存，同时也告诫各厂，不能高枕无忧，要想保持优势，必须在产品质量上再下功夫。

请据此信息以××集团企划部的名义写一份工作简报。要求格式、语言符合简报的写作要求。

二、针对你所在的学校目前正在进行的学生社团活动制作一份简报

 **任务三 ▶ 消息**

 学习要求

了解消息的文体含义、特点及类型；掌握消息的结构和写作方法，能够撰写单位内

部消息。

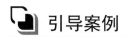 引导案例

中山大学首届英语话剧大赛圆满落幕

2009 年 12 月 7 日晚，中山大学首届英语话剧大赛决赛在该校东校区举行，此次比赛由该校外语协会和话剧社联合主办，广州大学、广东外语外贸大学、华南师范大学等高校的学生代表受邀参加了此次活动。话剧社与外语协会负责人、中大英语教学中心刘××、外教 Mark 等嘉宾担任大赛评委。

在初赛中脱颖而出的六支参赛队伍在舞台上尽情地展现了各自的风采，他们精心准备的服装与道具、地道的英语发音、富有感染力的表演赢得了观众的阵阵掌声。最终，来自药学院的研究生组成的团队 Generation·Y 获得了大赛的一等奖，由现场观众投票决出的最佳人气奖则花落笑点不断的"潇洒一族"。大赛还设立了最佳语音语调奖、最佳男女演员等个人奖项。

免费放行的"令箭"变"鸡毛"

本报讯（记者××）昨天是清明小长假最后一天，大量返城车辆涌上高速公路，江苏多条高速公路车流量猛增，收费站前排起长队。尽管收费站前排队大大超过 200 米免费放行标准，不少高速路收费站依然收费不误（2011 年 4 月 6 日《扬子晚报》）。

2007 年修订的《江苏省高速公路条例》（以下简称《条例》）第四十六条规定："收费站因未开足收费道口而造成平均十台以上车辆待交费，或者开足收费道口待交费车辆排队均超过 200m 的，应当免费放行，待交费的车辆有权拒绝交费。高速公路经营管理单位应当在距离收费道口 200m 处设置免费放行标志。"但在许多收费站面前，免费放行的"令箭"却成了"鸡毛"。据悉，昨天的苏通大桥排队 2km、仪征收费站前堵了 1km、润扬大桥收费站排队 500m 都没有开通放行，甚至有的免费标识牌被抹掉了"200m""免费放行"字样。

"令箭"为何成了"鸡毛"？现在看来，这个"令箭"本身也有不明白的地方。第一，没有规定如何落实。唯利是图的收费站当然不可能主动落实免费制度，收费站免费要等公司通知，例如，润扬大桥收费站免费，应由润扬大桥管理公司来通知收费站放行，但公司不在现场，无法下达通知，收费站就可以没接到通知为由不放行，陷入一个怪圈。第二，没有规定违规收费如何处罚。《条例》的"法律责任"一章，都是驾驶人违法如何惩处的规定，而没有收费站违规收费如何惩罚的规定。难怪他们可以有恃无恐地乱收费了。第三，缺乏监督。对于收费站和管理部门，缺乏必要的监督。虽然规定了"省交通部门主管全省高速公路工作"，也规定了"待交费车辆有权拒绝交费"，但这个拒绝权却很难落实。

因此，要让《条例》不变"鸡毛"，有必要完善相关规定。对高速公路违反《条例》规定、不予免费放行的行为，设定明确的处罚条款；要强化省交通运输部门落实《条例》的责任，实行问责和追责；畅通违法举报通道，把交通收费置于群众特别是广大司机的监督之下。

 必备知识

一、消息的含义

对新近发生或发现的有新闻价值和社会意义的事实的迅速及时、简明扼要的报道，这样一种新闻文体，即是消息。因其在新闻诸文体中使用频率最高、使用数量最多，是新闻报道中最常用的文体，故人们常把消息称为新闻。狭义的新闻即指消息。

消息能够迅速地将具有新闻价值的事件进行传播，便于读者和公众及时了解事件的发生与进展情况，从而保障了公众的知情权。对于一个企业而言，消息还具有"广告"的作用，能够扩大企业的影响力和知名度，有助于树立企业良好的社会形象。

写作消息之前，必须进行相关的采访活动。采访是消息写作的前提，也是所有新闻类文体写作的前提。消息作者（一般是记者）应当运用所掌握的基本采访方式、方法、采访技巧进行深入细致的采访，占有丰富、典型而真实的材料。较强的采访能力有助于提高写作效率。

二、消息的特点

（一）真实客观

真实性是消息最基本的特征。消息必须完全真实地反映客观事实，将确凿的事实告知受众，绝不允许虚构和添枝加叶。无论是构成消息要素的时间、地点、人物、事件和结果，还是所引用的背景材料、数字，都要完全真实、准确、可靠。

当然，消息也是要表达观点和倾向的，消息写作并非没有立场、观点的纯客观的"有闻必录"。作者主要是通过对事实的选择和叙述较间接地流露出自己的观点和倾向，寓观点于事实之中。主要不是讲道理，而是讲事实，显示事实本身的逻辑。因此，作者应少发或不发直接的议论。要发议论，只能是必要之处的"点睛"之笔。

（二）新颖独到

消息所报道的事件为新近发生的，讲求时效性。同时，事件本身具有新颖的特征，往往能够体现出一些前所未有的新鲜感，能够给受众以新的资讯和新的见解。消息在新闻体诸体裁中时效性是最强的，对"时间新"的要求最高，要求争分夺秒、迅速完稿、"立马可待"。

（三）概括简约

消息要用较小的篇幅、简练的文字来叙述事实、传达信息，要求内容集中、言简意丰。因此，消息所反映的内容往往侧重于事情的概貌而不讲述详细的经过和细节。很多人认为短新闻写不了大主题，短文因其短小而"困锁才情"，故而一味追求"长"，本来最好写200字消息的题材，通过对其"信息"层次的"开发、挖掘"，硬拉出一篇数千字洋洋洒洒而空空洞洞的消息；有些作者则片面求短，一件具体生动的事，去其"血肉"，只剩几根"枯骨"。这两种倾向，都是应该注意的。

三、消息的类型

消息的类型多种多样，从不同的角度看，有不同的类型。

按新闻所报道事件的性质来分，有事件性新闻和非事件性新闻。事件性新闻是对新近发生的事件的报道，时间性强，如动态消息、特写性消息等。非事件性新闻与事件性新闻相对，报道的是一个阶段持续发展的事物，如综合消息、经验性消息、述评性消息等。

按报道内容来分，有政治新闻、经济新闻、科技新闻、军事新闻、体育新闻、教育新闻、文艺新闻、社会新闻等。

按媒体来分，有文字消息（报纸）、广播消息、电视消息、网络消息等。

按篇幅来分，有长消息（1000字左右）、短消息（500字左右）、简讯（200字以内）等。

按新闻与读者关系来分，有硬新闻和软新闻。

现在国内比较通行的是按写作特点来分类，把消息分为动态消息（包括会议消息）、综合消息、经验性消息（典型性报道）、述评性消息、人物消息、特写性消息、新闻公报等。近几年，新闻写作中又出现解释性消息、预测性消息等。

下面对常见的几种消息种类略作介绍：

（一）动态消息

动态消息是同经验性消息（典型报道）等相对而言的，类似西方新闻界的硬新闻。它报道新近发生的大大小小的事情，反映新情况、新成就、新问题、新气象等，也包括会议活动在内。它一般以一地一事、一人一事为对象，篇幅短小，文字简洁。有短到几十字、两三句话的，称简讯或简明新闻。概括起来，它有以下几个主要特点：以事物的最新变动为主要着眼点；以时新性和重要性为主要价值取向；以突发性事件为主要报道内容；以客观叙事为基本特征；以开门见山、一事一报为主要写作原则；要给人以动感和现场感等。

（二）综合消息

它是综合反映带全局性的情况、动向、成就和问题的报道。它涉及的面较广，声势较大，能给人较为完整的印象。要求占有全面、充分、典型的材料，既有面的形势、成就、趋向，又有典型事例的说明、分析，讲求点面结合以及观点和材料的统一，善于将概貌的介绍与具体事例的叙述结合起来，做到既有深度，又有广度。概括起来它也有以下几个特点：它所涉及的新闻事实不像动态新闻那样直观易见，往往有一定的隐蔽性；它要通过综合新闻事实来表现新闻主题；注重点面结合、多角度地反映客观事物和人物的面貌；注重背景材料的运用；重视新闻根据、新闻来源的交代；注重分析，但又以客观的方式来表现，作者尽量不直接出面发表议论。

（三）经验性消息

它是报道典型经验，用以推动全局、指导工作的一种消息体裁。它既有概括的观点，又有具体的做法，它偏重于交代情况、叙述做法、反映变化、总结经验。篇幅一般比其他体裁要长，但不宜"贪大求全"，应注意其针对性。这类消息贵在题材重大、典型，提供的经验具有普遍的意义。写作时要着眼于政策，避免陷入事物性与技术性之中。

（四）述评性消息

它是用叙议结合的方式来反映国内外重大事件的一种消息。它的特点是既叙述事实，又评论分析；事实材料要丰富、典型，评论、分析要讲究逻辑，言简意赅；叙述和议论要紧密结合，防止有述无评、只评不述、述评脱离的现象，"评"在此种消息中的地位和目的、文章对时间的要求、文章篇幅等方面均与新闻评论不同，应注意区别。

（五）特写性消息

它是报道重要新闻事件中人物活动片断和事件场景的消息体裁。它的特点是运用形象的语言，再现人物活动的过程和场景，给人以如见其人、如临其境的感受。它重描写，要求抓住富有特征的细节，但其描写多用简笔勾勒的白描手法，不事雕琢，重在传神。

（六）人物消息

人物消息是以人物为主的消息，迅速地反映新闻人物的某种行为或某个侧面。它要求抓住人物的本质特征，选取新鲜、典型的事实材料来表现人物的思想和精神面貌。它的特点如下：篇幅短小，叙事单一，内容、主题集中；时效性强，其内容必须是"现在进行时"或"现在完成时"，要求快速采写、报道。人物消息写作中要注意选准新闻人物，也不要"贪大求全"，不要将人物消息写成人物通信。

（七）解释性消息

这是一种以解释新闻事件为主的新闻体裁，它不但报道事实，且侧重于阐明事实的意义、前因后果以及发展趋势等。这种消息多用于我国经济工作的政策、方针和社会生活中出现的影响较大的新问题。解释性消息中的解释并非是指作者直接、明白的阐释和分析，通常运用背景材料、引用有关方面的说法等，比较隐蔽地表达记者的观点或倾向。解释性消息侧重于回答新闻事件中的"为什么"。

（八）预测性消息

它是对可能发生的事实进行预测和展望的一种消息。它要求记者在采访和调查研究的基础之上，对某项工作或活动进行科学的分析和判断。这类消息常用于展望市场、经济工作发展前景等方面，也用于预测体育竞赛的成绩、结果等。

四、消息的结构与写作方法

消息的结构主要包括标题、消息头、导语、主体、背景材料和结尾六个部分。

(一) 标题

好的标题能够吸引读者注意力，集中反映内容精华。相对于其他应用文而言，消息的标题往往比较复杂，根据不同的作用，可以细分为正题、引题和副题三种类型。

1. 标题的类型

(1) 正题。正题也称"主题"，是标题的骨干和核心，高度概括消息的中心内容。

(2) 引题。引题也称"肩题""眉题"，一般用来交代背景、说明原因、烘托气氛、解释意义等。

(3) 副题。副题也称"子题"，一般用来补充、注释和说明、印证主题。

2. 标题的组合形式

正题、引题、副题有不同的组合方式，形成了三行式、双行式、单行式三种外在形态。

(1) 三行式。由引题、正题、副题组成，具有重大新闻价值的消息，往往采用三行标题的形式，如：

中华浩浩五千载　谁见铁龙渡大海（引题）

今天火车登陆海南（正题）

吴邦国出席粤海铁路通道轮渡建成庆典（副题）

(2) 双行式。由引题和正题组成，如：

江苏今年高考录取率超 70%（引题）

全省高考人数比去年多出 3.8 万人，但招生计划也同步增加（正题）

杨先生痛说给孩子诊病遭遇（引题）

看个"咳嗽"要掏 1065 元（正题）

(3) 单行式。只有正题，如：

中国首夺世界杯尼尔级帆板冠军

(二) 消息头

消息头由发布消息的媒体、地点、时间三要素组成。消息头主要有"讯"与"电"两类："讯"是指通过邮寄或书面递交的形式向媒体传递的新闻报道；"电"是指通过电报、电传、电话、网络等途径传输的新闻报道。消息头是版权所有的标志，也可标明消息的来源，如"本报讯""本台消息""××社××地×月×日电"。

(三) 导语

导语是一篇消息的第一自然段或第一句话，用简明生动的文字，写出消息中最主要、最新鲜的事实，鲜明地提示消息的主题思想。导语的作用是介绍内容、揭示主题、导入正文并引起读者阅读兴趣。

1. 叙述型导语

叙述型导语是采用叙述的表达方式，将主要事件的时间、地点以及结果等信息简明扼要地表达出来。例如：

昨日清晨5时许，京珠高速株洲段一辆装运摩托车的货车突然起火。大火中，168台摩托车变成了一堆废铁。

2. 描写型导语

描写型导语是采用简洁而形象的描写手法，将富有特色的事实或侧面表达出来，从而给读者以鲜明的印象。例如：

这几天，上海人遇到了有气象记载的八十多年来罕见的严寒。10日和11日，这里还出现了晴天下雪的现象。晴日高照，雪花在阳光中飞舞，行人纷纷驻足仰视这瑰丽的奇景。

3. 提问型导语

提问型导语是指在导语中提出读者关心的问题，引起读者的关注和思考，然后加以解答或在主体部分中具体回答。例如：

"我的岗位目标是什么""我的成才计划如何制订"，这些职业青年十分关心的问题今后将由杭州市各级共青团组织来帮助解决。昨天，团市委全面启动"职业青年导航计划"，为社会青年设计亮丽的职业生涯。

4. 评论型导语

评论型导语是指在简明扼要地叙述事实的同时，对所报道的新闻加以评论，揭示事物的内涵和重要意义。例如：

今天，新中国颁布的第一部专利法正式生效了。从此，脑力劳动成果被无偿占用的历史在我国宣告结束。

5. 引语型导语

引语型导语指的是引用消息中人物深刻而富有意义的语言作为导语。例如：

在汶川大地震过去110多天之际，温家宝总理再赴震中映秀镇慰问群众。他说："在这次灾害中，遇难的超过8万人，让我们记住他们。还是这句话，一个民族付出的必定会以民族的进步得到应有的补偿。一个更加美好的四川一定会在我们手中建成。"

导语除以上形式外，还有摘要型、结论型、号召型、解释型等，在此不一一讲解。

制作消息导语要抓住最重要的新闻事实，不能把次要内容或细节写入导语，也不能简单堆砌数字、术语、人物头衔、单位名称，如果遇到专业概念，应作通俗化表述。

（四）主体

主体是消息的主干部分，它紧承导语，对导语中简要表述的内容进一步用事实进行具体的阐述、解释或回答，对导语中未提到的次要材料进行补充说明。

主体部分按时间顺序或逻辑顺序写作，但仍然要先写主要的，再写次要的。主体部分的结构主要有以下三种形式：

1. 纵式结构

纵式结构根据事情发生的先后顺序来组织安排材料，即按照事件发生的时间顺序来安排层次，是消息主体展开常用的结构形式，可以清晰地反映事件的来龙去脉，使读者对事件的发展过程一目了然。

2. 横式结构

横式结构即按空间转换或事物的逻辑顺序来安排层次。主体各部分之间既可以是因果关系、递进关系、并列关系，也可以是主从关系、对比关系等。这种结构方式，有利于反映事物的内在规律，揭示出事物的本质特点和现实意义。

3. 纵横结合式结构

纵横结合式结构这是前两种结构的交叉使用，尤其适用于综合消息的写作。

（五）背景材料

背景材料又被称新闻背景，是有关新闻事实的历史、环境和原因等方面进行解释说明的材料，常见的背景材料有以下三种：

1. 说明性材料

说明性材料是用来说明新闻事实产生的原因、条件、环境、政治背景、历史演变以及新闻人物出身、经历、身份、特点的材料。

2. 注释性材料

注释性材料是用来注释、解说有关科学技术、名词术语、物品性能特点的材料。

3. 对比性材料

对比性材料是与新闻事实能够形成某种对比的材料。

背景材料能帮助读者理解新闻事实，便于作者表述自己的观点，使新闻的内容充实饱满、富有立体感、说服力和感染力，消除读者对事实的误解或怀疑，增强新闻的知识性、趣味性、可读性等，借以提高新闻价值。

背景材料并不是消息结构上的一个独立部分，经常穿插在消息中来写，也不是每篇消息都必须有背景材料。

（六）结尾

结尾是消息的结束语，但并不是所有的消息都有结尾。一篇消息是否应该写结尾，要根据实际需要而定。

消息的结尾应紧扣消息主题和事实，水到渠成，不画蛇添足。既可以将事件的进一步发展作为结尾，也可用结论作为结尾，或用深层思考结尾，或直接将背景材料作为结尾。如果新闻事实在主体部分已写清楚，就不必再硬加一个结尾。结尾是对全文圆满的收束，要写得简短精练、新颖生动。

 ## 能力训练

请根据本校最近进行的一次活动撰写一篇动态消息。

任务四 ▶ 产品说明书

 ## 学习要求

了解产品说明书的含义及特点，掌握产品说明书的具体写法。

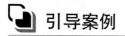 引导案例

三九胃泰颗粒说明书

【药品名称】

通用名称：三九胃泰颗粒

汉语拼音：Sanjiu Weitai Keli

【作用类别】本品为胃脘痛类非处方药药品。

【成　　分】三叉苦、九里香、两面针、木香、黄芩、茯苓、地黄、白芍。

【性　　状】本品为棕色颗粒；味甜而苦、辛。

【功能主治】消炎止痛、理气健胃，用于浅表性胃炎、糜烂性胃炎。

【规　　格】每袋装20克。

【用法用量】用开水冲服，一次1袋，一日2次。

【有 效 期】2年。

【贮　　藏】密封。

【注意事项】

(1) 忌食辛辣刺激性食物。

(2) 忌情绪激动或生闷气。

(3) 浅表性、糜烂性、萎缩性等慢性胃炎应在医师指导下服用。

(4) 孕妇及糖尿病病人应在医师指导下服用。

(5) 慢性胃炎患者服药两周症状无改善，应立即停药并去医院就诊。

(6) 按照用法用量服用，小儿、年老体弱者应在医师指导下服用。

(7) 对本品过敏者禁用，过敏体质者慎用。

(8) 本品性状发生改变时禁止使用。

(9) 儿童必须在成人监护下使用。

(10) 请将本品放在儿童不能接触的地方。

(11) 如正在使用其他药品，使用本品前请咨询医师或药师。

【药物相互作用】如与其他药物同时使用可能会发生药物相互作用，详情请咨询医师或药师。

【批准文号】ZZ-5012-粤卫药准字（1994）第904001号

华润三九医药股份有限公司

地　　址：中国深圳市银湖路口

企业网址：www.999.com.cn

联系电话：0755-83360999

传　　真：0755-83350888

邮　　编：518029

碧螺春茶

碧螺春是我国十大名茶之一，主要产于江苏吴县（今苏州吴中区）洞庭东山和万

顷碧波中的洞庭西山。洞庭东山在太湖之滨，洞庭西山是太湖中的小岛，这两个地方风光秀丽，相传已经有 1300 多年的采茶历史了。据《太湖备考》记载：东山碧螺春石壁，有野茶数枝，山人朱正元加以采制，其香异常，便把这种茶叫作"吓煞人"。清代王应奎著的《柳南随笔》提到，1675 年，康熙皇帝在江南一带巡游，到了太湖，巡抚以这种茶进呈。康熙皇帝以其名不雅，于是改名为"碧螺春"。其实，这只是一种传说。"碧螺春"的得名大概是由于它的形状蜷曲如螺，最初的采摘地在碧螺峰，采摘的时间又在春天。

碧螺春由采摘茶树嫩梢初展的一芽一叶制成。叶片长约 1.5cm，嫩叶背面密生茸毛。茸毛也被称为白毫，白毫越多，说明茶叶越嫩、品质越好。碧螺春的品质特点是：色泽碧绿；外形紧细，蜷曲，白毫多；香气浓郁，滋味醇和，饮时爽口，饮后有回甜的感觉；泡出茶来，汤色碧绿清澈，叶底嫩绿明亮。碧螺春茶中有咖啡碱、茶碱和多种维生素，有兴奋大脑和心脏的作用以及润喉、提神、明目的功效。喝了之后，能使人精神振奋，消除疲劳。

制作碧螺春既是一项辛苦细致的劳动，又是一项技术性很强的传统工艺。一斤碧螺春干茶，要采摘 55000~60000 个嫩芽，经过精拣、杀青、揉捻、搓团等工序，采摘需及时、精细，做工也十分讲究。春天的清晨，在一个个茶园里，采茶姑娘神采飞扬，敏捷地从茶树上"精采细摘"一片片嫩叶，情景动人；入夜，山村里万家灯火，一片忙碌。焙茶手把拣好的鲜叶倒进滚烫的锅里，又开手指，不停地翻拌。等到叶芽深绿了，变软了，就让锅里保持中等温度，开始揉捻，使叶芽水分蒸发，条条紧缩，蜷曲成螺形。以后一边降温，一边搓团，等到茶叶被捏拢放开能自行松散时，一锅优质碧螺春就制成了。

 **必备知识**

一、产品说明书的含义、特点与作用

产品说明书（产品进入市场，便称为商品）以说明为主，向消费者介绍商品的名称、商标、性质、结构、性能、用途等特征和使用、保养、维修方法等知识及必要操作技能的文字材料。

产品说明书具有真实性、科学性、条理性、通俗性和实用性等特点。

产品说明书通过介绍商品知识，不仅可以让消费者熟悉、了解商品，从而激起消费者的购买欲望，达到推销商品的作用，而且让消费者了解商品性能，学会使用方法，达到指导消费的作用。

二、产品说明书的种类

产品说明书应用广泛，类型多种多样，可按不同的分类标准分类。

按对象、行业的不同分，可分为工业产品说明书、农产品说明书、金融产品说明书、保险产品说明书等。

按形式的不同分，可分为条款（条文）式产品说明书、图表式产品说明书、条款

（条文）和图表结合说明书、网上购物产品说明书、音像型产品说明书、口述产品说明书等。

按内容分，可分为详细产品说明书、简要产品说明书等。

按语种分，可分为中文产品说明书、外文产品说明书、中外文对照产品说明书等。

按说明书的不同性质分，可分为特殊产品说明书、一般产品说明书等。

三、产品说明书的结构

产品说明书的写法灵活多样、不拘一格，没有固定不变的结构，通常产品说明书由标题、正文、结尾和附录四个部分组成。

（一）标题

产品说明书的标题主要有以下四种形式：①商标+产品名称+文种，如"三星牌细芯活动笔说明书"；②产品名称+文种，如"痰净片说明书"；③产品名称，如"蛇胆川贝露"；④文种，即只写"说明书"三个字。

（二）正文

正文是产品说明书的主体部分。正文写什么，要因物而异，没有固定的模式。有的说明产品的特点，有的说明产品的功能，有的说明产品的使用方法，有的说明产品的规格、型号，有的说明产品的维护和保养，千差万别，各有侧重。例如，药品重在说明其基本功用和服法；电器重在说明其使用方法及维护；图书和影视作品重在说明其内容；机械设备重在说明其性能、型号。常见的形式有条款式、综合式和概述式。

条款式就是把说明的内容，分条列项，一一加以叙写。这种写法条理清楚、要点明确、文字简洁。

综合式即说明的形式由文字、图像、表格等组成的。综合式多用于比较复杂事物的说明。

概述式也被称为短文式。这种形式把要说明的内容，按照完整的文章结构写成短文。这种写法内容全面、连贯，给人以完整的印象。

某些结构复杂，需要向使用者全面详细说明的产品，由于要说明的事项多，因此也可以将说明书编成小册子，其结构包括封面、标题、目录、概述、正文、封底等，如某些软件说明书，分章分节地指导消费者运用软件。

（三）结尾

结尾主要写明产品商家名称、地址、电话、传真号、邮政编码等，便于用户及时联系。

（四）附录

附录一般是指与产品使用及保养维修有关的资料。

四、产品说明书的写作要求

用语既要科学又要通俗易懂。产品投放到市场就成为商品，供大众消费。从对大众负责的角度看，产品说明书用语也应该科学和通俗易懂。所谓科学，就是要准确地使用专业术语;所谓通俗,即尽量用平实的语言将专业术语解释明白。有些操作性产品,还需要用图文方式说明操作的步骤和方法。

内容要全面、真实。尤其是对某些大型产品、贵重产品、选定使用范围的产品,应尽量做全面、真实、客观的介绍,使消费者正确认识产品,避免因不了解产品、错误操作而造成损坏,或因不能满足消费者的需求而造成消费者与经销商或厂家之间的争议。

 能力训练

一、判断正误并说明理由

1. 产品广告和产品说明书同属于宣传产品的经济文书,两者没有区别。
2. 产品广告内容有弄虚作假、欺骗或误导消费者的成分属于正常现象。
3. 产品说明书"报喜不报忧"属于正常现象。

二、写作题

1. 请为自己家乡的某一特产写一份产品说明书。
2. 自选一个熟悉的产品为其写一份产品说明书。

任务五 ▶ 营销策划书

 学习要求

了解营销策划书的文体含义、作用;理解营销策划书的类型及拟写要求;能够拟写有形产品的营销策划书。

引导案例

王老吉凉茶网络营销策划书

(一)基本概述

刚刚落下帷幕的"王老吉"商标之争,又给王老吉带来了更多的关注度。由于"王老吉"商标会回归为广药,但"王老吉"的品牌形象深入消费者心中,其产品赢得万千消费者的欢迎,此次网络营销策划的目的是在原来成功的基础上,把"王老吉"这个品牌做大、做好。

(二)网络营销环境分析

1. 行业外部环境分析

近年来,随着健康概念、健康食品的不断炒作,前段时间网络传出"牛奶掺尿"

事件发生之后，含乳饮料蒙牛、伊利受到严重影响，饮料巨头碳酸饮料可口可乐、百事可乐"两位国际老大"在中国市场的增长份额不断下降，而健康饮料的概念则慢慢被人们所接受。曾经"怕上火，喝王老吉"的明确定位——预防上火，让王老吉凉茶成了功能性饮料，摆脱了既是中药又是饮料的双重尴尬身份。

加班、学习、上网、泡吧。现代青少年随着生活节奏的加快，越来越多的人加入了熬夜的行列。中医认为，经常熬夜的人容易导致阴虚阳盛而产生上火、免疫力下降、肠胃不适、肥胖、皮肤干燥老化等阴虚内热的症状，可使用药膳适当进行调养使精力充沛。凉茶具有清热解毒、生津止渴、祛火除湿的功效，其性寒而不凉、不伤脾胃，秋冬防秋燥、春夏祛暑湿，无剂量限制、无须医生指导，是四季皆宜的饮品，同时也能满足现代人对健康意念要求的增加。

2. 行业内部环境分析

凉茶特有的"防上火"功能，加上其独有的悠久文化历史，已发展成为与碳酸饮料、果汁、茶饮料并列的又一独立新品类，这几年层出不穷的凉茶牌子不在少数：老翁（旺旺集团）、邓老、春和堂、百草堂、下火王（椰树集团）、广东凉茶、夏桑菊；2007又开始出现了和其正（达利集团）、上清饮（香雪制药）、潘高寿、白云山等。除了和其正、老翁、潘高寿在做全国市场外，其他都是两广（广东、广西）、福建、浙江的区域性品牌，现在华南的各个城市都有当地的一两个凉茶牌子存在。

同时，国际饮料巨头可口可乐也难抵"诱惑"，将中国香港"健康工房"收归旗下，推出"清凉源"和"美丽源"两个口味"健康工房"系列草本饮料。据了解，"健康工房"是香港传统凉茶馆"同治堂"旗下品牌，现为香港即饮草本饮料市场的知名品牌。

当然，曾经为王老吉品牌做出贡献的加多宝公司，现如今推出的"正宗凉茶加多宝"，由于曾经和广药合作时推出的红罐装非常显眼，现在加多宝依然在用，让消费者有种换汤不换药的感觉，如果消费者本着原来的消费眼光，会对王老吉产品带来不利影响。

3. 网络营销策划目的

在品牌上把"王老吉"做成饮料界的民族第一大品牌，国际饮料界中的一流大品牌，力争以"健康"饮料的优势扩大市场份额及占有率。

巩固加强健康概念、突出健康食品的优势，做大凉茶这个品类市场，让更多人想到喝凉茶，并且让人们把王老吉当成茶而不是中药，使之成为一种像茶一样能被人们广泛认可和接受的主流品类。

最终目标是让"王老吉"变成人们喜欢的、乐于买的，并且能够迅速、及时、便捷地购买到的健康饮料。

4. 网络营销策划方案

（1）网站分析。

1）公司信息。公司是否可以获得用户的信任，在很大程度上取决于公司信息。为了让公司网站的新访问者对公司状况有初步了解，在公司信息里可以分为公司概况、发展历程、公司动态、主要业绩、企业主要领导人员介绍、联系方式等。联系方式尽可能详细，除了公司的地址、电话、传真、E-mail 之外，最好能详细地列出业务伙伴和各地分支机构的各种联系方式，在为用户提供方便的同时，也起到了对各地分支机构业务的支持作用。公司动态、媒体报道、招聘信息等要经常更新。

2）产品信息。凉茶的历史悠久，属广东特产，具有清热解毒、生津止渴、祛火除湿的功效，其性寒而不凉、不伤脾胃，秋冬防秋燥、春夏祛暑湿，无剂量限制、无须医生指导，是四季皆宜的饮品，这一大卖点要特别突出。其中产品的描述、功能主治、有关机构或专家的检测和鉴定、消费者的评论、相关产品的知识等，除了必要的文字介绍以外，还可以配备相应的图片资料、视频文件（其制作可以参照青岛啤酒）。

3）销售信息。当消费者对公司和产品有一定程度的了解后，会产生购买动机，我觉得网站可以与淘宝网进行合作，实现网上订购。这样的话，消费者除了可以在各超市和便利店购买到王老吉以外，还可以在网上购买。

（2）网站优化。

1）网站优化的基础是网站的结构、内容、功能和服务，其具体表现为：网站结构设计合理，提高网页下载速度，保证网站信息有效，设计一个网站地图，保证网站的链接有效，保证搜索功能工作正常运行，尽量采用静态网页，保证网站重要信息页面为静态网页。

2）搜索引擎优化，包括网站内容中的网页标题设计、网页META设计、网站内容关键词的合理设计、重要关键词的合理链接等方面。每个网页要有独立的描述网页主体内容的网页标题。每个网页要有独立的反映网页内容的MATA标签（关键词和网页描述），每个网页要有有效的关键词。对于某些重要的关键词要保持其在网页中的相对稳定。

（3）网站推广。

根据网络营销实践经验以及CNNIC近年来发布的"中国互联网络发展状况统计报告"等，用户获得网站信息的主要途径包括搜索引擎、网站链接、口碑传播、电子邮件、媒体宣传等。

王老吉的热度在目前来说，可谓不费什么精神，因为有无数的网站、论坛、博客都在为它做宣传，从SEO的角度来分析，"王老吉商标"这几个关键字，其热点关注度在搜索引擎上将无可替代。搜索引擎关键词广告按单击数量付费，推广费用较低。目前百度竞价排名每次单击的最低费用为0.3元，Google关键词广告甚至没有最低消费的限制。广告预算可以自行控制。关键词广告推广信息不仅形式简单，而且整个投放过程也非常快捷，大大提高了投放广告的效率。

通过电子邮件可以主动向用户推广网站，并且推荐方式比较灵活，既可以是简单的广告，又可以通过新闻报道、案例分析等方式，这样可以引起读者的兴趣，达到增加访问量的目的。

5. 网络广告宣传

（1）采用"凉茶就喝王老吉"广告的传播口号。网络媒体主要通过时尚先锋、游戏、博客、健康咨询等多种形式宣传。此外，还通过赞助一系列的体育赛事来提高知名度。

（2）公司应举行"炎夏消暑王老吉，绿水青山任我行"刮刮卡活动。消费者刮中"炎夏消暑王老吉"字样，可获得当地避暑胜地门票两张，并可在当地度假村免费住宿

2 天和参加"清凉一夏"外出旅游的抽奖活动。

校园咖啡厅营销策划书

（一）行业背景

随着生活水平的提高，喝咖啡逐渐成为一种生活方式，最易接受新鲜事物并有着强大而稳定消费力的校园，自然成了咖啡入驻的重要场所。

咖啡已经成为人们沟通交流和自我享受的重要场所，对于校园而言，它是学习、聚会、交流、休闲的理想之地。

咖啡不仅是一种饮料，而且是一种氛围文化和生活追求。校园咖啡厅不仅丰富了校园生活，还可以给师生带来高文化素质的品位和精神享受。

大学校园是人口极为密集的场所，有稳定的消费市场，且需求旺盛，也因此导致咖啡厅竞争激烈、易于效仿。

作为校园生活的补充与丰富，学校师生需要一个便利的休闲、娱乐及学习交流的场所。

（二）行业概况分析

通常大学周边都分布着咖啡厅、奶茶厅、KTV 等众多餐饮和娱乐场所，以长江大学为例，长江大学周边就有很多奶茶店和 KTV，市场竞争非常激烈。想要在激烈的竞争中胜出，必须发挥自己的优势，树立独特的形象和品牌文化，为顾客创造差异化价值。

（三）市场分析

1. 校园咖啡厅的优势

（1）便利，场所就设立在学校周边，节省顾客的时间成本。

（2）环境较为简单，适合学生，社会关系不复杂。

（3）易于结队消费，使师生口口相传，形成口碑效应。

2. 校园咖啡厅的劣势

（1）实力不及专业咖啡厅，影响力较弱。

（2）消费群体单一，而且消费时间集中于中午和晚上，增加了运营费用。

（3）经营面积有限，难以扩大发展。

3. 校园咖啡厅的机会

（1）消费群体集中，消费潜力巨大。

（2）学生都是年轻人，一旦形成习惯和消费偏好，易形成顾客忠诚。

（3）缺乏新颖、有特色的咖啡厅。

4. 校园咖啡厅的威胁

（1）市场进入成本较低，容易出现模仿和跟进的竞争者。

（2）学校周边其他的餐饮场所竞争激烈。

5. 消费者分析

校园市场潜在顾客年龄、收入、消费习惯均较为单一，主要为学生和教师两个大的群体，其中学生数量最大、教职工较少，而长江大学又以专科生最多，本科生其次。在学校里，寝室、教室、食堂"三点一线"的生活迫切需要丰富。咖啡厅等休闲场所为师生们提供了别样的选择。还有一个被忽略的人群，那就是情侣，他们需要安静的二人世界、谈情说爱、交流感情的场所，校园的咖啡厅最合适不过。

（四）行动方案

1. 咖啡厅环境

环境优雅、整洁舒适，这些都是在咖啡厅必须享受到的感觉，环境、气氛、服务等也是吸引消费者的重要原因。随着校园生活越来越丰富，学生的消费水平越来越高，他们对消费环境的要求也是越来越高，除了整洁、干净、卫生之外，同时也希望进入校园咖啡厅的时候有一种很有创意的感觉，留下深刻的感官印象。

（1）咖啡厅要给人新鲜感，不需要做过多的装饰，但是整体气氛还是要与咖啡厅的文化相结合，体现出咖啡的历史文化。

（2）既然做的是咖啡厅，那么咖啡制造工艺就要地道，味道纯正，可以在显眼的地方制作咖啡，呈现给消费者。

（3）保证咖啡厅的内外整洁，保持卫生间的环境。

（4）保证服务人员的素质，最好是能做到服饰统一和独特设计。在开始服务工作之前可以对服务人员进行有关咖啡方面知识的培训，了解咖啡的历史和知识。

（5）实时地在校内进行广告宣传，传播咖啡文化。

2. 产品策略

首先以经营咖啡为主，其次可以经营一些别的饮料、小点心、简餐，也可以订制一些小礼品，促进品牌形象的树立，同时定期举办主题活动。

学生经济收入有限，推出基本款饮品搭配点心小吃、单品饮料、特色推荐、套餐等从低到高档次系列，并采取限时折扣和积分制度。

3. 广告

在校门、食堂、图书馆等人流量大的地方张贴或发放宣传单，也可以在校园 BBS 论坛上发布消息。

国贸 201 班魏×

2016 年 12 月 12 日

 必备知识

一、营销策划书的含义

营销策划是国家机关、企事业单位（以企业为主）为了实现有形产品及无形理念的营销目标，借助科学方法与创新思维，研究市场和分析对手并结合自身情况制订营销方案的理性思维活动。营销策划书就是这些思维活动的书面表现形式。

营销策划书的基本功能是为营销产品提供先期的设想和依据，并在营销实践中发挥指导规范作用。优秀的营销策划书能够实现经济效益的最大化，为产品的畅销奠定坚实的基础。企业为了推出一种新产品或对已有产品加大推销力度时，可以采用营销策划书。最具典型的是以本地区具有历史、文化价值的某一景观或风俗传统为载体，将相应

理念附加其上而举办的各种节庆活动，对这类风景、民俗或活动进行推广时可以采用营销策划书，如《××市第三届冰雪节营销策划书》《××市首届文化博览会营销书》。

二、营销策划书的类型

根据营销主体的性质不同，营销策划书主要分为有形产品营销策划书和无形理念营销策划书。

（一）有形产品营销策划书

有形产品营销策划书主要是针对有形的、具体存在的产品进行营销活动时所使用到的策划书。按照有形产品的不同类别，它又可以分出不同的类来，如农产品营销策划书、工业产品营销策划书、服务产品营销策划书及房地产营销策划书等。

（二）无形理念营销策划书

无形理念营销策划书主要是以某一具体理念为中心，针对国家机关、企事业单位，为了提高本地区或本部门的知名度和影响，改善本地区或本部门形象而进行的以某一理念为主的形象营销。根据主体不同，它可以分为两类：一是提高自身形象的营销策划；二是提高地区形象的节庆营销策划。无形理念营销策划并不是说内容不包括具体实物，而是说以何为主的问题，这里的实物只是这个理念的载体，而且这里的实物主要是指具有一定历史、文化价值的实物。

三、有形产品营销策划书的结构与写作方法

有形产品营销策划书一般由首部、主体、尾部三大部分来构成。

（一）首部

有形产品营销策划书的首部通常包括封面、目录、前言、策划摘要四个部分。

1. 封面

营销策划书的封面会因为策划者与所策划产品关系的不同而发生细微变化。如果本营销策划书是由本公司职能部门主持制订且针对本公司产品进行的策划，则封面包含的项目主要有以下方面：

（1）呈报对象。即本公司主持营销策划书制订部门的上级部门，或主管此项工作的上级部门。

（2）文件种类。即本营销策划书在本公司文件中规定所属的类别。

（3）策划名称。它指的是本营销策划书的名称，一般来说，营销策划书的名称有两种形式：一是单行式标题，一般由"制文机关+产品名称+文种"构成，如"××公司××牌洗衣粉营销策划书"，也可以由"产品名称+文种"构成，如"××牌挖掘机营销策划书"，还可以由"制文机关+文种"构成，如"××食品公司营销策划书"；二是双行式标题，即主标题加副标题组成，主标题在上，副标题在下，用"——"引出，如"抓住机遇，再创辉煌——××房地产开发有限责任公司营销策划书"。

（4）策划者姓名及简介。首先写策划书主持制订部门名称，如果是公司专门抽出人员组成的小组，则写小组名称；如果是公司某一部门，则写部门名称。其次写参加成员名称，如果参加人员不是一个部门，或者聘请了外单位人员参加，则要写明参加人员

的单位、姓名、职称；如果是本公司不同部门组成的小组，则要写明参加人员的部门、姓名、职称；如果是同一部门，则写明姓名与职称。

（5）策划制作完成日期及适用时间段。完成日期要求年、月、日齐全，采用汉字小写。适应时间段也要采用汉字小写。

（6）编号及总页数。编号即按照公司对文件的编号方法，本文件在同类型文件中的编号，如"F20110312003"。总页数即本营销策划书的总共页数。

如果本营销策划书是由公司委托给其他专门公司或个人制订的，则营销策划书的封面一般包含的项目有：策划书的名称；被策划的客户（委托方）；策划机构及策划人姓名或策划人的名称（受委托方）；策划完成日期及本策划适用时间段。具体内容写法和上面相同，在这里不再赘述。

2. 目录

营销策划书的内容比较复杂、页码比较多，为了便于阅读，应当设有目录。目录编制方法和其他文本目录编制方法基本相同，一般由标题号、标题、略号和页码四部分构成。标题号即从上到下给本标题标注的次序号，即编、章、节等次序号；目录中的标题即文本中的相应标题；略号用连续的点组成；页码即本标题所在的页码数。

3. 前言

前言既可以写在目录前面，也可以写在目录后面。如果是委托给专门公司制订的营销策划书，则前言中一般要简单介绍委托情况、策划目的、意义以及策划的概略情况，这时前言通常放在目录前。如果是本公司制作的，则前言一般写明策划目的、意义以及策划的概略情况，这时前言通常放在目录后。如果是比较简单的营销策划书，则通常没有目录，前言一般写在标题后面。

4. 策划摘要

用简短的文字简明扼要地阐述整个营销策划书的要点，使阅读者在最短的时间内能够抓住核心。在比较简单的营销策划书中，策划摘要可以写在前言中，并且前言与策划摘要可以看作是主体内容的一部分。

（二）主体

主体部分包括的内容非常丰富，是营销策划书的核心所在，一般包括以下内容：

1. 营销状况描述

通常要对市场竞争状况、消费者分析、分销形式等内容进行分析和描述，从而找到本产品的营销机会。

（1）市场竞争状况分析。进行市场环境分析的主要目的是了解产品的潜在市场和销售量以及竞争对手的产品信息。只有掌握了市场需求，才能做到有的放矢、减少失误，从而将风险降到最低。市场状况分析主要描述本行业的总体发展状况、本公司在行业中的地位、市场对产品的需求、产品目前处于市场生命周期的哪一阶段。如果是成长期，则说明还有很大的发展空间和市场潜力，如果处于衰落期，则本产品的开发就存在问题，需要找到新的产品进行营销。竞争状况，即市场上生产同类产品或相似产品的主要厂家有哪些，市场占有率是多少，其产品的主要优势和劣势是什么，还留下哪些空白点等待开发。

（2）消费者分析。营销应当是以消费者为导向的，根据消费者的需求来制造产品，只有在掌握了消费者购买产品的原因和目的后，才能制订出有针对性的营销办法。同时，还要对消费能力、消费环境进行分析。分析对本产品有需求的消费者的年龄、职业、受教育水平、收入水平、对产品的喜好程度和特点。

（3）分销形式分析。要结合产品特点分析营销渠道和销售的主要方式。营销方式和平台的选择既要符合企业自身情况和战略，同时还要兼顾目标群体的喜好，采用有效的途径将产品信息告知潜在消费者，为他们购买产品创造顺畅的渠道。

2. SWOT 分析

根据企业自身的既定内在条件进行分析，找出企业的优势、劣势及核心竞争力之所在。其中，S 代表 Strength（优势），W 代表 Weakness（弱势），O 代表 Opportunity（机会），T 代表 Threat（威胁）。优劣势分析主要是通过对上述情况的描述，找到本产品在同类产品中的优势和劣势，从而在营销中发挥优势、避免劣势。机会分析即通过以上分析，找到本产品开拓的空间和机会。威胁分析即分析本产品达到预期营销目标存在的威胁有哪些，如同行业的竞争、消费者需求的变化等。

3. 营销目标

营销目标包括营销的宗旨和营销目标。营销宗旨即在营销过程中应该坚持和贯彻的主要原则。营销目标即制订本营销策划方案所要达到的营销目的。

4. 营销策略

（1）广告宣传策略。即如何对本产品进行广告宣传。它包括以下内容：在什么时间进行宣传，是产品推出之前还是之后；在什么时间段投放广告；以什么方式进行广告，是以电视、广播的方式，以报纸、杂志的方式，还是以广告牌和散发宣传单的方式等；在什么地方投放广告，是在本省、本市、本地区，还是在全国投放广告等。

（2）销售渠道。即以什么样的方式进行销售，它包括如何开拓销售渠道、如何提高销售渠道的多样性和高效性、如何对销售渠道进行创新等内容。

（3）价格策略。即本产品的价格定位是多少，价格有什么优势和劣势，如何保证在盈利的基础上让价格能被消费者接受等。

（4）促销活动。其包括在什么时间、什么地点、进行什么样的促销活动等内容。

（5）公关活动策略。即对政府相关部门、经销商、消费者采取什么样的公关方式，才能够保证本产品在销售过程中有一个良好的外部环境。

5. 策划费用预算

策划费用预算指的是本策划相关内容需要花费的费用预算，包括广告费用、促销活动费用、人员培训费用、工作人员费用、公关费用、其他费用等。

6. 策划实施时的步骤说明以及计划书

它是策划具体执行的步骤，一般包括时间、活动内容、人员等，即每一个时间段做什么事情，这件事情由哪些人完成（包括负责人和成员）。

7. 策划的预期效果

它包括使用资源、预期效果、风险评估等。使用资源即本营销策划案的实施需要使用到哪些资源。预期效果即本策划在每一个阶段将要达到的预期目的。风险评估即影响本策划实施的风险有哪些，如自然风险、人为风险、政策变化等。

8. 对本策划问题症结的设想

对本策划存在的问题进行分析，提出合理性建议。

9. 可供参考的策划案、文献、案例等

它指的是将有参考价值的策划案、文献、案例列在本策划书上。

10. 其他方案概要

对于同一产品，如果还有其他预备策划方案，那么就可以将其概要列在本策划书上，以备领导参考。

11. 实施中的注意事项

它指的是对营销策划书实施中需要注意的具体事项要列在本策划书上。

一般来讲，营销策划书的主体只要有前面 5 项内容即可；如果为了方便实施，还可以加上第 6 项、第 7 项；如果想详细说明，则第 8~11 项的内容都有必要加入。

（三）尾部

有形产品营销策划书的尾部一般包括附录、署名和成文日期。

附录一般将主体中涉及的图片、图表或其他内容附于此，以供参考，其有时也可以作为主体的结尾部分而归入主体内容当中。署名处一般署上文件制作单位的名称。成文日期要求年、月、日齐全。

 能力训练

根据以下材料拟写营销策划书，可在内容上作合理增删

××家电企业最近生产了一款××牌新型电视，其清晰度高、耗电量少、智能化程度高，可以作为计算机显示屏，也可以作为电脑上网，还可以看 3D 电视。公司领导准备将这款新型电视推向市场。

任务六 ▶ 广告文案

 学习要求

了解广告文案的文体含义、特点及类型；掌握广告文案的结构与写法。

引导案例

"莎丽雅"电视广告文案

产品名称："莎丽雅"护肤系列用品
*广告客户：*广州白云山制药厂

广告长度：30 秒

产品说明："莎丽雅"护肤系列是日本著名化妆品生产企业日星株式会社与中国著名制药企业广州白云山制药总厂共同合资生产经营的，产品设计高雅独特，质量上乘。在使用上，有与众不同的护肤"三步曲"，即"洁肤、爽肤、润肤"。因而，该产品系列包括了洁肤水、爽肤露和润肤乳三种。

这则 30 秒的"莎丽雅"护肤品电视广告，用来配合在上海市的金光灿烂"莎丽雅"皮肤护理知识有奖问答的活动，广告片不能仅停留于介绍护肤"三步曲"，更要进一步强调"莎丽雅"给予观众心理上的满足。所以，电视广告围绕"金光灿烂'莎丽雅'护肤保芳华"这一主题，选用一个充满活力的纯洁少女，以此体现"莎丽雅"赋予人们光彩照人的心理感受。

广告构思：广告片表现一个少女使用"莎丽雅"后，变得更加清丽无比，引人注目。整片没有明显的情节，通过一系列富有美感的镜头的连接、叠化，达到目不暇接、一气呵成的效果。此外，光影的设计始终烘托出一种光辉灿烂的气氛，形成强烈的视觉冲击力，令观众难以忘怀。

拍摄要求：光影设计，主要采用逆光拍摄，镜头对准人物时，可以适当充光。色调以暖色调为主。镜头连接力求自然、平稳。室外拍摄追求自然逆光效果，室内逆光模仿阳光从窗外射入的效果。

每个镜头时间在 2 秒左右，主要运用叠化、连接的方式，造成一种快中有慢、错落有致的节奏。

演员要求：男女演员各一名。男演员要求风流洒脱，但要避免轻浮。女演员要求清丽脱俗，表演自然。

音乐：以萨克斯管或钢琴为主，旋律悠扬，中速偏慢，带有一点单一的节奏。

场地：一间带有梳妆台的房间，窗户与梳妆台形成一个便于拍摄的角度。室外，一片处于树林边缘的开阔、平整的草地。

分镜头脚本：

镜头一：一束君子兰的特写，花束微微颤动。同时镜头右移。

镜头二：边移边叠化镜头二，从右边伸入的玉手马上旋开化妆瓶的盖子。

镜头三：镜头切换，一个女子把"莎丽雅"护肤品抹在脸上。侧面拍摄，逆光，并有少量光晕出现。

镜头四：镜头从侧面移到女子的正面，光线从斜后方射来。女子继续按摩脸部，此时窗的位置正好在女子后方。

镜头五：镜头越过女子头部推向窗外。窗外是阳光下的一片草地和一片树林。

镜头六：（化入）在树林边侧的草坪中正在进行着一次野餐会。人们身着盛装聊着天，喝着饮料，有个小型的乐队在伴奏。

镜头七：这女子在聚会上出现，她的俏丽容貌引起人们的注意。

镜头八：一位男子正跟其他人谈论着什么，但他的目光不由自主地投向那女子。

镜头九：聚会气氛热烈，镜头对着一把吉他的上半部，吉他在吉他手的拨弄下颤动。背景人影晃动，焦距模糊。

镜头十：同一画面，镜头对准了人，俏丽女子正在跟一个男子说话。前面的吉他由清楚变得模糊。那女子感到有人在看她，便跟男子打个招呼后走开了。

镜头十一：镜头八中男子仍执着地凝视着这个女子，被她深深地打动着（男子脸部特写）。

镜头十二：红葡萄酒倒入杯中，切换到镜头十一。

镜头十三：这女子端了一杯酒转过身来，正好与男子打个正面。这时女子在灯光下产生的轮廓光格外清秀、飘逸。再切换到镜头十一。

镜头十四：女子脸部特写。她含情脉脉，逆光中出现点点光晕。同时女子口中默念："莎丽雅！"

镜头十五："莎丽雅"产品特写。

镜头十六：用特技从产品正中不断扩大，出现手拿君子兰的女子（前面出现的）。

画外音：护肤保芳华，全凭"莎丽雅"。

万科企业形象篇广告文案

（一）路灯篇

最温馨的灯光，一定在你回家的路上

如果人居的现代化只能换来淡漠和冰冷，那么它将一文不值

我们深信家的本质是内心的归宿

而真诚的关怀和亲近则是最好的人际原则

多年来我们努力营造充满人情味的服务气质和社区氛围

赢得有口皆碑的赞誉

正如你之所见

（二）名树篇

再名贵的树也不及你记忆中的那一棵

越是现代生命的原本美好越值得珍惜

我们深信

虽然不断粉饰翻新的名贵和虚华

更容易成为时尚的标签

但令我们恒久眷恋和无限回味的

一定是心中最初的那一遍风景

多年来万科珍视和努力保留一片土地上既有的人文财富

以纯粹的审美趣味

引领时代潮流

正如你之所见

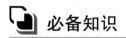 **必备知识**

一、广告文案的含义

广告，即为了某种需要，通过一定的媒介，广泛地向公众传递信息的一种宣传方式。广告文案是广告的具体表现形式，它有广义与狭义之分，广义的广告文案是指文字、形象、声音等所有广告内容的总和；狭义的广告文案是指广告中文字的部分，即广告文稿。我们所谈的广告文案，主要是指狭义的广告文案，即广告文稿。

广告文案就是在广告画面中的文字，而广告文案写作就是如何在广告的画面里存储文字，但是文字不能过长，而且与画面的意思要一致，相得益彰。

广告文案写作是一个创意实现的过程，在这个过程中，广告文案人员要在广告文案写作的特殊原则、特殊条件下，对广告创意策略和表现策略进行语言文字的表现。这个表现，是与其他制作和表现者一起，形成一个完整、有效的广告作品。这个广告作品是直接与目标受众产生沟通的中介。因此，广告文案写作过程是一个发展创意、表达创意的过程，是一个运用语言文字与目标受众沟通的过程。

广告文案最基本的作用是传达广告信息。需要将产品的"卖点"向受众进行恰当有效的传达。广告文案还能表达广告创意，是创意的集中体现。广告文案在塑造品牌形象和企业形象方面发挥着积极的作用。广告文案在广告的制作过程中会对设计广告的表现形式、广告画面产生必要的限制。

二、广告文案的特点

（一）内容真实

广告文案的内容必须是真实可靠的，虽然可以采用夸张的手法，但不能对产品的性能进行随意的夸大，否则便有欺骗消费者之嫌。

（二）语言简明通俗

一般广告文案要求简明扼要，交代清楚所要宣传的产品即可。由于大多数广告是给普通消费者看的，因此要写的通俗易懂，多采用生活化的语言，不要过于深奥。

（三）追求效益

广告的根本是促进消费者购买，使企业获得相应效益，因此获得效益是广告文案的根本。

三、广告文案的类型

根据不同的标准，广告文案可以分出不同的类型。按照广告文案的载体不同，可以分为报纸广告文案、杂志广告文案、广播广告文案、电视广告文案、车船广告文案、路牌广告文案及其他广告文案等。从广义广告文案定义出发，按照广告文案的体现形式不同，可以分为音像型广告文案（主要以声音和画面为主的广告文案）和文字型广告文案（主要以文字为主的广告文案）。按照目的不同，可以分为商业性广告文案和公益性广告文案。

(一) 商业性广告文案

商业性广告文案是企业或服务部门向消费者推销、促销商品或提供有偿服务时所使用到的一种文案形式。它的主要目的是通过广告宣传来提高企业或服务部门、商品或某项服务的知名度，吸引消费者购买，从而获得最大的经济效益。

(二) 公益性广告文案

公益性广告文案是国家机关、企事业单位为了树立自身在社会中的良好形象，向公众传达有益的行为或消费观念，需要广而告之，所使用到的一种文案形式。它的主要目的是向公众推销有益的行为观念，并通过这种方式在公众中树立企业的良好形象。

四、商业性广告文案的结构与写作方法

(一) 标题

广告文案的标题是广告的题目，用来显示广告的主题，它是区分不同广告的标志。对于广告来讲，标题要力求突出主题、简明精练、醒目诱人、独富新意，能够一下子抓住消费者的阅读兴趣，让人过目不忘。

1. 广告文案标题的类型

(1) 单行式标题。例如，某化妆品广告文案的标题是"只要青春不要痘"。

(2) 双行式标题。即"正题+副题"或"引题+正题"。一般正标题突出中心，副标题对正标题进行补充说明，引题交代背景或结果。如：

××酒 （正题）
——送客亭子头，蜂醉蝶不舞，三阳开国泰，美哉柳林酒 （副题）

睡得舒服　生活美满 （引题）

××安睡宝 （正题）

(3) 三行式标题。即"引题+正题+副题"，如某楼盘的广告标题：

豪华住宅，崭新典范 （引题）
××市××新村 （正题）
景色如画，堪称天上人间 （副题）

2. 广告文案标题的创作方法

(1) 标准型标题。这类广告标题往往直接说明中心和主题，平铺直叙、真实可靠，力求四平八稳。例如，某牙膏的广告标题是"××牙膏，洁齿皇后"，直接说明牙膏的牌子、作用和效果；××航空公司广告的标题"每日有三条航线飞往美国，只有××航空公司"，直接说明了航空公司提供最多班次飞往美国的服务，是其他航空公司不能提供的。

(2) 标题型标题。其又被称为新闻型标题。这类标题简单明了，常用于新产品的广告消息，标题上常加"新"或"最新"字眼。例如，某肠胃药品广告标题"专治肠胃弱新药问世"，直接说明治疗肠胃弱的新药产生。

(3) 寓意型标题。这类标题一般通过修辞的手法或暗示的方式与所要广告的事物发生联系，达到吸引消费者注意的目的。

(4) 语调型标题。这类标题一般以特殊的语调进行强调，如用祈使、反问等方式，从而给消费者留下深刻的印象。例如，某表的广告标题"讲究仪表，××不可少"，就采

273

用了祈使的语气，说明了该品牌手表对人的重要性；××面粉的广告的标题"为什么不从现在就开始用××面粉？"，使用了反问语气，号召消费者购买。

（5）思考型标题。其也被称为悬念型标题。这类标题是通过制造悬念的方式，引起消费者的思考，从而和要广告的事物发生联系。例如，某小儿药品广告的标题"感冒的季节，妈妈的爱心"，让消费者产生思考：在感冒的季节，妈妈的爱心是什么呢？而广告的产品就是这个标题的答案。

（6）对比型标题。这类标题通过比较的方式，展现对所要广告事物的自信，从而引起消费者的注意。例如，某调味店广告的标题"民以食为天，食以味为先"，通过"民"与"食"的对比，说明了调味店对自己调味品的自信。

（7）演出型标题。这类标题往往配合图片、形象、活动画面等，引起消费者的兴趣，以达到宣传广告事物的效果。例如，某啤酒广告的标题"身处闹市，享受自然"，在表达标题时配合闹市和清新自然的图片，从而给消费者留下深刻的印象。

（二）正文

1. 导语

导语即广告正文的引言，它介于标题与主体之间，起到承上启下的作用，它一般要对主题进行概括式的介绍，或设置背景，或制造悬念，引出广告正文的主体内容。导语的写作方式有以下几种：

（1）概括式。即用概括式的语言将广告的主题表达出来，如某空调的导语"别人有的我都有，别人没有的我也有"概括说明了产品具有多功能性。

（2）建议式。即以提建议的方式引起消费者的同感，从而引入主题。例如，某一广告文案通过向消费者提出建议，说明国际性银行在商业决策中的作用，从而引出汇丰银行可以提供相应的服务。

（3）提问式。即以提问的方式引起消费者的注意，从而引出主题。例如，某一药品广告的导语是"唉，又睡不着！失眠了？"，从而引出对本文主题药物的介绍。

（4）声明式。即以声明的方式说明可以提供相应的服务，引出主题。例如，某一电信企业的广告导语是"××电信可以为你提供优质的通话、上网等服务"，从而引出主题，介绍相应的通话和上网服务类型。

（5）背景式。即以介绍主题存在背景的方式作为导语，从而和主题形成对比，引起消费者的兴趣和注意。

（6）反问式。即以反问的方式引起思考，提出问题，引出广告的主题。例如，某房地产广告的导语是"谁说小户型没有好位置""谁说年轻人没有独到的投资眼光"，下面主体内容既是对导语的回答，也是对广告主题的阐释。

（7）祝贺、感谢式。即以祝贺某种节日或纪念日（如国庆、建党、五一、中秋、春节、企业成立纪念日等），或者感谢消费者的方式引出主题。例如，"值××电器进入××市三周年纪念之际，为了感谢新老客户的厚爱，凡是在纪念日当天购买××电器的客户皆可以享受三折优惠"，就是采用了这种方式的导语。

除以上写法外，广告的导语还有很多种写法，如悬念式、设问式、介绍式、描写式、对话式等，这需要写作者在写作时灵活应用。

2. 主体

广告文案的主体是对广告主题的详细说明和展开，是广告文案的核心部分。写作广告主体时，一定要紧扣主题、精选事实、点面结合、层次分明。广告主体的写作方式有以下几种：

（1）时序式。即以主题为轴，以时间为序，对主题展开说明。

（2）主次式。即将广告主题所要表达的方面按照主次进行区分，需要特别突出的主要方面重点写、重点阐述，不需要特别突出的次要方面略写。

（3）逻辑式。即按照人们的认识、思维，事物发展的逻辑来进行描写。

（4）文学式。即采用文学样式，如诗歌、散文等来阐发主题，从而渲染意境，引起消费者的注意和思考。

3. 结语

结语是对全文的收束，对主题的深化，一般要简短有力，不宜过长，催促消费者尽快采取行动。结语的写作方式主要有以下几种：

（1）祈使式。即采用祈使句来作为结尾，催促消费者赶紧行动。例如，某一商品的广告结语是"数量有限，欲购从速！"就采用了祈使语气。

（2）利益式。即说明消费者购买或使用这种商品将会有哪些益处。

（3）树立形象式。即在结语处再次强调自己的品牌，在消费者心中树立该企业的品牌形象。例如，某彩电的广告结语是"彩电当然是××"。

（4）归纳式。即采用归纳方法说明商品作用或使用的范围。例如，某药品的广告结语"维护全家人的身体健康，无论居家外出、吃喝旅游，××随时用得着！"归纳说明了该药品使用的范围。

（5）反问式。即采用反问的方式强调所要广告事物的重要性。例如，某地旅游广告的结语"此生不游××，岂不是枉来人间一场吗？"就通过反问的方式说明了当地旅游的意义。

除以上方式外，广告的结语还有许诺式、抒情式、展望式、描摹式等方式，这需要写作者在写作时灵活应用。

（三）广告语

广告语又称为标语或广告口号，是表达企业理念或产品特征的、长期使用的宣传短句。它不是每一篇广告都需要的，但在一篇广告中往往能起到深化主题、画龙点睛的作用。

1. 广告语的类型

（1）颂扬型。对要广告的内容直接进行赞扬，充满了自信和自豪感。例如，某饮料的广告语"100%新感觉"。

（2）煽情型。用具有人情味的语言激发消费者情感的共鸣，从而拉近与消费者的关系。例如，某领带的广告语"××领带，男人的世界"。

（3）鼓动型。以祈使的语气鼓动消费者行动。例如，热水器的广告语"请接受太阳的恩赐"，某药品的广告语"请认明××牌！"

（4）复合型。即上面其中两种类型的组合。例如，某电器的广告语"××常在我心间"，就使用了煽情与鼓动；某钻石的广告语"钻石恒久远，一颗永流传"就使用了颂扬与煽情。

（5）标题型。即用写广告标题的手法写广告语，直接揭示主题。例如，鞋店的广告语"岂有此履"。

2. 广告语的写作方法

（1）口语法。即使用一些生活化的口语、俗语、谚语，易于被消费者接受和传播。

（2）对偶法。即用正对、反对、顺对等修辞手法，言简意深，让消费者过目不忘。例如，某润滑油的广告语"多一些润滑，少一些摩擦"，就采用了反对方法。

（3）排比法。即用排比句式增强气势，给消费者造成强烈的冲击，唤起消费者购买的欲望。例如，某电视机的广告语"看新画王，听新画王，用新画王"。

（4）夸张法。即采用夸张手法突出产品的功效，给消费者留下深刻印象。例如，某抗皱霜的广告语"别人都说我们是姐妹，其实我们是母女"。

（5）顶针法。即采用顶针修辞手法引起消费者的兴趣。

（6）谐音法。即采用谐音的手法将所要广告的内容引出。例如，电风扇的广告语"心地善良（凉）"；止咳药的广告语"刻（咳）不容缓"。

（7）比喻法。使用比喻修辞格，突出产品的某一特性。例如，童鞋的广告语"像妈妈的手一样温暖"，音响器材的广告语"把交响乐团带到家里来"。

（8）反问法。使用反问修辞格让消费者思考，从而引出广告产品。例如，杀虫剂的广告语"我们宝贵的血液，为什么供臭虫果腹？"

（9）回环法。采用回环的修辞格加深消费者对产品的印象。例如，长城电扇的广告语"××电扇，电扇××"。

（10）演化法。即将成语、谚语、俗语、诗词加以改动，将所要宣传的产品镶入其中。

除了以上方法外，广告语的写作方法还有双关、重叠、仿词等，写作者可以灵活应用。

（四）随文

随文是广告文案的附加性文字，是对正文的补充，它一般写明产品的生产企业、企业地址、联系电话、联系人、售后服务等内容。它一般要求简明扼要、形象易记。

能力训练

请走访一下校园周边的商店或饭店，选择一家有经营特色的店铺为其撰写广告文案。要求能够体现商家的特点并贴近学生消费群体特征。

项目五　财经应用文书写作

学习要求

了解财务分析报告的概念、特点、种类、作用，能够读懂企业的财务分析报告。

引导案例

财务分析报告

一、总体评述

（一）公司财务业绩概况

根据京通纺织有限公司发布的资产负债表和利润表的数据，我们运用比率分析法和图表分析法等方法分析数据，可以看出，该公司 2019 年财务状况基本处于一般盈利状态，相比去年有一定的增长。

（二）各经济指标完成情况

本年实现营业收入 45077995.4 元，比去年同期有较大的提高，净利润也有较大的增加，基本上完成了相应的指标。

二、财务报表分析

（一）资产负债表

1. 企业自身资产状况及资产变化说明

公司本期的资产比去年同期增长 33.76%。资产的变化中固定资产增长最多，为 1155032.02 元。企业将资金的重点向固定资产方向转移。应该随时注意企业的生产规模、产品结构的变化，这种变化不仅决定了企业的收益能力和发展潜力，而且决定了企业的生产经营形式。因此，建议投资者对其变化进行动态跟踪与研究。

流动资产中，存货资产增长的比重最大，为 43.66%。在流动资产各项目变化中，货币类资产和短期投资类资产的增长幅度小于流动资产的增长幅度，说明企业应付市场变化的能力减弱；信用类资产的增长幅度明显大于流动资产的增长，说明企业货款的回收不够理想，企业受第三者的制约增强，企业应该加强货款的回收工作；存货类资产的增长幅度明显大于流动资产的增长，说明企业存货增长占用资金过多，市场风险增大，企业应加强存货管理和销售工作。总之，企业的支付能力和应付市场的变化能力一般。

2. 企业自身负债及所有者权益状况及变化说明

从负债与所有者权益占总资产的比重来看，企业的流动负债比率为1.56%，长期负债和所有者权益的比率为0.066%，说明企业资金结构位于正常的水平。

本期和上期的长期负债占结构性负债的比率分别为11.75%、13.09%，该项数据比去年有所降低，说明企业的长期负债结构比例有所降低。盈余公积比重提高，说明企业有强烈的留利增强经营实力的愿望。未分配利润比去年增长了355%，表明企业当年增加较多的盈余。未分配利润占结构性负债的比重比去年也有所提高，说明企业筹资和应付风险的能力比去年有所提高。总体上，企业长期和短期的融资活动比去年有所减弱。企业是以所有者权益资金为主来开展经营性活动的，资金成本相对比较低。

（二）利润及利润分配表

1. 利润分析

（1）利润构成情况。本期公司实现营业利润2015039.24元，利润总额2016217.24元，实现净利润1506451.59元。

（2）利润增长情况。本期公司实现利润总额2016217.24元，较上年同期增长19.3%。其中，营业利润比上年同期增长18.4%，增加利润总额326217.24元。

2. 收入分析

本期公司实现主营业务收入45077995.4元，比去年同期增长5.9%，说明公司业务规模处于较快发展阶段，产品与服务的竞争力强，市场推广工作成绩很大，公司业务规模扩大很快。

3. 成本费用分析

本期公司发生成本费用共计43156921.12元。其中，主营业务成本38240729.96元，占成本费用总额的89%；营业费用430998.04元，占成本费用总额的0.9%；管理费用3951383.13元，占成本费用总额的9.2%；财务费用273588.97元，占成本费用总额的0.6%。

4. 利润增长因素分析

本期公司利润总额增长率为19.3%，公司在产品与服务的获利能力和公司整体的成本费用控制等方面都取得了很大的成绩，提请分析者予以高度重视，因为公司利润积累的极大提高为公司壮大自身实力和迅速发展打下了坚实的基础。

5. 经营成果总体评价

公司与上年同期相比主营业务利润增长率为18.4%，其中，主营收入增长率为6%，说明公司综合成本费用率有所下降，收入与利润协调性很好，未来公司应尽可能保持对企业成本与费用的控制水平。主营业务成本增长率较低，说明公司综合成本率有所下降，毛利贡献率有所提高，成本与收入协调性很好，未来公司应尽可能保持对企业成本的控制水平。营业费用增长率较去年低，说明公司营业费用率有所下降，营业费用与收入协调性很好，未来公司应尽可能保持对企业营业费用的控制水平。管理费用少，说明公司管理费用率有所下降，管理费用与利润协调性很好，未来公司应尽可能保持对企业管理费用的控制水平。财务费用增长率为××%，说明公司财务费用率有所下降，财务费用与利润协调性很好，未来公司应尽可能保持对企业财务费用的控制水平。

三、财务绩效评价

（一）偿债能力分析

企业的偿债能力是指企业用其资产偿还长短期债务的能力。企业有无支付现金的能力和偿还债务能力，是企业能否健康生存和发展的关键。本期公司在流动资产与流动负债以及资本结构的管理水平方面都取得了极大的成绩。企业资产变现能力在本期大幅提高，为将来公司持续健康地发展、降低公司债务风险打下了坚实的基础。从行业内部看，公司偿债能力极强，在行业中处于低债务风险水平，债权人权益与所有者权益承担的风险都非常小。在偿债能力中，现金流入负债比和有形净值债务率的变动是引起偿债能力变化的主要指标。

1. 流动比率（略）

2. 速动比率（略）

3. 资产负债率（略）

（二）经营效率分析

分析企业的经营管理效率是判定企业能否创造更多利润的一种手段，如果企业的生产经营管理效率不高，那么企业的高利润状态是难以持久的。公司本期经营效率综合分数较上年同期提高，说明公司经营效率处于较快提高阶段，本期公司在市场开拓与提高公司资产管理水平方面都取得了很大的成绩，公司经营效率在本期获得较大提高，提请分析者予以重视，公司经营效率的较大提高为将来降低成本、创造更好的经济效益、降低经营风险开创了良好的局面。从行业内部看，公司经营效率远远高于行业平均水平，公司在市场开拓与提高公司资产管理水平方面在行业中都处于遥遥领先的地位，未来在行业中应尽可能保持这种优势。在经营效率中，应收账款周转率和流动资产周转率的变动是引起经营效率变化的主要指标。

1. 应收账款周转率（略）

2. 存货周转率（略）

3. 营业周期（天）（略）

（三）盈利能力分析

企业的经营盈利能力主要反映企业经营业务创造利润的能力。公司本期盈利能力综合分数较上年同期提高，说明公司盈利能力处于高速发展阶段，本期公司在优化产品结构和控制公司成本与费用方面都取得了极大的进步，公司盈利能力在本期获得极大提高，提请分析者予以高度重视，因为盈利能力的极大提高为公司将来迅速发展壮大、创造更好的经济效益打下了坚实的基础。从行业内部看，公司盈利能力远远高于行业平均水平，公司提供的产品与服务在市场上非常有竞争力，未来在行业中应尽可能保持这种优势。在盈利能力中，成本费用利润率和总资产报酬率的变动是引起盈利能力变化的主要指标。

1. 总资产周转率（略）

2. 净资产收益率（略）

3. 销售净利润率（略）

（四）增加经济利润等指标，综合、全面反映收益的质量

经济利润是企业投资资本收益超过加权平均资金成本部分的价值。

经济利润＝（投资资本收益率－加权平均资金成本率）×投资资本总额

其中，投资资本收益率是指企业息前税后利润除以投资资本总额后的比率，加权平均资金成本率是指各项资金占全部资金的比重和对个别资本成本进行加权平均确定；投资资本总额等于企业所有者权益和有息长期负债之和。增加经济利润指标是从资本需求和资金成本上以价值管理为核心。结合净利润现金含量（经营活动现金净流量/净利润）指标则从质量方面对企业和获利能力作了进一步的说明。由于企业根据权责发生制原则确定的销售收入中包含一定数量的应收账款等债权资产，如果这些资产的质量不高，难以如期变现，势必导致企业净利润中含有一定的"水分"，那么由此产生的净利润对企业投资者来说是获利还是无利呢？增加经济利润和净利润现金含量比率的指标则综合全面反映了企业实现的净利润中有多少是有现金保证和实现价值管理的，提高了获利能力指标的质量，也说明企业财务分析指标是在不断完善和提高的。

（五）注重流动资金周转率，加快资金周转速度

中小企业在激烈的市场竞争中极易出现资金短缺问题，因此在分析财务指标时更应关注流动资金周转率，其中包含了应收账款周转率、存货周转率。通过加快流动资金周转速度来弥补利润率低、净现金流量少给企业经营带来的困难。

（六）存在的问题和建议

资金占用增长过快，结算资金占用比重较大，比例失调。特别是其他应收款和销货应收款大幅度上升，如不及时清理，对企业经济效益将产生很大影响。因此，建议企业领导要引起重视，应收款较多的单位领导要带头行动起来；抽出专人，成立清收小组，积极回收账款；也可将奖金、工资同回收贷款挂钩，调动回收人员的积极性。同时，要求企业经理要严格控制赊销商品管理，严防新的三角债产生。

经营性亏损单位有增无减，亏损额不断增加。全局企业未弥补亏损额高达数十万元，比同期大幅度上升。建议各企业领导要加强对亏损企业的整顿、管理，做好扭亏转盈工作。

企业不同程度地存在潜亏行为。建议企业领导要真实反映企业经营成果，该处理的处理，该核销的核销，以便真实地反映企业经营成果。

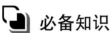 必备知识

一、概述

财务分析是以企业等经济组织的会计报表及其他相关资料为对象，采用一定的科学分析方法，对其过去和现在的有关筹资、投资、经营、分配活动中的盈利能力、营运能力、偿债能力和增长能力状况等进行分析与评价的经济管理活动。它为企业等经济组织的投资者、债权人、经营者做出正确决策提供依据，为其他与企业相关的组织或个人了解企业过去、评价企业现状、预测企业未来提供信息。财务分析报告用书面的形式反映了财务分析的过程和结果。

（一）定义

财务分析报告是作者运用一定的方法，对企业等经济组织的会计报表及其他相关资料进行科学分析和客观评价的专业文书。

（二）特点

1. 承启性

财务分析报告通过分析企业等经济组织的会计报表及其他相关资料，评价企业等经济组织的财务状况和经营成果，反映企业等经济组织在运营过程中的利弊得失和发展趋势，为改进企业等经济组织的财务管理工作和优化经济决策提供重要的信息。财务分析报告既是已经完成的财务活动的总结，又是未来财务活动得以继续展开的基础，在企业等经济组织的财务管理工作当中承上启下，成为企业等经济组织加强工作、挖掘潜力、改进不足，不断提高市场竞争力的重要环节。

2. 多元性

财务分析报告的多元性是指写作主体多种多样，包括权益投资人、债权人、经理人员、政府部门、其他与企业等经济组织有利益关系的社会机构或个人。他们出于不同的目的分析财务报表，采用不同的分析方法，从中获取不同的信息。例如：权益投资人关心偿债能力、收益能力以及风险；债权人关心企业是否具有偿还债务的能力；经理人员关心公司的财务状况、盈利能力和持续发展的能力；政府部门是为了履行自己的监督管理职责；社会机构或个人为各类报表使用者提供专业咨询。

3. 目的性

财务分析报告写作的目的是评价过去的经营业绩、衡量现在的财务状况、预测未来的发展趋势。财务分析报告写作的最终目标是为财务报表使用者做出相关决策提供可靠的依据。财务分析报告的目的受到写作主体的制约，不同的财务分析报告的写作主体进行财务分析的目的是不同的。比如说，财务分析报告有的侧重于资金流动性分析，有的侧重于资金盈利性分析，有的侧重于财务风险分析，有的侧重于破产分析，有的侧重于资金使用程序分析，等等。

4. 确定性

财务分析报告分析和评价企业的经营特征，利润实现及其分配情况，资金增减变动和周转利用情况，税金缴纳情况，存货、固定资产等主要财产物资的盘盈、盘亏、毁损等变动情况，对本期或下期财务状况将发生重大影响的事项等，其分析和评价在运用文字进行表述的同时，还往往运用财务分析表格进行简明的表述，其分析结果具有确定性。上级部门和领导通过对财务分析报告科学、准确、全面、系统地分析与评价，从结果的确定性中能及时发现财务及经营风险，及早采取对策。

（三）种类

根据不同的标准，可以将财务分析报告分为不同的种类。

按照内容来分，有综合财务分析报告、专题财务分析报告。

按照时间来分，有定期财务分析报告、不定期财务分析报告。其中，定期财务分析报告又分为年度财务分析报告、半年财务分析报告、季度财务分析报告、月份财务分析报告。

按照形式来分，有文字式财务分析报告、表格式财务分析报告、文字式与表格式相结合财务分析报告。

(四) 作用

1. 判断企业经营状况

写作财务分析报告是评价企业经营工作的一项重要内容，是加强企业经营管理的一种有效的方法。企业经营活动的结果主要是通过财务报表的各项指标反映出来的。其他指标数据虽然可以使企业领导了解企业经营活动的基本情况，但却难以对企业的经营管理做出正确的评价，更无法提出解决问题、改进工作的意见。所以，有必要进一步深入进行财务分析。整个企业的经营活动是否能够按计划、有秩序地进行，都可以通过财务分析报告予以客观判断。

2. 提供决策必要信息

财务分析报告可以为企业领导制定各种经营决策提供有用而必要的信息。财务分析报告并非止于对过去已经完成的经济活动的总结、回顾和评价，更在于对未来经济活动的展望和指导。对企业已经取得成就的评价及存在问题与原因的分析是否正确，直接影响到企业未来经济预测的正确性，从而影响到决策的正确性以及所采取的措施是否合理。为了使决策合理、措施有效、效益明显，就必须借助于财务分析报告所提供的各种数据资料。

3. 提高企业经济效益

财务分析报告通过会计报表可以评价企业的经营效益，企业领导可以借此对企业实行有效的管理，通过合理配置资金、优化资金使用结构、挖掘财务内部潜力，提高企业经济效益。比如，在与国内外同类企业的财务对比分析当中，不仅可以找出本企业的差距，从而改进本企业的经营管理，更重要的是通过财务对比分析，研究同类企业销售和利润计划的执行情况，研究同类企业取得成绩的原因，从而进一步发挥资金的积极作用，促进经济效益的提高。

4. 检查考核强化责任

政府部门和投资者通过财务分析报告所提供的资料，可以检查企业之间有限资源的配置情况，维护市场经济秩序，保证市场有效运转。企业通过财务分析报告，可以检查资金计划的执行情况，监督财务人员遵守国家政策、法令和规章制度，正确处理各方面的经济关系，维护投资者、债权人及其他人的合法权益；可以根据相关财务数据，对财务人员的业绩进行考核；可以在财务分析报告的基础上，强化企业各个部门和有关人员的经济责任，奖勤罚懒，扬长避短。

二、写作

(一) 标题

一般由单位或对象+事由+文种组成。例如：

西南区域电力企业 2019 年 1~6 月财务分析报告

(二) 正文

财务分析报告的正文一般由开头、主体、结尾三个部分组成。

1. 开头

开头要用简洁的语言综合说明企业等经济组织财务活动的背景情况和基本情况，所取得的主要成绩和存在的问题，以及对企业等经济组织财务状况的基本评价，开头要突出中心思想。

2. 主体

主体是财务分析报告的核心部分，是对企业等经济组织各项财务活动指标的完成情况及有关的其他情况的说明，并对影响诸种指标增减变化的原因进行分析和评价。其写作一般要分成三个层次：一是说明财务活动的具体情况。主要内容包括筹集企业投资和经营所需要的资金，如发行股票和债券、借款和利用内部积累资金等；将资金分配于资产项目，如购置各种长期资产和流动资产等；将资金用于研究、开发、采购、生产、销售和人力资源管理等。二是分析财务活动的具体情况。主要内容包括偿债能力指标，如资产负债率、流动比率、速动比率等；营运能力指标，如应收账款周转率、存货周转率等；盈利能力指标，如资本金利润率、销售利税率、成本费用利用率等；以及资金运作、财务政策、经营管理、投融资管理、发展能力状况等。三是评价财务活动的具体情况。主要内容包括对于经营情况、财务状况、盈利业绩、预测未来的结论。

写作主体既可以采用文字进行表述，也可以采用图示、表格进行表述，还可以采用文字与图示、表格相结合的方式进行表述。

在写作方法方面，可以选择采用定性分析法、定量分析法、绝对数与相对数比较分析法、财务比率分析法、资本结构分析法、发展速度分析法、边际分析法、模型分析法等。

3. 结尾

结尾是作者针对财务活动的评价结论和存在问题提出改进的意见和建议。

（三）落款

在正文的右下方署单位名称、成文日期。

（四）写作要求

第一，要全面掌握会计报表等资料，说明情况要恰当，引用数据要具体，计算数据要准确。

第二，要实事求是地对财务活动进行正反两方面的分析评价，结论客观，不夸张，不缩小，不感情用事。

第三，主要运用说明、叙述的表达方式，辅之以议论的表达方式；结构要做到条分缕析，观点鲜明突出。

(!) 例文点评<<<

××印刷机械股份有限公司财务分析报告

一、经营业绩概况

××印刷机械股份有限公司 1999~2002 年上半年的主要经营业绩指标如下表所示：

指标	单位	2002年上半年	2001年度	2000年调整前	2000年调整后	1999年调整前	1999年调整后
主营业务收入	百万元	440.03	699.08	442.06	442.06	459.83	459.83
主营业务利润	百万元	135.96	207.05	146.75	146.75	158.37	158.37
营业利润	百万余	54.29	81.57	61.65	61.65	60.70	60.70
利润总额	百万余	57.46	75.75	58.55	37.35	60.41	53.16
净利润	百万余	47.68	64.28	51.42	30.23	48.85	41.59
每股收益	元	0.119	0.161	0.129	0.076	0.122	0.104
每股净资产	元	2.5	2.38	2.44	2.34	2.51	2.46
净资产收益率	%	4.77%	6.76%	5.28%	3.23%	4.87%	4.22%
每股净现金流量	元	0.02	0.23	-0.19	-0.19	-0.03	-0.03

公司的主营业务收入一直呈上升趋势，除2000年因为公司承接的造币机年末尚未交货而导致该年主营业务收入比1999年略微下降3.87%外，最近几年一直保持着较高的增长势头。其中，2001年较2000年增幅58.14%。进入2001年以来，公司的主营业务收入呈现了加速增长态势。2002年半年完成的收入即接近2000年全年的销售收入，达到2001年全年主营业务收入的62.94%。

在主营业务收入增长的同时，公司的主营利润也保持了加速增长态势。即使在主营业务收入略有减少的2000年，公司的营业利润仍能高于上一年份。2001年度净利润较2000年增加1.13倍，2002年上半年利润为4768万元，半年时间即已经完成2000年全年净利润的74.18%，与2001年中期相比则增加47.37%。

更为可喜的是，公司的主营业务突出，利润的含金量高。公司的营业利润占利润总额的比重在过去3年一直大于100%。公司的竞争实力正因其主营业务突出而在印刷机械行业遥遥领先于其他行业。

二、盈利能力分析

××印刷机械股份有限公司的主要盈利能力指标如下：

项目	2002年半年	2001年度	2000年调整前	2000年调整后	1999年调整前	1999年调整后
毛利率	31.80%	30.31%	33.88%	33.88%	35.32%	35.32%
主营业务利润率	30.90%	29.62%	33.20%	33.20%	34.44%	34.44%
营业利润率	12.34%	11.67%	13.95%	13.95%	13.20%	13.20%
销售净利率	10.84%	9.20%	11.63%	16.84%	10.62%	9.04%
净资产收益率	4.77%	6.76%	5.28%	3.23%	4.87%	4.22%

过去几年，市场竞争日趋激烈，然而，公司的毛利率、主营业务利润率、营业利润率指标一直保持稳定，而公司的销售净利率、净资产收益率等指标则逐年提高。其原因既与公司实施的正确的经营战略有关，更来自公司管理层高水平的经营管理。

1. 资产周转能力

公司的资产周转能力指标如下：

项目	2002 年上半年	2001 年度	2000 年度	1999 年度
存货周转率	1.21	1.02	0.71	0.85
应收账款周转率	5.82	7.03	7.55	16.61
总资产周转率	0.52	0.48	0.36	0.39

公司的存货周转率、应收账款周转率、总资产周转率均较高且保持稳定，说明公司的资产经营效率较高，不良资产、收益率较低的资产较少，这为未来几年公司的健康发展奠定了扎实的基础。

存货周转率 2000 年有所下降，主要是因为造币机期末未完工所致，各年指标与行业平均值相比完全正常。2001 年之后，公司的存货周转指标又有大幅度提高。2001 年存货周转率指标较 2000 年增加 43.66%。2002 年半年的存货周转率较 2001 年半年的 1.09 次增加 11.01%，显现出公司高水平的运营管理。

公司应收账款周转率在过去几年一直处于较高水平。自 2000 年开始，应收账款周转率有所下降，主要是公司改变了以现销为主的销售方式，扩大信用销售规模的结果。客观地说，以现销为主的销售方式过于保守，也导致公司的应收账款周转率奇高，而扩大信用销售规模这一重大举措对扩大销售、增加盈利无疑有着积极的影响。即便如此，公司应收账款周转率仍处于一个较高的水平，坏账的风险极小。

2. 成本费用控制水平

公司成本、费用的控制水平由下表可见（成本费用占收入的比重）：

项目	2002 年上半年	2001 年度	2000 年度	1999 年度
主营业务成本	68.20%	69.69%	66.12%	64.68%
销售费用	3.37%	4.46%	5.56%	4.82%
管理费用	13.92%	13.01%	14.41%	17.34%
财务费用	1.90%	0.72%	-0.36%	-0.56%

公司的主营业务成本在收入中占的比重一直保持相对稳定。在市场竞争日趋激烈的情况下尚能做到销售费用、管理费用的相对降低。同时，由于公司财务政策以及严格、高效的资金管理，财务费用始终处于极低的水平。正是因为管理层有效地控制成本费用，加之严格的管理制度，公司才得以在中国印刷机械行业中遥遥领先于其他企业，并逐步成长为具有一定国际竞争力的企业。

三、偿债能力分析

××印刷机械股份有限公司的主要偿债能力指标如下：

项目	2002 年上半年	2001 年度	2000 年度	1999 年度
流动比率	1.47	1.45	2.03	5.12
速动比率	0.7	0.65	0.68	2.38

公司的流动比率、速动比率在 1999 年处于较高的水平，表明公司的短期偿债能力很强。这两个指标在 2000 年、2001 年虽有所下降，但仍处于安全范围之内。这种变化说明公司的流动资金管理在强调防范风险的同时，也注重提高资产的收益，在风险与收益的关系处理上更为成熟，表明公司短期资金调控管理水平已经有了显著的提高。当然，公司也需要认真分析这两项指标下降的原因，防范潜在的偿债风险。

四、负债能力分析

××印刷机械股份有限公司近几年的资产负债率如下：

项目	2002 年 6 月 30 日	2001 年 12 月 31 日	2000 年 12 月 31 日	1999 年 12 月 31 日
负债率	41.60%	37.92%	27.14%	11.74%

公司的负债结构如下：

项目	2002 年 6 月 30 日	2001 年 12 月 31 日	2000 年 12 月 31 日	1999 年 12 月 31 日
日流动负债/总资产	37.34%	37.78%	27.12%	11.08%
其中：短期借款/总资产	15.43%	15.63%	11.59%	1.38%
长期负债/总资产	4.25%	0.12%	0.00%	0.64%
其中：长期借款/总资产	2.11%	0.11%	0.00%	0.00%

无论与同行业还是其他行业的企业相比，公司的资产负债率都处于偏低的水平。这一方面表明公司在过去几年一直致力于收益较稳定的主营业务，财务政策极为稳健，非常注意防范债务风险，另一方面也为公司在今后利用债务融资来扩张经营创造了极为有利的条件。

在公司的负债结构中，流动负债占有绝对的比重，而较少依靠长期负债。2000 年末流动负债较 1999 年有大幅度增加，主要是收购北惠四厂而加大了流动负债。我们认为，短期借款自 2001 年底增幅较大，主要是随着公司资本扩张，公司的融资策略也发生了积极的转变，即积极利用财务杠杆，为股东创造更大价值。

五、现金流量分析

××印刷机械股份有限公司现金流量的总体情况如下：

项目	2002 年上半年	2001 年度	2000 年度	1999 年度
经营活动现金流入小计	462.76	770.29	566.53	553.46
现金流出小计	408.64	719.79	530.84	485.74

续表

项目	2002 年上半年	2001 年度	2000 年度	1999 年度
净现金流量	54.12	50.32	35.68	67.72
投资活动现金流入小计	32.81	2.36	4.04	1.26
现金支出小计	59.09	135.26	97.12	19.00
净现金流量	-26.28	-132.90	-93.08	-17.74
筹资活动现金流入小计	225.62	289.70	6.00	11.28
现金流出小计	247.15	118.16	24.70	74.34
现金流量净额	-21.53	171.54	-18.70	-63.06
汇率变动对现金的影响额	-0.06	1.07	-0.27	0.06
现金及现金等价物净增减额	6.25	90.03	-76.37	-13.01

投资活动现金净流量为负，说明公司最近几年一直在投资固定资产，加大技术改造力度，这有利于公司的长远发展；筹资活动现金净流量在 2000 年底之前一直为负，其原因主要是公司始终坚持回报股东发放股利、归还借款，以及弥补投资活动现金不足。可贵的是，公司的经营活动现金流量始终为正，这从另一个角度说明公司的主业突出、稳定，公司的利润质量很高。

六、成长能力分析

××印刷机械股份有限公司成长能力相关指标如下：

项目	2002 年上半年	2001 年上半年	2001 年下半年	2000 年调整前	2000 年调整后	1999 年调整前	1999 年调整后
主营业务收入（百万元）	440.03	352.03	699.08	442.06	442.06	459.83	459.83
比上期增长	25.00%	66.87%	58.14%	-3.87%	-3.87%	0.41%	0.4%
净利润（百万元）	47.68	32.36	64.28	51.42	30.23	48.85	41.59
比上期增长	47.37%	54.27%	112.64%	5.26%	-27.32%	7.53%	-8.45%
净资产收益率（%）	4.77%	3.4%	6.76%	4.99%	3.23%	4.87%	4.22%
比上期增长	40.29%	25.93%	109.29%	2.25%	-23.46%	6.09%	-8.26%
每股收益（元/股）	0.119%	0.081	0.161	0.129	0.076	0.122	0.104
比上期增长	46.91%	55.77%	111.84%	5.74%	-26.92	7.02%	-9.77%
每股净资产（元/股）	2.5	2.42	2.38	2.44	2.34	2.51	2.46
比上期增长	3.31%	-5.47%	1.7%	-2.79%	-4.88%	1.62%	-0.40%

注：因 2002 年为半年数据，为可比故列示了 2001 年同期数。

过去几年，市场竞争日趋激烈，然而，公司主营业务收入基本保持稳定，净利润则保持上升趋势，净资产收益率、每股收益等指标也保持逐年提高的趋势。这种趋势正是公司在营销、研发、质量、品种、规模等方面具备的竞争优势的真实写照。公司营销、研发等核心竞争力的增强以及财务管理水平的提高，必将对净资产收益率、每股收益等投资者关心的指标稳定增加起到决定性的作用。

七、分析结论

经营业绩良好。主营业务收入一直呈上升趋势。进入 2001 年后，主营业务收入及各项利润指标呈加速增长态势。

盈利能力较强。各项利润率指标均为正，且近期还有较大幅度的提高。存货周转率、应收账款周转率均处于较高的水平。

财务状况较好。公司的负债率非常低，债务融资空间巨大。短期偿债能力亦保持在安全水平之上。

现金流量稳定。经营活动现金流量一直为正，投资活动现金流量一直为负，既保证公司日常经营活动的正常进行，又一定程度上保证了公司的发展后劲。

八、工作建议

当然，也有一些问题需要引起××印刷机械股份有限公司管理层的注意。公司在改变销售方式的同时，必须要加强信用管理，警惕可能的坏账给公司带来的损失。应注意优化资本结构和负债结构，积极采用负债融资方式，为股东创造更大财富；注意采用长期负债的融资方式，减轻对短期借款的依赖。

××安旺投资管理有限公司

2002 年 12 月 18 日

这是一份上市公司的综合财务分析报告。标题要素完整。在写作正文时，作者能够运用比较的方法，对公司财务活动从正反两个方面进行分析，凸显了公司在不同时期的经营特色，结论实事求是，体现了财务分析报告的基本要求。正文分条列项，标明段首句，突出了各个层次的大意，段落清楚，结构合理。公司财务活动的内容比较丰富，时间跨度比较大，通过运用表格的形式，将繁复的内容简单化，并与文字表达相结合，文面清爽明了，形式符合规范。

 思考与练习

一、填空题

1. (　　) 是作者运用一定的方法，对企业等经济组织的会计报表及其他相关资料进行科学分析和客观评价的专业文书。

2. 写作财务分析报告是 (　　) 企业经营工作的一项重要内容，是加强企业经营管理的一种有效的方法。

二、判断题

1. 财务分析报告写作的关键是评价过去的经营业绩、衡量现在的财务状况、预测未来的发展趋势。

2. 财务分析报告可以为企业领导制定各种经营决策提供有用而必要的信息。

三、简答题

1. 为什么说财务分析报告具有多元性的特点?
2. 怎样理解财务分析报告有着提高企业经济效益的作用?

四、评析题

请认真阅读下面一份财务分析报告,然后指出其内容和形式方面的写作特点。

××县地方企业 2018 年度财务分析报告

2018 年度,我县地方企业在改革开放力度加大、国内外经济环境风云变幻的形势下,坚持以提高效益为中心,以搞活经济强化管理为重点,深化企业内部改革,深入挖掘潜力,调整经营结构,进一步完善了企业内部经营机制,努力开拓,奋力竞争。根据纳入年度财务决算报表的六户企业来看,全年营业收入实现 5732.5 万元,比去年增加 45% 以上,在取得较好经济效益的同时,也取得了较好的社会效益。

一、经济指标完成情况

本年度六户企业(不含集体企业)共实现营业收入为 5732.5 万元,比上年增加 1808.8 万元,4 户盈利,两户亏损。其中,××县浙浦水泥有限责任公司营业销售实现 3060 万元,比上年增加 1040 万元,同比增长 51%,实现利润 71 万元;××县粮油购销储备有限责任公司营业收入实现 804 万元,比上年增加 442 万元,同比增长 122%,实现利润 7 万;××县国有资产经营管理有限责任公司营业收入实现 2 万元,比上年增加 1.2 万元,同比增长 150%,实现利润 1.8 万元;××县中信纸业营业收入实现 1551 万元,比去年增加 619 万元,同比增长 66%,实现利润 6 万元;××县金江肉联厂营业收入实现 236 万元,比上年减少 294 万,同比降低 55%,利润亏损 8 万元。××县招待所营业收入实现 77 万元,比上年减少 2 万元,同比降低 8%,利润亏损 2.2 万元。六户企业全年营业成本为 5447 万元,比上年 3891 万元增加了 1556 万元,同比增长 39%。

二、财务执行情况分析

2018 年,我县地方企业实现营业增长 46%,从最近几年的经济数据来看,是增长最快的一年。但是,仔细分析之后不难看出,一方面,高增长的背后是受益于物价上涨和县域经济环境的改变,以及"5·12"地震后灾后重建的经济拉动,促使了全年营业收入的高增长。另一方面,企业通过深化内部改革,深入挖掘潜力,调整经营结构,降低生产成本,扩大销售范围,所取得的收入虽比以往有所增加,但成绩并不突出。扣除成本后,利润总额只增长 8%,且明年许多有利因素也会减少,经济危机影响可能还会加大,大范围经济环境全面复苏还有待时日。因此,2019 年企业在加强内部管理、降低能耗、控制成本、扩大销售、保证品质和信誉、提高产品科技含量和销后服务质量等内容上都还有许多潜力可挖、工作可做。

今年,我县地方企业在生产经营中,一是由年初粮食、肉类等农产品引起的全国性商品价格上涨,对我县的工业产品价格也产生了影响。特别是××县浙浦水泥有限责任公司受原材料煤的价格波动影响较大,同时,因油价也比往年有所上涨,各项成本的增加促使出厂价格涨幅创历史之最。年中"5·12"地震发生后，我县实施了灾后重建工作。全县 2783 户受灾户同时建房，大大增加水泥的需求，以至于出现短时期供不应求的局面。同时，我县新城建设多个场平工程启动及县廉租房建设等项目大量开工，再次拉动水泥需求，致使浙浦水泥公司产销量创历史新高，营业销售实现 3060 万元，比上年增加 1040 万元，同比增长 51%，实现利润 71 万元。二是××县粮油购销有限责任公司受粮食价格上调和库存增值使企业利润有一定增加。三是中信纸业在销售量增加，价格上调，在库存增值等几个有利因素的推动下，营业收入取得可喜成绩。该企业产品都是销往外省，受大的经济环境影响较大。但是，在下半年世界经济危机扩散到内陆后，销售量并未受到很大影响，证明该企业已经建立起自己较稳定的销售渠道，具备一定的抗风险能力。四是金江肉联厂年初受生猪价格大幅上涨的因素影响，企业可用量流动资金减少，资金周转出现困难，同时外来收购企业数量比往年增加，竞争加强，成本加大，货源严重不足，生产能力受到制约。下半年，受经济危机影响作用显现，销量呈下滑趋势，加之公司主要负责人生病住院，企业内部管理一度出现混乱局面，最终导致企业亏损。五是招待所由于今年以来，××县新成立了多个以农家乐为主要形式的服务企业，同样具备承接各类宴席能力，打破以往两家垄断的局面，并且新兴企业在内容和形式上有所创新。同时，招待所受地点条件约束和即将淹没的现实情况，无法进行扩展和改造、提升竞争力，致使招待所业务萎缩，利润出现亏损。六是国有资产经营有限责任公司营业收入有所增加。

三、分析结论与意见

总体来说，2018 年是我县企业经营较好的一年，企业内部经过不断深化改革，生产环节和内部管理机构趋于合理，管理水平有所提高，销售网络相对稳定，大部分企业效益稳步提高。虽然 2019 年外部经济环境仍不容乐观，但是我们对县地方企业仍然充满较高期望，这是因为：新城建设明年将增加工程开工建设项目，会大大拉动水泥等建材的需求。同时，多项惠农政策效果将会显现，我县生猪出栏率将会比去年有所提高，肉食品供应和需求有望增加，4 万个亿内需拉动作用将进一步积极扩散，外部经济环境下半年会有所改善。明年国家还将会提高农产品收购价格，粮油类产品价格还会有一定涨幅空间。同时，我县竹基地种植经过几年努力也已初具规模，纸产业生产原料保障有力。具备了这些有利因素，相信我们的企业只要不断地深化企业内部改革，在扩大销量和降低成本上继续深入挖掘潜力，2019 年我县地方各企业一定会创造出更高的经济效益和更好的社会效益。

××县财政局
2019 年 2 月 16 日

五、写作题

请结合个人学习或工作的实际，替财务科撰写一份本单位的财务分析报告。

审计报告

学习要求

了解审计报告的概念、特点、种类、作用，能够读懂企业的审计报告。

引导案例

××有限公司全体股东：

一、审计意见

我们审计了××有限公司（以下简称××公司）财务报表，包括 2016 年 12 月 31 日的合并及母公司资产负债表、2016 年度的合并及母公司利润表、合并及母公司现金流量表、合并及母公司股东权益变动表以及合并及母公司财务报表附注。

我们认为，后附的合并及母公司财务报表在所有重大方面按照企业会计准则的规定编制，公允反映了××公司 2016 年 12 月 31 日的合并及母公司财务状况以及 2016 年度的合并及母公司经营成果和现金流量。

二、形成审计意见的基础

我们按照中国注册会计师审计准则的规定执行了审计工作。审计报告的"注册会计师对财务报表审计的责任"部分进一步阐述了我们在这些准则下的责任。按照中国注册会计师职业道德守则，我们独立于××公司，并履行了职业道德方面的其他责任。我们相信，我们获取的审计证据是充分、适当的，为发表审计意见提供了基础。

三、关键审计事项

关键审计事项是根据我们的职业判断，认为对本期合并及母公司财务报表审计最为重要的事项，这些事项是在对合并及母公司财务报表整体进行审计并形成意见的背景下进行处理的，我们不对这些事项提供单独的意见。

四、其他信息

管理层对其他信息负责。其他信息包括××公司 2016 年年报报告中涵盖的信息，但不包括财务报表和我们的审计报告。

我们对财务报表发表的审计意见并不涵盖其他信息，我们也不对其他信息发表任何形式的鉴证结论。

结合我们对财务报表的审计，我们的责任是阅读其他信息，在此过程中，考虑其他信息是否与财务报表或我们在审计过程中了解到的情况存在重大不一致或者似乎存在重大错报。基于我们已经执行的工作，如果我们确定其他信息存在重大错报，我们应当报告该事项。在这方面，我们无任何事项需要报告。

五、管理层和治理层对合并及母公司财务报表的责任

管理层负责按照企业会计准则的规定编制合并及母公司财务报表，以实现公允反映，并设计、执行和维护必要的内部控制，以使合并及母公司财务报表不存在由于舞弊或错误导致的重大错报。

在编制合并及母公司财务报表时，管理层负责评估××公司的持续经营能力，披露与持续经营相关的事项（如适用），并运用持续经营假设，除非管理层计划清算××公司或者停止营运。

治理层负责监督××公司的财务报告过程。

六、注册会计师对合并及母公司财务报表审计的责任

我们的目标是对合并及母公司财务报表整体是否存在由于舞弊或错误导致的重大错报获取合理保证，并出具包含审计意见的审计报告。合理保证是高水平的保证，但并不能保证按照审计准则执行的审计总能发现某一重大错报。错报可能由舞弊或错误导致，如果合理预期错报单独或汇总起来可能影响财务报表使用者依据合并及母公司财务报表作出的经济决策，则错报是重大的。

在按照审计准则执行审计的过程中，我们依据职业判断，保持职业怀疑。我们还做了以下工作：

（1）识别和评估由于舞弊或错误导致的合并及母公司财务报表重大错报风险；对这些风险有针对性地设计和实施审计程序；获取充分、适当的审计证据，作为发表审计意见的基础。由于舞弊可能涉及串通、伪造、故意遗漏、虚假陈述或凌驾于内部控制之上，因此未能发现由于舞弊导致的重大错报的风险高于未能发现由于错误导致的重大错报的风险。

（2）了解与审计相关的内部控制，以设计恰当的审计程序，但目的并非对内部控制的有效性发表意见。

（3）评价管理层选用会计政策的恰当性和作出会计估计及相关披露的合理性。

（4）对管理层使用持续经营假设的恰当性得出结论。同时，基于所获取的审计证据，对是否存在与事项或情况相关的重大不确定性，从而可能导致对××公司的持续经营能力产生重大疑虑得出结论。如果我们得出结论认为存在重大不确定性，审计准则要求我们在审计报告中提请报表使用者注意财务报表中的相关披露；如果披露不充分，我们应当发表非无保留意见。我们的结论基于审计报告日可获得的信息。然而，未来的事项或情况可能导致××公司不能持续经营。

（5）评价合并及母公司财务报表的总体列报、结构和内容（包括披露），并评价合并及母公司财务报表是否公允反映相关交易和事项。

除其他事项外，我们与治理层就计划的审计范围、时间安排和重大审计发现（包括我们在审计中识别的值得关注的内部控制缺陷）进行沟通。

我们还就遵守关于独立性的相关职业道德要求向治理层提供声明，并就可能被合理认为影响我们独立性的所有关系和其他事项，以及相关的防范措施（如适用）与治理层进行沟通。从与治理层沟通的事项中，我们确定哪些事项对本期合并及母公司财务报表审计最为重要，因而构成关键审计事项。我们在审计报告中描述这些事项，除非法律法规不允许公开披露这些事项，或在极其罕见的情形下，如果合理预期在审计报告中沟

通某事项造成的负面后果超过在公众利益方面产生的益处，我们将不在审计报告中沟通该事项。

会计师事务所（特殊普通合伙人）
中国注册会计师：（项目合伙人）
中国注册会计师：×××

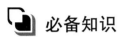 **必备知识**

一、概述

审计是指审计机关、机构或部门派出的审计组根据《中华人民共和国审计法》和《中华人民共和国审计法实施条例》等，独立检查被审计单位的会计凭证、会计账簿、财务会计报告以及其他与财政收支、财务收支有关的资料和资产，监督财政收支、财务收支真实、合法和效益的行为。审计机关、机构或部门按照审计署规定的程序对审计组的审计报告初稿进行审议，并对被审计对象对审计组的审计报告初稿提出的意见一并研究后，提出审计机关的审计报告。

（一）定义

审计报告是国家审计机关、内部审计机构、社会审计组织依照法律规定的程序，完成审计工作之后提交的全面反映被审计单位财务情况的专业文书。

（二）特点

1. 合法性

写作审计报告关系到对被审计单位作出的评价结论和处理决定，而依法审计是审计监督的基本原则。因此，写作审计报告必须以事实为根据、以法律为准绳。要切实贯彻党和国家的方针政策，以维护国家和人民群众的根本利益为出发点，不能滥用职权、徇私舞弊、主观武断地作出评判。写作审计报告的最终目的是规范被审计单位的财务行为，通过审计财政、财务收支状况，最终维护国家财政经济秩序、促进廉政建设、保障国民经济沿着法制轨道健康发展。

2. 权威性

审计报告是以文件的形式制发的，审计报告一经形成、生效，就要求被审计单位和人员必须认真对待和执行。国家审计机关的审计报告可以强制执行；内部审计机构也是根据法律规定设置的，在单位内部具有较高的地位和相对的独立性；社会审计组织是经过有关部门批准、登记注册的法人组织，依照法律规定独立承办审计查账验证和咨询服务业务，其审计报告对外具有法律效力。所有这些都说明审计报告具有法律赋予的权威性。

3. 公正性

与权威性密切相关的是审计报告的公正性。从某种意义上说，没有公正性，也就没有权威性。审计报告的公正性反映了审计工作的基本性质与要求。审计人员是站在第三者的立场上，进行实事求是的检查，做出不带任何偏见、符合客观实际的判断，做出公正的评价、进行公正的处理，以利于正确断定或解除被审计单位或者个人的经济责任，审计人员只有同时保持独立性、公正性，才能取信于审计授权者或委托者以及社会公众，才能真正树立审计报告的权威形象。

4. 独立性

审计报告的写作主体是独立从事审计工作的国家审计机关、内部审计人员、会计师事务所，他们以第三者的身份进行经济监督并写作审计报告。依据《中华人民共和国审计法实施条例》："审计是审计机关依法独立检查被审计单位的会计凭证、会计账簿、会计报表以及其他与财政收支、财务收支有关的资料和资产，监督财政收支、财务收支真实、合法和效益的行为"，可知审计是一项独立的经济监督活动。因此，独立性是审计报告区别于其他经济监督文书的基本特征。

5. 保密性

绝大多数审计报告涉及国家的经济政策和经济指标，涉及被审计单位的具体经济状况，以及对被审计单位和人员的处理，因此，在一定的期限或一定的范围内长期处于保密状态，并不用于公之于众。从行文方向来看，审计报告一般都不是普发性的文件，绝大多数审计报告一般主送一个收文单位或者抄送几个阅文单位。尤其是内部审计人员根据审计报告的保密性要求，会充分考虑审计报告传递方式的恰当性，如采取派专人直接传递、特快专递、邮政服务和办公室当面传递等方式进行报告传递。

（三）种类

根据不同的标准，可以将审计报告分为不同的种类。

按照内容来分，有全面审计报告、专项审计报告。

按照时间来分，有中期审计报告、终结审计报告。

按照对象来分，有经济责任审计报告、经济组织审计报告。

按照意见来分，有无保留意见的审计报告、保留意见的审计报告、否定意见的审计报告、无法表示意见的审计报告。

按照要素来分，有标准审计报告和非标准审计报告。

按照作者来分，有国家审计机关审计报告、内部审计机构审计报告、社会审计组织审计报告。

（四）作用

1. 维护财经纪律

审计报告既是记录和报告审计情况和成果、发布审计结论和决定、处理审计事务、传送意图的重要工具，又是国家审计意志和审计职权的集中体现。离开了审计报告，审计工作就无法进行到底。审计报告作为高层次的经济监督，通过对被审计单位的各项经费预算、决算、计划项目、财经管理、经济效益等审计，有利于被审计单位完善财经制度、规范财务管理、强化理财观念，对维护财经纪律有重要的作用。

2. 监督财政收支

《中华人民共和国审计法》对审计监督的范围、内容和要求作了明确规定。其中，审计监督的主要范围包括国务院各部门、地方人民政府及其各部门、国有的金融机构、企事业单位、社会经济组织以及其他应当接受审计的单位或事项。审计监督的主要内容是国家财政收支和与国有资产有关的财务收支。因此，审计报告反映对国家财政收支和与国有资产有关的财务收支进行审计的过程和结论，可以监督并保障国有资产的安全完整，促进其保值增值。

3. 提供证明保护

审计报告的作者以第三者的身份对被审计单位财务报表的合法性、公允性表达意见，能够证明被审计单位的财务状况。例如，股份制企业的股东主要依据注册会计师的审计报告来判断被投资企业的财务报表是否公允地反映了财务状况和经营成果，以便进行投资决策。作者还可以对被审计单位财务报表出具不同类型审计意见的审计报告，以提高或降低财务报表信息使用者对财务报表的信赖程度，能够在一定程度上对被审计单位的财产、债权人和股东的权益及企业利害关系人的利益起到保护作用。

4. 改进财务工作

审计报告在作出最终结论之前将送达被审计单位征求审计意见，在作出最终结论之后将送达被审计单位告知审计结论。被审计单位将依据审计报告作出的结论对照本单位的财务工作，查找本单位财务工作方面的漏洞，加强本单位的财务制度建设，采取实际行动积极全面调整并改进本单位的财务工作。按照《中华人民共和国审计法》，审计机关在法定职权范围内作出的审计报告以及审计决定，被审计单位应当执行，拒不执行且情节特别恶劣者将依法追究刑事责任。

二、写作

（一）标题

审计报告的标题一般由被审计单位+期限+文种组成，如"××飞机国际航空制造股份有限公司2019年度审计报告"。如果是中期审计报告，可在文种之前适当增加"中期"二字，如"××环宇包装材料有限公司2019年中期审计报告"。

（二）收件人

收件人指被审计对象，或接受业务约定将审计报告送达的单位，或对审计项目有管理和监督责任的机构或个人，在格式上要写明收件人的全称。由于各个经济组织的法人治理结构、管理方式存在差异，审计报告的收件人应当根据具体情况来确定。

（三）正文

审计报告的正文一般由引言、主体、附件三个部分组成。

1. 引言

主要是介绍与说明审计概况，包括审计项目的总体情况、立项依据及经济背景、上次审计之后的整改情况、审计目的和范围、审计重点、审计标准、审计会计报表的名称与反映的日期或期间、已经实施的主要审计程序等。

2. 主体

主体的写作一般应当用简洁、通俗、平易的语言说明如下基本要素：①审计依据，如《中国注册会计师独立审计准则》等；②管理层对财务报表的责任、会计责任、审计责任；③注册会计师的责任；④审计发现，即审计人员对被审计单位经营活动和相关内部控制的检查和测试中所得到的积极或消极的事实；⑤审计结论，即审计人员对审计发现所做出的职业判断和评价结果，表明审计人员对被审计单位的经营活动和相关内部控制所持有的态度和看法；⑥审计意见，包括会计报表的编制是否符合《企业会计准则》以及国家其他有关财务会计法规的规定，会计报表在所有重大方面是否公允地反映了被审计单位资产负债表日的财务状况和所审计期间的经营成果、资金变动情况，会计处理方法的选用是否符合一贯性原则，必要时可以在意见段之后增加对重要事项的说明；⑦审计建议，即审计人员针对被审计单位经营活动和相关内部控制存在的缺陷和问题提出的改善和纠正的方案、措施和办法，也可以是对被审计单位经营活动和相关内部控制取得显著经济效益和有效内部控制提出表彰和奖励的建议。

正文的写作主要是运用说明、叙述和议论的表达方式，使用文字进行表述，也可以采用文字与图表相结合的方式进行表述。在内容比较丰富的情况之下，正文可以根据逻辑顺序，采用分条列项的写法，做到层次清晰、提纲挈领、一目了然。

3. 附件

附件指审计人员出具审计报告时附送的已经审计过的会计报表，或对审计报告正文进行补充、解释和说明的文字和数据材料。附件是正文的有机组成部分。

（四）落款

落款在正文的右下方，由审计机构负责人、审计项目负责人签名和盖章；写明审计机关的名称和地址；写明完成审计报告的日期；也可以写明联系方式。

（五）写作要求

第一，基本要素要完备，一般不能缺少其中之一，否则写作审计报告也就失去了存在的意义，同时也将影响审计报告所提供的信息质量。

第二，审计意见要准确，要根据会计报表的真实情况，准确地选择审计意见类型，规范地运用审计报告准则要求的专业术语。

第三，过程结论要合法，写作审计报告要实事求是，出具审计报告必须符合《中华人民共和国审计法》《独立审计准则》等的规定。

第四，运用证据要充分，所取得的审计证据应该足以支持审计意见、支撑审计结论，增强审计报告的可信度。

⊘ 例文点评<<<

××出版传媒投资控股集团有限公司审计报告

××出版传媒投资控股集团有限公司：

我们审计了后附的××出版传媒投资控股集团有限公司财务报表，包括2018年12月31日、2017年12月31日、2016年12月31日的合并及母公司资产负债表，2018年度、2017年度、2016年度的合并及母公司利润表、股东权益变动表和现金流量表以及财务报表附注。

一、管理层对财务报表的责任

按照企业会计准则及相关制度的规定，编制财务报表是××出版传媒投资控股集团有限公司管理层的责任。这种责任包括：①设计、实施和维护与财务报表编制相关的内部控制，以使财务报表不存在由于舞弊或错误而导致的重大错报；②选择和运用恰当的会计政策；③作出合理的会计估计。

二、注册会计师的责任

我们的责任是在实施审计工作的基础上对财务报表发表审计意见。我们按照《中国注册会计师审计准则》的规定执行了审计工作。《中国注册会计师审计准则》要求我们遵守职业道德规范，计划和实施审计工作以对财务报表是否不存在重大错报获取合理保证。

审计工作涉及实施审计程序，以获取有关财务报表金额和披露的审计证据。选择的审计程序取决于注册会计师的判断，包括对由于舞弊或错误导致的财务报表重大错报风险的评估。在进行风险评估时，我们考虑与财务报表编制相关的内部控制，以设计恰当的审计程序，但是，目的并非对内部控制的有效性发表意见。审计工作还包括评价管理层选用会计政策的恰当性和作出会计估计的合理性，以及评价财务报表的总体列报。

我们相信，我们获取的审计证据是充分、适当的，为发表审计意见提供了基础。

三、审计意见

我们认为：××出版传媒投资控股集团有限公司财务报表已经按照《企业会计准则》及相关制度的规定编制，在所有重大方面公允反映了××出版传媒投资控股集团有限公司 2018 年 12 月 31 日、2017 年 12 月 31 日、2016 年 12 月 31 日的财务状况以及 2018 年度、2017 年度、2016 年度的经营成果和现金流量。

中勤万信会计师事务所有限公司

中国注册会计师：×××

中国注册会计师：×××

二〇一九年五月二十五日

中勤万信会计师事务所

地址：北京市西城区复兴门内大街 28 号凯晨世贸中心大厦东座 F4 层

电话：(86-10) 68360123

传真：(86-10) 68360123-3000

邮编：100032

1.《母公司资产负债表》

编制单位：××出版传媒投资控股集团有限公司

（略）

2.《合并资产负债表》《合并利润表》《合并现金流量表》《合并股东权益变动表》《公司资产负债表》《公司利润表》《公司现金流量表》《公司股东权益变动表》

审计机构：中勤万信会计师事务所

（略）

3. 财务报表附注

审计机构：中勤万信会计师事务所

（略）

这是一份由社会审计组织负责撰写的审计报告。由于审计项目的时间跨度比较长，所以标题省略了期限，简洁、合理。正文的引言部分说明了审计的概况，审计对象的时间和表格名称表述具体、交代清楚。主体部分要素基本齐全，就管理层对财务报表的责任、注册会计师的责任的说明范围和要点阐述明白，符合法律的规定和写法要求。审计意见有理有据、客观中肯，语言措辞表述浅显、简明扼要，符合国家规定的专业写法。收件人、落款和附件具体明确，符合格式规范。

 # 思考与练习

一、填空题

1. （   ）是国家审计机关、内部审计机构、社会审计组织依照法律规定的程序，完成审计工作之后提交的全面反映被审计单位财务情况的专业文书。

2. 按照意见来分，审计报告有（   ）的审计报告、保留意见的审计报告、否定意见的审计报告、无法表示意见的审计报告。

二、判断题

1. 写作审计报告关系到对被审计单位作出的评价结论和处理决定，而依法审计是审计监督的基本内容。

2. 审计报告的写作客体是独立从事审计工作的国家审计机关、内部审计人员、会计师事务所。

三、简答题

1. 怎样认识审计报告的公正性特点？

2. 为什么说审计报告具有维护财经纪律的作用？

四、评析题

请认真阅读下面一份审计报告，然后分析其写作特点。

××航空液压控制有限公司审计报告

××航空液压控制有限公司：

我们审计了后附的××航空液压控制有限公司按财务报表附注三所述编制基础编制的财务报表，包括 2016 年 12 月 31 日、2017 年 12 月 31 日和 2018 年 9 月 30 日的资产负债表，2016 年度、2017 年度、2018 年 1~9 月的利润表以及财务报表附注。

一、管理层对财务报表的责任

按照后附财务报表附注三所述编制基础和企业会计准则的规定编制财务报表是××航空液压控制有限公司管理层的责任。这种责任包括：①设计、实施和维护与财务报表编制相关的内部控制，以使财务报表不存在由于舞弊或错误而导致的重大错报；②选择和运用恰当的会计政策；③作出合理的会计估计。

二、注册会计师的责任

我们的责任是在实施审计工作的基础上，对财务报表发表审计意见。我们按照《中国注册会计师审计准则》的规定执行了审计工作。《中国注册会计师审计准则》要求我们遵守职业道德规范，计划和实施审计工作以对财务报表是否不存在重大错报获取合理保证。

审计工作涉及实施审计程序，以获取有关财务报表金额和披露的审计证据。选择的审计程序取决于注册会计师的判断，包括对由于舞弊或错误导致的财务报表重大错报风险的评估。在进行风险评估时，我们考虑与财务报表编制相关的内部控制，以设计恰当的审计程序，但是，目的并非对内部控制的有效性发表意见。审计工作还包括评价管理层选用会计政策的恰当性和作出会计估计的合理性，以及评价财务报表的总体列报。

我们相信，我们获取的审计证据是充分、适当的，为发表审计意见提供了基础。

三、审计意见

我们认为：××航空液压控制有限公司财务报表已经按照后附财务报表附注三所述编制基础和《企业会计准则》的规定编制，在所有重大方面公允反映了××航空液压控制有限公司 2016 年 12 月 31 日、2017 年 12 月 31 日、2018 年 9 月 30 日的财务状况，以及 2016 年度、2017 年度、2018 年 1~9 月的经营成果。

中瑞岳华会计师事务所有限公司（中国　北京）

中国注册会计师：×××

中国注册会计师：×××

2018 年 12 月 26 日

附件：（略）

五、写作题

请结合个人学习或工作的实际，模拟深入某一经济组织依法开展审计工作，并就此写作一份审计报告。

项目六　经济时政文章写作

任务一 ▶ **申论**

 学习要求

了解申论的概念和特点、格式。

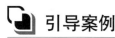 引导案例

论想象力的三大源泉

什么是想象力？有人说，想象力是从无到有、从 0 到 1，是万丈高楼平地起；但也有人说，想象力并非空穴来风，更不是对过往的全然抛弃，而是在已有形象基础上的一种创造力。而想象力所带来的创新与创造，不仅能够将不可能变为可能、将未知变为已知，更是推动社会进步和发展的不竭动力。回顾历史，从石器时代到青铜时代，再到蒸汽时代、电气时代和现在的信息化时代，想象力不断引导人类摆脱经验的束缚，突破认知的藩篱，超越现实的界限，激荡出新的思想、认知和方向。

而随着人工智能和大数据的迅猛发展，当前，我们正步入以想象力为引擎的新经济时代。如何让想象力的价值得到最大化发展？如何让想象力充分发挥出价值乘数效应？我想，这都离不开科学、艺术和古文化的重要作用。唯有积极地探索科学、追求艺术和传承古文化，方能使想象力拥有源头活水和无限生机。

探索科学，为想象力指引方向。科学精神的核心是批判、质疑和颠覆，它不断毁灭旧的事物和制度、酝酿出新的模式和生活。恰如 1978 年冬天，神州大地上掀起的改革之风。这场科学的革命征程，不仅改变了我们国家积贫积弱的旧面貌，让人民过上了幸福小康的新生活，也打破了思想的禁锢，破除了不适应社会主义现代化建设的体制藩篱。更重要的是，它让中国人民敢于做大梦、立大志，勇于想象更为辉煌的明天，畅想更加繁荣昌盛的中华民族。科学，让想象力的触角得以拓展到更为广阔的天地。

追求艺术，为想象力带来灵感。如果说科学是理性的陈述，那么艺术则是感性的呈现，是人类对美的追求和对情感的表达。敦煌的壁画之所以神秘，是因为它激发了我们

对未知的无限遐想；李白的"俱怀逸兴壮思飞，欲上青天揽明月"之所以动人，是因为它激发了我们对天空的无尽憧憬；而人性化、智能化产品之所以大热，也是因为它激发了我们对美好生活的无限向往。当前我国正处于从"中国制造"到"中国智造"转型升级的重要时期，这不仅需要技术的进步，也需要审美的升级，需要对艺术美感和用户体验的追求。艺术，让想象力的世界更加奇妙、更有温度。

传承古文化，为想象力奠定基础。古文化从来都是人类最为宝贵的精神财富，从中我们不仅可以知晓历史，更能窥见未来。而一个忘记了自身文化的民族，则会是一个想象力枯竭的民族，是一个没有希望和未来的民族。从庄周的梦蝶到屈原的《天问》，从蜿蜒的长城到静谧的江南小镇，从"人定胜天"到"天人合一"……中国传统文化的智慧和美给予了我们更为源远流长的想象力和创造力，让我们的想象更有底气、更具信心、更富活力。

"问渠哪得清如许，为有源头活水来。"科学、艺术和古文化正是想象力的三大重要源泉。探索科学、大胆批判，可以不断拓宽想象力的边界；追求艺术、创造美感，可以不断丰富想象力的内涵；传承古文化、去粗取精，可以不断延伸想象力的生命力……唯有如此，才能更好地激发每一个普通人的想象力，让平凡者也能拥有幸福！

 必备知识

一、概述

申论最早出现于2000年中央国家机关公务员录用考试之中。经过十余年的实践，以及专家学者的改进与完善，申论作为国家公务员录用考试的一门公共科目，日益受到人们的重视。"申"为引申、申述，"论"为议论、论证。从考试大纲的规定来看，申论为主观性试题，内容是向报考者提供了一系列反映现实特定问题的文字材料，其中不乏财经管理类材料，要求报考者仔细阅读这些材料，概括出材料反映的主要问题，并提出解决问题的方案，最后对自己的观点进行阐述和论证。

（一）定义

申论是参加国家公务员资格考试者针对现实时政话题提出自己的观点并展开论述的时政文章。

（二）特点

1. 针对性

这一特点包括两个方面的含义：一是针对试题所给定的材料进行回答，二是联系材料引申的话题展开论述。例如，2010年国家公务员考试给定材料是关于海洋生态经济发展的话题，要求"参考给定材料，围绕'海洋的保护与开发'，自选角度，自拟题目，写一篇文章，总字数900~1000字"。报考者的文章可能有不同的角度，但无论如何，主题不能游离于海洋生态经济发展的话题，否则就是答非所问；与此同时，文章还必须在切入话题之余联系实际展开论述。只有这样，才能够做到观点明确、视野开阔、思想深刻、内容充实。

2. 思想性

申论的写作部分属于议论文的范畴。众所周知，议论文的三要素即论点、论据和论证过程，无不与作者看问题的思想、立场和态度有关，从思想上来说，申论概莫能外。具体而言，申论的思想性体现在文章的观点必须符合党和国家的路线、方针、政策，对问题的看法能够透过现象看本质；运用的论据符合事物的状貌和特点，能够从正反两方面证明观点；运用的论证方法符合人们的认识规律和思维逻辑，有助于入木三分地剖析事理，以无懈可击的严密推理令人心悦诚服。也就是说，思想性是衡量申论立意高低的主要尺度。

3. 政策性

申论的思想性是建立在政策性基础之上的。申论的观点必须以党和国家的路线、方针、政策为基础。论据必须以党和国家的路线、方针、政策为依据，必要的时候，报考者甚至可以直接引用党和国家的路线、方针、政策为论据，以便增强论述的合理性和说服力。报考者不但要针对话题提出观点、分析问题，还要提出解决问题的办法，而解决问题的各种方法都必须符合党和国家的路线、方针、政策，包括法律法规以及现行的普遍通用的规章制度。由此可见，报考者的政策水平与文章的思想水平是成正比的。

4. 可行性

申论针对现实问题提出解决问题的办法，具有很强的应用价值。也就是说，报考者提出解决问题的办法，不能是纸上谈兵或者隔靴搔痒，而必须具有可行性和操作性。申论考试所给的材料，可能涉及面很广，但试题具有较强的针对性、合理性，一般都是现实社会的热点问题，报考者提出的解决问题的方案一般都是具有可行性的。申论考试不会引导报考者漫无边际地遐想，不管问题多么复杂，涉及面多广，报考者的见解多么莫衷一是，都是能够找到解决方法的。这样的命题思路，是由公务员录用考试性质所决定的。

5. 议论性

申论作为议论文，议论性的特点是题中应有之义。不过，申论与传统的议论文考核有所不同。传统的议论文只能在一定程度上反映报考者的写作水平，而申论则不仅是考核报考者阅读理解能力和文字表达能力，而且更重要的是考核报考者发现问题和解决问题的实际能力，具有较强的综合性和现实针对性，能让报考者充分发挥自己各方面的潜能。进一步地说，申论的议论是报考者化身为国家公务员对现实时政话题阐述自己的见解，必须站得高、望得远、看得深、议得确，见解独到，充分体现报考者具备行使行政管理权力的素质。

（三）格式

依据《中央机关及其直属机构2011年度考试录用公务员公共科目考试大纲》，申论试卷由注意事项、给定资料和作答要求三部分组成。申论考试按照省级以上（含副省级）综合管理类、市（地）以下综合管理类和行政执法类职位的不同要求，设置两类试卷。2011年省级以上（含副省级）综合管理类职位申论考试所给关于黄河的材料约8000字，试卷共有四道大题5道小题。

第一大题题干如下：

一、认真阅读"给定材料"，简要回答下面两题。（20分）

1. "给定材料4"写道，"黄河健康生命的主要表现形式就是'三善'：即'善淤、善决、善徙'，这是一个为几千年历史所反复证明的基本事实。"请结合对这句话的理解，谈谈对黄河自身规律的认识。

要求：简明，完整。不超过200字。

2. "给定材料5"介绍了汉代王景治理黄河的思路和做法。请概括王景治河后黄河安澜800年的主要原因。

要求：简明扼要，条理清楚。不超过200字。

第二大题题干如下：

二、"给定材料3"介绍了密西西比河、亚马孙河、尼罗河等流域出现的生态危机以及各国政府的治理举措。请对这些材料进行归纳，并说明我国治理黄河可以从中受到哪些启示。（20分）

要求：内容具体，表述清晰。不超过300字。

第三大题题干如下：

三、国家某部门拟编写一本以黄河为主题的宣传手册，作为对青少年进行爱国主题教育的材料。宣传手册由四个部分组成，依次为："黄河之水天上来""黄河与中华文明""黄河的治理与开发""黄河精神万古传"。请参考"给定材料"，分别列出每个部分的内容要点。（20分）

要求：（1）切合主题；（2）全面，表述准确，有逻辑性；（3）本题作答不超过400字。

第四大题题干如下：

四、请参考给定材料，以弘扬黄河精神为主题，自选角度，自拟题目，写一篇文章。（40分）

要求：（1）中心论点明确，有思想高度；（2）内容充实，有说服力；（3）语言流畅，1000字左右。

省级以上（含副省级）综合管理类职位申论考试主要测查报考者的阅读理解能力、综合分析能力、提出和解决问题能力、文字表达能力。申论的写作是全面测查报考者上述四种能力的重点。

（四）作用

1. 展示阅读理解能力

申论考试要求全面把握给定资料的内容，准确理解给定资料的含义，准确提炼事实所包含的观点，并揭示所反映的本质问题。为了反映这一要求，申论所给定材料涵盖了政治、经济、法律、教育等诸多方面的内容，因此，报考者在日常学习和工作当中要广泛阅读各方面的时事政治资料，考前达到广阔的阅读面和丰富的阅读量，才能够在写作时对给定的资料有所熟悉、有所了解，进而在此基础上进一步深入理解资料的主题，即使没有阅读过同类型的资料，写作时也能够举一反三，增加自己阅读理解的深度和广度。

2. 展示综合分析能力

申论考试要求对给定资料的全部或部分的内容、观点或问题进行分析和归纳，多角度地思考资料内容，作出合理的推断或评价。为了反映这一要求，申论所给定资料都是有意识地打乱了顺序，杂堆在一起的，因此，报考者写作时必须对给定资料进行合乎逻辑的分析、整合，在综合各项资料的观点的基础之上，提炼出所有资料的共同的中心观点，以一根主线提纲挈领，贯穿所有的内容和问题，进而形成自己的推理和判断，为回答题目的要求，或简答、或概括、或要点、或作文，奠定思维基础。

3. 展示提出和解决问题能力

申论考试要求借助自身的实践经验或生活体验，在对给定资料理解分析的基础上，发现和界定问题，作出评估或权衡，提出解决问题的方案或措施。为了反映这一要求，申论要求报考者撰写一篇文章，在规定的字数之内，对给定资料所引出的话题作深广的论述。这种"申"而论之的文章写作，对报考者的思想、立场、观点、态度、思维、阅历、学识、经历等各个方面都是一种全面的测查，也是在规定的时间之内，对报考者面临现实问题的反应能力和应对能力的严峻考验，而这种能力是未来的国家公务员不可缺少的。

4. 展示文字表达能力

申论考试要求熟练使用指定的体裁，运用说明、陈述、议论等方式，准确规范、简明畅达地表述思想观点。为了反映这一要求，申论题目要求报考者撰写一篇 1000 字左右的文章。这种文章可以检验报考者的政策水平、思维方式、谋篇布局能力、遣词造句能力、文面基本常识、文化素质修养、整体学识功底，甚至为人处世的个性和风格等。俗话说："文如其人"。从这个意义上说，申论写作可以全面体现报考者的综合素质，而这种综合素质恰恰是当今国家公务员在实际工作中所需要的。

二、写作

（一）标题

申论的标题有两种形式。

1. 单标题

主要表明主题思想。例如：

弘扬黄河精神　维持黄河健康生命

2. 双标题

上面一行正标题表明中心观点，下面一行副标题补充说明中心观点。例如：

"识黄"方能"治黄"

——人与自然和谐传扬黄河精神

（二）正文

申论的正文一般由开头、主体、结尾三个部分组成。

1. 开头

开头是提出问题的部分，写作时要简明扼要，开门见山切入给定材料的话题，并表明中心思想。主题要鲜明深刻，观点要准确新颖。

2. 主体

主体是分析问题和解决问题的部分，也是写作的重点。分析问题要紧扣主题，深入剖析问题出现的内因、外因、内外因相互作用的关系，解剖问题存在的复杂性、严重性和危害性，要引用论据说明解决问题的迫切性。提出解决问题的对策要联系实际、明确具体，要阐明解决问题的意义、价值、可行性和针对性。无论是分析问题还是解决问题，都要在论述的过程中拓展到科学发展观、人民群众的根本利益、和谐社会建设、生态与经济协同发展等思想高度，充分体现时代主旋律及党和国家的基本政策。

3. 结尾

结尾要归纳全文，照应开头，引申结论，升华论述的思想高度，展望解决问题的光明前景。

（三）写作要求

第一，观点要准确，论据要典型，论证要严密，要从时事政治、经济社会的实际出发进行论述。

第二，要采用例证法、归纳法、演绎法、引用法、比较法、因果法、归谬法等论证方法。

第三，结构要完整，条理要清晰，逻辑性要强；语言要准确、平易、质朴、通畅。

⚠ 例文点评<<<

"识黄"方能"治黄"
——人与自然和谐传扬黄河精神

黄河是一条记录了中华民族荣耀和血泪的河流，与中华文化的形成发展相依相伴。一部中华民族史几乎就是中国先民与黄河的关系史。黄河记录了中华民族的坚强不屈和勤劳勇敢，也记录了中华民族的开拓进取和智慧创新，期间有天人交战的抗争，也有天人和合的创举。黄河以其奔腾不绝的河水滋养和浇铸了生生不息的黄河精神。

黄河上游地带水土流失严重，河水泥沙含量巨大，"一碗河水半碗沙"。由于泥沙在中下游较为平坦的河道不断淤积，造成严重的"悬河"现象，历史上屡屡决堤、改道，泛滥的河水虽然留下了肥沃的冲积平原，却也给流域生民带来了深重的现实灾难和危险隐患。所以，历史上对黄河的开发利用总是和对灾难的治理交缠在一起的。中华人民共和国成立以来，对黄河的开发和治理成效显著，但近年来又出现了非常严重的污染，对黄河的持续利用与管理造成了严重的影响。

治理黄河，人们通常更为强调的是堤防不决口，河道不断流，水质不超标，河床不抬高。但却忽视了一个基本的事实，那就是黄河"善淤、善决、善徙"的基本特征。一切"治黄"工作，如果不尊重这一基本的规律性事实，必然影响其最终的效果，甚至适得其反，为之付出惨重的代价。治理黄河必须弘扬悠久的黄河精神，以尊重其固有规律为出发点，注重统筹兼顾、源头治理和疏导，方能取得理想的效果。

治理黄河，要全面考虑它的经济价值和生态价值。黄河上游是广袤的黄土高原，植被破坏严重，大量的耕种开垦和矿产开发加剧了沿河两岸的水土流失，是导致黄河泥沙含量巨大的根本所在。要根本治理黄河泥沙淤积问题，必须在其上游地区建立以恢复生态功能为主的发展思路，从其源头的保护入手，大力实施退耕还林工程，限制甚至禁止地下资源开发，减少植被破坏，固土固沙，防治水土流失。

治理黄河，要尊重其固有规律，有效疏导。短期来看，黄河泥沙量巨大的问题不可能得到巨大改善，要想减少中游地区由于泥沙淤积而带来的河床升高，甚至"悬河"现象，必须在其流经地区形成有效的"卸载"渠道。东汉王景"治黄"和埃及治理尼罗河的经验可资借鉴。在黄河流经地区，利用河道开口形成的人工湿地达到有效沉积淤泥的效果。此外，人工湿地的形成还可以为治理水质污染，净化水质起到巨大的作用。

黄河的治理与开发，浓缩了中华民族的智慧与勇气。在与黄河不懈抗争的过程中，中华民族形成了独具内涵的黄河精神，其中注重因地制宜，不固守成见，对自然规律在认识的基础上尊重并加以利用的开拓精神，不仅在过去启发人们取得了辉煌的成就，也必将引领中华民族以更加开放的胸怀接纳和融入全球文明的新浪潮。

这是一篇 2011 年申论范文，有较强的经济社会管理意识。标题的正题立意明确，副标题补充说明正题，丰富了标题的内涵。开头部分单刀直入话题，中心思想表述简洁明白。主体部分展开分析问题和解决问题。其中，从第二、第三自然段的分析黄河状况，过渡到第四、第五自然段的提出解决问题的对策，针对性强，衔接紧凑，运用了例证法。结尾能概括全文，升华主题，鼓舞信心，展望未来，与弘扬黄河精神的中心思想形成呼应。结构圆融完整，语言平实通顺。

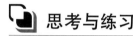 思考与练习

一、填空题

1. （　　）是参加国家公务员资格考试者针对现实时政话题提出自己的观点并展开论述的时政文章。

2. 申论文章的写作部分属于（　　）的范畴。

二、判断题

1. 客观性是衡量申论立意高低的主要尺度。

2. 申论文章的主体部分是分析问题和解决问题的部分，也是写作的重点。

三、简答题

1. 怎样理解"申论的议论是报考者化身为国家公务员对现实特定话题阐述自己的见解"的含义？

2. 谈谈你对申论写作展示报考者的阅读理解能力的认识。

四、评析题

请认真阅读下面一篇申论范文，然后分析其内容和形式的写作特点。

弘扬黄河精神　维持黄河健康生命

"君不见，黄河之水天上来，奔流到海不复回！"源自念青唐古拉山的黄河，从

远古以来孕育了中原文明，是中华民族与中华文化的摇篮。一代天骄毛泽东终其一生对黄河怀有敬畏，他曾说："藐视什么也不能藐视黄河——这是我们民族的根哪！"千百年来代代先辈在治理黄河洪灾与泥沙的奋斗中，层层累积形成了黄河精神，这是我们最可宝贵的精神财富，在世世代代维持黄河健康生命的历史长程中，必将不断放射出耀眼的光辉。

黄河曾经以她丰饶的乳汁哺育了华夏文明，给两岸以灌溉，也给诗人以灵感，唐诗汉赋、歌曲绘画，无数动人的辞章都与黄河有关。黄河的平均水量为 580 亿立方米，占中国总水量的 2%，是长江的十七分之一，却养育了全国 12% 的人口，灌溉 15% 的耕地。黄河对中华民族的贡献不可磨灭。但是，由于黄河两岸生态变化和经济建设的影响等因素，黄河污染日益严重，黄河活力日益枯竭。近一千年来，黄河逐渐成为中华民族的忧患之河。

为了全面治理黄河，使母亲河再现生机与活力，2004 年 1 月 12 日，黄河水利委员会×××主任提出了以"维持黄河健康生命"为终极目标的"1493"治黄理论框架体系，即一个终极目标、四个主要标志、九条治理途径、"三条黄河"建设。在推进"维持黄河健康生命"的黄河治理新工程中，我们尤其要注重弘扬黄河精神，确保黄河治理工程的高起点、高标准、高水平。

黄河精神永远都是我们最宝贵的精神财富，随着岁月的流逝，不仅丝毫未磨损它的深刻内涵和神奇魅力，而且愈加凸显出它鲜明的时代价值。在建设"三条黄河"，实现"堤防不决口、河道不断流、污染不超标、河床不抬高"治河目标的今天，要践行"维持黄河健康生命"新理念，就要大力发扬"团结、务实、开拓、拼搏、奉献"的黄河精神，不断开创各项治黄工作新局面。

新中国治黄 60 年的辉煌业绩证明：伟大的理想信念必然产生强大的动力，坚定的信念必然激发不懈的追求和坚强的毅力。确立了治黄新理念就有了坚定的奋斗目标、强大的精神支柱和用之不竭的力量源泉。要贯彻落实科学发展观，践行治水新思路，实现以黄河水资源的可持续利用保障流域及相关地区经济社会可持续发展，同样需要"团结、务实、开拓、拼搏、奉献"的黄河精神作支柱。

"维持黄河健康生命"，要把强大的精神动力同先进的理念结合起来，探索出一条符合科学发展观与新世纪黄河实际的治黄道路。按照"1493"治黄体系，维持黄河健康生命，是黄河治理开发与管理的终极目标；"堤防不决口、河道不断流、污染不超标、河床不抬高"是"维持黄河健康生命"的四个主要标志；减少入黄泥沙的措施建设，流域及相关地区水资源利用的有效管理，增加黄河水资源量的外流域调水方案研究，黄河水沙调控体系建设，制定黄河下游河道科学合理的治理方略，使下游河道主槽不萎缩的水量及其过程塑造，满足降低污径比使污染不超标的水量补充要求，治理黄河河口以尽量减少其对下游河道的反馈影响，黄河三角洲地区生态系统的良性维持，是九条治理途径；原型黄河、模型黄河、数字黄河"三条黄河"治河体系是三个有效手段。

维持黄河健康生命任重而道远。在科学发展观的指导下，我们弘扬黄河精神，不断开拓创新，探索治黄新路，积极建立有利于维持黄河健康生命的体制机制，持之以恒、不懈奋斗，一定能够实现"维持黄河健康生命"的宏伟目标，一定能够为中华民族与华夏文明的永续发展筑就最牢固的根基！

五、写作题

请就当前经济社会的某一热点问题，按照国家公务员考试的要求，撰写一篇申论文章。自选角度，自拟题目，1000 字左右。

任务二 ▶ 新闻

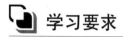 学习要求

了解新闻的概念和特点、种类、格式及写作要点。

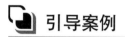 引导案例

全市纪检监察干部集中充电

今天上午，为期两天的全市纪检监察干部业务培训班在市委党校开班，市委常委、纪委书记×××出席开班仪式并作动员讲话，市纪委副书记××主持开班仪式。

此次培训班由市纪委、监察局联合举办，旨在使每位纪检监察干部能系统地掌握纪检监察工作的基本理论，初步掌握和运用与本职工作相关的专业知识和业务技能，为做好今后的纪检监察工作奠定理论基础。在为期两天的学习中，参训学员将主要学习包括党廉、宣传教育、信访举报、案件检查、审理、执法监察、纠风、效能监察等在内的纪检监察工作日常业务知识。

市委常委、纪委书记×××在作动员讲话时要求参训学员要深刻认识学习培训的意义，统一思想，提高认识，切实增强做好纪检监察工作的主动性和自觉性，端正态度，严明纪律，努力学习，切实提高掌握运用纪检监察业务知识的能力和水平，规范纪检监察业务办理程序，使自己的知识结构适应时代发展的潮流；并要联系实际，学以致用，确保此次培训收到实效，以更好地服务市委、市政府中心工作。

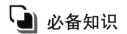 **必备知识**

一、概述

新闻是报纸、通讯社、广播电台、电视台、互联网最广泛、最经常使用的记录社会、传播信息、反映时代的基本文体。

"新闻"一词，早在我国唐朝时就出现了。宋朝的《京本通俗小说》已把新闻理解为最近消息。西方最早使用"新闻"一词的是苏格兰国王詹姆士一世，他于1423年旅行回来后对友人说："我把可喜的新闻带给你。"他首次使用了"News"一词。1622年创刊的英国《每周新闻》则以北（North）、东（East）、西（West）、南（South）四字的第一个字母拼成News来解释"新闻"一词，意指四面八方的消息。

（一）定义

新闻是报社、通讯社、广播电台、电视台、互联网等媒体对新近发生的有价值、有意义的事实的报道。

具体而言，新闻又有广义和狭义之分。广义的新闻指消息、通讯、特写、评论、报告文学等。狭义的新闻特指消息。

本书所谓新闻即专指消息，是及时反映当前现实经济社会所发生事实的时政文章。

（二）特点

1. 真实性

真实是新闻的生命，是新闻取信于民的力量所在。事实是新闻的本源，也是新闻得以在广大群众当中传播和接受的基础。所谓真实，就是事实是真实的，所报道的时间、地点、人物、事件、原因和结果是社会生活中发生的，而不是道听途说或者虚构想象的。事实真实还意味着准确。准确就是每一个事实，包括细节甚至数据都必须准确无误。如果一则消息失真或者事实有误差，不仅会减低新闻的价值，失信于民，而且还会损害党和人民的事业。所以说，真实是新闻报道赖以发挥积极作用的前提和基础。

2. 新鲜性

新闻内容贵在新鲜。新鲜性是新闻的本质属性。新闻内容只有新鲜，才能引起广大群众的关注、喜爱，意欲先睹而后快。新闻的新，不仅在于要把新人物、新事件、新经验报道给广大群众，而且要选择有思想意义、认识价值、创新启迪、指导人生的新事实。西方那种一味追求猎奇的"狗咬人不是新闻，人咬狗才是新闻"的观点是不可取的。这就是说，新闻报道的六要素，即何时（When）、何地（Where）、何人（Who）、何事（What）、何因（Why）、何果（How），不仅要从真实性着眼，还要从新鲜性着眼，才能够取得预期的传播效果。

3. 时效性

时效是体现新闻的价值所在。新闻内容简略，篇幅短小，采访快，写稿快。有时事发几分钟，甚至不到一分钟，媒体就开始进行消息报道。随着传媒科学技术的发达、通信卫星的使用，媒体已经能够实现现场无线连接直接报道。例如，2008年，在汶川地震的重灾区什邡，中国生产的"普天蓝精灵"高清电视转播车就协助中央电视台进行了现场救灾的新闻报道。因此说，时效就意味着速度要快，内容要新。对新人、新事、新情况、新问题，要敏锐地发现、尽快地了解、及时地撰稿、迅速地传播。反之，报道速度迟缓就会降低新闻的价值，新闻就会变成旧闻。

4. 简短性

简短是新闻区别于其他文体的主要标志。所谓简短，就是语言简洁、明快、生动，篇幅字少、短小、精练，三言两语写清事实，寥寥数笔显出精神，概括而不流于抽象，简短而不陷于疏漏，用笔利落，内容集中。现在，许多媒体流行一句话新闻。一句话新闻即运用一句话，采用标题新闻的语言表达形式，完成一篇新闻稿件的写作任务，能够揭示新闻事件核心内容，有必要的时间、地点、人物、事件，使人一读就知道谁干了什么事情或事情做得怎么样了。一句话新闻以尽可能少的语言表达尽可能丰富的内容，最能够体现新闻形式的简短性。

（三）种类

根据不同的标准，可以将新闻分为不同的种类。

按照内容来分，有单一事件新闻、连续事件新闻。

按照性质来分，有政治新闻、经济新闻、科技新闻、军事新闻、体育新闻、教育新闻、文艺新闻、社会新闻等。

按照媒介来分，有报纸新闻、广播新闻、电视新闻、网络新闻、手机新闻等。

按照方式来分，有硬新闻、软新闻。

目前，按照写作特点来分，国内新闻界比较认可的新闻种类如下：

1. 动态消息

所谓动态消息，是指反映现实生活中出现的新人物、新事物、新情况、新成就、新问题、新气象等的新闻报道，有时候也称之为简讯或简明新闻。其特点是以人、事、物的最新变动为主要着眼点，以消息的重要性为主要价值取向，以开门见山、一事一报为主要写作原则，内容单一，文字简短，新鲜活泼，给人们以活动感和现场感。例如，《两岸经合会首次例会春节后举行》报道了海峡两岸经济合作委员会一直保持沟通，例行会议在2011年春节之后照常举行的最新事实。

2. 综合消息

所谓综合消息，是指反映带全局性的情况、动向、成就和问题的报道。其特点是既有全面概况的说明、叙述，又有典型事例的介绍、分析，讲求点与面的结合，做到深度和广度的兼备。例如，《大规模加强水利基础设施建设我省"十二五"水利投资将达1000亿元》报道了贵州省2019年水利工作会议召开情况，内容综合了全省水利基础设施薄弱、民生水利相对滞后、生态环境恶化趋势等具体现象，以及"十二五"期间将投资1000亿元，进行大规模高强度水利基础设施建设，以扭转水利建设明显滞后局面的安排。

3. 经验消息

所谓经验消息，是指反映社会生活或日常工作当中成功的做法的报道。其特点是工作形成了规律，事实具有典型意义，经验揭示了事物的本质，通过报道有利于改善并推动社会生活或全局工作。例如，《推出平价商店菜价便宜三成》报道了广东省平价商店建设现场会于 2018 年 2 月 28 日在广州召开，广东省、国家发改委价格司和中国物价协会的领导等，充分肯定广东地区首家平价商店，即新供销购物广场黄边平价商店进行农民专业合作社与超市的产销对接，保持菜价稳定、促进农民增收方面取得的成功经验。

4. 述评消息

所谓述评消息，是指用叙议结合的表达方式反映国内外重大事件的报道，是介于消息和新闻评论之间的一种报道形式。其特点是既叙述重要事实，又对事实进行适当的分析评论；有述有评，述评结合，言简意赅；通过反映事实，分析某种思想倾向，或有普遍意义的重要问题，或群众普遍关心的社会问题，揭示事物的本质及其发展方向，给人们以有益的启迪和正确引导。例如，《金和软件：管理也与幸福有关》报道了金和管理软件深受中小企业欢迎的事实，同时又分析并揭示其原因是具有把管理与幸福结合起来的创新理念。

（四）作用

1. 传播信息

新闻的主要功能是传播信息，将社会生活当中新近发生的有价值、有意义的事实迅速传达给广大群众，使广大群众知晓，满足广大群众欲知而未知的心理需要。在报纸、电视、广播、网络并行的多媒体技术时代，广大群众搜寻各方面的信息变得容易、快捷，对新闻传播信息的心理需求也与日俱增。因此，在同一个时间里，不同媒体的新闻报道面向广大群众，既要提供不同内容的新闻事实，也要提供不同侧面的新闻事实，以便在此基础上，让广大群众建立起自己对新闻事实的基本把握和心理满足。

2. 引导风气

新闻的重要功能之一是宣传教育。一方面，新闻报道的事实能够普及知识，提高广大群众的文化素质，满足广大群众获取和增长新知识的需要；另一方面，新闻报道能够通过报道的事实蕴含的思想倾向正确引导社会舆论，满足广大群众渴望改善社会风气的良好愿望。例如，有关对低碳经济的新闻报道，能够使广大群众不仅懂得何为低碳经济，而且通过接受关于低碳经济的宣传教育，自觉承担环境保护的工作责任和道德义务，做经济社会发展与生态环境保护"双赢"的维护者和宣传员。

3. 舆论监督

新闻媒体拥有运用舆论工具进行社会监督的独特力量。新闻报道发表自己的意见和看法，形成舆论，通过舆论监督，帮助公众了解政府事务、社会事务、企业事务和一切涉及公共利益的事务，从而对国家、政党、社会团体、公职人员、企业员工的各种思想行为，尤其是社会上一切有悖于法律和道德的行为实行制约，并促使其沿着法制的轨道和社会生活公共准则的方向运作。相比较而言，司法、行政监督具有强制性，但是常常追惩于事后；新闻舆论监督虽然不具有强制性，却有警示、教化于前的功能；二者优势互补，相辅相成。

4. 推动工作

新闻报道客观地向上级反映工作进程，真实地让广大群众了解社会形势、事件动态、工作重点、发展难点、经济建设、先进文化和创先争优活动等，可以凝聚人心、激励士气、引领方向，使广大干部群众明确目标、团结一致、克服困难、真抓实干，以崭新的工作面貌、昂扬的工作斗志、饱满的工作热情投入到各项工作当中去，确保各项工作任务的完成。因此，新闻媒体要全面、及时、准确地宣传好党和国家的路线、方针、政策，贯彻好上级的指示决议，让新闻报道工作充满活力。

二、写作

（一）标题

消息标题有正题、引题、副题三种类型。

正题亦称主题、母题，用来概括与说明主要事实或思想内容。正题可以是实题，即叙述新闻事实；也可以是虚题，即评价新闻事实，揭示其意义或隐含的观点。但是，在单独使用时，正题应该是实题，或者有叙有议的虚实结合题。

引题亦称肩题、眉题，用来交代背景，说明原因、烘托气氛和揭示意义等。大多数引题是虚题。

副题亦称次题、子题、辅题，一般用来补充事实、解释状况、说明原因和印证主题，或者是内容提要题等。大多数副题是实题。

1. 正题

正题也称为单行标题。例如：

巴菲特印度卖保险

2. 引题+正题

上面一行是引题，下面一行是正题，也称之为双行标题。例如：

2019 年整体盈利创新高
人保集团拟五年内上市

3. 正题+副题

上面一行是正题，下面一行是副题，也称之为双行标题。例如：

美股大跌成风
金融巨头财报不佳为最大"元凶"

4. 引题+正题+副题

上面一行是引题，中间一行是正题，下面一行是副题，也称之为多行标题。例如：

纽约人寿撤出中国市场　日资保险入主海尔人寿
合资保险股权换手频繁

股权频繁更替表明资本在中国金融行业变得越来越活跃，与此同时，外资在中国市场的发展方式也面临挑战

消息的标题必须鲜明、新颖、独特、准确、精短地概括消息内容，一目了然，吸引读者对新闻事实报道的注意力。消息的标题可以美化版面，也可以使版面内容排列有序。

（二）正文

消息的正文一般由消息头、导语、主体、结尾四个部分组成。

1. 消息头

消息头也称为电头，说明电讯稿件播发的新闻单位、地点和时间。在消息的导语之

前，冠以"本报讯""本台讯"、"××社××地×月×日电"的字样。消息头的形式主要有"讯"与"电"两大类。"讯"指通过本地邮件或书面递交的形式向媒体传递的报道，"电"指通过外地电报、电传、电话、电脑等传输的报道。消息头是消息的标志，也是版权所有的标志，用以标明消息的来源，也易于让广大群众和编辑将消息与其他新闻体裁区别开来。消息头后面是作者署名，加注括号。例如：

本报讯（记者×××）
本报北京 3 月 5 日电（记者×××）
据新华社上海 4 月 18 日电（记者×××）

2. 导语

消息头之后紧接着是导语。导语是以简练而生动的文字叙述新闻事件中最主要的事实，揭示新闻主题，引发人们阅读兴趣。导语通常是消息开头的第一段。短消息不分段，导语便是开头第一句话。一句话新闻没有导语。根据内容表达的需要，可以采用不同的导语。

（1）叙述式导语。用直接叙述的方式、凝练的语言，简要地写出消息中最新鲜、最主要的事实。这是最基本、最常见的导语。例如：

屡次失败后，光明再次跨出了海外并购的步伐。3 月 2 日，光明集团董事长王宗南向媒体证实，法国 Yoplait（简称"优诺"）公司 50% 股权竞购案首轮竞价，光明成功入围。据报道，光明所提出的收购价居冠，约为 17 亿欧元（23 亿美元）。

（2）描写式导语。用简练而生动的语言，形象地描绘所报道的主要事实，或事实的某个层面，渲染气氛。例如：

新年伊始，新基金发行市场已经硝烟弥漫，各基金公司积极备战创新产品的步伐开始加快。来自证监会网站的最新信息显示，目前已有 8 只分级基金上报了材料。

（3）评论式导语。用夹叙夹议的方式，对消息的主要事实适当地进行判断，发表评论，揭示意义。例如：

对于 2019 年的美国经济，从各家机构发布的预测报告来看，尽管谨慎，总体还是抱着较为乐观的态度。而从华尔街陆续出炉的一份份业绩报告，似乎正印证着市场的乐观预期。

（4）提问式导语。用疑问句的形式，就所报道的事实提出质疑，以引起人们的关注；也可以是设问。

在中国大陆上超过 200 家奥特莱斯购物中心，他们都是真正意义上的奥特莱斯吗？在商业地产领域连遭败绩的首创置业，选择在此时高调进军奥特莱斯，胜算几何？《国际金融报》记者调查发现，一哄而上的奥特莱斯热潮中，各类伪"奥特莱斯"正大行其道。

（5）引语式导语。用引用人物话语的方法，直接揭示消息的主题；也可以摘录文件等资料中的句子。

"依照中国目前的政策走向，我可以判断：民生问题应该是今后经济发展'压倒性'的首要问题。"德国《欧洲新报》总编辑范轩在全国两会前预测说。

（6）比较式导语。用类比或反比的方法，对照有关人物、事物、情景和形态等，从而凸显消息的主题。例如：

与国外大学"宽进严出"的制度相比，中国大学一直以来都呈现"严进宽出"的态势。而这样的落差也反映到了中国资本市场。

3. 主体

主体承接导语之后，另起一段，紧扣消息主题，对导语叙述的最主要事实做进一步全面的补充、深化、展开、说明和解释。如果主体内容丰富，可以分成若干层次、段落，按照不同结构形式的要求进行安排。短消息的主体可以不与导语分段表述。

4. 结尾

主体内容将事实报道完毕后，为了简短起见，通常不需要单独的结尾。有些事实报道需要展示事件的全过程，体现完整性，也可以有结尾。结尾的方式有小结式、启发式、号召式、展望式等。

（三）背景材料

背景材料指新闻事实产生的缘由、环境和主客观条件等。背景材料并非新闻事实，而是必要时用来说明、解释、衬托新闻事实和新闻价值的材料。必要时，背景材料就是一篇消息正文内容的有机组成部分。常见的背景材料有以下四种：一是人物背景材料，指报道人们不熟悉的人物时，穿插介绍该人物的概况，进行适当的交代；二是事物背景材料，指报道一些新事物、新技术、新成就时，穿插介绍相关资料，以帮助人们增长有关常识；三是历史背景材料，指报道新闻事实时，穿插运用相关的历史资料，以便帮助人们了解事实的全貌；四是地理背景材料；指报道新闻事实时，适当介绍相关地区的自然环境。

背景材料可以运用于消息的各个部位。

（四）结构

消息的导语、主体、结尾或背景材料的结构安排主要有三种类型。

1. 倒金字塔式

倒金字塔式指将最主要的新闻事实放在导语，然后在主体按照事实的重要程度呈递减的序列予以安排段落。其特点是头重脚轻，打破了新闻事实进程的自然时间顺序，将所有事实重新加以整合，按照重要性递减安排。这种结构方式有利于让人们迅速了解新闻事实的主要内容，抓住新闻报道的主题，是消息最常用的结构。

2. 金字塔式

金字塔式指按照新闻事件发生、发展、高潮和结局的自然时间顺序安排段落。其特点是事件情节完整，叙事原委清晰，符合时间逻辑。这种结构方式有利于报道故事性强、以情节取胜的新闻事实。

3. 散文式

散文式指借鉴文学散文的写作方法，新闻事实和结构、层次、段落等的安排自由、灵活，语言表达不拘一格。

（五）写作要求

第一，做好采访工作，深入实际，充分占有真实、典型和丰富的新闻素材。

第二，坚持"用事实说话"的写作原则，作者的倾向性要通过事实报道自然而然地流露，而不是直接表述出来。

第三，以叙述为主要表达方式，实现新、短、快、活、强的传播目标。

⚠ 例文点评 <<<

国美为联通设专区

本报讯（记者×××）记者获悉，从 3 月 2 日起，国美集团将开放全国门店，建立中国联通的业务受理及终端销售专区，也就是说，消费者到国美就能办理包括入网、充值等联通相关业务。

据了解，早在 2009 年 11 月，国美就和联通进行了洽谈，从 2009 年国美首发 iPhone 手机、中国联通营业厅进驻国美门店，国美发展联通用户数量出现大幅度增加。成功的合作经验，无缝的信息对接，完善的终端基础，是双方合作的前提。

据介绍，此次中国联通与国美集团的全面战略合作包括中国联通授权国美集团全面代理和销售面向公众客户的 3G、2G、宽带接入和固定电话等各项业务；国美集团全面开放全国门店，建立中国联通的业务受理及终端销售专区，推广中国联通的各项通信业务和产品。

此外，双方将重点推广中国联通"沃"3G 终端合约计划产品。国美集团将在全国 1400 多家门店设立联通业务受理及终端销售专区，购机、入网、一站式服务，销售产品包括 iPhone3、iPhone4 及乐 Phone、诺基亚 C7、索尼爱立信 X10i 等近 30 种市场热销的 3G 手机终端产品。

以诺基亚 C7 为例，如果消费者选择联通 226 元每月的套餐，则只需预存 3599 元的话费，24 个月每月返还 149 元，只需每月补交 77 元话费，意味着消费者购买这台 C7 的价格是 77 元×24（月）＝1848 元，比市场上单买一台 C7 的 2800 元节省了将近 1000 元，同时还能享受每月 226 元的套餐消费。

业内人士表示，由于手机定制市场规模将不断扩大，自建渠道资源无法满足大规模的手机销售，因此运营商与渠道商的深入合作将是必然趋势，联通营业厅进驻国美卖场将使得双方加大市场拓展力度，增强双方在通信市场的影响力和话语权，实现双赢。

这是 2011 年 3 月 4 日《国际金融报》刊载的一则经济新闻。标题简洁凝练，主题鲜明。导语简明地叙述了最主要的新闻事实，完善了新闻要素。导语以下是主体，其中第二自然段运用了历史背景材料说明事实的由来；第三自然段具体展开叙述新闻事实；第四自然段具体补充叙述新闻事实；第五自然段详细举例叙述新闻事实；第六自然段通过间接引语概括新闻事实的意义。全文采用了倒金字塔结构，内容无重复，层次明晰。

 思考与练习

一、填空题

1. 新闻有广义和狭义之分。广义的新闻指消息、通讯、特写、评论、报告文学等。狭义的新闻特指（   ）。

2. （   ）是以简练而生动的文字叙述新闻事件中最主要的事实，揭示新闻主题，引发人们阅读兴趣。

二、判断题

1. 叙述式导语用简练而生动的语言，形象地描绘所报道的主要事实，或事实的某个层面，渲染气氛。

2. 金字塔式结构指将最主要的新闻事实放在导语，然后在主体按照事实的重要程度呈递减的序列予以安排段落。

三、简答题

1. 在写作消息时，最常用的结构形式是什么？为什么要采用这种结构？

2. 在写作消息时，为什么最主要的表达方式是叙述？

四、评析题

请认真阅读下面一则消息，然后分析其内容和结构形式上的写作特点。

佳华拓展城市业务

本报讯（记者×××）日前，在香港上市的佳华百货控股表示，公司内部管理及升值改造将结束，按一般开店步伐今年将新开4~5家店，而正在洽谈的项目达15个。

该公司执行董事兼财务总监×××表示，目前中西部市场有巨大的发展潜力，因此公司将着力将营业网络向二三线城市扩张。与此同时，去年公司完成了内部管理及升值改造，更为新开店铺打下扎实的基础。

×××指出，公司新开的店面平均每间6~8个月可达到收支平衡，现在18间店（包括百货及超市为主）中，其中有4~5间超市为主的店仍有亏损，希望今年扭亏为盈。

据了解，由于去年上半年佳华百货集中店内的内部管理及升值改造，有部分店需关闭，且全年没有收购及开店的项目，使得公司业绩出现下滑，但今年公司已经确定重新扩展店面的计划。据了解，平均每间面积逾2万平方米的店铺成本约1000多万元，而现在嘉华百货手中的现金达2.49亿港元，足以应付两年内的开店及收购支出。

五、写作题

请深入学习或工作第一线进行采访，然后撰写一篇有关财经管理方面的消息。

任务三 ▶ 评论

学习要求

了解评论的概念和特点、种类、格式及写作要点。

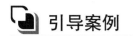 引导案例

专栏评论　　　　　　　　　　　　老当"易"壮

　　"老当益壮"是就思想、意志、精神状态而言的，是说人年纪大了，志气更应该豪壮，而不是说人越老精力越壮。从生理上说，老不如壮，人到了老年，体质减弱，精力不济，这是新陈代谢的自然规律。因此，在谈"老当益壮"的时候，有必要谈谈"老当易壮"的问题。

　　有些老同志常以"老骥伏枥，志在千里"自勉，其志可嘉。曹操咏这诗句时，年纪才五十二三岁，他虽存"志在千里"雄心，但尚自喻为"伏枥"的"老骥"，而这时的曹操同我们一些老同志相比，只能算是"小字辈"。现在我们不少老干部年逾"花甲"、近"古稀"，在体力上更不能不正视"老不如壮"的现实。再要这些老干部长期地人不下鞍、马不停蹄，像十几年、几十年前那样干，恐怕就强其所难了。因而，我们称道"老当益壮"，更倡言"老当易壮"。易者，移换，替代也；易壮，易位于壮也。此事虽要按不同的情况与规定稳妥慎重地进行，但态度应当积极。

　　我们的革命事业任重道远，要像接力赛跑一样，代代相传地去奋斗。这就要求我们的干部队伍要适应新陈代谢的自然规律，不断地新老更替。尤其在目前，干部队伍的老化问题相当严重，到了非解决不可的地步，"老当易壮"显得更为紧迫。半个多世纪来，革命老干部在党的领导下，为开国大业南征北战，为建国大业日夜操劳、殚精竭虑，为人民建立了丰功伟绩。今天进行建设四化的兴国大业，要攀"十八盘"、过"南天门"，上"玉皇顶"，老干部的作用是极为重要的。但以体力和精力而论，总是年轻的胜过年老的。所以各级领导岗位应当越来越多地由年富力强的优秀干部"唱主角"，让他们去负重任、挑重担。这里我们分别看到了两种有规律性的现象：从人们的年岁增长来看总是"壮当易老"，即壮年时代总要发展到老年时代去；而从领导班子的配置来看，则应反过来为"老当易壮"，即老年人让位于壮年人，今日之壮年若干年后又要让位于来日的壮年，如此循环往复，以至无穷。这种规律是不以人们的意志为转移的。

　　这样说的话，"老当益壮"是否可以免了？不，我们还是要提倡"老当益壮"。《后汉书·马援传》中讲得好："丈夫为志，穷当益坚，老当益壮。"用现代的话讲：这个"壮"，主要体现在"志壮"上，就是说要有共产主义胸怀、远大的眼光、革命事业的责任心。而作为老同志，第一位的责任心是什么呢？党中央领导同志指出：老干部要把选拔中青年干部作为第一位的庄严职责，别的工作做不好固然要作自我批评，这项工作做不好，就要犯历史性的错误。可见从工作出发，不恋权，不计个人名利，热心选拔培育和交班于中青年，真正做到了"老当易壮"，也更好地体现了"老当益壮"的精神，也才能自豪地说："吾乃老当益壮也。"不久前煤炭部和三机部有13名副部长主动辞去副部长职务，易位于"壮"。最近国务院机构改革，又有一批老革命领导愉快地让位。他们是"老当易壮"的模范，也是"老当益壮"的模范！愿"老当益壮"与"老当易壮"携手并行！

　　资料来源：东方网评论，https：//ping tun. eastday. com/plyfc/index. html 2018.

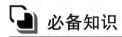 **必备知识**

一、概述

消息和评论构成媒体的两大文体。在大多数情况下，新闻评论是就当天编发的某一重要新闻的内容配合发表言论。

具体地说，新闻评论作为媒体经常使用的一种舆论工具，以新闻事实为由头，以发表意见为路径，以运用概念、判断、推理的逻辑形式为手段，在科学分析、缜密论证的基础上，对新闻事实涉及的时事政治现象发表见解，或者评判一件事情，或者议论一个问题，旨在对广大群众的思想产生影响，对社会舆论的走向进行引导，使广大群众信服地接受观点，使舆论传播朝着健康的方向发展。

（一）定义

新闻评论是媒体针对社会关注度高的重要新闻事实和社会热点问题发表意见的时政文章。

（二）特点

1. 针对性

新闻评论必须以一定的新闻报道为依托。一定的新闻报道承载着重要新闻事实和社会热点问题，而新闻评论则是针对重要新闻事实和社会热点问题发表看法，阐述观点。新闻和评论一实一虚，如同鸟之双翼，共同影响广大群众的思想和行为。有的时候，针对广大群众普遍关心、迫切需要解决的实际问题，新闻评论也会运用马克思主义的立场、观点和方法，通过具体的科学的分析，实事求是地给予说明、回答和指导。

2. 倾向性

新闻评论属于论说文的范畴。新闻评论就是要对新闻所报道的事实做出政治、思想、道德的价值判断，诸如是与非、对与错、得与失、利与弊等。即使是关于财经管理方面的消息报道，新闻评论也要依据党和国家的路线、方针、政策和企业的经济利益作出正面的效果评价。例如，《房产税收上来该咋用》就针对重庆开征房产税的试点工作进行评论，认为"有利于实现通过税收调节社会成员财富差距的目标"。这种和谐社会的价值取向带有鲜明的倾向性。

3. 导向性

新闻评论的导向性是评论的生命。新闻评论直接代表编辑部站出来阐明观点、阐述立场，告诉广大群众应该做什么或不应该做什么，为广大群众从思想上排忧解难、释疑解惑，帮助广大群众解决实际问题，引导社会舆论健康发展。舆论导向正确是党和人民之福，舆论导向错误是党和人民之祸。例如，《放任欠薪就是纵容违法》针对拖欠农民工工资现象，从依法治国的高度提出"坚决不能通过损害群众利益谋取经济增长"，对维护农民工的利益和法律的权威性进行了积极的舆论引导。

4. 时效性

新闻评论讲究传播效率的快捷、迅速。新闻评论要及时传达党和国家的政策要求和上级的指示，及时地反映广大群众的呼声。如果没有时效性，就没有新鲜感，就没有新闻性，就起不到指导、鼓舞、推动工作的作用。例如，2018年1月16日，中国人民银行发布《境外直接投资人民币结算试点管理办法》，第二天，《国家金融报》就刊载了文章《人民币结算：从贸易到投资》，认为"央行此举可有效满足境外主体对人民币的强烈需求，且符合国家战略利益"。这种经济评论无疑配合了国家将人民币国际化的推进步伐。

（三）种类

根据不同的标准，可以将新闻评论分为不同的种类。

按照内容来分，有政治评论、经济评论、军事评论、社会评论、文教评论、国际评论等。

按照论证来分，有立论性评论、驳论性评论。

按照媒介来分，有报纸评论、广播评论、电视评论、网络评论。

按照形式来分，有社论、编辑部文章、评论、本报评论员文章、短评、编者按、编后等。

1. 社论

社论指以报社的名义针对重大现实问题和重大理论问题发表意见的评论形式。党的机关报社论代表同级党委说话，具有很大的权威性。各级党的机关报经常借助社论的形式，对所管辖范围内的重大问题发表指导性的意见，宣传党的路线、方针、政策。社论还常常用于表示欢迎、纪念、庆祝之类的场合。

2. 编辑部文章

编辑部文章指以报纸编辑部的名义针对重大现实问题和重大理论问题发表意见的评论形式，具有大的权威性，是报纸高规格的新闻评论。

3. 评论

评论通常指报纸的专栏评论，针对重要现实问题和重要理论问题发表意见，有报社专职评论员个人的署名，具有相对稳定的风格和特色。

4. 评价员文章

评价员文章指以本报评论员个人的名义针对重要现实问题和重要理论问题发表意见的评论形式，论述的范围广泛，个性色彩比较浓厚。

5. 短评

短评指个人署名的对现实的人和事物进行简短的评论，篇幅短小精悍。

6. 编者按

编者按指报纸编辑在新闻报道之前所加的按语，是对新闻事实作画龙点睛式评论。

7. 编后

编后指报纸编辑在新闻报道之后所加的按语，是对新闻事实编发后的点滴感想。

（四）作用

1. 深化认识

新闻评论不是复述新闻事实，而在揭示新闻事实的本质属性，分析其未来发展的趋势。媒体常常针对单篇或者一组新闻报道或系列新闻报道配发一篇短评或编者按语。这些新闻所报道的事实，往往不易显示重要的意义，而如果补充必要的新闻背景材料，把新闻事实共同放在一定的经济社会背景里，同时指出许多分散事实的相关性，通过综合分析，对这些新闻事实蕴含的本质意义进行挖掘，就能显示出它的意义，起到深化新闻报道主题的作用。

2. 表明态度

新闻事实不会凭空发生，都有它之所以发生的前因后果。新闻评论不仅注重揭示新闻事实发生的前因后果，对新闻事实作出解释和说明，而且还注重具体分析当前的重要新闻事件和社会热点问题，以新闻媒体的名义表明党和政府的态度。与此同时，新闻评论还帮助广大群众以通过新闻媒体发表议论的方式，对经济社会的突出问题进行意见交流，阐述看法，抒发呼声，表明广大群众的态度，满足广大群众发表言论的需要。

3. 理论引导

新闻评论具有很强的理论色彩。新闻评论运用马克思主义的理论、立场、观点、方法，对现实生活中的重要新闻事实和社会热点问题进行分析和评价。新闻评论可以立论，表彰先进，也可以驳论，针砭时弊，帮助广大群众明辨是非；可以摆事实，讲政策，说道理，为广大群众解疑释惑；还可以引导广大群众正确认识当前的形势，从法律和道德的精神文明建设出发，为人们指明行动的方向，推动社会移风易俗。

4. 社会监督

新闻评论具有社会监督的功能。社会监督是指广大群众通过媒体对党和国家制定的政策、法律，采取的行政行为和司法行为等情况提出批评、建议，对国家工作人员违法犯罪、严重错误、官僚主义、不道德行为进行批判、谴责。例如，网络评论是一个发扬民主、由群众监督政府的很好的渠道，政府也提倡积极发挥网络的作用。当然，在监督的时候要考虑到监督的社会效果，应当实事求是地反映广大群众的意愿，避免不负责任的、无中生有的错误言论误导社会舆论。

二、写作

（一）标题

新闻评论的标题有两种形式。

1. 单标题

直接或者间接表达中心观点。例如：

2019 将楼市调控进行到底

2. 双标题

上面一行正标题昭示中心观点，下面一行副标题补充说明或者明确范围。例如：

抑制通胀　平衡增长
——从物价走势看 2019 年宏观调控

（二）正文

新闻评论的正文一般由开头、主体、结尾三个部分组成。

1. 开头

开头指提出问题部分。此部分要直接切入重要新闻事实和社会热点问题，明确和概括评论的论题，用简短的话语表达中心观点。

论题指论述的问题，是一篇评论所要评的对象和论述的范围。新闻评论的论题来自三个方面：一是当前的客观形势、舆论动向和宣传任务，以及党和国家的重要决定、工作部署和最新的政策精神；二是实际生活中的新情况，以及广大群众的呼声和要求；三是重要的新闻事件和新闻典型。

中心观点即论点，指作者对论题发表的看法、主张和见解。

2. 主体

主体指分析问题部分。此部分要针对论题，以理论为指导，联系实际，运用论据对论点具体展开分析和论证。

论据是指用来阐明论点的材料，是证明论点的证据，是判断和推理的基础。论据主要包括两大类：一是事实性论据，包括能够直接或间接证明论点的具有典型性的人和事，以及历史资料、统计数字等。二是理论性论据，包括经典结论、论断、理论、原理；党和政府的政策、决议以及现行的法令、条例；科学的定理和法则；公认的道德规范；古今中外带有哲理性的格言、谚语、故事、典故；等等。

论证是指用论据证明论点的过程和方法，常用的论证方法有例证法、引证法、归纳法、演绎法、反证法、比较法、因果法和归谬法等。掌握论证的具体方法，有助于论据和论点的统一，增强说服力。

论点、论据和论证方法是新闻评论写作的三要素。

3. 结尾

结尾指解决问题部分。要对重要新闻事实和社会热点问题提出解决的对策与建议，或归总全文，或呼应开头，或呼吁号召，或引发思考，或举一反三，或展望未来。

（三）结构

新闻评论常见的结构形式有以下四种：

一是归纳式结构。论证过程是从论据到论点，先分论后总论。

二是演绎式结构。论证过程是从论点到论据，先总论后分论。

三是并列式结构。论证过程是将中心论点分为两个以上的分论点，然后分别进行论述。

四是递进式结构。论证过程是对论点由表及里、由浅入深、逐层进行分析论述。

（四）写作要求

第一，选题要从实际出发，注重人们普遍关心的新闻事实、迫切需要回答的热点问题。

第二，论点要鲜明、突出，要有针对性和指导性、充分体现新闻的特点。

第三，论据务必正确、真实、恰当，具有典型性和说服力。

第四，根据论证的需要，选用恰当的论证方法。

第五，在论述语言和谋篇布局上显示独特的个性和风格。

⚠ 例文点评<<<

个税改革：不要捡了芝麻丢了西瓜

本报评论员　×××

税收的本意，是取之于民，用之于民。放在当下的中国，人们更强调税收的二次分配功能，即调节居民收入分配。重申这个常识，是想说，现行的税制已经不能适应当前经济和社会发展的现状，必须改，这一点恐怕没有人表示异议。但是如何改？特别是在起征点的问题上，就仁者见仁、智者见智了。最近几天，很多代表委员建议，个税起征点应调到 3000 元、5000 元，还有不少"院外"人士说 8000 元，不一而足。如果仅就起征点来讨论个税改革，这些建议无可厚非，但是，我想强调的是，个税改革不应忽略一个大前提，那就是税收的基本功能。眼下，由于收入差距拉大，不仅存在低收入者没有消费能力、无法给拉动内需做贡献的经济问题，还存在由此带来的一系列社会问题和政治问题。

让我们先从纳税意识说起。

当前国人纳税意识何止是"不浓"二字可以描述，可以说企业、机关、个人，不论高收入低收入者，人人都在想如何不交税、少纳税。事实上，每到年底前后，街头小广告无孔不入、"FPIAO"（发票）的短信、电子邮件成灾。为什么？这倒应了经济学的一个基本原理：有需求，就有供给。需求在哪里？国家不是三令五申、严厉打击吗？问题由来已久，打击也只管一时。为什么这么纠结？当然这是一个复杂的政治经济学问题。要解决，也不是没有办法。前提是回归和反思国家税收的本意和基本功能。

"税收是国家或公共团体为实现其公共职能，而按照预定的标准、强制地、无偿地从私人部门向公共部门转移的资源，它是国家参与社会产品分配和再分配的重要手段，是财政收入的主要形式。"这是目前学界比较普遍的共识，国家那一头，按下不表，且说公民。

1980 年 9 月，全国人大常委会通过的《中华人民共和国个人所得税法》规定，个税起征点是 800 元人民币。当时城镇职工的每月基本收入在 40 元至 80 元左右，也就是说，起征点是基本收入的 10 倍至 20 倍。那个时候，个体户都少见，一般人哪有这么多的收入。因此当时人们大都觉得，缴纳个人所得税，那是明星、作家、高干的事情，跟自己无关，也由此埋下了一个至今难以矫正的潜意识：纳税不是所有公民的基本义务，而且根深蒂固。

2006 年 1 月 1 日个税起征点调整到 1600 元，2008 年 3 月 1 日调整到 2000 元。但前面 25 年没调，一代人甚至几代人的意识，就此模式化，再加上分配不公、贫富差距加大、基尼系数超过警戒线等经济问题和其他社会政治问题的不断积累，使得这一观念不断强化，甚至有人觉得不逃税就是傻瓜一个。审计署每年连中央部委和央企都查处不完，更何况逃税已经成了全民的下意识反应呢？

怎么办？怪公民素质差，还是税法规定有问题？抑或是税收执法不严？这有点像"鸡生蛋"还是"蛋生鸡"。事实上，当前中国中低收入者所缴纳的个税，占全社会个税总收入的近 2/3，而在美国，10% 的高收入者交纳了 71% 的个人所得税。当然，中国公民的税赋也不是最高的，丹麦等北欧国家高达 70%，公民也没听说出现这么强的逆反心理和行为。

谈到这次税改，我想说的是，也许这是一次重塑国民纳税意识、公民意识的机会。具体建议是：

第一，在税率和递进等级不变的情况下，提高起征点至 2 万元。如果降低税率或减少等级，也可设在 1 万元。只有让靠薪水努力奔小康的中产阶层，有了稳定的预期和安全感，才能让他有真正的纳税意识，这个社会才更稳定。国家不必担心由此会减少税收，以往两次起征点提高，国家个税收入逐年递增就是明证。

第二，把居民消费环节形成的税收透明化。比如在超市购物，某类商品定价多少、税率多少，付款时明确告知。明明白白纳税，才能更广泛地培养公民的纳税意识和公民意识。

或许，公民意识、纳税意识、国家意识，甚至爱国家、爱社会，都可以从这个环节取得小小突破。

这是一篇刊载于 2011 年 3 月 9 日《中国经济时报》的评论员文章。作者针对 2011 年全国"两会"期间代表们热烈讨论的个税改革话题发表了自己的看法，回答了广大群众普遍注意的利益攸关的问题，有很强的现实意义。标题申明中心思想，形象生动，标点用法意味深长。开头由事入理，论点明确。主体采用因果论证方法，引用理论论据和事实论据，摆事实，讲道理，有比较，视野阔。结尾提出解决问题的方案，体现了新闻评论的重要作用。通俗流畅的语言、口语化的表达风格、灵活变化的句式，增强了文章贴近百姓的亲和力。

📑 思考与练习

一、填空题

1. （   ）是媒体针对社会关注度高的重要新闻事实和社会热点问题发表意见的时政文章。

2. 论点、论据和（   ）是新闻评论写作的三要素。

二、判断题

1. 论点务必正确、真实、恰当，具有典型性和说服力。

2. 短评指报纸编辑在新闻报道之前所加的按语，是对新闻事实作画龙点睛式评论。

三、简答题

1. 谈谈你对新闻评论的开头写法的认识。

2. 怎样在写作当中体现新闻评论的个性和风格？

四、评析题

请认真阅读下面一则新闻评论，然后分析其内容和形式上的写作特点。

房价上涨正在击鼓传花

×××

当前房地产市场非理性运行的特征愈加明显，通胀背景下房地产的投资属性更为凸显。所谓住房刚性需求，恐怕不是普通群体的改善性住房需求或初次置业需求。可以说，部分热点城市商品房市场交易已经成为少数富裕人群"击鼓传花"的游戏。

让房价运行回归理性，不仅需要有效抑制富裕人群购买需求，还要切实增加有效供给。

抑制富裕人群的购买需求，需要发挥税收调节收入分配差距的重要作用，加强税收稽查力度。

增加市场的有效供给，一方面需要增加可供购买商品房、经济适用住房规模，另一方面需要推动各类出租房数量增长。两者均需要商业利益引导和行政力量的强力推动。

在调节商品房供应上，需要警惕以下恶性循环的形成。每次房地产调控，商品房市场供应减少，市场房价上涨预期增强，房价继续上涨，又刺激新一轮调控措施出台。值得注意的是，保障性住房建设满足的是低收入人群的住房需求，对于"夹心层"住房需求的改善帮助不大。"夹心层"住房需求上仍宜加快经济适用房建设来满足。

住房租赁市场发展滞后，是当前中国住房市场良性发展的重大短板。理论和实践表明，住房租赁市场的发展壮大，可吸收或释放住房购买需求，成为房价理性运行的自动稳定器。中国住房租赁市场发展缓慢，没有得到决策部门高度重视，相关法律法规不完善，承租人权益和出租人的合法权益得不到应有保障，使得承租成为满足住房需求的次优选择；而拥有多套房产的人宁愿闲置等待高价卖出，也不愿意出租获得收入。由此可见，规范发展住房租赁市场刻不容缓。

五、写作题

请就当前广大群众普遍关注的某一经济社会现象，选择合适角度，撰写一篇经济评论。

任务四 ▶ **公开信**

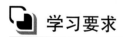 学习要求

了解公开信的概念和特点、种类、格式及写作要点。

 引导案例

网民朋友们：

大家好！

春回大地，万象更新。值此新春佳节之际，我谨代表中共××市委、××市人民政府，向关注和支持我市经济社会发展的广大网民朋友们致以衷心的感谢和美好的祝愿！

20××年是令人鼓舞、令人振奋的一年。面对经济增长趋缓的复杂严峻形势，我们迎难而上，守正出新，汇聚正能量，务实求发展，项目攻坚取得新进展，产业提升打开新局面，对外开放实现新突破，干部作风展现新气象，"五个××"建设取得阶段性胜利。

网络无疆，沟通无限。"书记信箱"的开通进一步完善了我市网络问政的平台与机制，其"解民忧、聚民心"的桥梁纽带作用得到充分发挥，广大网民朋友及时反映社情民意，积极建言献策，字里行间，点点滴滴，无不与民声、民情、民生息息相关。特别是一些合理化建议催生和完善了相关的政策，推动解决了一批社会热点、难点问题。

20××年，有困难，更有机遇，我们将弘扬敢为人先、追求卓越的"××精神"，运用汇聚力量、顺势而为的"××智慧"，突出马上落实、坚持不懈的"××行动"，展示开放合作、大气包容的"××胸怀"，更加注重环境建设，更加注重民生改善，努力建设"宜居、宜业、宜商"的天府水木田园城市，让××社会更和谐、城市更美丽、人民更幸福！

网民朋友，××在前进的道路上离不开你们的大力支持和积极参与。真诚地希望新的一年，你们一如既往地把自由表达与理性思考、法治约束相统一，更给力地灌"智慧之水"，更积极地拍"建设之砖"，更理性地吐"独到之槽"。我们会以更加开放开明、积极主动的姿态听取你们的意见，携手共建互信互动、和谐有序、民主理性的网络问政平台，给力发展、共谋幸福，唱响拼搏奋进的"××好声音"！

祝大家新春快乐、身体健康、事业进步、家庭幸福！

必备知识

一、概述

公开信由国家行政机关、社会团体、企事业单位针对重大社会问题、公务攸关现象、重大节日和重要纪念活动等向广大群众发布，也可以由基层单位就人事、物价、市场、工商、治安、社区、卫生等公务管理事项向辖区内的群众发布。公开信不同于私人信件。公开信只有相对明确的集体收信对象，围绕着特定的公务内容和社会现象，在特定的时事形势和政治背景下公之于众，无保守秘密可言，作者是国家行政机关、社会团体、企事业单位；或者以个人名义代表国家行政机关、社会团体、企事业单位署名。

（一）定义

公开信是国家行政机关、社会团体、企事业单位，或者以个人名义向广大群众公开

传达公务信息的书信体时政文章。

（二）特点

1. 时政性

公开信的撰写有明确的针对性，特别是作者级别比较高的公开信内容与国家重大时事政治决策有紧密的联系，在一定意义上反映了国家的战略意图。例如，1980年9月25日发表的《中共中央关于控制我国人口增长问题致全体共产党员、共青团员的公开信》，站在关系到四个现代化建设的速度和前途，关系到子孙后代的健康和幸福，符合全国人民长远利益和当前利益的高度，阐明了人口增长与现代化建设所需的资金积累关系，发出了控制人口增长的号召。

2. 晓谕性

公开信的对象比较广泛，其内容无论重要程度如何，在一定的范围内都涉及比较重要的现实问题，针对广大群众具有普遍的晓谕功能。公开信可以在报刊、广播、电视、网络等媒体上传播，也可以张贴。例如，华润置地（北京）物业管理有限责任公司在2019年春节将临之际，为确保本小区居民过个安全、欢乐、祥和的节日，物业管理处发布了《致小区居民的一封信》，维护了小区治安秩序稳定，创造了良好的生活、工作环境，发挥了社区物业管理的积极作用。

3. 亲和性

公开信在语言运用方面注重生活化、口语化、情感化，把收信对象看作是情同手足的家庭成员，措辞平易浅显，语气和蔼可亲，不采用居高临下的权势口吻，不采用强制命令的生硬词语，使广大群众与作者的感情尽可能融为一体，以便达到写作的最佳效益。例如，2017年8月，鄢陵县法院为了繁荣当地经济，保障企业依法、健康、有序发展，从构建和谐社会的愿望出发，开展了"致辖区企业的一封信"活动，为企业送上法律服务，有效地减少了企业在经营交易中存在的违背法律法规的现象。

4. 公务性

公开信可以作为国家行政机关、社会团体、企事业单位或者个人开展公务活动的工具。使用公开信传达时事、政治或公务信息比使用行政公文更具有灵活性，也更能够贴近与广大群众的心理，为广大群众所乐于接受，进而化解经济社会中的政治、思想、工作和生活方面的各种矛盾。例如，2019年3月17日，湖北省委书记致网友一封公开信，承诺对网民反映的问题予以认真调查、核实，对网民提出的合理建议充分采纳，同时，真诚地希望网民朋友一如既往地关心、支持、监督省委、省政府的工作，继续为湖北的改革发展稳定建言献策。

（三）种类

公开信根据性质来分，有政策性公开信、指导性公开信、告知性公开信和事务性公开信四种。

1. 政策性公开信

所谓政策性公开信，是指有关部门采用一种比较和睦亲切、平易近人的态度传递政策信息和法规内容的书信体文章。例如，《中共中央关于控制我国人口增长问题致全体共产党员、共青团员的公开信》提倡每对夫妇只生育一个孩子。2019年1月22日，绵阳市质量技术监督局颁布《致全市食品生产企业的一封公开信》，依据国家正式颁布、实施的《食品安全法》及《实施条例》，以及新法规对食品安全提出的要求，在春节来临之际，要求企业以对社会的负责精神和企业法人的道德观，在严把进厂关、严把出厂关等环节，自觉承担食品安全的主体责任。

2. 指导性公开信

所谓指导性公开信，是指上级机关以非正式公文的亲和形式传递有关领导的意图，表达行使指导工作职能的书信体文章。例如，2019 年 8 月 4 日，甘肃省非公企业党工委发布《致全省非公有制企业负责人的公开信》，表示各级非公企业党工委将以企业家为友，拜企业家为师，着力营造重商、亲商、安商、富商的良好氛围；非公企业在开展党建、推进发展的过程中，有什么困难和问题，也请直接与当地非公企党工委、党建工作站联系，我们将尽职尽责，全力为企业党组织服务，为企业发展服务。

3. 告知性公开信

所谓告知性公开信，是指上级机关通过公开信的形式就某一重要工作或者事项表达明确的立场和态度，旨在营造社会舆论、引导大众行为的书信体文章。例如，2019 年 10 月 18 日，静海县人民政府发布《致全县企业厂长、经理的一封公开信》，要求全县所有企业要充分认识环境保护的重要性和紧迫性，充分认识环境治理是企业依法应尽的责任，充分认识环境治理是为企业营造公平竞争的良好环境；希望各位厂长、经理要牢固树立依法生产的经营理念，进一步增强环境保护主体意识和社会责任意识，下真功、用实力自觉保护静海环境。

4. 事务性公开信

所谓事务性公开信，是指单位或者个人就某些产生了比较大的社会影响的公务事件进行解释、阐明是非、督促工作等的书信体文章。例如，温岭市人事劳动社会保障局、温岭市建筑工程管理局于 2014 年 12 月 15 日发布《致建筑施工企业的公开信》，要求在元旦春节来临之际，规范建筑施工企业工资支付行为，保护民工取得劳动报酬的权利。另据 2011 年 2 月 22 日《21 世纪经济报道》，阿里巴巴集团董事会主席马云在公司内部向全体员工发布《公开信》，就企业个别领导因公司销售团队部分员工涉嫌欺诈客户引咎辞职而导致人事变动问题，阐明整肃公司价值观的重要性。

（四）作用

1. 指导工作

公开信不具备国家行政机关法定公文的执行效力，也不局限于个人之间私下来往的信息沟通，而是采用了一种类似公函的形式传递上级机关或者领导者的工作意图，甚至指示精神，对收信对象发挥着指导工作的积极作用。例如，中国驻赤道几内亚大使馆 2010 年 12 月 7 日于马拉博发布《致中资公司全体员工的公开信》，一方面充分肯定中国工人的辛勤劳动将为赤道几内亚的经济和社会建设，为促进中赤几两国人民的友谊做出贡献；另一方面为使大家在赤道几内亚能够平安健康生活，顺利完成工作任务，特提出具体要求和注意事项，望大家认真遵守。

2. 宣传教育

公开信普遍侧重强调积极的思想意义和教育意义。写作公开信的目的，往往寄希望于通过对广大群众进行宣传教育形成良好的社会风气，伸张正义，规范言行，推动工作。例如，2007年，为了办好2008年奥运会，北京市政府通过北京各大媒体郑重致公开信于首都市民，恳请全体市民在"限行130万辆机动车测试环境交通保障"期间，出行尽量选择乘坐公共汽车、地铁及出租汽车，或骑自行车、步行等方式，体现首都市民遵纪守法的良好素质，并对广大市民的理解、支持、参与和奉献表示衷心感谢。

3. 知照告晓

公开信在一定范围之内向广大群众告知需要普遍了解的信息，或者规范行为，维护社会公德，确保社会秩序的稳定；或者释疑解难，消除误会，保证社会生活的正常化。例如，2019年6月15日，西宁市人民政府致全市出租车司机的公开信，针对4月份省政府办公厅下发《关于进一步加强行业管理促进出租汽车行业健康发展的意见》之后，部分出租车司机存在的疑虑进行了解释和劝导，促进了出租车行业的健康发展，保障了出租车经营者的合法权益，维护了西宁市的经济社会发展，增强了广大群众的安定团结。

4. 公务联系

公开信可以直接、快速、全面地将相关公务信息传达到广大群众，使广大群众掌握国家的政策和上级的文件精神，有效地采用行动配合相关单位的工作。例如，福建省南平市延平区从2017年8月起，向全区7万多农户发送《致全区农民朋友的公开信》（以下简称《公开信》），经过三年多的探索实践，《公开信》越来越受到农民朋友的欢迎。对农民来说，《公开信》是一个"政策信息港"，粮食直补、购买农机具补贴等一系列惠农政策，都通过《公开信》及时传达给广大农户，广大农民从中得到了许多实惠。

二、写作

（一）标题

公开信的标题主要有三种写法。一是只标明文种，如：公开信。二是由收信对象和文种组成，如：致全县个体工商户实行委托银行划缴税款的公开信；三是由作者、收信对象、文种组成，如：××营养食品有限公司致媒体的公开信；××电子股份有限公司董事长致全体股东的公开信。

（二）称谓

称谓指收信对象，可以用泛指，如"本市广大市民""公司全体干部群众"等；也可以用专指，如"尊敬的纳税人""尊敬的客户"。有时候也可以省略称谓。称谓要顶格书写，后面加冒号，写作格式与私人书信基本相同。

（三）正文

公开信的正文一般包括开头、主体和结尾三个部分。

1. 开头

开头部分主要说明写作的缘由、依据的法律法规和上级的指示精神、当前的形势、现实的状况等，为主体写作交代背景，进行铺垫，表明中心思想。

2. 主体

主体部分着重对中心思想展开说明和叙述，肯定成绩，发现不足，分析现状，简述过程，解剖问题，指出性质，抓住关键，阐述目的。

3. 结尾

结尾部分的主要内容是衷心祝愿，表达希望，发出号召，明确要求，提出建议，展望前途，鼓舞士气。在必要的情况下，也可以运用表达敬意的结语。

（四）落款

在正文右下方署写作单位名称或个人姓名、成文日期。

（五）注意事项

第一，要明确写作的目的，透彻理解党和国家的路线、方针和政策，正确掌握上级的指示精神，通过端正广大群众的思想认识，获取最佳的社会效益。

第二，内容要紧密联系时事政治，围绕本单位的中心工作，通过解决实际问题，满足广大群众的正当利益诉求，追求良好的经济效益。

第三，运用广大群众喜闻乐见的生活化语言，措辞通俗易懂，情感真挚诚恳，贴近社会心理，有独特的行业时政文章风格。

 思考与练习

一、填空题

1. （　　　）是国家行政机关、社会团体、企事业单位，或者以个人名义向广大群众公开传达公务信息的书信体时政文章。

2. 写作公开信的（　　　），往往寄希望于通过对广大群众进行宣传教育形成良好的社会风气，伸张正义，规范言行，推动工作。

二、判断题

1. 所谓指导性公开信就是指有关部门采用一种比较和睦亲切、平易近人的态度传递政策信息和法规内容的书信体文章。

2. 公开信要运用广大群众喜闻乐见的生活化语言，措辞通俗易懂，情感真挚诚恳，贴近社会心理，有独特的行业时政文章风格。

三、简答题

1. 请谈谈你对公开信时政性特点的认识。

2. 为什么说公开信普遍侧重强调积极的思想意义和教育意义？

四、评析题

请认真阅读下面一封公开信，然后分析其内容和写作上的特点。

公开信

尊敬的纳税人：

在以"税收·发展·民生"为主题的4月第17个全国税收宣传月到来之际，××市地方税务局向您亲切致信！

近年来，××市地税系统坚持贯彻"法治、公平、文明、效率"的治税思想，在困难重重的严峻税收形势下，挖潜堵漏，严征细管，连年超额完成税（费）收入计划，税收征管、队伍建设、精神文明建设、党风廉政建设取得了显著成效和丰硕成果，有力地发挥了税收支持地方经济发展的作用，呈现出全面、协调发展的喜人景象，被省委、省政府授予"文明行业"荣誉称号。

"不知细叶谁裁出，二月春风似剪刀。"有了您的贡献，才有国家的繁荣。无论是过去，还是现在，你们在诚信经营、勤劳致富的同时，不忘集体，牢记国家，尽到了宪法赋予公民依法纳税的义务。××市经济建设的发展壮大，公益事业的完善提升，离不开你们的纳税贡献。在此，我们向您表示崇高的敬意和衷心的感谢！

地税机关是政府的经济执法部门，壮大地方财力、保障社会发展，是地税机关义不容辞的任务。"十一五"××市地税工作的目标任务是：组织收入稳定增长，干部队伍充满活力，征管质量全面提升，信息技术广泛应用，纳税服务优质高效，文明创建谋求突破，社会地位日益提高。我们决心，在市委、市政府的坚强领导下，高举邓小平理论和"三个代表"重要思想伟大旗帜，认真贯彻落实科学发展观，以构建和谐地税为方向，以服务地方经济建设为根本，牢固树立依法治税的思想，全力构建"廉洁型、学习型、节约型、和谐型、诚信型"地税机关，进一步转变服务职能，优化阳光办税，挖掘税收潜力，用足用活税收政策，着力创造公平竞争、吸引投资、利于发展的良好环境，在税务机关与纳税人之间架起严格执法、文明服务的连心桥。

尊敬的纳税人，税收与人民生活息息相关，依法纳税是每个公民应尽的义务，是现代文明社会的重要标志，也是您最好的信用证明。税收连着你我他，富民强国靠大家。我们诚恳希望您在依法纳税的同时，积极参与、主动配合、依法监督我们的工作。对来访、来信、来电反映的问题，我们郑重承诺：一定给您满意的答复，一定保护您的合法权益！

依法诚信纳税，共建小康社会。建立良好的征纳关系，是时代的呼唤，是国家的要求，是人民的心声，也是征纳双方追求的目标。让我们携起手来，正确履行义务，竭力尽到职责，全面建设小康、和谐、魅力新××市，共同拥抱××地税更加辉煌灿烂的明天！

祝全市纳税人事业兴旺，财源滚滚！

××市地方税务局

2018年4月2日

五、写作题

请结合你的工作实际和职责范围，就涉及广大群众经济利益的某一重要现实问题，代表本单位撰写一封公开信。

任务五 ▶ 学术论文

学习要求

掌握学术论文的概念和特点、种类、格式及写作要点，能够写出完整严谨的学术论文。

引导案例

P2P 小额贷款公司的绩效管理探究

摘要：随着 P2P 的兴起，小额贷款公司迎来了新的发展机遇，迅速扩大了其业务范围，对整个社会产生了巨大的影响。而企业的绩效管理在一定程度上决定了 P2P 小额贷款公司的生存与发展，通过本文的研究，在理论方面，能够丰富当前我国民营信贷机制以及小额贷款公司的绩效管理设计的研究成果；在实践方面，有助于 P2P 小额贷款公司对其业务部门及经办人的风险管理提供一定的启发。

关键词：P2P；小额贷款公司；绩效管理

1 前 言

近年来，在我国市场经济体制的不断完善中，金融信贷体制得到了快速的发展，社会对于信贷机构的认知度以及接受程度也在渐渐提升，尤其是 P2P 小额贷款公司，由于企业目标服务群体主要针对中小微企业以及低收入群体，并且他们所提供的服务种类、形式灵活多样，因此受到社会大众的广泛青睐。

2 P2P 小额贷款公司绩效管理的现状

当前，绩效管理工作已经被大多数公司所认可和采纳，一些小额贷款公司都在公司实行绩效管理，建立了绩效管理体系，但是从目前国内的许多小额贷款公司来看并不乐观。大多小额贷款公司绩效管理工作起步较晚，对于绩效管理理解模糊，绩效管理工作效益不高，作用不明显。本文所要研究的成都金控公司的情况也是如此。这与小额贷款公司管理者在开展绩效管理时工作观念和工作方法的偏离是分不开的。

2.1 绩效考核方法和指标

公司的绩效管理体系主要是为公司内部分配工资、实施奖惩提供依据，为公司提供竞争力和活力。所以，公司在制定相关的考核指标时要设计好工作能力和业绩等一系列的指标。

2.2 绩效考核相关结果的处理情况

根据公司绩效考核制度的规定，绩效考核的结果会成为公司工资发放和调整的依据，还会成为公司员工升职的主要依据，还是公司员工各种业务培训和学习的主要依据。

3 小额贷款公司绩效管理中存在的问题及影响因素

3.1 小额贷款公司绩效管理中存在的问题

3.1.1 考核目标与发展战略目标统一性不够

各部门之间的绩效目标没有相互的联系，导致各部门之间的目标和公司所制定的目标没有得到确认和统一，造成了彼此之间的脱离，导致各部门所制定的绩效考核目标没有围绕公司所制定的长远发展目标而考虑，缺少大局观念。

3.1.2 绩效考核制定的单项指标针对性不强

各部门的考核者一般是按照自己上级主管或者自己的主观意愿来进行考核的，在考核的过程中随意地提高或者降低分数。如果员工采取了投机取巧的方式来获得对自己有利的考核结果，这对公司的发展是不利的，最终受到损失的还是公司本身。

3.2 影响因素

3.2.1 考核目的不明确

这个因素是许多企业普遍存在的：一是很多企业是为了考核而考核，根本不知道自己的企业自身要考核什么，盲目地跟风，别人怎么考我就怎么考；二是考核方和被考核方是没有认识到绩效考核只是管理的一种手段；三是考核的原则混乱，考核的内容和相关的项目设定是自相矛盾的；四是绩效考核缺乏严肃性，考核者常常会根据领导的意愿和自身的喜好来随意更改，难以保证政策的连续一致性。

3.2.2 考核方式单一

许多公司的考核都是上级直接对下级进行绩效考核，考核者一般是被考核者的直接上级，他们之间有很多的因素影响着考核的结果，如私人友情、冲突、个人的喜好和偏见等。考核者的言语和提供的相关信息导致考核的真实性难以令人信服，而且很多考核结果会导致员工和领导之间的关系紧张。

3.2.3 考核过程形式化

对于公司制定的绩效考核工作，很多员工理解为绩效考核是一种过程、一种形式，主要表现在"上级说你行就算再差也行，上级说你不行就算你再优秀也不行"，这种消极的判断，导致许多员工对绩效考核的结果没有进行认真分析。

4 小额贷款公司建立完善绩效管理体系和消除影响因素的策略

4.1 小额贷款公司建立完善绩效管理体系的策略

4.1.1 绩效考核指标与公司发展战略目标的统一

公司各类别的部门要根据公司制定的长远规划，结合总经理对各部门发展的具体要求，广泛听取公司广大员工的意见，让公司员工参与到部门绩效目标的制定之中，使广大员工与公司有着一个共同的发展目标，进而根据这个目标明确自己和部门今后工作的重点和中心，明确员工自身发展定位，使工作开展有的放矢，进一步提升绩效考核的实效，提高工作效益，加速公司战略目标的实现。

4.1.2 开展绩效考核过程中考核行为与结果的统一

在进行指标设计时，公司进一步改进和完善公司绩效考核指标，赋予合理的权重，达到绩效考核行为与结果的统一。不能在考核过程中过分看重结果，而要将结果与过程相结合，也不要将考核指标过于简单化地进行处理，而是要根据部门内外部环境、市场发展情况等因素综合考虑绩效考核指标的制定，使绩效考核指标更加有针对性，更加有利于全面科学地对员工进行考核。

4.2 消除影响

4.2.1 明确考核的目的

公司每次实行绩效考核的前期，在平时各部门的班会或者在公司的大会上都要对绩效考核的理念和作用进行一定的培训，让员工认识到绩效的重要性。我们要对绩效考核的内容进行认真的校对，不能敷衍了事，不能让领导的意志和喜好来左右考核的成绩，保证成绩的真实性和有效性。

4.2.2 考核方式多样化

在公司的考核中，许多都是各部门对直接下属进行考核，导致关系、人情、喜好、偏见等一系列因素影响考核的成绩。公司要对员工进行全面的观察和判断，各部门之间要交叉进行考核，这样便于得到相对客观、全面、精确的信息，让真正有本事、有能力的员工能得到重用。

4.2.3 考核方式民主化

在公司的考核中，许多员工会认为"老板说你行，你就行；说你不行，你就不行"，这会导致员工对绩效考核不认真对待。公司应该对员工输入公平、公正的企业文化，无论是考核过程还是考核结果，都要做到公平、公正、公开这三项原则，让员工在考核中没有不好的想法，认真地对待考核，从而使员工通过绩效考核的过程和结果，在行为、能力、责任等多方面得到提升。

参考文献

[1] 李道波，姚瑾，刘继模. 我国 P2P 网络贷款风险管理及对策研究 [J]. 时代金融，2018（29）：248-249，253.

[2] 丁杰，马柱. 我国 P2P 网络贷款的模式异化及其风险管控 [J]. 新金融，2017（9）：55-59.

[3] 吴欣悟. 小额贷款公司通过 P2P 网贷平台借款行为的合法性研究 [J]. 法制与经济，2018（12）：107-109.

[4] 羿建华. 小额贷款公司的社会绩效及其实现机制 [D]. 山东大学，2018.

📑 必备知识

一、概述

按研究对象的不同，科学可分为自然科学、社会科学和思维科学。学术是人们就有关科学问题进行系统而专门研究的学问。学术研究是人们在一定的思想理论指导下探索事物的本质、特点和规律的科学实践活动。学术论文就是在研究、讨论有关科学问题时撰成的文章。从这一意义上理解，学术论文也可以称为科学论文。

财经管理学术论文主要是研究经济学、管理学等人文社会科学领域中问题的论文。与此同时，哲学思维、数学方法和实验方法等也常常贯穿于财经管理科学研究和学术论文写作的全过程当中。

（一）定义

财经管理学术论文是作者对某一财经管理领域中的问题进行研究之后描述科研成果的时政文章。

（二）特点

1. 科学性

学术论文的科学性，一是指作者在一定的科学理论和专业知识的指导之下从事有关科学领域中的问题研究；二是指作者在进行学术研究的过程中所运用的方法是符合科学原理和逻辑推论的；三是指学术研究一切从对象的客观实际出发，不携带个人的主观偏见，不受好恶情绪的左右干扰，所用来立论或驳论的依据、阐述的独特研究观点和得出的鲜明个性结论，是经得起社会实践检验的；四是指描述学术研究成果的理论文章周密、严谨、完整，符合学术论文的写作规范。

2. 创见性

学术研究是对新知识的探求。创见性是学术研究的生命。学术论文的创见性在于作者对研究对象有独到的见解，能在学术研究之后提出前人所没有的新的观点、新的理论。殊不知，人类的历史是在不断继承、不断发现、不断创造、不断发展中持续前进的。如果只有继承照搬而没有创新发展，人类社会的生命就会衰亡。学术研究就是要不断继承、不断发现、不断创造、不断发展，支撑人类社会生生不息。因此说，没有创见性，学术论文就没有科学价值。当代，财经管理学术论文紧密联系中国改革开放的伟大实践，创见性具有重要的现实意义。

3. 理论性

学术论文属于议论文的范畴，其区别于一般议论文的显著之处在于有很强的理论色彩。这种理论性，一是表现在作者从事学术研究的指导思想是一定的科学理论体系，如财经管理学术论文写作的指导思想是马克思主义、毛泽东思想、邓小平理论、"三个代表"重要思想和科学发展观；二是表现在作者描述的学术研究成果必然呈现为理论形态，由概念、判断、推理和论证组成的独到见解，在学术领域可能是"一家之言"，但能够自成体系、自圆其说；三是学术论文写作的根本目的是实事求是，有的放矢，用正确的理论指导经济社会的改革实践。

4. 时政性

本书所谓学术论文的时政性特点主要是特指当代财经管理学术论文的特点。当代，财经管理学术研究以建设中国特色社会主义的伟大实践为对象，以研究中国改革开放过程当中亟待解决的现实经济问题为目标，以中国经济社会的热点作为学术前沿，以构建问题意识和探索解决方法推动财经管理学术的研究和发展，与此同时，还把眼光放远世界时事、政治、财经、管理，加强与国外同仁的借鉴与交流，让财经管理学术研究成果惠及决策者，惠及社会的各个层面和全体社会成员，提高中国经济社会理性化的程度，让现代中国不断走向成熟。

（三）种类

根据不同的标准，可以将学术论文分为不同的种类。按照内容来分，有自然科学论文、社会科学论文、思维科学论文。按照性质来分，有理论研究论文、应用研究论文。按照去向来分，有内部交流学术论文、公开发表学术论文。按照目的来分，有学位论文、科研论文。

1. 学位论文

学位论文指根据《中华人民共和国学位条例》，高等学校的学生在申请相应的学位之前提交的论文。学位论文分为学士学位论文、硕士学位论文、博士学位论文三种。

（1）学士学位论文。学士学位论文是大学本科毕业生为获得学士学位而撰写的学术论文。学士学位论文应反映作者具有综合运用大学阶段所学知识进行科学研究的基本能力，对所研究的课题有一定的独立见解。

（2）硕士学位论文。硕士学位论文是攻读硕士学位研究生为获得硕士学位而撰写的学术论文。硕士学位论文应反映作者具有综合运用硕士阶段所学专业知识相对独立地进行科学研究的能力，对所研究的课题有较新的独立见解，体现了一定的理论深度和学术价值。

（3）博士学位论文。博士学位论文是攻读博士学位研究生为获得博士学位而撰写的学术论文。博士学位论文应反映作者具有综合运用博士阶段所学系统专业知识独立进行科学研究的能力，对所研究的课题有全新的独立见解，体现了相当的理论深度和学术价值。

2. 科研论文

科研论文是指除了学位论文之外，作者对某一科学领域中的问题进行研究之后描述科学研究成果的理论文章。

（四）作用

1. 衡量价值的尺度

学术论文写作以追求真理和知识创新为目的，其质量是人们进行价值衡量的尺度。学术论文可以考察研究对象是否有价值，研究成果是否对人类知识体系有贡献。学术交流是学术研究的价值所在，学术只有交流才能为同行所用、所参考，并对学术思想的发展和人类知识体系做出贡献。应用研究论文，尤其是财经管理学术论文，同行学术评价可就其价值作出一定的判断，但实际上只有进行社会效益和经济效益的评价才最具有权威性。所以，财经管理学术论文实质上是以实践作为检验价值的根本标准。

2. 推动科学的发展

学术研究的本质是求真，灵魂是创新。人文社会科学领域广阔而复杂，人们对许多问题的研究有着特定的不可计量度测的非确定性。由于时代条件、指导思想、思维方式的差异，以及考量视角、探求途径的不同，人们对同一问题的解读、诠释会有所不同。即便是同一时代、同一思维方式与同一指导思想的研究者，也常常由于生活背景、知识结构、学说旨趣的差异，在研究同一事物时会得出不尽一致甚至迥然相异的结论。正因为此，学术研究促进了思想解放，拓展了认识视野，提升了学术境界，激发了创新精神，推动了科学的发展与繁荣。

3. 思想转化为行动

学术研究的意义在于理论联系实际，将思想转化为影响经济社会进程的行动。从财经管理学术论文的写作角度来看，研究者们在收集财经管理事实材料时就在对社会进行干预，比如说，深入企事业单位第一线进行社会调查。更有甚者，财经管理学术论文的研究成果应用于社会，使思想变成行动，变成一种独特的改变世界的力量。毋庸置疑，中国改革开放的成就得到了全世界的公认，中国财经管理学者对此做出了很大的贡献。现在，中国改革开放的事业还在进行当中，中国的财经管理学者们的任务还远远没有完成。

4. 提升科研的能力

学术论文的写作是提升研究者个人学术水平和科研能力的重要路径。在学术论文撰写中，研究范围的确定、研究课题的选择、研究成果的获取是头等重要的问题。一篇学术论文的价值关键并不仅仅在于写作的技巧，还在于研究工作本身。也就是说，学术研究的过程和学术论文的写作就是发现自身学识贮备多少、研究方法妥否、研究视野宽窄、研究能力强弱的试金石。从实践来看，自觉强化科研意识，积极参与科学研究，加强学科建设与应用研究的有机结合，不断从事学术论文写作锻炼，对提升财经管理学者的科研能力具有积极作用。

二、写作

学术论文的写作一般要经历如下步骤：

（一）选择论题

"好的选题是论文成功的一半"。选题在学术论文写作中具有重要的意义。这是因为只有研究有意义的课题，才能获得预期的效果，才能对科学事业的发展和经济社会的繁荣发挥有益作用。学术论文的选题要遵循以下两个原则。

1. 具有科学性

要选择诸如当前经济社会亟待解决的问题，科学上的新发现、新创造，学科和专业上需要填补的空白，以往研究的通行说法，需要补充的前人研究成果，目前尚存在争议的问题等。

2. 有利于展开

要对国内外研究尤其是财经管理研究现状有必要的了解，要有浓厚的研究兴趣，要能扬长避短、发挥业务专长，要对题目加以必要限定，先易后难、大小适中，已经占有了必要的资料，要能够得到导师的指导，要确保在一定的时间内能够完成等。

（二）搜集资料

搜集资料是写作学术论文的前提和基础。"巧妇难为无米之炊"，没有资料，就无法进行研究。搜集资料要遵循三个原则：一是要有明确的目的，紧紧围绕自己的选题；二是要尽可能全面地占有资料，历史的与现实的、正面的与反面的、点上的与面上的资料都要搜集；三是要持之以恒，长期积累。

搜集资料的途径主要有三条：一是广泛查阅与选题有关的文字资料，如学术论文、学术著作、报刊文章等；二是深入实际进行社会调查、田野考察等；三是必要的观察和实验。

搜集资料要学会利用图书馆、互联网等。

（三）文献综述

学位论文在写作之前，必须先写文献综述。文献综述是围绕选题，对所查阅和掌握的资料进行审读、归纳、整理、分析和研究之后写作的全面描述文章。

文献综述一般包括前言、主体、结尾和参考文献四个部分。前言主要是说明写作目的和意义。主体主要是综述研究对象的历史、研究现状和发展动态，要分门别类，介绍各家观点或学说，进行比较，并就此作出相应的学术评价，提出自己的见解，如可取与不足之处等。结尾主要是指出进一步研究选题的可行性和必要性、价值与意义等。参考文献主要是列举已经查阅并且在学术论文写作时将要运用的文献资料。

（四）写作提纲

在写作学术论文之前，要拟制论文写作提纲，对论文进行全面构思和整体设计。写作提纲的基本结构包括绪论、本论和结论三大部分。绪论主要是扼要明确论题，提出中心论点。本论主要是提出问题、分析问题和解决问题，具体而言，是将中心论点分解为若干不同的分论点，表明拟用论据对各个分论点进行证明，简要提出解决问题的对策或建议。结论主要是归纳全文。

写作提纲要简洁明了，整体与局部的逻辑关系要自然、顺畅、合理，结构层次要均衡、严密、协调。

（五）标题

学术论文的标题有以下两种形式。

1. 单标题

写明论文的论题或者中心思想。例如：

浅论我国民营企业薪酬管理的优化策略

2. 双标题

上面一行正标题写明论文的论题或者中心思想。下面一行副标题补充论题范围或者研究方法、研究意义。例如：

非完全竞争市场、技术冲击和中国劳动就业
——动态新凯恩斯主义视角

（六）署名

标题之下署作者姓名，也可以写明工作单位全称、邮政编码。

（七）摘要

摘要是论文内容不加诠释和评论的精要观点或梗概。结构完整，句子之间上下连贯，独立成篇。不用第一人称以及"本文""作者"等字样，不出现图表、公式、文献、引文、序号、非公符号。200 字左右为宜。

（八）关键词

选用反映论文主要内容的词或词组，出现的频率一般比较高。每篇论文选 3~5 个

关键词，关键词之间用分号分隔。

（九）正文

学术论文的正文一般由绪论、本论、结论三个部分组成。

1. 绪论

绪论又称序言、前言、引言，是论文的开头。主要内容包括：开门见山表明中心观点，研究的背景、目的、必要性，前人的研究状况，研究的理论依据和实验基础，预期研究成果及其在相关领域里的地位、作用、价值和意义。绪论的篇幅视学术论文的篇幅及内容表达的需要来确定。语言要精练，要能够引发读者的阅读兴趣。

2. 本论

本论是论文的主体，占据论文的最大篇幅。本论要承接中心观点，具体提出问题，展开分析问题和解决问题，充分体现论文的创见性研究结果。写作时，主题要明确、贯穿，内容要丰富、充实，论据要充分、可靠，论证要得当、有力。为了做到层次分明、脉络清晰，可以将本论划分成若干大的段落。这些段落就是相对完整的意义段，一个意义段下面又可以包含若干自然段。每一个意义段可以适当冠以小标题或者序号。当然，划分段落应视论文性质与内容表达而定。

3. 结论

结论是论文的结尾，是对全文论述的总归纳、总判断、总见解，应当体现作者对论题更深层次的认识。例如，作者可以说明对前人有关的看法做了哪些修正、补充、发展、证实或否定，或者本文研究的不足之处或遗留未决的问题以及今后解决这些问题的方向，或者提出还需要进一步探讨的其他问题等。结论的写作要富于启迪。

学术论文的"三要素"是指论点、论据和论证方法。论点是作者提出来的对所论述问题的看法、见解和观点。论据是作者用来证明论点的材料，有理论论据和事实论据之分。论证方法是作者用论据证明论点的方法，有立论与驳论之分。

常见的立论方法有六种：一是例证法，即用典型的人物、事例作为论据证明论点；二是引证法，即用人们公认的科学定义、法则、经典作家的言论等证明论点；三是因果法，即用已知的原因（论据）证明结果（论点），或由已知的结果（论据）证明原因（论点）；四是比喻法，即以打比方作为论据证明论点；五是归纳法，即从特殊到一般，从个别事实中概括出一般性结论（论点）；六是演绎法，即从一般到特殊，从一般性结论（论点）中导引出个别事实。

常见的驳论方法有三种：一是直接反驳法，即用确凿的事实和正确的理论直接驳斥对方的论点，证明对方的论点是错误的；二是间接反驳法，即反驳对方用来证明其论点的论据和论证方法，一旦指出其所运用的论据和论证方法有错误，其论点不攻自破；三是归谬法，即先假定对方的论点正确，再顺此推导出一个错误的结论，从而证明对方论点是错误的。

学术论文的结构一般有以下五种形式：一是总分式，即先提出中心论点，然后分解为若干不同的分论点，从不同的方面来展开论述。二是分总式，即与总分式恰好相反，先从几个不同的方面或若干个分论点入手展开论述，最后进行总结，得出结论即中心论点。三是递进式，即在中心论点的统帅之下，各个分论点之间的关系是递进深入的。它们的部位不能互换，论述时一环扣一环，层层进逼，直至得出结论。四是并列式，即在中心论点的统帅之下，各个分论点之间的关系是并行排列的。它们的部位按照内在逻辑设置，论述时一个方面接着一个方面进行。五是综合式，即以递进式论述为主，在论述过程当中采用并列式；或以并列式为主，在论述过程当中采用递进式。

（十）注释

在学术论文的行文当中直接引用他人的原话或者原文，要加引号注释，说明出处。间接引用了他人的原话或者原文，是否要加引号注释，可视具体情况而定。个别疑难陌生的问题或者冷僻深奥的术语等也要注释。注释的方式主要有三种：一是夹注，即文中注释；二是脚注，即页下地脚处注释；三是尾注，即在全文的末尾注释。

（十一）参考文献或引用书目

科研论文在注释之后要列出参考文献。其意义在于：一是为了反映真实的科学依据；二是为了体现严肃的科学态度，分清是自己的观点或成果还是他人的观点或成果；三是为了对他人的观点或成果表示尊重，同时也指明了引用资料的出处，便于检索核对。参考文献的标注方法以中华人民共和国国家标准《文后参考文献著录规则》（GB 7714—87）为规范。

学位论文在注释之后要列出所引用的中外书目。

（十二）致谢或后记

学士学位论文在参考文献之后必须写致谢语。致谢对象包括：国家科学基金、资助研究工作的奖学金基金、合同单位、资助和支持的企业、组织或个人；协助完成研究工作和提供便利条件的组织或个人；在研究工作中提出建议和提供帮助的个人；给予转载和引用权的资料、图片、文献、研究思想和设想的所有者；其他应该感谢的组织和个人。

硕士学位论文、博士学位论文在列举引用书目之后要写后记，内容包括简要说明写作经过、需要进一步补充或思考的问题、致谢等。

（十三）写作要求

第一，题目要简洁、精练、醒目、恰当。

第二，论点要鲜明突出，论据要真实充分，论证方法要运用得当。

第三，层次要清楚，结构要完整、紧凑，布局要合理，前后要照应，格式和文面要规范。

第四，论文写完之后要反复修改，保证定稿的质量。

第五，学位论文要在教师的指导帮助下撰写，要了解和遵循毕业论文答辩的程序及规则，确保顺利通过论文答辩。

⚠ 例文点评<<<

新会计准则实施的主要困难与对策

×××

【摘　要】2016 年 2 月 15 日财政部颁发的新会计准则由 1 项基本准则和 38 项具体

准则组成，2017 年 1 月 1 日开始在上市公司实施，要求到 2009 年推广到所有企业。然而，在新会计准则颁布 4 年之后，还有相当多的企业没有执行，在具体实施中面临着许多难题。新会计准则的实施对企业产生了影响，新会计准则在实施中遇到了许多困难，应当采取相关的对策，更好地实施新会计准则。

【关键词】 新会计准则；影响；对策

新会计准则实施的目的是实现与国际会计准则的趋同，这是我国开放的社会主义市场经济所迫切需要的会计环境。在联合国国际会计标准专家工作组第 22 届会议上，财政部副部长王军称这套新会计准则体系为"与中国国情相适应同时又充分与国际会计准则趋同的、涵盖各类企业各项经济业务、能够独立实施的会计准则体系"。新会计准则的实施无疑是一场会计革命，并且已对我国企业产生了重大影响。

一、新会计准则实施对企业产生的影响

新会计准则主要在存货计价、会计计量方法、计提资产减值准备、债务重组、企业合并报表会计处理方法和编制理论等方面进行了重要的改革。

第一，存货计价管理变化，影响了部分行业和企业的利润计算。新会计准则取消了发出存货计价的后进先出法，使企业的存货流转得以真实地反映。所有企业的当期存货费用，都以客观的历史成本反映，加强了会计信息的可比性，消除了人为调节因素。

第二，公允价值的应用，给企业利润调节提供了一定的空间。公允价值计量扩大了企业利润操纵的空间。在这种计量模式下，一些公司仍然可能运用手段来对公司业绩进行操纵。特别在当前情况下，拥有较多投资性房地产的公司的业绩受到该物业市场价格变化的影响，增加了公司业绩的不稳定性。

第三，资产减值冲回被叫停，堵住了通过减值准备计提来调节利润的漏洞。按照新会计准则，从 2017 年开始，"存货跌价准备""固定资产减值准备""在建工程减值准备"和"无形资产减值准备"计提后不能冲回，只能在处置相关资产后再进行会计处理。新会计准则实施后，利用减值准备调节利润的空间将变得越来越小，利用计提手法调节利润越来越难，只能通过加强企业经营和管理的途径去提高企业的业绩。

第四，债务重组的新规定，有利于那些无力清偿债务的上市公司提高其每股收益。新会计准则规定，由于债权人让步，债务人获得的利益直接计入当期损益，进入利润表。这样，一些无力清偿债务的公司，一旦获得债务豁免，其收益将直接反映在当期利润表中，从而极大地提高每股收益，甚至可能出现每股收益提高数倍以上的情形。

第五，合并报表基本理论的变化，使合并报表真实反映公司集团的财务状况和经营成果。新的合并报表范围的确定更关注实质性控制，所有者权益为负数的子公司，只要是持续经营的，也应纳入合并范围。这一变革使母公司必须承担所有者权益为负的公司的债务，并会使一些隐藏的或有债务显现。这一变革能有效防止一些企业利用分离若干子公司，缩小持股比例，将经营状况不好的业务从合并范围中剔除，从而粉饰企业集团整体业绩。

二、实施新会计准则的主要困难和障碍

在新会计准则颁布 4 年之后，仍然有相当数量的企业未执行或有选择地执行，原因是多方面的，其中受旧体制制约、落后会计理念和会计发展周期的因素尤为突出，致使全面执行新会计准则还面临着一系列的困难和障碍。

第一，采用公允价值计量存在一定难度。我国目前尚处在转轨时期，市场体系还不够完善，市场经济尚处于发展阶段，企业间的交易行为不十分规范，市场竞争不充分，公允价值难以形成：一是市场不活跃、不完善，市场化程度不高，缺乏公平价格的形成机制。二是我国市场中交易双方存在关联方关系的情况较多，这些特定主体出于特定目的考虑，交易价格往往显失公平。三是中介机构公信较低，市场执法不严，评估弄虚作假现象严重。由于目前我国公允价值实施条件欠缺，公允价值计量在实际操作中存在一定的困难，由此而引发的会计信息失真问题也是难免的。

第二，会计人员业务素质和职业判断能力水平制约了新会计准则的实施。目前，新会计准则对于会计业务处理往往只有原则性的规定，使会计自由裁量权加大，这种原则导向会计准则因为缺少一一对应的详细会计规则，需要会计人员更多和更高水平的职业判断来解决具体的会计处理问题。但在长期的会计实践中，我国一直沿用行业会计制度来规范会计行为，会计人员只需根据会计制度的明确规定作简单的是非判断。在这种情况下，会计人员缺乏独立判断的意识和行为，处理会计事项时照搬以前的做法或者请示领导遵照执行，没有主动性和积极性。会计人员进行的是事后报告，很难在事前给出准确的预测，无法对不确定性的会计事项作出合理和准确的职业判断。还有些会计人员知识面较窄，知识面和知识结构没有及时更新和补充，已经无法满足新形势下会计工作的要求。此外，以前会计制度中对会计政策、会计估计的选择作了详尽的限制性规定，也限制了会计人员作出判断的范围。这些都使得会计人员在工作中不善于运用职业判断去处理复杂的会计实务，会计人员整体的职业判断能力不高，制约了新会计准则的实施。

第三，过度关注利润而视新会计准则为异物。新会计准则由利润表观向资产负债表观转变，投资者更加关注企业的可持续发展能力，强调了资产负债表日的企业财务状况的真实反映，而不简单强调企业的利润情况。原会计准则侧重于利润表，对利润指标较为重视。长期以来，我国对企业进行业绩评价的主要指标是利润而不是未来的现金流量，强调的是过去的会计信息。当利润成为评价企业至关重要的因素时，企业会很自然地将注意力转向利润指标。一些企业还可能利用各种手段来操纵利润，提供虚假的会计信息。而新会计准则的重点是资产负债表，按其提供的会计信息侧重于预测企业未来的现金流量。当前对企业业绩评价甚至于对上市公司的监管，仍然具有强调利润指标的倾向，使新会计准则的资产负债观难以完全得到贯彻执行。

三、有效实施新会计准则的对策

怎样在实施的过程中克服困难，使新会计准则发挥最大作用，这要求我们在实践中不断总结和积累经验，逐渐完善会计准则以及各项配套机制。

第一，切实做好新旧会计准则的衔接工作。其一，应当提高对新旧会计准则差异的认识。新会计准则体系的贯彻实施，除了要求全社会，包括上市公司的管理层和会计人员、外部监管部门和从业人员以及投资者对新会计准则了解和熟悉之外，还要求明确新旧会计准则的差异。其二，努力实现新会计准则体系的平稳过渡。新旧会计准则衔接的一个重要方面是要明确哪些项目需要进行追溯调整，哪些项目不需要追溯调整。这个问题不协调好，会给广大投资者的判断造成混乱。其三，要特别关注新会计准则的后续相关公告。虽然财政部在2006年就颁布了新会计准则的基本准则、具体准则和操作指南，但仅仅学习这些是不够的，要关注财政部后续不断下发的各种解释及公告，这些公告都是对新会计准则的进一步解释、修改和补充。

第二，对公允价值计量必须提出严格的限制条件。如何才能准确地确定公允价值，这是新会计准则实施过程中无法回避的问题，也是新会计准则能否顺利执行的关键因素之一。在发达的市场条件下，公允价值比较容易确认，但是在市场不充分的情况下，确认公允价值则是一个难题。公允价值的确定一旦有失"公允"，则极有可能成为利润操纵的工具。因此，为了保证新会计准则的有效实施，对公允价值的确定必须提出严格的限制条件，即在制定新准则操作指南时，应全面考虑新会计准则实施过程中可能出现的问题，充分关注新会计准则的技术性及其经济后果，对公允价值的确定作出进一步的具体解释和说明，以提高新会计准则的可操作性，防止公允价值被滥用。

第三，大力提高会计人员的职业水平。新会计准则的颁布实施标志着我国会计准则与国际会计准则的协调和趋同，但从整体看与我国迅速发展的经济对会计人员职业水平的要求还有一定的差距，与国际上先进国家的会计水平相比，差距更大，在执行新会计准则上会打折扣。我国尤其缺乏通晓国际会计惯例的高层次会计人才。提高会计人员整体的职业水平，增强其职业判断能力，已成为我国会计界目前面临的一项重要任务。目前在会计人才的培养上，既要通过增加国际会计准则、外语、网络技术等新的教学内容和会计专业技术考核制度来培养国际化会计专业人才，又要重视在职会计人员的后续教育，使会计人员能够及时更新知识观念，全面了解国际会计准则和国际惯例，提高业务素质。另外，还要加强会计人员职业道德建设，要提高注册会计师的职业道德水平，提高其独立、客观、公正职业的自觉性，使其尽快向国际水平靠拢。

第四，改善新会计准则实施的外部环境。一是在大力发展资本市场的同时，应当积极培育各级市场，尤其是生产资料市场和二手交易市场，使公允价值的取得更为客观与可靠。会计信息化作为国家信息化发展战略的有机组成部分，必须进行配套改革。二是完善公司治理结构和相关配套法规。尽快完善公司治理结构，规范上市公司的财务行为，进一步增强公司管理层真实、及时、充分披露财务信息的意识。尽快修订、完善现行的公司法及有关证券法等法规。三是加大对执行新会计准则的监督力度。执行和监督到位是新会计准则实施的根本保障。一项好的制度制定起来难，贯彻执行更难，而贯彻执行不仅仅取决于执行本身，还与有效的监督密切相关。没有好的执行和监督，再好的准则也没有意义。要加强财政部门与证券监管、银行监管、保险监管、审计监督、国有资产监管等部门的协调，形成监管合力，严格监督检查新准则实施中出现的问题。发挥注册会计师在新会计准则实施中的鉴证作用，借助中介机构和社会监督的力量推动新会计准则实施到位。

第五，关注国际会计准则研究最新动向，加强国际交流合作。次贷危机爆发后，公允价值一时间成为众矢之的。基于次贷危机所产生的对公允价值的信赖危机，国际会计准则理事会（IASB）、美国财务会计准则委员会（FASB）等国际会计机构采取了比较谨慎的态度，对是否取消公允价值、回归成本计量等问题进行了深入的探讨。迫于各方压力，IASB对公允价值作出了一定程度的妥协和必要的修改，美国证券交易委员会（SEC）也针对非活跃与非理性市场情况下采用公允价值的会计处理方式发布了指导意见，这在认可公允价值计量的同时，也承认了该计量属性有待完善。我国在推广新会计准则过程中，应密切关注 IASB、FASB 及其他国际会计权威组织关于公允价值计量和其他会计准则的后续研究动态，加强与其沟通，立足我国国情，借鉴研究成果，对我国当前已经颁布实施的新会计准则及其指南予以修订和完善，使新会计准则在指导我国会计实务、发挥积极作用的同时，实现与国际会计准则的全面趋同。

参考文献

[1] 邓敏. 企业会计准则实施现状及其对策 [J]. 财会通讯·综合（上），2019（12）.

[2] 武凝. 全面执行新会计准则不宜久拖不决 [J]. 消费导刊，2019（12）.

[3] 张晓宁. 对公允价值的再认识——由金融危机引起的反思 [J]. 国际商务财会，2019（12）.

[4] 财政部. 企业会计准则 [M]. 北京：经济科学出版社，2016.

[5] 郑庆华，赵耀. 新旧会计准则差异比较与分析 [M]. 北京：经济科学出版社，2016.

[6] 邹玉桃. 首次执行新会计准则相关问题研究 [J]. 湖南财经高等专科学校学报，2016（6）.

这是一篇公开发表的会计学专业学术论文。作者针对企业在实施新会计准则中亟待解决的问题进行研究，选题与当代中国经济改革的时政密切相关，具有重要的现实意义。开头提出中心论点，观点鲜明突出。主体分为三个意义段，按照提出问题、分析问题和解决问题的思路展开论述，能够结合企业的实际深入剖析和论证，采取的论证方法诸如例证法、演绎法等比较恰当。形式上能够做到分条列项、条分缕析、层次分明、结构紧凑。语言通俗易懂，格式基本规范。

 思考与练习

一、填空题

1. （　　　）是作者对某一科学领域中的问题进行研究之后描述科学研究成果的理论文章。

2. （　　　）是大学本科毕业生为获得学士学位而撰写的学术论文。

二、判断题

1. 提要是论文内容不加诠释和评论的精要观点或梗概。

2. 间接反驳法，即用确凿的事实和正确的理论直接驳斥对方的论点，证明对方的论点是错误的。

三、简答题

1. 为什么说"好的选题是论文成功的一半"？

2. 怎样才能够顺利通过本科毕业论文答辩？

四、写作题

请密切联系实际，运用所学的财经管理专业知识，按照规范要求，写作一篇学术论文。题目自拟，不少于 5000 字。

参考文献

［1］胡斌，袁智忠. 公共管理应用写作［M］. 重庆：重庆大学出版社，2013.

［2］耿云巧，马俊霞. 现代应用文写作［M］. 北京：清华大学出版社，2017.

［3］罗烈杰. 公文规范化［M］. 深圳：海天出版社，2013.

［4］陈少夫，邱国新. 应用写作教程［M］. 广州：中山大学出版社，2015.

［5］赵飞，刘俐. 公务员报考与公文写作实战［M］. 重庆：西南师范大学出版社，2017.

［6］成章. 申论典范［M］. 北京：北京大学出版社，2016.

［7］李景隆，高瑞卿. 应用文写作概要［M］. 沈阳：辽宁人民出版社，2013.

［8］袁智忠，陶举虎. 公民常见应用文写作［M］. 重庆：重庆大学出版社，2010.

［9］于成鲲. 应用文大全［M］. 上海：学林出版社，1984.

［10］袁智忠. 应用文写作教程［M］. 重庆：西南师范大学出版社，2012.

［11］张芹玲. 应用文写作教程［M］. 北京：高等教育出版社，2009.

［12］陈子典. 当代应用文书写作（第3版）［M］. 广州：暨南大学出版社，2010.

［13］陈丽红. 经济应用文写作［M］. 北京：北京理工大学出版社，2019.